高等学校文化素质教育（自然科学类）系列教材

地理学与社会发展

主　编　李加林

副主编　徐　皓　龚虹波

刘永超　罗　旭

南京大学出版社

图书在版编目(CIP)数据

地理学与社会发展 / 李加林主编. —— 南京：南京
大学出版社，2025. 8. —— ISBN 978 - 7 - 305 - 29422 - 8

Ⅰ. K90

中国国家版本馆 CIP 数据核字第 2025GL7712 号

出版发行　南京大学出版社
社　　址　南京市汉口路 22 号　　　　　邮　编　210093
书　　名　**地理学与社会发展**
　　　　　DILIXUE YU SHEHUI FAZHAN
主　　编　李加林
责任编辑　吕家慧　　　　　　　编辑热线　025 - 83597482

照　　排　南京南琳图文制作有限公司
印　　刷　南京新世纪联盟印务有限公司
开　　本　787 mm×1092 mm　1/16 开　印张 16　字数 409 千
版　　次　2025 年 8 月第 1 版　2025 年 8 月第 1 次印刷
ISBN 978 - 7 - 305 - 29422 - 8
定　　价　49.80 元

网址：http://www.njupco.com
官方微博：http://weibo.com/njupco
微信公众号：njupress
销售咨询热线：(025) 83594756

* 版权所有，侵权必究
* 凡购买南大版图书，如有印装质量问题，请与所购
　图书销售部门联系调换

前　言

地理学是一门研究地球表面及其与人类活动关系的学科。作为一门综合性学科,地理学不仅涉及自然环境的分析,如气候、土地、植被、水资源等,还涉及人类社会活动的研究,如人口分布、城市化进程、经济活动等。地理学的核心特点在于其强烈的空间性,它帮助我们理解自然环境与人类社会之间复杂的相互作用,揭示不同空间层次和地理区域内的差异性和联系。地理学的跨学科特性,使其能够融合多种研究方法与视角,从物理科学到社会科学,为解决当今世界面临的诸多挑战提供科学依据。

地理学与人类生活息息相关。我们的日常生活、生产活动、社会发展都受到地理环境的深刻影响,而人类的各种活动又反过来影响着地球系统的运行。例如,气候变化、资源短缺、环境污染等问题不仅是自然现象,也是人类活动的产物,解决这些问题需要我们从地理学的角度出发,进行综合性研究。通过地理学,我们能够认识到全球资源分布的差异性,分析不同地区的环境承载力,探索实现可持续发展的路径。地理学还为我们提供了应对自然灾害、促进区域协调发展的战略和政策,帮助人们更好地理解和应对当今世界的重大问题。

对于大学低年级的学生来说,正是形成科学素养和批判性思维的关键时期,掌握地理学的基本知识对其认识自然至关重要。首先,地理学能够帮助学生树立正确的"人与自然"关系观念,理解人类社会与自然环境的辩证关系。其次,地理学课程的学习不仅是基础教育的延伸,也是培养学生跨学科综合能力的有效途径。在全球化、信息化日益加深的今天,学会从地理的角度看待问题、解决问题,对大学生未来的职业发展和个人素质提升具有重要意义。通过学习地理学,学生不仅能获得全球视野,更能够通过跨学科的学习模式,提高综合分析问题和解决问题的能力,这对于培养具有广泛知识背景的跨专业人才至关重要。跨学科的知识体系,尤其是在应对复杂社会和环境问题时,将为学生未来在多样化的职业道路上提供竞争优势。因此,开设《地理学与社会发展》这一大学低年级跨专业通识选修课程,旨在通过地理学知识的普及,激发学生对自然环境与社会发展的关注,培养他们的全球视野和社会责任感,从而帮助他们在未来的职业生涯中成为更加全面和有远见的跨专业人才。

本教材以"理解地理学与人类活动的互动"为主线,教材内容安排紧密结合地理学与社会发展的紧密关系,每一章节的内容都从理论与实际应用相结合的角度展开,力求在传授基础知识的同时,加强学生解决实际问题思维能力的培养。全书共分十一章,内容涵盖:绪论;地球系统的构成与运行;气候与天气的地理学基础;水资源与水循环;土壤与植物地理;人口与地理空间分布;资源地理与可持续利用;农业、工业与交通地理;城市与区域发展;环境问题的地理学视角;地理学的未来挑战与机遇等核心议题,并结合地理学的基本理论与方法展开讨论。本书每章后面设计的探究案例,既紧扣地理学课程内容,又与学生的实际生活紧密相关,帮助学生通过实际问题的分析和讨论,增强学习兴趣,提高分析和解决实际问题的能力。这些案例将地理学知识与学生的日常经验相联系,能够有效激发学生的学习动力,使他们感受到地理学在社会发展中的普遍性和实用性。

本书由宁波大学李加林教授领衔的教学团队在跨专业通识选修课程"地理学与社会发展"教学基础上编写而成。李加林教授提出教材总体构想与框架,承担主要撰写任务,徐皓副教授、龚虹波教授、刘永超副研究员、罗旭博士等参与内容撰写与修改工作。教材的编写凝聚了团队多年来的教学经验和研究积累,力求在学术性、系统性与可读性之间取得平衡。

希望本书能够帮助学生掌握地理学的基本概念和方法,培养他们科学分析与综合判断的能力,激发其探索自然与社会互动机制的兴趣,并在未来的学习、研究与实践中,以更开放的视角、更扎实的能力应对全球与区域发展的挑战,成为具有地理视野与社会担当的复合型人才。

在本书的编写过程中,参考了大量文献,限于篇幅,部分文献未能列出,在此向所有相关作者表示诚挚的歉意与感谢。由于编写时间和作者水平有限,可能存在部分疏漏和不完善之处,恳请广大读者批评指正。

编　者

2025 年 2 月 22 日

目 录

第一章 绪 论

第一节 地理学的学科特点与研究对象

一、地理学的学科特点与桥梁作用

1. 地理学的定义及学科特点

1.1 地理学的定义

地理学是研究地球表层自然现象与人类活动及其相互关系的科学。它通过分析空间分布、区域差异和变化规律，探讨自然环境与社会活动之间的相互作用。地理学涵盖自然地理（如气候、地貌、生态系统）和人文地理（如人口、经济、文化、城市等），作为自然科学与社会科学之间的桥梁，为理解地球、保护环境、合理利用资源和推动可持续发展提供理论与实践支持。

1.2 综合性

地理学的综合性体现在其同时关注自然与人文领域。它不仅研究自然地理要素（如气候、地貌、水文、生物、土壤），也涉及人口分布、经济活动、文化模式等人文因素。在分析区域土地利用等问题时，需综合自然条件与人类活动，体现出系统性和全局性。此外，地理学采用跨学科方法，与环境科学、生态学、社会学、经济学等紧密结合。例如，气候变化研究，需要融合自然科学与社会经济视角，综合评估其对生态系统、农业和人类生活的影响。

1.3 区域性

地理学强调区域差异，通过以区域为基本单元，分析自然和人文特征的多样性及其成因，揭示地球表层的复杂性。例如，不同地区的气候、地貌和资源条件影响了农业方式、生活习惯和经济结构，如北方多种耐寒作物，热带则以水稻为主，体现了人类对环境的适应。同时，地理学也关注区域之间的联系与互动，研究物质流、能量交换和信息传递所产生的区域协同效应。在全球化背景下，跨区域合作和依赖性增强，正是区域性研究的重要方向。

1.4 空间性

地理学以空间为核心视角，研究自然与人文现象的分布、关系及变化，探讨"在哪里""为什么在那里"及"如何变化"。空间分析方法揭示地理现象的分布规律，为城市规划、交通优化等提供支持。地理信息技术的发展，如地理信息系统（Geographic Information System，GIS）、遥感（Remote Sensing，RS）和空间数据分析，大大增强了空间研究能力。例如，利用遥感监测森林变化，或用 GIS 识别洪水风险区，这些技术在现代地理学研究中发挥着关键作用。

2. 地理学的桥梁作用

2.1 自然科学视角

作为交叉学科,地理学融合自然科学方法,研究地球表层的大气圈、水圈、岩石圈和生物圈之间的相互作用,揭示自然环境的演化规律,并为环境保护与资源利用提供科学依据。例如,气候地理学分析气候变化对生态系统的影响,地貌学研究地形演变以服务防灾减灾,水文地理学则支持水资源的可持续管理。

2.2 社会科学视角

从社会科学角度,地理学关注人类活动的空间组织和社会经济现象的分布,为城市规划、区域发展、交通组织等提供依据。如经济地理学研究产业布局助力区域战略制定,文化地理学揭示文化分布及演变,城市地理学则优化城市空间结构与功能分区。

2.3 自然与社会的纽带

地理学在连接自然与社会方面发挥关键作用,特别是在应对气候变化、资源管理等全球性问题中。通过整合环境监测与政策分析,地理学为制定适应策略提供支持;在资源利用与生态保护之间,地理学通过土地利用与生态系统服务的研究,探索实现可持续发展的路径。

二、地理学的核心研究对象

1. 地球表层系统

1.1 大气圈

大气圈是覆盖地球表面的气体层,其主要功能是调节地球的气候和大气环境。地理学通过研究气候类型、气候变化及其对生态系统和人类社会的影响,为理解全球气候系统提供了科学基础。例如,气候地理学研究气候的空间分布及其成因,为应对气候变化和预测极端天气提供数据支持。

1.2 水圈

水圈涵盖了地球表面的所有水体,包括海洋、湖泊、河流、地下水和冰川等。水资源是自然地理研究的重要内容之一,其分布和动态变化直接影响着生态系统的健康以及人类的生产生活。水文地理学通过研究流域水循环、洪水和干旱等现象,为水资源管理和防灾减灾提供科学依据。例如,对干旱地区水资源分布的分析,可以为农业发展和生态保护提供有力支持。

1.3 岩石圈

岩石圈是地球表层的固体部分,包括地壳和上地幔的部分区域。地貌地理学研究岩石圈的构造、形态及其演化过程,揭示地形变化的规律与机制。例如,地震和火山活动的分布与板块构造运动密切相关,而这些研究为减灾和土地资源的合理开发提供了科学基础。

1.4 生物圈

生物圈包括地球上所有的生命体及其栖息环境。地理学通过研究生物圈的空间分布及其与气候、土壤等因素的关系,揭示生态系统的结构与功能。例如,生态地理学研究植被覆盖变化及其对生物多样性的影响,为生态保护和生物资源利用提供重要参考。

1.5　人类活动与自然圈层的交互作用

地理学的核心关注点在于自然圈层与人类活动的交互作用。例如,土地利用变化不仅改变了地表的自然特性,还对区域气候、水资源和生态系统造成深远影响。通过对人类活动与自然圈层交互作用的研究,地理学帮助协调经济发展与环境保护之间的关系,为可持续发展目标的实现提供科学支持。

2. 地理空间结构

2.1　空间分布

地理空间结构是地理学研究的核心视角之一,指的是地理现象在空间上的分布模式、联系及其背后的动态变化过程。地理学通过空间分析的方法,揭示地球表层自然与人文现象的规律性。地理空间结构首先表现为地理现象的空间分布。无论是自然地理现象(如气候带、河流网络)还是人文地理现象(如城市、经济活动),它们都具有一定的空间分布特征。例如,世界人口密度分布反映了自然条件(如气候和水资源)与社会经济条件(如城市化水平和经济发展)的共同作用。

2.2　空间联系

地理学还关注地理现象之间的空间联系。无论是物质流动(如商品贸易和物流运输)、能量传递(如太阳辐射和海洋环流)还是信息传播(如网络通信),这些空间联系共同塑造了地球表层的动态过程。例如,全球化背景下,跨区域贸易和资源流动不仅改变了各地的经济格局,也带来了环境压力的全球性扩散。

2.3　空间动态过程

地理空间结构并非静态存在,而是不断演化的动态过程。通过分析地理现象的时空变化,地理学可以揭示这些动态背后的驱动力。例如,城市化过程中城市空间结构的变化受人口流动、经济发展和政策调控等多种因素的影响。研究这些动态过程,不仅可以帮助预测未来的空间格局,还能为区域规划提供科学依据。

3. 人地关系

3.1　自然环境对人类活动的影响

人地关系是地理学的核心主题之一,研究人类活动与自然环境之间的双向作用及协调机制。通过探讨自然环境对人类活动的约束和影响,以及人类活动对自然环境的改变,地理学帮助实现人与自然的和谐共生。自然环境因素对人类活动具有重要的约束作用,例如,气候、地形、水资源和土壤等因素直接影响农业生产、城市布局和基础设施建设。研究这些自然条件的空间分布和作用机制,有助于指导人类活动更好地适应自然环境。例如,在干旱地区进行农业生产,需要选择抗旱作物和高效节水灌溉技术,以适应水资源稀缺的环境。

3.2　人类活动对自然环境的影响

人类活动对自然环境的影响表现为资源开发、土地利用变化、污染排放等方面。例如,大规模森林砍伐导致了生物多样性的减少和气候的变化;工业活动带来的污染对水体和土壤造成了严重威胁。地理学通过研究这些影响的空间分布和机制,帮助制定环境保护和资源管理的科学对策。

3.3 人地关系的协调机制

地理学的最终目标之一是实现人地关系的协调,通过科学的分析和规划,促进自然资源的可持续利用和生态环境的保护。例如,在区域规划中,地理学帮助平衡经济发展与生态保护的矛盾,制定出合理的土地利用和环境保护方案;在全球环境治理中,地理学家通过空间分析揭示气候变化对不同区域的影响,推动国际社会采取联合行动应对挑战。

三、地理学的基本目标与应用价值

1. 探索地理现象的形成演化规律

1.1 地理现象的形成机制

地理学作为一门研究地球表层自然现象与人文活动的学科,其基本目标不仅是揭示地理现象的规律,还在于将这些规律应用于实践,以解决现实问题并服务于社会发展。在现代社会中,地理学的理论与方法为应对各种全球性和区域性挑战提供了科学依据,其应用价值在环境保护、资源利用、区域发展和全球治理等领域尤为突出。地理学的首要目标在于揭示地理现象的形成机制与分布规律,这些规律构成了地理学的理论基础,并为实际应用奠定了基础。

地理学通过研究自然和人文现象的发生机制,揭示了地球表层复杂系统的运行规律。例如,气候地理学通过分析大气环流、海洋温差和地形对气候的影响,揭示了全球和区域气候模式的成因;地貌地理学则通过研究侵蚀、沉积和构造运动的过程,阐明了地表形态的演变机制。这些研究不仅帮助人们理解自然现象,还为防灾减灾提供了科学依据。

1.2 空间分布规律

地理现象的分布并非随机,而是受到自然条件和社会因素的共同影响。地理学通过空间分析方法揭示了自然资源、人口分布、城市布局等现象的空间格局。例如,资源地理学揭示了矿产资源的分布规律及其与地质条件的关系;人文地理学通过分析交通网络和经济活动的空间结构,解释了城市和区域发展的空间差异。这些规律为制定合理的区域发展规划提供了重要参考。

2. 服务社会经济实践

2.1 区域规划

区域规划是地理学理论应用的核心领域之一。通过对区域资源、环境条件和社会经济状况的综合分析,地理学可以帮助制定科学的区域发展战略。例如,在城市化过程中,地理学通过研究土地利用模式和交通网络的优化布局,促进城市的可持续发展。在偏远地区的发展规划中,地理学通过分析自然资源禀赋和社会经济潜力,帮助制定适合当地条件的发展路径。

2.2 环境管理

环境问题是现代社会面临的重大挑战之一。地理学通过研究环境污染的来源、分布和传播路径,为环境管理提供了科学依据。例如,在水污染治理中,地理学家利用流域分析方法,揭示污染物的空间扩散规律,帮助制定有效的水资源保护政策。在空气质量管理中,地理学研究大气污染物的空间分布及其与气候条件的关系,为减少污染提供技术支持。

2.3　生态保护

地理学在生态保护中具有重要的应用价值。通过分析生态系统的空间分布及其变化规律,地理学为制定生态保护策略提供了科学指导。例如,在生物多样性保护中,地理学通过绘制物种分布图,帮助确定保护区的选址;在生态恢复中,地理学研究生态系统退化的原因,为制定生态修复方案提供了理论支持。此外,GIS 和 RS 技术的应用,极大地提高了生态监测和保护的效率。

2.4　资源可持续利用

自然资源的有限性和不可再生性决定了其合理开发和利用的重要性。地理学通过研究资源的分布、开发和利用方式,为资源的可持续利用提供科学依据。例如,农业地理学研究土壤肥力和气候条件的匹配关系,为农业种植结构优化提供建议;矿产资源地理学研究矿产分布与开发条件,帮助提高资源开采效率并降低环境影响。

3. 解决资源环境与可持续发展问题

3.1　应对气候变化

气候变化是 21 世纪最严峻的全球性问题之一。地理学通过研究气候系统的运行机制及其与人类活动的相互作用,为应对气候变化提供了科学依据。例如,地理学家利用气候模型预测全球气温变化趋势,帮助评估气候变化对生态系统、农业生产和水资源的影响。此外,通过分析气候变化对不同区域的差异性影响,地理学为制定区域适应性策略提供了重要参考。

3.2　应对城市化挑战

城市化过程中出现的问题,如城市扩张、交通拥堵、住房短缺等,对区域发展和社会稳定构成了巨大压力。地理学通过研究城市空间结构和城市功能分区的优化策略,帮助解决这些问题。例如,在城市规划中,地理学利用遥感影像分析城市扩展的空间特征,为制定科学的土地利用政策提供依据;在交通规划中,地理学研究交通流量的时空分布,帮助优化城市交通网络布局。

3.3　应对环境污染

环境污染问题具有显著的空间性和区域性特征,地理学通过污染物空间分布分析和污染源溯源研究,为污染防治提供了重要支持。例如,在大气污染治理中,地理学家利用风场数据和污染扩散模型,揭示污染物扩散路径,为污染防控措施的制定提供科学依据;在土壤污染治理中,地理学通过分析污染物累积的空间特征,帮助确定污染修复的重点区域。

第二节　地理学的分支与学科框架

一、地理学的两大核心分支

1. 自然地理学

1.1　研究内容

自然地理学作为研究地球表层自然系统的重要分支,关注各种自然要素的组成、动态变化及其相互作用。这些要素包括气候、地貌、水文、土壤和生物等,它们共同构成了地球表层的整体环境,为人类社会的生存与发展提供了基本条件。自然地理学通过对气候、地貌、水文、土壤和生物等自然系统的综合研究,揭示地球表层环境的复杂运行机制。这些研究不仅深化了人类对地球自然环境的认识,还为解决气候变化、资源短缺、环境退化等重大问题提供了科学支持。

气候是自然地理学研究的重要组成部分,它决定了地球表层环境的基本特征。研究气候系统的构成与变化规律,包括大气环流、温度变化、降水分布以及极端天气事件的形成机制,是自然地理学的核心任务之一。例如,全球变暖现象导致气候模式的深远改变,极端高温、暴雨、干旱等事件的频率和强度增加,对自然环境和人类活动造成了广泛影响。通过对气候变化的深入研究,自然地理学能够为应对气候危机提供科学依据和实际指导。

地貌研究是自然地理学中另一项重要领域,它关注地球表面的地形特征及其演变过程。通过探讨构造作用、侵蚀作用、沉积作用等地貌塑造过程,揭示山脉、河流、沙漠、冰川和海岸等地貌单元的形成机制。例如,地震和火山活动导致的地表变化,以及河流侵蚀对山谷和三角洲的塑造,不仅影响自然景观的演变,还关系到人类定居地的选址与安全。因此,地貌研究在土地利用规划、自然灾害防控等实际应用中具有重要意义。

水是地球表层最重要的资源之一,自然地理学中的水文研究集中于地表水和地下水的循环、分布及其作用。通过研究水文循环的动态变化,自然地理学揭示了河流水系的形成与演变规律,例如,洪水和枯水期的成因及其对流域生态的影响。此外,水资源的空间分布和合理利用也是水文研究的重要内容,这对于解决区域性缺水问题、管理跨界河流资源以及保护水生态系统具有重要价值。

土壤是连接大气圈、生物圈和岩石圈的重要媒介,也是自然地理学研究的关键要素之一。自然地理学通过分析土壤的形成过程、分布格局及其物理化学特性,揭示土壤与农业生产、生态系统之间的复杂关系。例如,不同类型土壤的肥力差异直接影响农业种植结构,而土壤侵蚀和沙漠化则威胁着全球粮食安全和生态平衡。因此,土壤研究在农业发展和生态保护中具有不可替代的地位。

自然地理学中的生物研究主要关注生物多样性、生态系统的空间分布及其动态变化。通过研究生物群落与环境之间的相互作用,自然地理学揭示了生物地理格局的形成机制。例如,气候和地貌条件的差异导致植被类型的分布多样性,而人类活动的干扰则可能破坏原有的生态平衡。当前,随着全球物种灭绝率的加快,生物多样性保护成为自然地理学的重要研究方向,旨在为全球生态安全提供理论基础和解决方案。

1.2 应用领域

自然地理学在气候变化研究中起着关键作用。通过分析气候系统的历史变化和未来趋势,自然地理学能够评估气候变暖对自然系统和人类社会的影响,为制定应对气候变化的政策提供科学支持。例如,全球气温上升可能引发冰川消融、海平面上升以及极端天气事件的频率增加,这些现象对农业生产、生态系统平衡和水资源管理构成重大挑战。自然地理学家通过构建气候模型、监测温室气体排放和研究生态系统响应,提出适应性方案,例如,改良农业种植结构、加强水资源调配以及推动可再生能源发展,从而为减缓和适应气候变化提供科学依据。

自然地理学通过研究自然灾害的发生机制和空间分布规律,为灾害预警和防灾减灾提供理论支持。地震、洪水、干旱、滑坡等自然灾害对人类社会的安全和发展构成巨大威胁,而自然地理学家通过分析地质构造、气象数据和水文信息,能够预测这些灾害的潜在风险。例如,在地震多发区,自然地理学的研究有助于识别地震活跃断层,并为建筑物抗震设计提供指导;在河流流域,水文地理学家通过研究降雨模式和河流水文特性,开发洪水预警系统,以减少洪水对社区的破坏;干旱监测和滑坡预警也在自然地理学的支持下得到了显著改进。通过制定防灾减灾措施,如加强基础设施建设、优化土地利用模式和提升灾害应急能力,自然地理学有效地减少了灾害对人类社会的威胁。

生态系统保护是自然地理学应用领域的另一个重要方向。通过揭示生态系统的运行机制、结构特征和脆弱性,自然地理学为生物多样性保护和生态恢复提供了科学依据。例如,湿地作为重要的生态系统,其退化可能导致水质下降、生物栖息地丧失和碳汇能力减弱。自然地理学家通过研究湿地的水文过程和生物特性,制定湿地恢复和保护计划。在荒漠化治理中,自然地理学帮助识别荒漠化的成因,如过度放牧、森林砍伐和气候变化,并提出防治措施,如植被恢复和土地管理优化。此外,热带雨林保护、珊瑚礁修复以及生物多样性热点区域的管理,均离不开自然地理学的理论指导和实践支持。这些努力不仅有助于维护生态系统的健康与稳定,还对实现全球可持续发展目标具有深远意义。

2. 人文地理学

2.1 研究内容

人文地理学是以人类社会活动为中心,研究其在空间上的表现、分布及其与环境相互作用的学科分支。研究内容涵盖人口、经济、文化、城市和区域发展等领域,这些主题共同揭示了人类活动与地理空间之间的复杂关系。

在人文地理学中,人口地理学关注人口的分布、迁移和密度变化等问题。人口分布研究分析了世界上不同地区人口密度的差异及其形成原因,如气候、地形、资源禀赋等自然因素,以及经济发展水平、政策制度等社会因素。迁移研究则揭示了人口从一个地方迁往另一个地方的动力机制,如经济机会、战争、自然灾害或环境变化对人口流动的影响。此外,人口动态的变化还与资源利用、城市扩张和社会发展密切相关。通过人口地理学的研究,可以更好地理解人口增长与环境承载力之间的平衡,为制定人口政策和资源分配策略提供依据。

经济地理学探讨了经济活动的空间分布及其形成机制,重点研究产业布局、区域经济一体化和物流网络的构建规律。例如,不同行业的空间分布往往取决于资源分布、市场需求和交通条件,而区域经济一体化则通过贸易、投资和技术交流推动地区间经济联系的增强。此外,物流网络的发展显著影响了经济活动的空间组织,如全球供应链如何在不同国家和地区间高效运行。经济地理学通过分析这些现象,为经济结构优化、产业政策制定和跨国合作提供理论支持。

文化地理学分析文化现象的空间特征及其动态演变过程,包括语言、宗教、风俗等文化要素的传播和分布。例如,语言的空间分布反映了不同民族的迁徙历史和文化交流;宗教信仰的扩散往往伴随着文化传播和权力的扩张;而风俗习惯的差异则体现了不同地区对环境和社会条件的适应方式。文化地理学还关注全球化对地方文化的影响,研究现代化进程如何在某些地区引发文化同质化,而在另一些地区则催生出地方文化的复兴。通过这些研究,文化地理学揭示了文化与空间之间的深刻联系,并为文化遗产保护和多样性维护提供了科学依据。

城市地理学专注于研究城市的空间结构、功能分区及其发展变化。城市内部的空间结构,包括居住区、商业区、工业区和绿地的布局,反映了社会经济活动的空间组织规律。而城市化进程则揭示了人口向城市集中、城市边界扩展以及社会功能日益复杂化的动态过程。城市地理学还研究城市发展对社会和环境的双重影响,例如,城市化带来的住房压力、交通拥堵和资源短缺问题,以及城市扩张对生态系统的破坏。通过城市地理学的研究,能够更科学地指导城市规划和建设,提升城市的宜居性与可持续性。

以区域为研究单位的区域地理学,致力于揭示区域内部经济、社会和生态系统的相互作用。区域发展研究关注区域差异及其成因,例如,为什么某些地区在经济发展上遥遥领先,而另一些地区则长期落后?这些差异可能源于自然资源分布、交通条件、政策环境或社会文化因素。通过分析这些因素,区域地理学家为缩小区域发展差距、提升区域竞争力提供了宝贵建议。此外,区域地理学还研究跨区域合作模式,如区域经济联盟或生态保护联合体,探讨如何协调区域间的利益关系,实现资源共享、优势互补与协同发展。通过对区域之间经济联系、人口流动、产业分工和基础设施互联互通等要素的研究,区域地理学为优化区域空间布局、推动区域一体化发展提供理论支持和实践路径。

2.2 应用领域

人文地理学的应用领域广泛,涵盖了社会经济发展的多个方面,其研究成果对现实问题的解决具有重要的指导意义,尤其在城市治理和区域发展等方面具有显著价值。人文地理学以其丰富的研究内容和广泛的应用领域,深入探索了人类活动的空间规律及其背后的社会、经济、文化动态。在全球化、城市化和区域发展不均衡的背景下,人文地理学的理论与实践结合,不仅为解决重大社会问题提供了新思路,也为人类社会的可持续发展注入了重要动力。

在城市规划方面,人文地理学通过对城市功能分区、交通网络和资源利用的分析,能够为城市制定科学合理的发展方案。这些方案不仅有助于提升城市的运行效率,还能有效优化人居环境。通过对土地利用、人口分布和环境容量的研究,可以帮助规划师设计出更加合理的城市布局,确保城市的可持续发展与居民生活质量的提升。

区域经济发展的研究也受益于人文地理学的应用。通过对不同地区产业布局和区域差异的深入分析,研究人员能够提出促进区域均衡发展的政策建议,帮助贫困地区实现经济结构的转型与升级。这些政策可以推动资源向有潜力的地区倾斜,从而实现更广泛的经济发展和社会进步,减少区域之间的经济差距。

人文地理学还为社会公平与可持续发展提供了重要的理论支持。通过分析社会资源分配的空间格局,研究能够揭示出资源利用的潜在不均衡问题,进而为促进社会公平提供有效的对策。同时,研究也关注经济发展与环境保护的协调问题,推动两者之间的和谐统一,为实现全球可持续发展目标提供理论依据。

二、综合地理学的地位与意义

1. 综合视角

1.1　综合视角的崛起与背景

综合地理学作为地理学的重要分支,以其独特的综合视角在自然与人文要素之间架起了桥梁,成为探索复杂系统运行机制的关键领域。地理学传统上分为自然地理学和人文地理学,前者研究地球表层的自然现象及其规律,后者则侧重于人类社会活动的空间分布及其影响。然而,随着全球化的加速、人口增长以及生态环境问题的日益复杂化,单一学科的研究方法已经难以全面解释这些问题。综合地理学应运而生,它以自然与人文要素相互作用为核心,从整体的视角审视地理系统,试图揭示其复杂的内在联系。

1.2　自然与人文的统一性

在综合地理学的视角下,自然与人文不再是相互割裂的领域,而是一个相互依存的统一体。例如,气候变化这一全球性问题不仅涉及气温、降水、海平面等自然因素的变化,还关系到人类的经济活动、能源使用、政策决策等人文因素。综合地理学通过对这些因素的交互作用进行分析,能够揭示气候变化的深层次成因和影响机制,从而为应对这一问题提供更加科学的解决方案。

气候变化的研究只是一个缩影。在更广泛的研究范围内,综合地理学将自然环境的变化与人类行为的调整视为一个动态的过程,通过分析两者之间的反馈机制,揭示其互动对全球和区域地理系统的影响。例如,研究森林退化问题时,综合地理学不仅关注降水减少、土壤肥力下降等自然因素,还会分析人类活动如过度砍伐和土地开发对生态系统的直接影响。这种多维度的分析方法使得研究更具解释力和实用性。

1.3　系统性与整体性的重要性

综合地理学还强调系统性和整体性。它不仅关注单个要素的研究,还注重要素之间的关系和整体系统的运行规律。例如,在生态系统研究中,综合地理学将植物、动物、气候、土壤以及人类活动纳入同一框架,研究它们之间的复杂互动。这种方法有助于理解生态系统的脆弱性及其对外界干扰的响应机制,为生态保护和资源管理提供理论依据。

综合地理学的系统性分析在应对实际问题时尤为重要。例如,水资源短缺问题不仅是自然降水分布不均的结果,还涉及社会经济因素如人口增长、工业用水增加以及农业灌溉需求扩张等。通过综合地理学的整体性方法,研究者可以全面评估问题的成因,制定更加有效的政策,如提高用水效率、改善水资源管理体制等。

1.4 应用案例

综合地理学为解决复杂问题提供了一个多维度的分析框架。例如,在研究城市热岛效应时,综合地理学不仅考虑城市建筑密度、地表材料等自然因素,还将城市化进程中的社会经济活动纳入研究范围。通过整合自然与人文两方面的数据,研究者可以更全面地理解热岛效应的成因。城市热岛效应是由于城市化过程中大量的不透水表面(如混凝土、沥青)替代了自然植被,同时热量集中排放和能源消耗加剧了城市中心的温度升高。这一问题不仅影响城市居民的健康和生活质量,还会加剧能源消耗和空气污染。综合地理学在分析热岛效应时,不仅结合了自然地理学的物理过程分析,还引入了人文地理学对城市规划、人口密度及社会经济活动的研究,从而提出具有可操作性的缓解策略,如增加城市绿地面积、优化建筑布局和改善能源使用效率等。

1.5 综合视角的学科影响与跨领域意义

综合地理学的综合视角为理解和解决复杂的地理问题提供了全新的思路。它打破了传统学科的界限,将自然与人文统一在一个系统中进行分析,不仅推动了地理学的发展,也为其他学科的跨领域研究提供了借鉴。例如,综合地理学的方法被广泛应用于生态学、环境科学、社会学等领域,为研究者提供了分析复杂系统的工具。

在当今全球化与区域化并存的背景下,综合地理学的研究意义更加凸显。它为应对全球气候变化、生态环境恶化、资源分配不均等重大挑战提供了科学依据,也为实现社会经济的可持续发展指明了方向。未来,综合地理学有望继续深化理论创新,并在更广泛的实践领域中发挥重要作用,为人类社会与自然环境的和谐共生做出更大贡献。

2. 纽带作用

综合地理学在自然地理学与人文地理学之间扮演着重要的纽带角色,这一作用不仅体现在学科内部的整合上,也为跨学科研究提供了新的可能性。自然地理学的研究重点在于地球表层自然环境的变化规律,包括气候系统、地貌演化、水文过程等;而人文地理学则关注社会、经济、文化等人类活动的空间特征及其与环境的关系。这两者看似相对独立,但实际上有着密不可分的联系。综合地理学正是通过整合自然与人文视角,为跨学科问题的研究搭建了桥梁。

2.1 理论融合的深度探索

综合地理学在自然地理学与人文地理学之间扮演着重要的纽带角色,这一作用不仅体现在学科内部的整合上,也为跨学科研究提供了新的可能性。综合地理学正是通过整合自然与人文视角,为跨学科问题的研究搭建了桥梁。综合地理学在理论层面上实现了自然地理学与人文地理学的深度融合。在研究地理问题时,单一学科的研究视角往往难以充分解释现象的复杂性。例如,荒漠化问题不仅涉及自然条件的变化,如降水减少、土地退化等,还与人类活动密切相关,包括过度放牧、不合理的土地利用等。综合地理学通过引入人文地理学的视角,可以更加全面地分析荒漠化的驱动因素及其扩展机制,并为治理提供多层次的对策。

2.2 实践中的跨学科解决方案

综合地理学在实践中为跨学科问题的解决提供了新的方法。以区域发展为例,不同区域的自然环境差异对社会经济活动具有直接影响,而社会经济活动反过来也会对自然环境产生深远的影响。综合地理学通过整合自然地理学的环境分析方法和人文地理学的社会经济研究方法,可以更加全面地评估区域发展的潜力与限制。例如,在制定区域发展规划时,综合地理学可以同时考虑土地资源的承载力、气候条件的适宜性,以及人口分布、产业结构等因素,从而提出更加科学和可持续的解决方案。

2.3 应对全球化的挑战

综合地理学还在应对全球化带来的新挑战中发挥着重要作用。全球化促进了人类社会的交流与发展,但也带来了资源分配不均、生态环境破坏等问题。这些问题往往具有高度的复杂性,涉及多个领域的交叉。综合地理学通过其跨学科的研究视角,可以将自然地理学中的环境变化、人文地理学中的社会经济动态以及其他学科的研究成果结合起来,为解决这些问题提供系统性的框架。例如,在应对跨国流域的水资源冲突时,综合地理学可以同时关注流域的自然水文特征、区域内的社会经济活动以及国际间的政策协作,从而提出更加全面的管理策略。

2.4 学科协作的示范效应

综合地理学还在推动学科间协作方面起到了示范作用。在研究复杂的地理问题时,综合地理学常常需要借助生态学、经济学、社会学等相关学科的理论与方法。例如,在研究气候变化对农业生产的影响时,综合地理学不仅需要分析气候条件的变化规律,还需要结合农业经济学的理论,评估气候变化对农作物产量、市场价格等方面的影响。这种跨学科的研究模式不仅扩展了综合地理学的研究边界,也为其他学科的协同研究提供了宝贵经验。

三、地理学的跨学科融合与创新

1. 学科交叉

1.1 地理学与环境科学

地理学与环境科学的交叉是应对当代全球性挑战的重要工具,特别是在气候变化、生态系统保护和自然灾害管理领域。环境科学提供了对自然系统运行机制的深刻理解,而地理学则通过空间分析技术揭示这些机制在不同地区的表现与影响。气候变化对海平面上升的影响是全球性的问题,其具体风险却因区域条件而异。地理学通过结合环境科学中的气候模型与地理空间数据,分析沿海地区的地貌特征、人口分布与基础设施布局,从而评估风险并提出因地制宜的应对措施。例如,生态系统保护中,地理学与生态学的融合极大地推动了生物多样性研究的发展。通过空间分析技术,地理学家能够揭示物种分布的规律,并在生态学理论指导下规划生态廊道和保护区,以缓解人类活动对生物栖息地的破坏。

1.2 地理学与社会学

在人文领域,地理学与社会学的结合为研究社会公平和区域协调发展提供了新的视角。社会学关注社会关系与群体行为,而地理学则专注于这些现象的空间分布及其驱动因素。两者的交叉使得资源分配、城乡差异等复杂社会问题的空间维度得以呈现。地理学可以通过研究医疗资源、教育设施和公共服务的空间分布,揭示社会资源分配的不均现象。这些数据不仅帮助政府制定精准的公共政策,还为实现社会公平提供了科学依据。在城乡差异研究中,地理学结合社会学理论,分析人口流动、就业机会分布与基础设施差异,从而推动城乡一体化发展的政策设计。

1.3 地理学与经济学

地理学与经济学的结合推动了区域经济发展的深入研究,尤其在资源分配、产业布局和空间经济结构优化方面。通过空间分析,地理学揭示了经济活动的地理分布规律,为区域经济规划提供了决策依据。例如,在发展中国家,地理学研究帮助评估区域间的资源禀赋差异,并提出可持续发展的产业布局方案。在全球化的背景下,地理学与经济学的合作对于研究国际经济格局具有重要意义。例如,通过分析全球贸易网络和跨国企业的空间布局,地理学家与经济学家可以共同揭示全球生产与消费的空间联系,为制定国际贸易政策提供科学支持。

1.4 地理学与城市规划

地理学与城市规划的结合对于现代城市问题的解决尤为重要。城市规划旨在优化城市布局、提高资源利用效率,而地理学通过空间分析技术为其提供科学依据。在快速城市化的背景下,地理学结合 GIS 工具和 RS 技术,对城市空间结构、交通网络和环境质量进行系统分析,为规划绿色城市、智慧城市提供数据支撑。地理学家通过研究城市功能区的分布及其与交通网络的关系,提出了优化通勤时间、减少能源消耗的解决方案。此外,结合气候学和生态学的理论,地理学帮助规划者设计城市绿地系统以缓解城市热岛效应,提高城市居民的生活质量。

1.5 跨学科协作的未来展望

地理学的跨学科协作不仅丰富了自身研究领域,也为其他学科提供了新的视角和方法。在未来,随着全球问题的进一步复杂化,地理学将继续深化与环境科学、生态学、社会学、经济学和城市规划等领域的合作,为解决资源短缺、气候变化、城市化等重大问题提供更加全面的科学依据。通过跨学科的协作与创新,地理学正在不断扩大其理论与实践的边界,使其在全球可持续发展中发挥更为重要的作用。同时,这种合作模式也为其他学科的交叉研究提供了宝贵经验,成为推动学术进步的重要力量。

2. 技术进步

2.1 地理信息系统

地理信息系统(GIS)作为一种先进的空间数据处理和分析工具,为地理学的研究方法和实践能力带来了革命性突破。GIS 能够整合、管理和分析大量复杂的地理空间数据,并通过可视化技术清晰地展现地理现象的时空变化规律。这种能力使得地理学研究更加高效和精准,拓展了其应用领域。GIS 在社会经济各方面得到广泛应用。例如,在应对新冠疫情期间,GIS 工具帮助研究者追踪病例分布、预测传播路径,并识别高风险地区。基于这些分析,政府能够快速部署医疗资源,制定精准防控措施,显著提高了应对效率。在城市规划中,GIS 帮助研究者分析城市功能区的分布及其与交通网络的耦合关系,从而优化城市布局,减少通勤时间,提升城市运行效率。在自然灾害评估中,GIS 通过整合地质条件、气象数据等信息,为地震、洪水等灾害的风险评估与应急响应提供科学支持。

2.2 遥感技术

遥感(RS)技术通过卫星、无人机(Unmanned Aerial Vehicle，UAV)等设备远程获取地球表层的大范围、高分辨率数据，为地理学提供了丰富而精确的观测手段。这项技术的广泛应用极大地拓展了地理学的研究视野和数据来源，尤其在生态环境监测和资源动态变化研究中表现出巨大潜力。在森林覆盖变化的监测中，RS技术通过分析不同时段的卫星影像，能够快速揭示森林砍伐、植被退化以及植被恢复的动态变化。例如，亚马孙热带雨林的砍伐问题，RS技术不仅可以量化森林面积的减少速度，还能识别砍伐的主要区域及其驱动因素，从而为相关政策制定提供科学依据。在生态保护领域，RS技术通过监测植被健康状况、土壤湿度等指标，为再造林工程和生态恢复项目的规划提供了关键支持。在全球气候变化研究中，RS技术被广泛用于监测极地冰川消融、海平面上升和海洋温度变化。例如，利用卫星影像可以直观地观察格陵兰岛和南极洲冰盖的面积变化，帮助科学家量化冰川消融的速率，评估其对全球气候系统的潜在影响。这些研究成果为全球气候治理提供了重要数据支持。

2.3 GIS与RS技术的协同应用

GIS和RS技术的结合，不仅提升了地理学的研究效率，还为跨学科研究提供了强大的技术支持。在公共卫生领域，研究者通过RS技术获取城市热岛效应、空气污染等环境数据，再结合GIS中的人口密度、交通网络等社会经济数据，分析环境因素对疫情传播的影响。在生态环境领域，GIS与RS的协同应用能够实现对自然资源的动态监测和精细化管理。例如，通过RS技术获取多时段的森林影像，并利用GIS分析森林覆盖的空间分布规律，可以精确定位植被退化区域，评估植被健康状况，并制定再造林和生态恢复的区域性规划。这种技术融合不仅提升了研究的效率和精度，也为实现资源可持续管理提供了创新性工具。

探究案例

案例1：地理学的学科性质

情境描述：假设你是一名地理学研究者，正在为一项新研究制定计划。你的研究目标是探讨城市扩张对周边自然环境的影响。你需要考虑以下问题：你要综合考虑地理学的三大性质(综合性、区域性、空间性)来开展这项研究，并且考虑地理学跨越自然科学与社会科学的边界，提供有效的桥梁作用。

探究问题：

1. 请简要描述地理学的综合性、区域性、空间性，并给出一个实际的研究案例。

2. 你认为地理学作为自然科学与社会科学的桥梁，能为解决哪些全球性问题提供帮助？

案例2：地理学的核心研究对象

情境描述：你正在设计一项关于城市与环境互动关系的研究项目。在此过程中，你需要考虑地球表层的各个组成部分(大气圈、水圈、岩石圈、生物圈)及其与人类活动的关系。

探究问题：

1. 你认为大气圈和水圈的变化对城市规划有哪些可能影响？请从空间结构和人地关

系的角度分析。

2. 结合一个你熟悉的地区,讨论自然环境与人类活动的相互作用及其调节作用。

案例3:自然地理学与人文地理学的应用

情境描述:某城市因连续的自然灾害(如洪水、干旱)影响而遭遇经济发展困境。市政府决定依赖自然地理学和人文地理学的相关研究来制定未来的恢复与发展计划。

探究问题:

1. 自然地理学如何帮助评估该城市的自然灾害风险?请简要列举几项关键研究领域。

2. 人文地理学在该城市的恢复计划中可能发挥怎样的作用?例如,如何通过经济、文化因素促进社区复兴?

📖 推荐阅读书籍

1. Getis A, Getis J, Fellmann J D: Introduction to Geography, McGraw-Hill Education, 2008.

2. Knox P, Marston S: Human Geography: Places and Regions in Global Context, Pearson, 2020.

3. Johnston R J, Sidaway J D: Geography and Geographers: Anglo-American Human Geography since 1945, Wiley-Blackwell, 2015.

4. Hall T, et al: Urban Geography, Taylor and Francis, 2018.

5. Benko G, Strohmayer U: Human Geography: A History for the Twenty-First Century, Taylor and Francis, 2014.

6. Machado B: Human Geography, Tritech Digital Media, 2018.

7. Holt-Jensen A: Geography: History and Concepts, SAGE Publications, 2018.

8. Marsh W M, Kaufman M M: Physical Geography: Great Systems and Global Environments, Cambridge University Press, 2013.

第二章　地球系统的构成与运行

第一节　地球系统的圈层结构（大气圈、水圈、岩石圈、生物圈）

一、大气圈

1. 大气圈的组成与功能

1.1　大气圈的组成

大气圈是地球表面一层由气体组成的包围层,也称大气层,它不仅保护地球免受外太空的有害辐射,还维持着生命所需的气候与天气条件。大气圈的组成复杂且多样,主要由气体组成,同时还包含微量的液态和固态物质。它是地球气候系统的核心组成部分,直接影响着气温、天气和生物的生存环境。

大气的主要成分是氮气(约占 78%)和氧气(约占 21%)。这两种气体在地球生命的维持过程中起着至关重要的作用。氮气作为惰性气体,在大气中占据了大部分空间,主要作用是稀释氧气,防止氧气过度反应。氧气则是大多数生物进行呼吸所必需的成分,是维持生物代谢和能源转换的关键物质。氧气的浓度相对稳定,确保了地球上生物的生存。除了氮气和氧气,大气中还包含少量的二氧化碳、氩气、水蒸气及其他微量气体。虽然这些气体在大气中的浓度较低,但它们对地球气候、环境和生命的运行至关重要。大气成分并非在各个高度层次中均匀分布。随着高度的增加,气体的组成和浓度发生变化。

1.2　大气圈的功能

大气圈对地球生命的存在和维持至关重要,作用广泛且多样,涵盖了呼吸、气候调节、紫外线防护等多个方面。大气提供了氧气,这是地球上绝大多数生物进行呼吸所必需的。氧气的供应确保了生命活动的持续,支持着动物、植物以及微生物的生存。大气中的氮气虽然不直接参与生物的代谢过程,但它在大气中占有主导地位,其稳定性有助于维持空气的平衡,防止过度的氧气或其他气体的过量积聚,从而为地球上的生命提供了稳定的环境。

大气圈在地球温度调节中发挥了不可或缺的作用。太阳辐射通过大气层到达地表,而地球表面吸收这些辐射热量后又将其以热量的形式反射回大气。大气中的温室气体,如二氧化碳、甲烷等,能够吸收并再辐射这些热量,形成所谓的温室效应。温室效应使地球表面的温度保持在一个适合生命生存的范围内。如果没有大气的调节,地球表面白天的温度将会过高,而夜晚的温度则会过低,这种极端温差将对地球生命构成威胁。因此,大气不仅调节了地球的气温,还维持了一个相对稳定的气候条件,为地球上的生态系统提供了必需的生存环境。

大气层具有保护地球免受有害辐射的功能。太阳辐射中包含的紫外线对生命体具有强烈的杀伤性,而大气中的臭氧层则充当了地球的"防护盾",能够吸收大部分紫外线辐射,避免其伤害生物的皮肤、眼睛等重要器官。没有臭氧层的保护,地球上的生命将面临紫外线辐射的威胁,严重时可能导致大规模的物种灭绝。因此,大气层的防护作用是地球生命得以存续的关键。

大气层在气候变化方面也起到了重要的作用。大气中的温室气体,如二氧化碳和甲烷,在自然情况下帮助地球保持适宜的温度。然而,由于人类活动的影响,温室气体的浓度正在逐渐增加,导致温室效应增强,地球温度逐步上升,气候变化变得更加明显。气候变化不仅影响着全球的天气模式,还对生态系统、农业生产以及水资源的分布造成了深远的影响。因此,大气层对气候的调节作用,是支撑地球生物多样性和生态平衡的重要因素。

2. 大气圈的结构

大气层被分为五个主要的层次:对流层、平流层、中间层、热层和外层。每一层具有不同的温度、压力和气体组成特点,这些差异对地球的气候、天气现象以及各种自然过程产生了重要影响。

2.1 对流层

对流层是大气层的最底层,位于地面至约 8 至 15 千米的高度。它包含了地球大气中大部分的气体和水蒸气,几乎所有的天气现象,如云的形成、降水和风暴,都是在这一层发生的。随着高度的增加,对流层的温度逐渐降低,平均每升高 1 千米,气温下降 6.5 ℃。这一层的大气湍流运动也很强,气温的变化和大气流动在此层的交织作用下,形成了丰富的气候模式和天气现象。

2.2 平流层

平流层位于对流层之上,约 15 至 50 千米的高度范围。与对流层不同,平流层的气温随高度增加而上升,这主要是由于平流层中臭氧层的存在,臭氧分子吸收太阳紫外线辐射,并将其转化为热能。臭氧层对保护地球免受有害紫外线辐射起到了至关重要的作用。由于平流层中空气的流动较为平稳,天气现象较少发生,飞行器通常飞行在这一层,因为它的空气稀薄且稳定。

2.3 中间层

中间层位于平流层之上,大约 50 至 85 千米的高度。在这一层,气温随着高度的增加而急剧下降,最低可达到 −90 ℃。中间层的特点是空气密度极低,因此这里几乎没有气象活动。由于气温的极度寒冷和气体的稀薄,中间层也无法有效地阻挡来自外太空的物质,这使得流星在这一层大气中燃烧并形成明亮的流星尾迹。

2.4 热层

在更高处是热层,位于中间层之上,约 85 至 500 千米的高度范围。热层的特点是温度随着高度增加而迅速升高,最高温度可达到 2 000 ℃以上。尽管热层的气温极高,但由于空气极其稀薄,实际上我们感觉不到热。热层的温度升高是由于太阳辐射使得该层的气体离子化,产生了大量的带电粒子。热层还包括了电离层,电离层中的带电粒子能够反射无线电波,这使得长距离的无线电通信成为可能。

2.5 外层

最后是外层,它位于热层之上,接近地球的空间边界,约 500 千米以上的高度。外层的大气密度极低,几乎是一个接近真空的环境。在这一层,气体分子极为稀少,且大气层逐渐与外太空过渡。外层的物质主要由氢和氦组成,这些气体分子以极高的速度运动,且由于地球引力较弱,它们容易逃逸进入外太空。

2.6 各大层次的过渡

各大层次之间并非严格分界,而是通过温度、气压和气体成分的变化逐渐过渡。不同层次的大气在温度、压力和密度等方面的差异,使得它们在地球气候系统中扮演着不同的角色,对天气现象、气候变化以及对外界辐射的吸收与反射都有着深远的影响。通过大气层的这些结构特点,地球的气候能够维持在适宜生命的状态,确保了地球生态系统的稳定性。

二、水圈

1. 水圈的组成与分布

1.1 水圈的组成

水圈是地球上所有水体的总和,包含了海洋、淡水湖泊、河流、地下水、冰川和水蒸气等多种形式的水体。地球的水资源大部分集中在海洋,占地球总水量的 97.5%。海洋不仅是地球上最大的水体,也是全球气候和天气系统的主要调节者。海洋的蒸发作用不仅影响全球的降水模式,还参与了气候系统的热量交换,起到了重要的温度调节作用。

剩余的 2.5% 是淡水,而其中大约 70% 的淡水以冰川和极地冰盖的形式存在。这些冰川主要分布在南极和格陵兰岛,成为全球最大的淡水储备库。冰川的融化与气候变化密切相关,因此它们不仅是重要的水源,也是气候变化监测的重要指标。除了冰川,淡水资源还分布于湖泊、河流和地下水中。然而,湖泊和河流中的淡水资源占比相对较小,占地球总淡水资源的 0.3% 左右。

地下水是另一个关键的水资源,尽管它不能直接观测,但在全球水循环中发挥着至关重要的作用。地下水通过降水渗透到地面下层,成为地下水系统的一部分。地下水为很多地区提供了持续的水源,尤其是在干旱和半干旱地区,它是人类生活和农业灌溉的重要来源。然而,由于地下水的补给速度相对较慢,过度开采会导致地下水枯竭问题,尤其在某些地区,地下水位持续下降已经成为一大挑战。

1.2 水圈的分布

水圈的分布在地理上并不均匀,水资源的丰富程度与气候、地理环境以及降水量紧密相关。水资源丰富的地区大多位于热带和温带地区,这些地区降水量充沛,江河湖泊分布广泛。例如,亚马孙河流域、东南亚地区和非洲热带雨林等地,都因为大量降水和较为丰富的水体资源而成为全球水资源的重点分布区域。相对而言,干旱和半干旱地区的水资源匮乏,这些地区通常缺少足够的降水,河流和湖泊的数量也较为有限。例如,北非、中东地区和澳大利亚大部分地区便是典型的水资源贫乏地区。对于这些地区而言,水资源短缺不仅影响当地的生态环境,还对人类的生存与发展构成了巨大挑战。在这些地区,人类依赖地下水和远距离调水等方式来解决用水问题,但这也伴随着资源过度利用和水资源枯竭的风险。

水资源的分布不仅影响着自然生态系统的运行,也对人类活动产生了深远的影响。农业、工业和城市建设等活动都依赖于稳定的水源供应。在水资源匮乏的地区,人类往往面临水资源短缺、竞争加剧等问题。因此,水资源的合理分配和保护已经成为全球各国在面对气候变化和人口增长压力时的一个关键议题。

2. 水圈的功能

2.1 水圈在维持气候系统中的作用

水圈在地球系统中发挥着至关重要的作用,尤其是在维持全球气候系统的稳定方面。水体通过蒸发、凝结和降水等一系列复杂的过程,持续循环并与地球的气候模式密切互动。海洋是地球水圈中最大的一部分,它通过蒸发作用将大量水蒸气输送到大气中。这个过程不仅为大气提供了水蒸气,也为云层的形成提供了基础。云层在大气中聚集后,发生凝结作用,形成降水,影响着降水的分布与强度。

这一系列的水文过程与地球的气候系统紧密相连,直接调节着温度、湿度和气候模式。例如,海洋的温暖水域通过释放热量影响大气温度,而降水的变化则决定了不同地区的湿润或干旱状况。这些因素共同作用,影响着季节变化、气候周期甚至是气候变化的趋势。水圈通过这种方式起到了全球气候调节器的作用,不仅影响地球表面的气温变化,还在全球范围内调节着风、降水以及气候带的分布。随着气候变化加剧,水圈的这些功能对人类社会和自然生态系统的影响愈加深远。

2.2 水圈对生态系统的影响

水圈在维持地球生态系统的稳定性方面扮演着重要角色。水体提供了全球各种生态系统所需的水源,是生物赖以生存和繁衍的基础。海洋,作为水圈的最大组成部分,是地球上最为丰富的生物栖息地。海洋中的浮游生物、鱼类、海洋哺乳动物等构成了一个庞大的生物链,是全球食物链的关键环节。海洋不仅为生物提供栖息地,还借助海洋生物的光合作用和自身水体温度的调节作用在减缓气候变化方面起到了积极作用。

淡水则对陆地生态系统至关重要。江河、湖泊和地下水是陆地生态系统的生命线,提供了植物生长、动物繁衍以及人类生产活动所必需的水源。水资源的分布和质量直接影响陆地生态系统的健康。适宜的水分是维持植物生长的基本条件,森林、草原和湿地等生态系统依赖于水源保持生态平衡。淡水资源不仅影响生物的生长发育,还参与了土壤养分循环、植物授粉等自然过程。

2.3 水圈在人类社会中的作用

水资源在现代社会中的重要性不言而喻,是支撑人类活动的基石。农业是全球最大的水资源使用活动。通过用水灌溉农田、提高作物产量,保障全球粮食供应。随着全球人口的增长和农业生产的扩展,水资源的需求在农业领域持续增加。工业生产也高度依赖水资源,无论是作为原料、冷却剂,还是在化学反应中的应用,水都不可或缺。尤其是在一些工业化进程较为迅速的国家和地区,水资源短缺对经济发展和社会稳定构成了巨大的挑战。城市生活用水同样是水圈功能中的一个关键环节。从饮用水、家庭清洁到城市公共设施的运行,都离不开水的支持。随着全球城市化进程的加速,水资源的需求急剧增加,许多地区面临着水资源分配不均、供水压力增大的问题。水资源的供需矛盾尤为突出的地区,如中东、非洲和亚洲部分干旱地区,面临更严峻的水资源管理挑战。

三、岩石圈

1. 岩石圈的组成与结构

1.1 岩石圈的组成

岩石圈是地球最外层的固体层,构成了地球的坚实基础。它主要由地壳和上地幔的部分组成,厚度通常在 5 至 70 千米之间。地壳是岩石圈的最上层,分为大陆地壳和海洋地壳两大部分。地壳的组成决定了其物理性质和化学特征,主要由两类岩石组成:硅铝岩石和硅镁岩石。

硅铝岩石,如花岗岩,主要分布在大陆地壳区域,是构成大陆板块的主要物质。它们富含铝和硅,通常密度较低且硬度较高。因此,大陆地壳相比海洋地壳较为厚实。

硅镁岩石,如玄武岩,主要形成在海洋地壳中,富含镁和铁,因此密度较大。玄武岩等硅镁岩石在海洋板块中占据主导地位,它们的形成主要依赖于地幔的物质上升和冷却。

地壳下方是上地幔,主要由高密度的矿物如橄榄石和辉石组成。上地幔的物质更加坚固和黏稠,温度和压力逐渐增加,直至达到地球的中层。上地幔与地壳之间有一个重要的分界面,称为"莫霍不连续面"(Moho 面)。这一层面标志着从较轻的硅铝岩石到较重的硅镁岩石的过渡。

在岩石圈的最底部,地幔的物质会部分熔化并上升,参与到地球内部的动力过程,这一过程会产生热量,影响地球表面的板块构造,导致火山活动和地震现象。岩石圈的组成和结构不仅影响地球表面的稳定性,还在地球的热量传递、气候调节及地震等现象中扮演着至关重要的角色。

1.2 岩石圈的结构

岩石圈可分为两大主要部分:大陆地壳和海洋地壳。它们在厚度、组成和物理性质方面存在显著差异,对地球的表面形态、自然资源的分布以及板块构造运动有着重要影响。大陆地壳的厚度通常较大,平均在 35 至 40 千米之间。它主要由硅铝岩石(如花岗岩)组成,因此密度较低。大陆地壳的组成使其具有较高的稳定性,并富含许多重要的矿产资源,如煤、铁矿石、铜矿、金矿和稀有金属。这些资源对人类社会的发展和经济增长至关重要。

相比之下,海洋地壳较薄,厚度大约在 5 至 10 千米之间,主要由硅镁岩石(如玄武岩)构成,密度较大。海洋地壳的形成是通过海底扩张过程实现的。随着地球板块的运动,地幔中的物质上升并冷却,形成新的海洋地壳。这一过程通过海底扩张带、裂谷和海沟等地质构造展现出来,对海洋的深度和海底地形的塑造产生了深远的影响。

海洋地壳和大陆地壳的差异在地质活动中起着关键作用。例如,海洋地壳的不断更新和形成导致了大洋板块的漂移,而大陆地壳则保持相对稳定并承载着全球大部分的陆地资源。海洋地壳和大陆地壳之间的相互作用是引发地震、火山爆发、山脉形成等地质现象的主要原因。

2. 岩石圈的作用

2.1 支撑地球表面及提供自然资源

岩石圈是地球表面的坚实基础,它支撑了所有的陆地和海洋形态。岩石圈为生命提供了必需的物理基础,包括土地、矿产资源和其他自然资源。这些资源不仅是维持生态系统运转的基础,也是支持人类社会生存和发展的关键条件。岩石圈内含有如煤、石油、天然气等能源资源,提供了全球能源供应的根基;铁、铜、铝等金属矿产资源在现代工业生产中发挥着重要作用;此外,岩石圈中还蕴藏着各种非金属矿产、建筑材料等资源,这些都为人类的经济活动提供了丰富的物质基础。

岩石圈中的土壤和其他地质结构为植物生长提供了栖息地,进而支持了地球上的生物多样性。它也在全球水循环中起到至关重要的作用,控制着水的渗透、储存与流动,影响着地表水资源的分布和可用性。

2.2 影响地球的地质活动和自然灾害

岩石圈不仅是地表的基础结构,还在地球的动态过程中起着至关重要的作用。岩石圈并不是一个静止的整体,它受到地球内部热量和物质流动的影响,发生着不断的运动和变形。这种运动表现为地球板块的漂移、碰撞、俯冲和扩张,构成了地球表面的板块构造。这一过程与地震、火山和山脉的形成息息相关,是地球地质活动的基础。

当两块板块发生碰撞时,由于相互推挤和压力,地壳会发生褶皱和隆起,进而形成巨大山脉。例如,喜马拉雅山脉便是印度洋板块与欧亚板块碰撞的结果。板块的碰撞不仅改变了地表的形态,也促使了许多其他地质现象的发生。

当一个板块下沉并俯冲到另一个板块下方时,会形成深海沟。例如,太平洋板块与印度洋板块的俯冲形成了马里亚纳海沟,它是地球上最深的地方。板块的俯冲还与火山活动和地震活动密切相关,影响着周围的生态环境和人类活动。

地震是由于岩石圈内的应力积累过多,突然释放出大量能量引起的地面震动。板块的相互作用,尤其是板块边界处的活动,通常是地震的主要来源。火山爆发则是由于岩石圈内的岩浆和气体压力积累到一定程度时突破地表,释放出巨大能量造成的。火山爆发不仅塑造了地表的地形,还能影响气候、生态系统,甚至威胁人类社会的生存。

2.3 促进地球的演化与资源循环

岩石圈的运动和变化不仅塑造了地球表面的现有地形,还参与了地球内部的物质循环。岩石圈通过板块构造运动、地壳的不断变形以及矿物的沉积与再生,不仅为地球更新了资源,也促进了全球物质的循环。例如,岩石圈中的矿物资源经过风化、侵蚀、搬运和沉积等过程,逐步成为土壤、砂石等资源,再次为地球的生态系统提供养分和支持。

同时,岩石圈在全球碳循环中也占有重要地位。岩石圈通过岩石的风化作用、火山活动等过程,参与了大气中二氧化碳的吸收与释放,从而影响了地球的气候系统。火山喷发释放出的气体和溶解在岩石中的碳元素对全球温室气体的浓度产生了重要影响。

2.4 促进人类社会的发展

岩石圈内的自然资源不仅为生态系统的维持提供了支持,也为现代社会发展提供了物质基础。矿产资源、能源资源和建筑材料的丰富储备使得人类能够在地球上繁衍生息并发展出多种技术文明。随着人类技术的进步,岩石圈的资源被广泛开采和利用,推动了全球经济的现代化进程。

四、生物圈

1. 生物圈的组成与分布

1.1 生物圈的组成

生物圈是地球上所有生物及其与环境相互作用的区域,涵盖了陆地、海洋和大气中的所有生命体。它不仅包括地球表面可见的生物,还包括生活在极端环境中的生命形式,如深海热泉、极地冰层、地下深处及其他特殊生态环境中的生物体。这些极端环境中的生命体展现了生命在极端条件下的适应能力,能够承受极端的温度、压力、缺氧或高辐射等条件。生物圈中的生命形式从微生物到大型植物、动物以及人类等多样的生物种类,展现了生命的广泛性和多样性。

生物圈不仅是生物生存的场所,更为它们的生长、繁衍和演化提供了多样的生态环境。这些环境包括热带雨林、温带森林、沙漠、极地冰原、海洋等,形成了各具特色的生态系统。在这些生态系统中,生物和非生物成分密切互动,维持着生态平衡。例如,植物吸收阳光和二氧化碳,进行光合作用,并释放氧气,成为生态系统中的初级生产者;动物则通过食物链与植物和其他动物互相联系。生物与水、空气、土壤等非生物成分的相互作用,使得生物圈得以维持稳定的生态功能。

生物圈本质上是一个复杂且精密的生态系统,涉及生物与非生物环境的相互作用。这种相互作用不仅维持了生态系统的稳定性,也推动了地球各大物质循环和能量流动的实现。通过这一系列生物和非生物的交互过程,生物圈促进了地球生命的多样性和演化,同时为地球环境的可持续性提供了保障。

1.2 生物圈的分布

生物圈的分布是高度不均匀的,受到多种因素的影响,其中温度、湿度、光照和土壤条件等是最重要的影响因素。地球表面的温度和湿度决定了生物种类的多样性及其分布范围。例如,温暖湿润的地区,如热带雨林,生物多样性最为丰富。热带地区通常具有较高的气温和充足的降水,使得这里的生态系统适合多种植物和动物的生长。此外,热带地区的土壤富含有机质和矿物质,水源丰富,这些因素共同促进了热带雨林生态系统的繁荣。在热带雨林中,我们可以找到世界上最丰富的生物种类,包括各种植物、昆虫、鸟类、哺乳动物等。

相对而言,寒冷和干旱的区域,如沙漠和极地地区,生物的种类和数量明显减少。沙漠地区的高温和极度干旱条件使得这里的植物和动物种类较少,生物多样性较低。然而,沙漠中的生物体表现出非常独特的适应机制,如许多沙漠植物能够储存大量水分,以度过干旱期;而沙漠动物则多为夜行性,为避开白天气温的剧烈波动,通过夜间活动以减少水分流失。极地地区的严寒气候、低温和长期的黑暗条件同样限制了生物的生存。然而,这些地区仍然拥有独特的生物群落,如企鹅、北极熊以及极地植物等,它们已进化出极寒适应能力,能够在这些严酷环境下生存。

海洋作为地球上生物圈最大的一部分,对地球生物多样性的维持贡献巨大。海洋涵盖了约71%的地球表面,是全球海洋生物的栖息地。海洋生物多样性丰富,尤其是在靠近大陆架的区域,这些地区的海水较浅,富含营养物质,因此适宜多种海洋生物繁衍生息。海洋中的浮游生物是海洋食物链的基础,海洋哺乳动物、鱼类、贝类等则是复杂的生态网中的重要组成部分。

2. 生物圈的功能

2.1 物质循环

生物圈在地球的物质循环中扮演着核心角色。通过不同的生态系统,如森林、湿地、海洋和草原,生物圈调节和维持了地球上各大物质的循环。这些物质包括二氧化碳、水分、矿物质等,这些资源通过生物体的吸收和转化被有效地循环利用。植物是光合作用的主要执行者,它们吸收大气中的二氧化碳并释放氧气,这不仅支持了其他生物的生存,也维持了大气成分的稳定。动物和微生物则通过呼吸作用,释放二氧化碳和水蒸气,将有机物质转化为无机物质,继续参与物质循环。

生物体的死亡和分解过程也是物质循环的重要环节。当生物体死亡后,其体内的有机物质会通过分解过程转化为土壤中的营养元素,为植物的生长提供养分,从而促进生态系统的可持续运作。通过这种方式,生物圈有效地维持了物质的循环流动,为地球上所有生命体的生存提供了基础。

2.2 能量流动

生物圈中的能量流动遵循食物链和食物网的规律,能量的传递和转化是生态系统运作的动力来源。太阳作为地球能量的最初来源,通过光合作用被植物吸收并转化为化学能,植物成为初级生产者,为草食性动物提供了能量。这些草食性动物又成为肉食性动物的食物,能量在食物链中逐级传递。

每一级的能量转化都伴随着能量的损失,通常以热能的形式释放。因此,食物链中的每一个环节都需要大量的能量输入,才能维持生态系统的正常运作。这种能量流动不仅支持了生物体的生长和繁衍,也为生态系统内的物种互动和维持生态平衡提供了动力。食物网的复杂性则使得能量在不同生态系统中得以多重流动和转化。食物网中的每一个生物都在不断地通过吸收和转化能量来维持其生存,同时还通过捕食、被捕食等生物学过程影响生态系统中的其他物种。

2.3 生态调节与气候影响

生物圈在地球气候的调节中扮演着重要角色,尤其是在应对气候变化和温室效应方面。植物和海洋浮游生物通过光合作用吸收大气中的二氧化碳,从而降低温室气体的浓度,减缓全球变暖的趋势。森林、湿地等生态系统能够有效地储存碳,而海洋则是全球最大的碳汇之一。生物圈的这一作用对于地球的气候系统具有至关重要的意义,尤其在全球变暖日益严重的今天。

生物圈还通过调节水的蒸发、降水和水流动过程,直接影响着全球气候和天气模式。湿地、森林和草原等生态系统通过影响水的循环,不仅改善了气候的局部调节,也对全球气候的稳定性产生重要作用。例如,森林通过蒸腾作用释放水蒸气,增加空气湿度并调节气温,而湿地通过水分调节和湿气释放,改善了地区的气候条件。

2.4　维持生物多样性与生态平衡

生物圈内的物种通过互相依存、互助合作以及捕食与被捕食的关系,维持着生态平衡。食物链的正常运作、物种之间的相互关系及生态位的分化,保证了生物多样性的存在。在食物链和食物网中,每一种生物都有其独特的作用,它们通过相互作用共同构成了复杂的生态系统。生物体之间的竞争、共生、捕食和竞争等行为维持了生态系统内物种的平衡和稳定。例如,捕食者控制了草食性动物的数量,从而避免了草食性动物过度繁殖对植物的破坏;同时,植物通过提供食物资源支持草食性动物的生长,形成了互利共生的关系。这种复杂的生态互动关系不仅保证了各类生物的存续,也有助于生态系统内各个环节的稳定和生物多样性的保存。

2.5　人类社会的支持

生物圈为人类社会提供了多种关键资源和生态服务,这些都是支撑人类文明发展的基础。食物、水源、药品、木材、能源等资源直接来源于生物圈。农业、林业、渔业等产业直接依赖于生物圈的生产力,而生态系统所提供的空气净化、水资源过滤和土壤肥沃等服务,对于人类社会的健康和繁荣至关重要。

生物圈的健康状态对人类的生存环境产生深远影响。生物多样性的丧失、生态系统退化、气候变化等问题,都将影响人类的生存条件和生活质量。因此,保护生物多样性、加强生态环境保护已经成为全球关注的焦点。随着全球人口增长和人类活动的不断扩大,生物圈面临着前所未有的压力,如何实现可持续发展,保护地球生态系统的稳定,已成为当今社会最紧迫的问题之一。

第二节　人类活动对地球系统的影响

一、人类活动对大气圈的影响

1. 温室效应与气候变化

1.1　温室气体的排放与地球气温上升

人类活动,特别是化石燃料的燃烧、大规模砍伐森林等行为,显著增加了大气中温室气体的浓度。温室气体如二氧化碳(CO_2)、甲烷(CH_4)和氧化亚氮(N_2O)等,能够吸收和再辐射地球表面释放的热量,从而加剧温室效应。温室效应是地球大气层的自然过程,它使地球保持适宜的温度,具有支撑生命的作用。然而,人类活动所释放的温室气体浓度的上升加强了这一效应,导致地球表面的热量难以逸散到太空中,从而使得地球气温逐渐上升。温室气体的排放不仅导致气温的上升,还扰乱了自然气候系统。气候模式的改变表现为季节性变化的极端化、天气事件频率和强度的加剧,如更频繁的热浪、暴雨、干旱等极端天气现象。

1.2　极地冰盖与冰川融化及海平面上升

随着全球气温的上升,极地冰盖和冰川的融化进程加速,尤其是在南极和格陵兰岛等地的冰层消融速度不断增加。冰川的融化不仅导致海水体积的增加,还加剧了全球变暖的进程,因为融化后的冰水减少了地球表面的反射率(称为反照率),使得更多的太阳辐射被吸收,从而进一步加剧温度上升。海平面上升已经成为全球关注的主要问题,特别是对低洼沿海地区和小岛屿国家而言,海平面上升对生存环境构成了严重威胁。沿海城市的淹没、农田盐碱化、淡水资源的污染等问题,已成为各国面临的挑战。

1.3 极端天气现象的增加

随着气候变化,极端天气现象变得更加频繁和剧烈。例如,热浪和强降水事件的频率增加,部分地区经历着极度的干旱和水资源短缺,而另一些地方则可能遭遇灾难性的洪水。全球范围内,飓风、台风、龙卷风等风暴系统变得更加剧烈,暴风雨带来的降水量和风速超出历史记录。极端天气事件不仅造成了巨大的经济损失,还威胁到了生态系统的稳定和人类生命财产的安全。气候变化所引发的灾害,已经成为全球性的社会经济问题,尤其是在农业、基础设施建设、能源需求等领域。

1.4 温室气体排放的主要来源

温室气体的增加主要源于化石燃料的燃烧,如石油、天然气和煤炭的使用。这些能源的使用主要集中在电力生产、交通运输、工业制造等领域,导致大量二氧化碳的排放。燃煤电厂、汽车排放、石油提炼和天然气的开采都直接向大气中释放温室气体。农业活动也是温室气体排放的重要来源。尤其是牲畜的肠道发酵过程产生大量的甲烷,而农田施用化肥的过程中,氧化亚氮等温室气体的释放也对气候变化产生了负面影响。森林砍伐导致的碳释放同样加剧了温室效应,因为森林是全球重要的碳汇,砍伐和土地转变为农业用地等行为不仅释放了固存的碳,也减少了碳的吸收能力。

1.5 长期影响与全球应对

温室效应的加剧不仅改变了地球的气候模式,也对全球的生态、社会和经济结构产生了深远的影响。例如,农业生产的模式会受到气候变化的影响,特别是在水资源分布不均的地区,粮食安全面临的威胁将更加严峻。同时,全球变暖也会导致一些物种的栖息地变化,生物多样性受到威胁,生态平衡可能被打破。为了应对温室效应带来的气候变化,全球各国已开始采取应对措施,如减少温室气体排放、发展绿色能源、提高能源使用效率等。同时,国际社会通过《巴黎协定》力求控制全球温度上升幅度,遏制气候变化的恶化。

2. 空气污染与臭氧层破坏

2.1 工业化与交通运输导致的空气污染

随着全球工业化进程的加速和交通运输网络的广泛扩展,人类活动显著增加了大气中的污染物。这些污染物包括二氧化硫(SO_2)、氮氧化物(NO_x)、挥发性有机化合物(VOCs)等,它们主要来源于工业排放、交通尾气、能源生产等活动。工业设施中的燃料燃烧和化学反应会释放大量的有害气体,尤其是在未经过滤的情况下,这些气体会进入大气层,与水蒸气和氧气发生反应,形成酸雨。酸雨不仅污染了空气,还对水源、土壤和植物造成了严重的威胁。酸雨中的酸性物质可以使水体酸化,影响水生生物的生存,并破坏土壤的结构,使植物生长受阻。此外,酸雨的沉降还会腐蚀建筑物、桥梁和其他基础设施,造成巨大的经济损失。

2.2 空气污染的生态与健康影响

空气污染对生态系统和人类健康造成的影响是广泛而深远的。污染物如氮氧化物和挥发性有机化合物(VOCs)不仅参与了酸雨的形成,还在大气中催化了臭氧的生成,形成了地面臭氧层,进一步加剧了空气质量问题。地面臭氧被认为是一种重要的空气污染物,特别是对呼吸系统的危害,它能够引发哮喘、慢性支气管炎等呼吸道疾病。在生态层面,空气污染影响植物的光合作用,减少了其生长速度,并干扰了生态链的稳定性。例如,空气中的硫化物和氮化物可能抑制植物的营养吸收,进而影响依赖这些植物为食的动物群体。此外,空气污染还会导致气候变化和生物多样性的丧失,使得生态系统更加脆弱。

2.3 臭氧层的破坏与紫外线辐射的增加

臭氧层位于地球大气层的高层,主要位于约 15 到 35 千米的高度范围内,起着至关重要的保护作用。臭氧层能够吸收和过滤大部分有害的紫外线(UV)辐射,尤其是 UV-B 辐射,防止这些辐射直接照射到地球表面,危及地球上的生命。然而,工业化和人类活动,特别是化学物质的使用,严重破坏了臭氧层。氟氯化碳(CFC)等化学物质的广泛应用,尤其是在空调、冰箱、泡沫塑料和清洁剂等产品中的使用,导致了臭氧层的逐渐破坏。CFC 分子在高空中释放后,会分解并与臭氧分子发生反应,破坏其分子结构,导致臭氧层变薄甚至形成臭氧空洞,尤其是在极地地区。这种臭氧空洞使得紫外线辐射量增加,极大地增加了人类和其他生物的健康风险。

2.4 紫外线辐射增加对生物健康的影响

臭氧层的减少直接导致紫外线辐射量的增加,紫外线辐射尤其是 UV-B 辐射对生物体有显著的伤害作用。对于人类而言,过度暴露在紫外线下会增加皮肤癌的发病率,尤其是黑色素瘤等皮肤癌类型。此外,紫外线辐射还会导致白内障、免疫系统抑制和 DNA 损伤等健康问题。紫外线辐射的增加同样会对植物和水生生物造成威胁。植物的光合作用过程可能受到紫外线辐射的损害,从而影响植物的生长、繁殖和生态功能。而水生生物,尤其是浮游生物和幼鱼,也会因为紫外线的辐射而受到影响,进而可能破坏整个水生态系统的平衡。

2.5 国际合作与臭氧层修复

为应对臭氧层破坏的问题,全球各国已经采取了积极的措施。1987 年,《蒙特利尔议定书》正式生效,成为国际社会在限制臭氧层破坏物质使用方面的重要协议。该协议规定逐步淘汰氟氯化碳(CFC)、哈龙(Halon)等臭氧层消耗物质,并且支持全球范围内的研究和技术转让。随着各国的努力,臭氧层的修复已见成效。虽然臭氧层的完全恢复仍需要几十年的时间,但臭氧层的修复进程已得到显著的缓解。臭氧空洞的规模有所缩小,紫外线辐射的强度也有所下降。全球范围内的合作和行动,已经成为应对环境危机和保护地球生态的重要举措之一。

二、人类活动对水圈的影响

1. 水资源过度开采与污染

1.1 地下水的过度开采与枯竭

随着全球人口的持续增长和工业化的加速,人类对水资源的需求日益增加。地下水作为重要的淡水资源,尤其在干旱和半干旱地区,已成为许多地区主要的饮用水源和农业灌溉水源。然而,地下水的过度开采已成为全球水资源面临的一个重大问题。在一些地区,地下水被大量抽取用于满足农业灌溉、工业生产和日常生活的需求,导致水位持续下降,地下水资源逐渐枯竭。

地下水的过度开采不仅影响了水源的可持续性,还带来了一系列严重的环境问题。长时间的大规模抽取导致地下水位下降,进而导致地面沉降和土地塌陷。在一些沿海地区,过度开采地下水还会引发海水入侵,污染地下水源,使得地下水变得不适宜饮用和农业灌溉。这一问题在全球多个水资源匮乏的地区尤为突出,已严重影响当地居民的生产和生活,甚至带来了社会和经济的巨大压力。

1.2 地下水的水质问题

地下水的过度开采不仅仅是水量上的问题,还可能导致水质的恶化。过度抽取地下水可能使得本应被自然补给的水源失去平衡,导致水质污染的风险增加。地下水中的污染物,如重金属、农业化学品(如农药和化肥)、有机污染物以及废水中的有害微生物,可能随着水位下降而逐渐被浓缩或释放,污染地下水水质,进而影响当地的饮用水安全。

许多地区的地下水已经受到有害物质的污染,严重威胁着水生生物和人类的健康。地下水的水质问题成为人类饮用水安全、食品安全和农业灌溉的一个严重隐患,甚至可能引发一些与水源污染相关的健康危机,如水传染病、癌症等慢性疾病的高发。

1.3 工业和农业活动对水体的污染

除了地下水的过度开采,工业和农业活动的污染也是水资源问题中的关键因素。工业废水和城市污水中含有大量的有害物质,如重金属、化学品和有毒有机物等,这些污染物通过排放进入河流、湖泊和地下水源,严重污染水体。工业排放的有毒废水不仅直接影响水体的生态健康,还对水生生物的生存构成威胁,甚至造成大规模的水生物死亡,破坏水域的生态平衡。

农业中广泛使用的化肥和农药,是水污染的另一个主要来源。化肥和农药中的有害成分通过径流进入水体,导致水体富营养化。富营养化会导致藻类大量繁殖,形成藻华,进一步消耗水中的氧气,影响水体的生态系统,最终导致水质恶化,甚至引发"死水区",使得水体变得无法使用。特别是一些重要的水源地,受污染影响较大,难以满足日常饮用和灌溉需求。

1.4 水污染的社会和环境成本

水体污染不仅对水生生态系统产生长期负面影响,还带来了巨大的社会和经济成本。水资源的污染使得大量水体无法直接使用,迫使政府和民众花费巨额资金进行水处理。处理污染水源需要依赖高效的净水技术,但这些技术和设备的投入对于许多发展中国家来说是沉重的负担。污染水源还可能导致地方经济发展受阻。农田灌溉水源的污染直接影响农业生产,导致农作物减产甚至绝收。污染的水源也可能引发当地居民的健康问题,增加公共卫生支出,甚至影响劳动力的生产力。因此,水污染的治理不仅是环境保护的问题,也是社会经济可持续发展的关键问题。

1.5 对策与展望

解决水资源过度开采与污染的问题,需要全球范围内的合作和持续的政策支持。各国政府应加大对水资源管理和污染治理的投入,推动绿色农业和环保工业的发展,提倡节水和水资源的可持续利用。同时,强化污染排放的监管,推动清洁技术的创新和应用,减少工业、农业和城市污水的排放,逐步恢复水体的生态健康。加强水资源保护意识,增强公众对水资源可持续利用的重视,也是解决问题的关键。通过采取更加有效的水资源管理手段,以及提升社会各界对水污染的防控能力,能够在未来实现水资源的长久保护和可持续利用。

2. 气候变化对水循环的影响

2.1　气候变化对水循环模式的改变

气候变化正显著影响地球的水循环系统,导致许多地区的降水模式、温度分布和水分流动方式发生深刻变化。全球变暖的加剧使得气候模式发生了剧烈波动,改变了水循环的整体规律。随着气温上升,蒸发蒸腾作用增强,导致水分的流动和分布发生显著变化。一些地区的降水变得更加频繁和剧烈,而另一些地区则经历更长时间的干旱。这些变化对全球水资源的可持续管理构成了严峻挑战。部分地区因温度升高而出现了极端干旱,水源枯竭的速度加快,而其他地区则频繁遭遇暴雨、洪水等极端降水事件。这些极端天气的增加不仅影响了当地水资源的供应,也带来了灾害性后果,使得水资源的分布更加不均衡。

2.2　极端天气事件的增加

气候变化直接导致了极端天气事件的频率和强度增加。暴雨、洪水、干旱等灾害性天气现象变得更加频繁和剧烈。特别是在一些气候变化影响较大的地区,强降水现象常常发生在短时间内,造成严重的洪水灾害,而长期干旱则使得一些地区水资源严重短缺。气候变化通过改变大气的热力学特性和大气环流模式,影响水循环的稳定性。例如,全球变暖引发的海洋蒸发量增加,使得水蒸气的积累加剧,从而导致极端降水事件的发生。这一变化使得原本相对稳定的水资源供应模式变得不稳定,给农田灌溉、饮用水供应和城市管理带来了前所未有的挑战。

2.3　水资源的分布与水质的变化

气候变化不仅影响水资源的量,还对水质产生了显著影响。随着气温升高,水体中的温度升高,导致有害物质如细菌、病毒和有机污染物的浓度加剧。气候变暖使得水源地水体的污染更易发生,水源的质量因温度和降水模式的变化而受到负面影响。降水模式的变化也会加剧水体污染,特别是一些农业发达地区,暴雨引发的径流会带走大量农业化肥、农药以及城市污水,流入河流、湖泊和地下水源。这样,水体的富营养化问题加剧,水源污染现象更为普遍,生态系统的稳定性受到了严重破坏。水质的恶化不仅影响了水生生物的健康,也威胁到人类的饮用水安全。

2.4　冰川融化与淡水资源的减少

冰川是地球重要的淡水储存库,特别是在一些高纬度地区,冰川的融化为许多地区的水资源供应提供了长期的保障。然而,随着气候变暖,冰川的融化速度加快,这对水资源的长期供应产生了深远影响。冰川水源的变化直接影响河流流量、地下水的补给,以及许多依赖冰川融水的地区的水资源供应。冰川融化不仅减少了可用的淡水量,而且导致了季节性水源的水量波动加剧。在一些冰川消融较为显著的地区,夏季的融水量减少,可能导致水库蓄水不足和农业灌溉用水短缺,甚至威胁到居民的生活用水供应。随着冰川的继续消退,淡水资源的供应面临严峻考验,尤其是在高山和高纬度地区的居民和生态系统中,可能会出现更严重的水资源危机。

2.5 气候变化对水资源管理的挑战

气候变化的加剧不仅影响水资源的分布和水质,还加大了水资源管理的难度。由于气候变暖导致水循环的不稳定,水资源的供应变得难以预测。一些地区可能经历干旱,面临水资源短缺,而另一些地区则可能因暴雨和洪水等极端天气灾害导致水资源浪费。如何平衡这些地区的水资源需求,合理配置水资源,将成为全球各国面临的重要问题。为了应对气候变化对水资源带来的影响,各国政府和国际组织需要加强水资源的可持续管理,采取一系列有效的适应措施。包括建设更为完善的水资源监测和预测体系,提高水资源的节约与再利用率,以及推广雨水收集和水资源回用技术。此外,国际间的合作与技术分享也非常重要,尤其是在全球气候变化的背景下,水资源管理的挑战必须通过全球共同行动来应对。

三、人类活动对岩石圈和生物圈的影响

1. 土地利用变化与生态破坏

1.1 农业扩张与生态系统破坏

农业的扩张是土地利用变化中的关键因素之一。随着世界各国人口不断增加,人们对粮食、能源和水资源的需求也不断上升,导致了大量原始森林、湿地和草原被转化为耕地或牧场。森林砍伐是农业扩张过程中最显著的生态破坏方式。大规模的森林砍伐不仅破坏了大量原生植物的栖息地,还压缩了动物的栖息空间,许多物种因此面临灭绝的风险。

湿地填埋同样是农业扩张的一部分,湿地作为重要的生态系统,提供了生物多样性的庇护所,并参与了水资源的调节。湿地被开垦后,不仅导致了生物栖息地的消失,还影响了水质净化、洪水调节和碳储存等关键生态功能。此外,农业的扩展还导致了土壤的退化与侵蚀。大量开垦土地,特别是在陡坡和干旱地区,容易造成水土流失,导致土地的生产力下降。过度的耕作加剧了土壤的结构破坏,水分和养分无法有效保持,土地逐渐贫瘠,这不仅影响了农业产量,还导致了生物栖息地的进一步压缩。

1.2 城市化与土地退化

城市化进程是土地利用变化的另一个重要因素。随着经济的发展和人口的不断增加,城市不断扩展,成为全球土地利用变化的主要驱动力之一。城市化过程中的土地变化不仅消耗了大量的农田和自然环境,还带来了许多环境问题。

城市的扩展往往意味着大面积的耕地和自然生态系统的破坏。农田被转化为住宅区、商业区和工业区,许多本应是自然生态系统的一部分的区域被建筑物取代。城市建设导致了大规模的水土流失和地表覆盖的丧失,影响了自然水循环和土壤保持。此外,城市的建筑和活动产生了大量的热量,形成了城市热岛效应,局部区域的温度显著上升,进一步改变了生态环境的平衡。

城市化还带来了生态系统的进一步压缩,许多动植物种类失去了栖息地。例如,城市扩展通常会迫使野生动物迁移或灭绝。城市绿地的减少也影响了人类的生活质量,减少了自然栖息地和空气净化功能。

1.3　矿产资源开采与环境破坏

矿产资源的开采是土地利用变化中的另一个重要因素,它在满足人类需求的同时,也对生态环境造成了严重破坏。矿业开采导致了大量自然地貌的改变,尤其是露天矿山开采,广泛地摧毁了植被和土壤,严重影响了生态环境的稳定性。

矿产资源的开采不仅破坏了土地的表层,还容易导致地质灾害。矿山的开采往往伴随着山体滑坡和土壤侵蚀,增加了自然灾害的发生频率。同时,矿产开采过程中产生的大量废水和有毒物质污染了水源,影响了周围水域的生物生存和水质。水资源污染不仅对生态系统造成破坏,也直接威胁到人类的生活用水安全。矿业活动对空气的污染也不容忽视。开采和运输过程中的粉尘和有害气体释放到大气中,影响空气质量并造成温室气体排放,进一步加剧了全球气候变化。

1.4　综合影响与生态系统的崩溃

大规模的土地利用变化,尤其是农业扩张、城市化和矿产开采,已对地球表面的自然面貌产生了巨大影响。土地的破坏和退化不仅影响了土壤、水资源和空气质量,还使得生态系统的功能受到严重威胁。生态系统服务,如水源净化、碳储存、物种栖息地提供等,均遭到削弱。长期来看,生态破坏可能导致生物多样性的丧失和生态功能的崩溃,进而影响人类社会的可持续发展。生态平衡的破坏会影响农业生产、食品供应、自然灾害的应对能力以及人类的生存质量。因此,合理的土地利用规划和保护措施变得尤为重要,必须采取有效的措施来缓解土地利用变化带来的负面影响,保护地球生态系统的健康和稳定。

2. 物种灭绝与生态平衡破坏

2.1　生境丧失与栖息地破坏

随着人类活动的加剧,众多自然栖息地遭到破坏,导致许多物种面临灭绝的威胁。生境丧失、过度捕捞、气候变化和环境污染等因素已成为当前物种灭绝的主要原因。尤其是栖息地的破坏,使得许多物种难以找到适宜的生存环境,直接威胁到其种群的存续。物种灭绝不仅对生物多样性产生深远影响,还可能破坏生态系统的稳定性,进而影响地球的生态平衡。

栖息地的破坏是物种灭绝的首要原因之一。随着全球人口的增加和人类活动的扩展,大量自然生态环境被开垦、开发和改造。森林砍伐、湿地填埋、农业扩张和城市化等活动,直接导致了许多野生动物失去了栖息地,造成了栖息地的缩小或消失。

热带雨林作为全球生物多样性最丰富的生态系统之一,其大规模的破坏导致了大量珍稀物种的灭绝风险。热带雨林不仅是许多动植物的栖息地,也是食物链的重要组成部分,森林的消失打破了食物链的平衡,影响了整个生态系统的稳定。例如,原始森林中的一些物种,如亚马孙地区的鸟类、哺乳动物和爬行动物,因栖息地被破坏而面临灭绝威胁。

此外,湿地的填埋和改造也影响了水鸟、鱼类、两栖动物等物种的栖息地。湿地生态系统不仅提供了丰富的生物栖息场所,还在水循环和碳储存方面发挥着重要作用。湿地的消失导致了生态功能的损失,许多依赖湿地生境的物种面临生存危机。

2.2　过度捕捞与海洋生态破坏

过度捕捞是海洋生态系统遭受破坏的一个重要因素。随着渔业资源的过度开发,许多鱼类、海洋哺乳动物和其他海洋生物的种群数量急剧下降,许多物种面临濒临灭绝的局面。

现代渔业捕捞技术使得捕捞力度前所未有,某些物种的捕捞量已经远超其繁殖和恢复的能力,导致物种种群的崩溃。

过度捕捞不仅影响了海洋物种的多样性,还扰乱了海洋生态系统的稳定。许多海洋生物,特别是捕食性物种在食物链中扮演着重要角色,一旦这些物种数量减少,可能引发生态链的连锁反应,影响整个海洋生态系统的健康。例如,过度捕捞的金枪鱼和鱿鱼是许多海洋食物链中的关键物种,若它们的数量锐减,将影响依赖这些物种为食的其他海洋动物的生存。

2.3 气候变化与物种适应能力

气候变化是加剧物种灭绝风险的重要因素。全球气候的变暖正在导致全球气温升高,极端天气事件的增加,以及季节性变化的混乱。气候变化改变了物种栖息地的环境条件,影响了物种的繁殖周期、觅食习惯和迁徙路径。

随着气温的上升,许多物种的栖息地逐渐消失,或无法适应新的气候条件,导致其种群数量下降。例如,北极地区的温暖化使得北极熊的栖息环境不断缩小,冰雪的融化使得它们的栖息地变得不稳定,影响了它们的生存和繁殖。

此外,极端气候事件如干旱、洪水、暴风雪等的增加,使得物种的生存环境变得更加严酷。植物和动物在气候变暖的背景下面临更大的适应压力,而许多物种无法适应这些快速变化的环境,导致其灭绝的风险增大。

2.4 污染与生态系统功能受损

环境污染是导致物种灭绝的另一个重要原因。人类活动所带来的工业废水、农业化学品、空气污染等污染物,直接或间接地威胁到生态系统的稳定性,进而影响物种的生存和繁衍。水体污染是对水生物种的严重威胁。工业废水和农业化肥中的有毒物质,如重金属、农药和有机污染物,会污染水源,影响水生植物、鱼类、两栖动物和其他水生生物的生存。水体污染不仅破坏了水生生态系统的功能,还影响了生态平衡,使得许多水生物种面临灭绝威胁。

土壤污染和空气污染同样对物种造成威胁。土壤中的有毒物质通过食物链进入动物体内,影响动物的健康,甚至导致物种的死亡。空气污染导致的酸雨对植物和动物造成了伤害,尤其是对森林生态系统的破坏,间接影响了栖息在这些生态系统中的动植物的生存。

2.5 生态平衡的破坏与生物多样性丧失

人类活动导致的物种灭绝与栖息地破坏,最终会影响生态系统的功能和地球生物多样性的稳定。生态平衡的破坏可能引发一系列连锁反应,影响自然界的生物多样性,降低生态系统的稳定性和恢复力。生态系统的失衡将影响各种生物之间的相互作用,如捕食、竞争、共生等关系。这些变化可能导致一些物种的泛滥,而另一些物种则可能灭绝,最终导致生态系统的崩溃。生物多样性的丧失不仅影响生态系统的功能,还威胁到人类的生存与发展。生物多样性为人类提供了食物、药物、气候调节等重要服务,物种灭绝将严重削弱这些生态功能。

3. 人为温室气体排放与全球气候变化

3.1 温室气体排放的来源与增长

温室气体的主要来源包括化石燃料的燃烧(如煤、石油和天然气)、工业生产、农业活动以及交通运输等。工业革命以来,全球化石燃料的消费量大幅增加,温室气体的排放量呈现爆发式增长。随着世界经济的增长,尤其是能源需求的激增,化石燃料的使用成了气候变化的根本推动力之一。发电、制造业和交通运输等大规模的活动,释放大量二氧化碳,成为气候变化的关键因素。根据《联合国气候变化框架公约》(*United Nations Framework Convention on Climate Change*, UNFCCC)的数据,全球约70%的温室气体排放源于能源领域。

工业生产中,尤其是钢铁、水泥、化学品等重工业的生产过程,都会释放大量二氧化碳和其他温室气体。此外,随着全球人口增长和消费水平提升,能源需求的不断攀升,使得温室气体的排放量逐年增长,尤其是在一些发展中国家,化石燃料仍然是主要能源来源,排放量难以有效控制。

农业活动中,尤其是牲畜养殖、化肥使用和土地开垦,也导致了甲烷和氧化亚氮的排放,进一步增强了温室效应。甲烷是一种效能是二氧化碳的23倍的温室气体,主要来源于牲畜的消化过程、垃圾填埋场的有机废物分解及稻田的湿气环境。甲烷在农业和废物管理领域的排放占全球排放量的14%左右。氧化亚氮则主要来源于化肥的过度使用,尤其是在农业密集地区,过量施用氮肥是其主要源头。它是温室气体中效能仅次于甲烷的气体,具有强烈的温室效应。

交通运输中,尤其是汽车、船舶和飞机的使用,也是温室气体排放的重要因素。随着全球城市化的进程,个人和商用车辆数量不断增加,航空与海运业的快速发展进一步加剧了二氧化碳和氮氧化物的排放。数据显示,全球交通运输行业是二氧化碳排放的第二大来源,仅次于能源生产。

全球气候变化的严峻形势离不开温室气体排放的剧增,尤其是过去几十年中,全球温室气体浓度的增加速度显著加快。根据世界气象组织(World Meteorological Organization, WMO)和国际能源署(International Energy Agency, IEA)的数据,二氧化碳浓度在20世纪末期急剧上升,且在21世纪初期的排放增长率持续攀升。尽管一些国家和地区已经采取了减排措施,但全球整体排放量仍然在上升,尤其是一些新兴经济体的温室气体排放逐年增加,导致全球气温的升高趋势加剧。

3.2　全球气候系统的剧烈变化

随着温室气体排放量的持续增加,全球气候系统经历了剧烈的变化。首先,气温的不断上升使全球变暖成为一个不争的事实。根据气候科学的研究,20世纪全球平均气温已上升约1℃,以一变化引发了许多显著的气候异常。尤其是在极地地区,气温上升的速度远远超过全球平均水平,导致极地冰盖的融化和海平面上升。研究表明,北极地区的气温上升速率是全球平均水平的两倍,这一现象被称为"极地放大效应"。极地冰盖的融化不仅导致了海平面上升,还对全球气候模式产生了影响,因为冰雪的反射作用减少了地表反射的太阳辐射,进一步加剧了全球变暖。冰川的退缩和极地冰盖的消失对生物栖息地产生了深远影响,尤其是极地地区的物种,如北极熊、企鹅等,这些物种依赖冰雪环境来觅食和繁殖。然而,气候变暖使得这些物种的生存环境受到威胁,导致物种栖息地的减少,生物多样性面临严重挑战。

全球气候变化还引发了许多极端天气现象的频发和加剧。暴雨、洪水、干旱、热浪、台风和飓风等极端天气事件的强度和频率都有了显著增加。这些极端天气事件不仅造成了巨大的经济损失,还给人类生活带来了极大的影响。例如,热浪的发生频率和持续时间逐年增加,尤其在北半球的夏季,多个国家经历了极端的高温天气,给能源系统、农业生产、健康和生态系统带来了严重威胁。

气候变化还导致了降水模式的剧烈变化。全球变暖引发了降水的不均衡分布,部分地区出现了严重的干旱,而另一些地区则经历了暴雨和洪涝灾害。在干旱地区,如撒哈拉以南的非洲部分地区、澳大利亚和美国西南部,水资源短缺和农业干旱问题愈加严重。反之,部分地区在气候变化的推动下出现了极端降水现象,导致洪水和水灾的频发。2019年,印度和孟加拉国发生了大规模的季风暴雨,造成数百人死亡,数百万人无家可归,并导致农业生产和基础设施严重受损。

气候变化不仅仅影响了气温的分布,还影响了降水、湿度、风速等气候因素,改变了全球气候的运行模式。这种变化对自然环境和人类社会的各个方面产生了广泛的影响,不仅破坏了生态系统的稳定性,还对人类的生产生活带来了巨大的挑战。气候变化所引发的极端天气事件的频繁发生,深刻揭示了人类活动对地球气候系统的影响,同时也表明全球气候治理和应对气候变化的紧迫性。

3.3　对生物圈的影响

温室气体排放引发的全球气候变化,极大地影响了生物圈的稳定性和可持续性。气候变化直接改变了物种栖息地,迫使许多物种迁徙或灭绝。随着全球气温的上升和极端天气事件的增加,许多物种面临着栖息地丧失的风险,生态系统的脆弱性加剧。物种为了适应变化的环境,被迫迁移到新的栖息地,然而,这一迁移过程面临着极大的生态压力,导致生态失衡并加剧生物多样性丧失。

随着全球变暖,很多依赖特定环境的物种正在面临生存挑战。例如,许多依赖冷水栖息的物种,如极地冰上生物、某些淡水鱼类和高山植物,正面临着栖息地的丧失。气温上升导致冰雪的融化,海平面上升,原本栖息在极地冰盖上的物种失去了生存空间。此外,随着温度的升高,一些植物和动物不得不向更高的纬度或更高的海拔迁徙。对于一些物种来说,迁移至更适宜的栖息地并不总是可能的,尤其是对于栖息地有限或没有其他替代栖息地的物种来说,这种迁徙可能会加速它们的灭绝。

珊瑚礁是全球变暖对海洋生态系统影响的一个典型例子。海水温度的升高导致了珊瑚白化现象的加剧,珊瑚与共生藻类之间的关系被破坏,使珊瑚失去其鲜艳的色彩并逐渐死亡。珊瑚礁是海洋生态系统的重要组成部分,它们为大量海洋生物提供栖息地和食物来源。珊瑚礁的退化不仅直接威胁到珊瑚本身的生存,还导致了整个海洋食物链的破坏,影响了渔业资源的可持续性,并对沿海社区的生计产生了严重影响。全球约有25%的海洋生物依赖珊瑚礁栖息,因此珊瑚礁的衰退也意味着这些物种面临生存危机。

气候变化不仅影响物种的栖息地,还对物种的繁殖行为和食物链的稳定性产生了深远影响。气温变化和季节性变化的错乱导致许多物种的繁殖季节发生变化,这对许多依赖时令食物的物种构成威胁。例如,许多鸟类、昆虫和海洋生物的繁殖周期与环境温度紧密相关,气温的上升打乱了它们的繁殖季节,导致繁殖期与食物资源的可用性之间的时间差异,进而影响了种群的繁衍与存活。

食物链的传递也因此受到影响。当一种物种的食物来源受到气候变化的干扰时,它的生存就会受到威胁,从而影响依赖该物种为食的其他物种。比如,某些植物和昆虫的生长周期随着温度升高而提前,但这些物种的捕食者可能未能同步调整它们的繁殖和觅食时间,造成了食物链中的断裂。这种错位的时序影响了生态系统的功能,导致物种间相互依赖的关系被破坏。

气候变化的速度远远超过了许多物种的适应能力。生物进化需要长期的时间,而气候变化的速率却远远高于物种适应环境的能力。即使是那些具有一定适应性的物种,也可能无法在极端气候条件下生存。对于一些物种而言,快速的气候变化意味着它们可能无法快速找到适应新环境的机制,尤其是在栖息地已经严重受损的情况下。例如,一些植物可能无法适应极端干旱或持续高温的环境,而某些动物由于栖息地的快速丧失而无法找到合适的繁殖地点和足够的食物来源,从而面临灭绝的风险。

物种在气候变化中的迁移也面临着巨大的挑战。虽然一些物种可以通过迁徙到新的地区来适应气候变化,但并非所有物种都有这种迁徙的能力。例如,一些物种受限于其栖息地的地理条件,无法迅速向新的栖息地迁移。此外,全球变暖导致的极端天气事件和栖息地的破坏使得一些物种的迁徙路径被切断,甚至无法到达理想的栖息地。因此,全球变暖不仅威胁到现有物种的生存,还影响了全球物种的迁徙规律,破坏了生态平衡。

3.4 对全球水资源的影响

全球气候变化对水资源的分布、可用性和质量产生了深远的影响。随着气温的升高,水循环的各个环节发生了变化,从而影响了全球的水资源供应。蒸发蒸腾量的增加,极端降水事件的频发,以及季节性降水模式的变化,都让水资源管理面临前所未有的挑战。

气温的升高直接导致了蒸发蒸腾量的增加,这意味着更多的水分被蒸发到大气中,而少量的水分则得不到有效补充,特别是在一些原本就干旱的地区。随着气温升高,尤其是在热带和温带地区,地表水和地下水的蒸发速度加快,导致水源的枯竭速度大幅提高。对于那些依赖雪山融水或河流补给的地区来说,蒸发量的增加使得水资源短缺更加严重。农业、工业和城市用水需求的增长也加剧了水资源的紧张。例如,地中海地区和中东地区本就面临水资源匮乏的问题,气候变化的加剧进一步加剧了干旱现象,使得这些地区的水资源更加紧张。在这些地区,水资源短缺不仅影响日常生活,也对农业生产和生态系统的稳定性构成威胁。

与蒸发增加相反,一些地区则经历了极端降水现象的频繁发生,导致洪水的风险显著增加。气候变化使得降水模式变得更加不规律,暴雨和突发性的强降水事件在一些地区变得越来越常见。极端降水增加导致的水灾不仅直接威胁到人类的生命财产,还对生态系统和农业生产造成了严重损失。例如,在亚洲的孟加拉国和印度,随着气候变化的加剧,季风期间的降水量不断增加,导致了频繁的洪灾。洪水使得大量的农田被淹没,破坏了粮食生产,同时还污染了水源,进一步影响了饮用水的供应和公共卫生。

全球气候变化使得降水模式发生了显著的变化。部分地区经历了长期干旱的加剧,而另一些地区则面临着降水量骤增和水灾频发的挑战。特别是在已经干旱的地区,水资源的减少和气候变化的影响使得该地区的水资源管理变得更加困难。例如,撒哈拉沙漠周围的地区,如北非和中东,长期面临水资源短缺,气候变化加剧了这一趋势,导致当地的地下水资源不断减少。随着降水量减少和气温升高,农业灌溉水源的紧张使得农民的生产能力受到严重影响,进一步威胁到粮食安全。

水资源的紧张直接影响农业灌溉、饮用水供应和工业用水等各个方面。在农业方面,气候变化导致的水源减少使得灌溉变得更加困难,尤其是在干旱和半干旱地区。水资源的不足不仅影响农作物的生长,还可能导致农田退化和土地荒漠化的加剧,影响粮食产量和农民生计。在饮用水供应方面,气候变化导致的水源污染、地下水位下降以及水资源的不均衡分布,使得一些地区的饮用水供应变得更加困难。尤其是在一些发展中国家,由于基础设施薄弱和水资源管理不善,气候变化的影响更加明显,可能导致大规模的水资源短缺和公共卫生危机。此外,工业用水需求也面临巨大压力。许多工业活动,如发电、制造业和矿产开采,都依赖大量水资源。气候变化导致的水资源减少,特别是在一些水资源已经紧张的地区,使得工业用水的供应变得更加不稳定,进而影响经济发展和产业持续性。

3.5 全球气候变化应对挑战

全球气候变化的加剧已成为全球面临的重大挑战,温室气体排放的快速增长和气候系统的剧烈变化已经对人类社会、生态系统和经济造成了深远的影响。应对气候变化已成为全球的紧迫任务,国际社会和各国政府正在采取一系列行动,但由于各国在责任分担、能源转型、技术创新以及应对能力等方面存在差异,全球气候治理仍然面临巨大的挑战。

应对气候变化的一个关键方面是国际社会的合作。通过《巴黎协定》等全球性气候协议,世界各国已开始在减排目标、资金支持和技术转让等方面达成共识。《巴黎协定》设定了将全球温度升幅控制在 2 ℃ 以内的目标,并且力求努力将升温控制在 1.5 ℃ 以内。协定要求各国提交国家自主贡献(Nationally Determined Contributions,NDCs),明确减排承诺和行动计划,全球共同承担应对气候变化的责任。尽管《巴黎协定》为全球气候变化的应对提供了框架和方向,但其实施的效果受到各国政治、经济和社会因素的影响。尤其是一些发展中国家和贫困国家,面临着发展和减排之间的矛盾,如何平衡经济增长与环保目标,成为这些国家在应对气候变化中的挑战。

各国政府在应对气候变化方面发挥着至关重要的作用。许多国家已经制定了国家级的气候政策,推动低碳经济发展。政策举措通常包括设定碳排放上限、提供清洁能源补贴、推广能源效率标准以及实施碳定价等。此外,政府还通过积极倡导绿色低碳技术,推动节能减排措施,以促进经济结构的绿色转型。然而,这些转型的实现仍面临技术、资金和政策执行的多重挑战。

尽管全球气候协议呼吁各国共同努力,但在减排责任分配上存在显著差异。发达国家长期以来是全球温室气体的主要排放者,而发展中国家和新兴经济体的排放量近年来也有所增加。由于这些国家的经济仍然处于快速增长阶段,它们面临着如何实现经济发展与气候减排目标之间的矛盾。因此,全球气候变化的应对需要各国在资金和技术方面提供支持和交流,进行绿色转型和减排。技术转移和知识共享在此过程中扮演着重要角色。各国应提供先进的绿色技术,并与其他国家共同合作,实现低碳发展和能源转型的共同目标。然而,技术转移往往受制于知识产权、资金支持和技术适配等问题,使得这一过程并不顺畅。

企业和社会也在应对气候变化中扮演着越来越重要的角色。随着全球气候变化的关注度提升,许多企业开始采取环保措施,推行绿色生产和碳减排,甚至在产品设计和供应链管理中融入可持续性理念。许多跨国公司承诺到 2050 年实现碳中和,并采取措施来减少运营过程中的温室气体排放。同时,社会公众的环保意识逐渐提高,许多人开始采取低碳生活方式,如减少能源消耗、使用可再生能源、倡导低碳交通等。公众的参与不仅可以推动消费习惯的改变,也能对政府政策和企业行为产生积极影响。

探究案例

案例1：地球系统的圈层结构

情境描述：假设你是一名环境科学学生，正在研究地球的各个圈层（大气圈、水圈、岩石圈和生物圈）如何共同作用维持地球的生态平衡。你需要理解每个圈层的基本组成、功能和相互作用，以便更好地理解地球系统的复杂性。

探究问题：

1. 请简要描述大气圈、水圈、岩石圈和生物圈的主要组成与功能，并解释它们如何相互作用以维持地球的生态平衡。

2. 选择一个你熟悉的自然灾害（如洪水、地震或热带风暴），请分析这些灾害发生时，哪个或哪些圈层受到的影响最大，并解释其影响机制。

案例2：地球系统的物质循环

情境描述：你正在研究地球的物质循环，包括水循环、碳循环、氮循环等。你的目标是分析这些循环如何影响地球的气候变化及生态系统的稳定性。

探究问题：

1. 请简要描述水循环和碳循环的主要过程，并讨论它们如何影响地球的气候系统。

2. 氮循环是如何影响植物生长和生态系统的？请解释其在农业生产中的实际应用。

案例3：地球系统的能量流动

情境描述：你正在研究地球的能量流动，包括太阳辐射的输入、地表能量的传递以及生物利用太阳能的过程。你的目标是探讨能量流动如何影响地球的气候和生态环境。

探究问题：

1. 请描述太阳辐射如何影响地球表面的温度以及气候系统的形成。太阳辐射与地球表面能量的传递有何关系？

2. 请解释光合作用在能量流动中的作用，如何通过食物链传递能量，并维持生态系统的平衡。

案例4：人类活动对地球系统的影响

情境描述：你是环境保护部门的研究员，正在分析人类活动对地球系统的影响，特别是大气圈、水圈、岩石圈和生物圈的变化。你需要评估温室气体排放、资源过度开采以及土地利用变化对地球环境的长期影响。

探究问题：

1. 人类活动如何加剧温室效应并影响气候变化？请描述这些变化对全球气候模式的影响。

2. 在水资源管理方面，人类活动如何导致水循环的变化？请讨论水资源过度开采和污染的影响，并提出相应的解决方案。

3. 你认为人类活动对岩石圈和生物圈的影响最为严重的方面是什么？请分析土地利用变化和生态破坏对环境的长远影响。

推荐阅读书籍

1. Miller G T：Living in the Environment：Principles，Connections，and Solutions，Cengage Learning，2014.

2. Kump L R，Kasting J F，Crane R G：The Earth System，Pearson，2010.

3. Jacobson M Z：Fundamentals of Atmospheric Modeling，Cambridge University Press，2005.

4. Foley J A，et al：Global Consequences of Land Use，Science，2005.

5. 汪品先：《地球系统与演变》，科学出版社，2018.

6. 孙九林，林海：《地球系统研究与科学数据》，科学出版社，2008.

7. 岳天祥：《地球表层系统模拟分析原理与方法》，科学出版社，2017.

8. 蒂姆·伦顿：《地球系统科学》，外语教学与研究出版社，2020.

第三章　气候与天气的地理学基础

第一节　全球气候分布及其区域特征

一、全球气候带

1. 热带气候

1.1　热带雨林气候

热带雨林气候是热带气候带中的一种典型代表,主要分布在赤道附近的区域,如亚马孙雨林、非洲的刚果盆地、东南亚的马来群岛等地。此类地区气温高,降水量丰富,几乎没有明显的干季,全年降水量常常达到 2 000 毫米以上。月降水量通常不低于 100 毫米,降水呈现出全年均匀分布的特点。由于持续的高温和湿润条件,热带雨林气候地区植被覆盖率极高,生物多样性丰富,是地球上最富饶的生态系统之一。

热带雨林气候的生态系统非常复杂且多样化。这里的植物以常绿植物为主,树木高大且生长迅速。由于雨水丰富和光照充足,植物常常拥有较高的生长速度,茂密的植被形成了层次分明的森林结构,包括森林地面层、灌木层、下层乔木层和上层森林冠层。上层冠层的树木常常在 30 米以上,叶片浓密,形成了一个持续吸收太阳光的巨大绿色"屋顶"。

热带雨林是许多独特物种的栖息地,如各种热带鸟类、昆虫、爬行动物和哺乳动物。许多动植物在雨林中形成了复杂的食物链和生态关系。在这些地区,由于降水丰富,湿度高,空气中常弥漫着水汽,导致这里的空气总是潮湿,植被绿意盎然,生物资源非常丰富。

热带雨林通过光合作用吸收大量二氧化碳,释放氧气,是全球氧气循环的关键来源之一。此外,热带雨林还能有效调节降水分布和湿度,避免极端天气的发生,维持地球气候的稳定性。

1.2　热带草原气候

热带草原气候主要分布在热带雨林气候和热带沙漠气候之间,广泛分布在非洲、南美洲、澳大利亚及亚洲的部分地区。热带草原气候的典型特征是明显的干湿季分明。由于降水量的季节性变化,热带草原气候的湿季降水较为集中,通常发生在夏季或季风期,而干季则降水稀少,气候干燥。

热带草原的植被以草原和灌木为主,树木较为稀疏。在干季时,草原区域的植被呈现出枯黄的景象,而在湿季,草类植物则迅速恢复生机,草原绿意盎然。常见的植物包括各种耐旱的草类、灌木以及一些低矮的树木。由于湿季和干季降水量差异大,草原上的植物通常具有很强的抗旱能力,并能够在干旱的季节通过根系吸收地下水。

热带草原气候区的动物种类丰富,草食性动物是该生态系统的主要组成部分。非洲的草原就为许多草食性哺乳动物提供了栖息地,如角马、羚羊、斑马等。这些动物依赖草类植物为食,并在湿季和干季之间迁徙,以寻找食物和水源。同时,草原上也栖息着大量的食肉动物,如狮子、猎豹等,它们在生态链中扮演着重要角色,维持着生态平衡。热带草原的生态系统有着很高的适应性,许多动物和植物能够在极端的干旱和高温条件下生存。由于热带草原的环境特殊,这些地区往往拥有多种独特的生物物种。

1.3 热带季风气候

热带季风气候主要出现在热带海洋性气候与热带大陆性气候之间,尤其在亚洲的东南部,如印度、孟加拉国、泰国、越南、菲律宾和马来西亚等地较为典型。热带季风气候的特点是季节性降水差异大,夏季受季风影响,降水量丰富;冬季由于干冷的大陆气流侵入,气候干燥,降水稀少。

热带季风气候的显著特征是季风的影响。夏季,湿润的海洋气流(季风)带来大量的水汽,导致降水集中而丰富,形成热带季风的湿季;而冬季,由于大陆气流较为干燥且温度较低,气候变得干燥,降水量明显减少,进入干季。在这些地区,降水分布具有明显的季节性,通常湿季和干季交替出现。湿季时,降水丰沛,为农业提供充足的水源;干季时,降水稀少,农作物生长受到限制。

热带季风气候区的植被类型多样,既有热带森林,也有草原和稀树草原。湿季期间,森林和草原茂盛,生物活动丰富;干季时,部分植物会进入休眠状态,以适应干旱的环境。农业活动在热带季风气候区尤为重要,特别是在季风带来的湿润季节,农作物如稻米、玉米、甘蔗等能够获得充足的水分。然而,干季的来临往往对农田灌溉和粮食生产带来不利影响,尤其是水稻种植对气候的依赖性较强。

热带季风气候区的生物多样性丰富,既有丰富的森林资源,也有适应季节变化的农作物和动植物。该地区的居民通常根据季节的变化调整农业生产方式,依赖季风带来的降水进行耕作。同时,由于季节性气候的特点,这些地区的文化和生活方式也深受气候影响,季节性节庆、农事活动等都与气候变化密切相关。

2. 温带气候

2.1 温带海洋性气候

温带海洋性气候分布在靠近海洋的地区,主要包括西欧、西北美洲(如美国西海岸)、新西兰以及南美洲的部分地区。该气候类型的最大特点是受海洋的调节作用较强,气温变化较小,四季之间的温差较小,降水量分布均匀,全年都较为湿润。温带海洋性气候区的冬季温和,夏季凉爽,全年气温较为稳定。

温带海洋性气候的气温受到海洋的调节,海洋的温度相对稳定,不会像陆地那样快速升高或降低,因此该地区的气温变化较为平稳。冬季时,海洋会释放热量,使气温保持相对较高,而夏季则吸收热量,避免气温过高。降水较为均匀,没有明显的干季,全年降水较为分散,尤其是冬季,降水量相对集中,夏季则相对较少。

温带海洋性气候区的植被主要以温带森林为主,常见的树木包括松树、橡树、杨树等,植物生长繁茂,尤其是在气候温和、湿润的环境中。由于该地区降水较为充沛,农业生产以种植小麦、玉米、土豆等粮食作物为主。此外,温带海洋性气候区的牧业也较为发达,特别是在欧洲和新西兰地区,牧草丰富,适合养殖牛羊等家畜。

温带海洋性气候区的经济活动常常与农业、渔业和旅游业密切相关。气候温和的特点使得该地区的居民能够享受舒适的生活环境,也促进了农业和旅游业的发展。此外,受海洋气候的影响,当地的居民生活节奏较为舒适,夏季不至于炎热难忍,冬季也较少严寒天气。

2.2 温带大陆性气候

温带大陆性气候主要分布在远离海洋的大陆内部,如俄罗斯西伯利亚、中国北部、美国中部和东欧等地区。与温带海洋性气候相比,温带大陆性气候的气温差异较大,四季变化明显,冬季严寒,夏季炎热。由于离海洋较远,该地区的气候不受海洋的调节作用影响,气温变化剧烈,降水量较少且分布不均。

温带大陆性气候的气温变化非常显著,冬季气温常常下降至零度以下,甚至更低,夏季则常常达到 30 ℃以上,昼夜温差非常显著。由于受大陆性气候的影响,该地区的降水量较少,特别是在内陆区域,降水较为集中在夏季,冬季则较为干燥。降水量的变化较大,一些地区可能出现长期干旱,而一些地区则可能有暴雨天气。

温带大陆性气候区的植被类型通常以草原和温带森林为主。温带草原则是广泛分布的一种植被类型,生长季节短,耐寒耐旱的植物比较常见。在森林带内,常见的树木有松树、落叶树等。由于气候干燥,温带大陆性气候区的农业主要依赖灌溉,种植小麦、大豆、玉米等粮食作物,同时也有一定规模的牧业发展,特别是在草原地区,牧草资源丰富。

温带大陆性气候的地区经济活动通常包括农业、畜牧业和矿产资源的开采。由于气候的剧烈变化,当地的农业生产受到较大影响,尤其是干旱和极端天气可能对农作物造成严重损害。然而,这种气候也为这些地区的矿产资源开采提供了有利条件,许多内陆地区拥有丰富的煤炭、石油、天然气等资源,支撑着当地的经济发展。

2.3 温带季风气候

温带季风气候主要分布在亚洲的东部,特别是在中国的东部、韩国、日本以及印度的部分地区。该气候的特点是夏季受季风带来大量的降水,冬季则受到干冷的大陆气流的影响,气候较为干燥。温带季风气候的降水季节性变化较大,夏季是降水的高峰期,而冬季则呈现干燥的天气模式。

温带季风气候的降水量主要集中在夏季,受海洋季风的影响,湿润的空气带来丰沛的降水。而冬季时,来自大陆的干冷空气则导致降水减少,气候干燥。由于季风的影响,降水往往具有明显的季节性,夏季时会出现连续的降水,而冬季则较为干燥。

温带季风气候区的植被类型丰富,包括温带森林、草原、灌木丛等。该地区的农业活动多以水稻、麦类等作物的种植为主,尤其是水稻在湿润的夏季条件下生长良好。温带季风气候区的农田灌溉系统较为发达,水源丰富,农作物的生长周期与季节降水密切相关。农业活动高度依赖季节性降水,因此这一地区的农业生产周期具有较强的季节性。

温带季风气候区的经济活动不仅包括农业,还包括渔业和工业。由于降水充沛,该地区的农业得到了广泛发展,尤其是水稻种植。文化上,温带季风气候区的居民通常具有悠久的历史和传统,许多节庆和民俗活动与季节性气候变化密切相关。此外,渔业也在该地区得到发展,尤其在沿海地区,丰富的海洋资源成为重要的经济支柱。

3. 寒带气候

3.1 极地气候

极地气候主要分布在北极圈和南极圈附近的极地地区,包括北极的格陵兰岛、加拿大北部、俄罗斯的北部极地地区,以及南极大陆。由于这些地区处于地球的最北端或最南端,阳光直射角度极低,全年大部分时间气温极为寒冷,几乎没有温暖的季节。极地气候区域的降水量极少,且大部分降水都以雪的形式存在,导致这些地区的环境极为干旱。

极地气候的温度极为寒冷,冬季气温常常低至 −30 ℃以下,部分地区甚至达到 −50 ℃或更低。夏季温度虽然有所回升,但依然较为低温,通常维持在 0 至 10 ℃之间。由于气温极低,空气中的水分含量非常低,降水量也相对较少。极地地区的年降水量通常不足 250 毫米,其中大部分是以雪的形式出现,这使得这些地区被认为是地球上最干燥的地区之一。

极地地区的日照时间极端,夏季有极昼现象,即在夏季,太阳几乎全天不落,持续照射数月,而冬季则是极夜现象,太阳长时间不升起。由于太阳辐射不足,极地地区的气候变得非常严寒。极昼和极夜现象使得极地地区的温度变化与一般的季节性气候不同。长时间的极昼和极夜对于动植物的生存提出了巨大的挑战。

极地气候地区由于气温极低,植物生长条件十分恶劣,主要以苔藓、地衣和一些低矮的草本植物为主。这些植物大多耐寒且适应极端低温环境,能够在短暂的夏季生长繁殖。由于食物匮乏,动物的种类也较为有限,主要有一些耐寒的动物,如北极熊、企鹅、海豹和北极狐等。这些动物拥有厚重的皮毛和特殊的适应能力,能够在极端寒冷的环境中生存。

3.2 亚极气候

亚极气候主要分布在极地气候和温带气候之间,位于高纬度地区的边缘,如加拿大北部、俄罗斯西伯利亚、阿拉斯加、北欧等地。与极地气候相比,亚极气候的气温稍微温和一些,但仍然非常寒冷。亚极气候的冬季依然漫长而严寒,夏季短暂且凉爽,降水量虽然略多于极地气候,但仍然较少,主要以雪和霜冻为主。

亚极气候的冬季较长,气温常常低于零度,最低气温通常会降到 −20 至 −30 ℃之间。夏季温度相对较高,但依然较为寒冷,气温通常在 10 到 15 ℃之间,温暖的日子很短暂。与极地气候相比,亚极气候的降水量相对较多,年降水量可达 250 至 500 毫米之间,但降水仍然主要是以雪的形式出现,且分布不均。由于寒冷的气候,大部分降水不会以雨的形式出现,而是在温度较低时直接降为雪。

亚极气候区也经历极昼和极夜现象,但持续时间相对较短。夏季虽然有较长时间的日照,但白昼时间通常比极地气候区域短。冬季时,尽管会经历极夜现象,但白昼的时间通常比极地气候长,太阳依然会在地平线附近出现,虽然光线非常微弱。季节变化较为明显,春秋季节短暂而气温适中,冬季严寒且漫长。

亚极气候区的植被种类相对较为丰富,但大多是耐寒植物,如耐寒的草类、灌木和一些小型的常绿植物。由于温度较低,这些植物通常生长缓慢,根系深埋地下以抗寒。动物方面,亚极气候区也生活着许多耐寒的动物,如驯鹿、麋鹿、狼和狐狸等。鸟类也在这些地区栖息,尤其是候鸟,它们会根据季节的变化迁徙。相比极地气候,亚极气候区的动物种类和生态系统较为多样化,但依然面临着极端寒冷环境的挑战。

4. 干旱气候

4.1 沙漠气候

沙漠气候是干旱气候的典型代表,广泛分布在热带和温带的低纬度地区,包括撒哈拉沙漠、阿拉伯沙漠、澳大利亚的沙漠、北美的墨西哥大沙漠等地。沙漠气候区的最大特点是降水量极少,年降水量通常低于 250 毫米,部分沙漠地区甚至几乎没有降水。由于气温高,蒸发量大,水分极度缺乏,沙漠地区常常表现出极端的温差,白天气温可以非常炎热,夜晚则骤降至寒冷的程度。

沙漠气候的气温变化非常剧烈,日间气温常常高达 40 ℃以上,尤其在夏季,部分沙漠地区的气温甚至能突破 50 ℃。而夜间,由于缺乏云层和水汽的调节,气温骤然下降,常常低至 10 ℃甚至更低。降水量极为稀少,年降水量通常不到 250 毫米,许多沙漠地区甚至多年无降水。降水发生时通常是暴雨,但由于地面干燥,水分无法迅速渗透,导致水流迅速流失。

沙漠地区常见强风,尤其是干热的风,这些风不仅加剧了水分蒸发,还会形成沙尘暴,导致地表覆盖的沙粒和尘土被吹散,形成不断变化的沙丘地貌。由于沙漠的空气干燥,水分的蒸发量极大,许多地区的水源即使存在,也难以维持植物和动物的生长。

沙漠地区的植被通常稀疏且适应性强,主要以耐旱植物为主,如仙人掌、沙漠灌木和一些草类植物。这些植物具有深根系统,能够从地下深处汲取水分。动物方面,沙漠气候区也有一些适应极端环境的生物,如骆驼、沙漠狐狸、毒蛇、蜥蜴等,这些动物通常具有防水能力强、耐高温的生理特征。此外,沙漠的生态系统相对脆弱,水源短缺使得生命的生存和繁衍变得更加困难。

4.2 半干旱气候

半干旱气候通常分布在沙漠气候的边缘地区,气候条件较为严酷,但比沙漠气候稍微湿润一些。半干旱气候区常见于地球的中纬度地区,主要分布在干旱气候带与温带气候带之间的过渡地带,如非洲的萨赫勒地区、印度的部分地区、美国西部的内陆地区等。半干旱气候区的降水量较少,但相比沙漠气候有所增加,年降水量通常介于 250 到 500 毫米之间。蒸发量依然很大,导致地表水分的保持十分困难。

半干旱气候的气温变化比沙漠气候稍微温和一些,虽然白天气温较高,但与沙漠地区相比,温差较小。夏季气温常常在 30 至 40 ℃之间,夜间温度适中,极端温差较少。冬季则较为寒冷,尤其是夜间气温可能降至 0 ℃以下。降水量较少,主要集中在夏季,但降水的强度不高,降水频率较低,且水分通常难以在地表保持较长时间。

半干旱气候区的植被较为稀疏,但比沙漠地区稍为丰富。植物主要是耐旱灌木、草原植物和一些稀疏的树木,植物根系较深,能够在地下寻找水源。半干旱地区的动物种类也相对较多,如草食性动物、灵活的小型哺乳动物和爬行动物等。典型的动物包括野兔、羚羊、狐狸等,这些动物能够适应干燥的环境,并通过在夜间活动来避开白天的高温。

半干旱气候的土壤通常较为贫瘠,水分和养分的流失速度较快,因此农业生产面临很大的挑战。然而,在一些半干旱地区,农业可以通过灌溉技术来维持生产,尤其是适合种植一些耐旱的作物,如小麦、玉米和棉花等。在一些地区,牧业也相对发达,适合饲养耐干旱的牲畜,如羊和牛。

二、气候的区域特征

1. 赤道地区

1.1 赤道地区的气候特点

赤道地区的气候具有一些显著的特征:高温、多雨、湿润且常年稳定。由于赤道的太阳辐射角度几乎垂直,日照时间非常长,尤其是在夏季,太阳几乎整日照射在赤道地区,导致该区域全年气温都维持在较高水平。气温大致在 25 到 30 ℃之间,少有剧烈的温差波动,昼夜温差也相对较小。

赤道地区的高温和持续日照使得气候保持相对恒定。由于太阳几乎直射,地面吸收的热量非常集中,导致昼夜温差变化较小。昼间的温度通常维持在 30 ℃左右,而夜间气温则稍有下降,但通常也在 22 至 25 ℃之间,维持一个较为温和的气候环境。

赤道地区的降水量通常非常丰富,年降水量普遍超过 2 000 毫米,部分地区甚至可以达到 5 000 毫米以上。降水几乎分布全年,由于赤道地区的空气湿度常年维持在高水平,降水量的分布并不受季节性影响。赤道地区的降水量较为均匀,主要受季风、海洋气候等因素影响,通常出现午后短时暴雨或小雨天气。

1.2 人类活动影响下的赤道地区生态环境

随着人口增长和工业化进程的推进,赤道地区的生态环境面临着巨大的压力。尤其是热带雨林的砍伐和农业扩展,威胁到这一地区的生态平衡。热带雨林的树木在调节全球气候和维持生物多样性方面起着至关重要的作用,而森林砍伐、城市化和农业开发等人类活动使得森林资源不断减少,导致物种灭绝、碳排放增加等问题。

随着对赤道地区生态系统的重视,国际社会已经采取了一些保护措施。例如,通过国际环保组织的合作,开展了多个保护热带雨林的项目,包括建立自然保护区、推广可持续的农业发展模式等。为了平衡发展与保护,很多国家开始推动生态旅游和绿色能源等产业,期望在发展经济的同时,保护赤道地区的生态环境。

2. 副热带地区

2.1 副热带地区的气候特点

副热带地区位于热带和温带气候带之间,通常指的是位于 23.5°到 40°纬度之间的区域。这里的气候特点呈现出典型的季节性变化,夏季高温,冬季温和。根据气候的差异,副热带地区可分为几种主要气候类型,包括地中海气候、热带季风气候、亚热带湿润气候和亚热带干旱气候。

副热带地区的夏季通常温暖炎热,气温常常超过 30 ℃,尤其在内陆地区,气温会达到更高。降水的季节性变化较为明显,部分地区(如地中海气候区)降水集中在冬季,而夏季则常常处于干燥状态。气候特征的差异主要由季风和海陆差异引起。

副热带地区大多数地区的冬季气温温和,极少出现严寒天气。降水在冬季较为丰沛,春秋季节气候宜人,温度适中,适合农业生产和人类活动。季节变化较为显著,尤其是在受季风影响的地区,降水的分布明显具有周期性。

副热带地区的降水量通常适中,年降水量大多在 1 000 到 2 000 毫米之间。然而,由于降水季节性分布不均,部分地区的降水量在特定季节非常集中,夏季或冬季可能会面临干旱问题,尤其在热带季风气候区,夏季雨水充沛,而冬季则相对干燥。

副热带地区的植被主要包括热带草原、常绿阔叶林以及灌木丛,部分区域则为干旱气候带的沙漠或半沙漠。农业生产丰富,多种作物如水稻、葡萄、柑橘类水果等在这里生长良好。由于气候适宜,该地区成为全球重要的农产品生产区。

2.2　人类影响下的副热带地区生态环境

随着人类活动的不断发展,副热带地区的生态环境受到了前所未有的影响。快速的城市化进程、农业扩张以及气候变化等因素,不仅改变了该地区的自然景观,还给生态平衡带来了严峻挑战。副热带地区的土地利用变化对生态环境产生了巨大影响。农业扩张尤其是单一作物的种植,导致了土壤退化、湿地消失以及水资源短缺。过度开发土地和城市化的进程使得自然栖息地不断缩小,生物多样性遭到威胁。特别是在地中海气候区,土地的过度开垦和森林砍伐导致了水土流失和生态退化问题的加剧。

副热带地区的水资源本就有限,尤其是在干旱季节,水资源的短缺问题尤为突出。过度开采地下水、污染的水源和不合理的水资源分配,加剧了这一问题。农业中的化肥、农药使用以及工业排放物的污染,导致水体的污染,影响了水质和生物的生存环境。水资源的短缺不仅影响农业生产,也影响人类的饮用水安全和生态系统的稳定。

气候变化加剧了副热带地区的环境问题。全球变暖带来了极端天气事件的增加,例如热浪、暴雨和干旱等,这些变化极大地影响了副热带地区的农业生产和生态系统稳定。降水的不稳定性加剧了部分地区的干旱现象,导致农业减产和水资源短缺。而温度升高和海平面上升则威胁到沿海地区的生态环境。

3. 温带地区

3.1　温带地区的气候特点

温带地区四季分明,季节变化非常显著。由于地球的自转和太阳辐射的变化,温带地区每个季节的气候特征和温度变化都有明显差异。这种季节性变化对当地的生态系统、农业、交通等方面产生了深远的影响。

温带地区的春季气温逐渐回升,降水量适中。春季是植物生长的旺盛期,许多植物开始发芽和开花。这个季节温暖而湿润,给农业生产带来适宜的气候条件。夏季气温较高,尤其在温带大陆性气候区,气温可能会升高至 35 ℃以上。降水量较为集中,尤其是温带大陆性气候区,常常会经历短时间的大雨和雷暴天气。秋季气温逐渐下降,昼夜温差增大。降水量通常较少,气候趋于干燥,部分地区会迎来秋收季节。秋季也是一些植物进入休眠期的时节。冬季温度低,尤其是在温带大陆性气候区,气温可降至 0 ℃以下。温带海洋性气候区则较为温和,但依然存在降水和大风天气。冬季降水大多以雪的形式出现,寒冷干燥。

温带地区的气候调节受到海洋、大陆和纬度的共同作用。在海洋性气候区,海洋水体的高比热容使得温带地区的气温波动较小,温度较为温和。相反,温带大陆性气候区受陆地效应影响,气温波动较大,白天气温高,夜间迅速降温。温带地区的季节变化通过季风、气流和海洋环流等大气和海洋现象进行调节。例如,海洋气流和季风带来的湿润空气能够有效地调节温带海洋性气候的温度和降水。而温带大陆性气候则更容易受到极端气候现象的影响,如寒潮和热浪等。

3.2　人类活动影响下的温带地区生态环境

人类活动对温带地区的生态环境产生了深远的影响。随着工业化、城市化进程的加速,温带地区的生态环境遭遇了一系列挑战,包括气候变化、生态破坏、污染等问题。人类活动尤其是工业化过程中大量的温室气体排放,导致全球气温上升,温带地区也因此面临气候变化的压力。夏季气温的升高使得一些地区经历了更长的热季,而冬季的温度变化也可能导致寒冷季节的延长。气候变化可能对农业生产、生态系统的平衡和人类健康带来负面影响。

温带地区的森林、草原和湿地等自然生态系统在城市化和工业化过程中遭遇了大规模的破坏。森林砍伐、湿地开垦和草原退化等活动使得温带地区的生物多样性受到威胁。例如,温带森林气候区的原始森林因过度开发而面积缩小,导致许多物种的栖息地丧失,生物多样性下降。

随着工业化的推进,温带地区也面临着污染问题。空气污染、水体污染以及土壤污染等问题在某些工业重镇和城市中尤为严重。工业排放、汽车尾气和农业化学品的过度使用导致了生态系统的退化,影响了温带地区的生物链。

4.　寒带地区

4.1　寒带地区的气候特点

寒带地区位于地球的高纬度地区,通常位于北纬 $60°$ 以上和南纬 $60°$ 以下的区域,涵盖了北极和南极的广大区域。这些地区由于地球的倾斜角度,全年大部分时间太阳辐射较弱,因此气温普遍较低,年平均气温通常低于 $0℃$。寒带气候的特点包括低温、长时间的极夜和极昼现象、降水量少,以及降水多以雪的形式出现。

寒带地区的气温低,极地地区的年平均气温可低至 $-30℃$ 甚至更低,夏季的温度也很少超过 $10℃$。由于接收到的太阳辐射有限,寒带地区的日照时间也十分短暂,尤其是在极夜期间,太阳完全无法照射到地面。即使在夏季,由于日照时间长,气温也很难显著回升,全年保持寒冷的状态。亚极气候的地区相比极地气候稍微温暖一些,但气温依然处于较低水平,冬季气温往往低于零度。

寒带地区的降水量普遍较少,年降水量通常在 250 到 500 毫米之间,降水以雪为主,且大部分降水发生在秋冬季节。由于低温,水汽很难以液态形式降水,而主要以固态的雪花降落。极地气候区,降水量更为稀少,某些地方甚至可以被视为"沙漠"地区,雪的积累极慢且与气温的变化紧密相连。

寒带地区的另一个显著特点是极昼和极夜现象。在极昼期间,该地区会经历连续数月的白昼时间,太阳几乎不落山。而在极夜期间,太阳则完全无法升起,白昼持续时间为零。这一现象发生在极圈附近的地区,并随着纬度的变化而有所不同。极昼和极夜的交替使得寒带地区的生态环境极为独特,生物的适应性和生活规律也因此发生了巨大变化。

4.2　人类活动影响下的寒带地区生态环境

尽管寒带地区自然条件严酷、人口稀少,但随着全球化、科技进步和资源开发需求的提升，人类活动对寒带地区生态环境的影响日益显著。这些活动包括气候变化、资源开发、交通基础设施建设和污染排放等，正逐步改变寒带地区原本脆弱而稳定的生态系统。

全球变暖对寒带地区生态系统的影响最为明显。温室气体排放导致极地气温上升速度远高于全球平均水平，造成永久冻土融化、冰川消退和海冰面积缩减。这不仅改变了寒带地区的自然景观，还对生物栖息地构成威胁。北极熊、海象等极地动物面临栖息地丧失的问题，生态链稳定性受到严重冲击。冻土层的解冻还会释放大量甲烷等温室气体，进一步加剧全球变暖的反馈效应。

随着北极航道的逐步开放和资源价值的提升，寒带地区的矿产、石油和天然气开发日益频繁。人类对自然资源的开采活动不仅破坏了原始生态，还可能造成土壤污染、水体污染及生态栖息地的破碎化。例如，开采作业可能破坏苔原植被，导致地表稳定性下降和水文循环紊乱。同时，交通基础设施建设也加速了人类进入寒带生态系统的步伐，进一步加剧了生态压力。

工业化活动和交通运输带来的污染问题也不容忽视。航运、采矿和科研活动排放的污染物可能通过大气传播至寒带地区，形成所谓"远距离污染转移"现象。这些污染物包括重金属、有机污染物和塑料微粒，能够积聚在冰雪中，进入寒带的水体和食物链系统，最终影响人类和动植物健康。

寒带地区的生态系统具有高度的脆弱性和低恢复力。一旦受到破坏，其恢复周期极为漫长，甚至可能无法恢复原貌。因此，人类在寒带地区的开发与活动需要格外谨慎，必须在保护生态环境的前提下进行科学规划与合理利用，加强国际合作和环境治理，确保寒带地区的生态安全与可持续发展。

第二节　气候变化对人类活动的影响

一、气候变化对农业的影响

1. 影响作物种植

1.1　温度变化对作物生长的影响

温度是影响作物生长最为关键的因素之一。作物在不同生长阶段对温度的需求差异较大，一旦温度超出适宜范围，作物生长可能受到抑制。气候变化导致的温度上升会影响作物的发芽、开花、结果和成熟过程，甚至导致作物的枯萎和死亡。例如，小麦、玉米等温带作物在高温环境下容易遭遇热应激，导致生长缓慢，进而影响产量。此外，长期温度升高还可能导致作物病虫害的增加，进一步影响农业生产。

1.2　降水模式的变化

降水模式对作物的生长同样至关重要，气候变化导致降水量的不规律变化和分布差异，直接影响作物的水分供应。在一些地区，降水量的增加可能导致洪涝灾害，淹没作物田地，造成作物的根部缺氧和生长停滞。而在另一些地区，降水量减少则可能引发干旱，使得土壤水分不足,作物难以生长。气候变化使得这些降水变化的频率和强度增加,农业生产的稳定性受到威胁。尤其是依赖季风降水的地区,季节性降水模式的变化可能导致作物生长周期的错乱。

1.3　极端天气事件的增加

随着全球气候变暖,极端天气事件如干旱、洪水、冰雹、热浪等在频率和强度上都呈现增加趋势。这些极端天气事件对作物的生长和收成造成了巨大的威胁。例如,持续的干旱会导致土壤干涸,严重影响作物的水分吸收,导致生长停滞或枯萎。而暴雨和洪水则可能导致作物被淹,破坏农田基础设施,甚至影响作物的收成。此外,冰雹等突发性天气事件对作物叶片、果实和枝条造成直接的物理损害,影响作物的生长质量。

1.4　作物生长周期的变化

气候变化还可能导致作物生长周期的变化。在某些地区,由于气温升高,作物的生长季节可能提前,而在另一些地区,温度和降水的不规律性使得作物的生长季节缩短或延长。生长周期的改变可能影响作物的产量和品质,尤其是在一些需要严格生长周期的作物(如水稻、玉米等)中,变化可能导致不良的收成。某些地区的提前收获可能使得作物的生长期较短,影响果实的成熟度和营养含量。

1.5　适应气候变化的农业技术

为了应对气候变化带来的挑战,农业技术不断进步。农业专家通过选育耐热、耐旱、抗病虫害的作物品种,帮助农民提高作物的适应能力。此外,智能农业技术(如精准灌溉、气候监测系统等)也在改善农业生产条件方面发挥重要作用。通过采用这些新技术,农民可以更好地应对气候变化带来的不确定性,保障粮食生产的稳定性和可持续性。

2.　水资源变化与灌溉

2.1　气候变化对水资源的影响

气候变化带来的极端气候事件和长期趋势影响了水资源的分布、质量和可获取性。气温的升高和降水模式的改变,直接影响了水循环过程。由于气温升高,水体的蒸发量增加,导致水资源的蒸发损失增大。同时,降水的不均衡分布使得一些地区面临干旱,而另一些地区则可能遭遇洪水。尤其在干旱和半干旱地区,降水量的减少和蒸发量的增加,进一步加剧了水资源的短缺问题,导致可用于灌溉的水源不足。这使得农业用水的供需矛盾愈加严重。

2.2　干旱地区水资源短缺问题

干旱地区,尤其是中东、北非和亚洲部分地区,面临着严重的水资源短缺问题。气候变化加剧了这些地区的干旱状况,导致水源枯竭、地下水位下降。长期的降水减少和持续的高温,使得这些地区的水源越来越难以满足农业灌溉的需求。尤其在农作物生长的关键时期,缺水会严重影响作物的产量和品质。因此,水资源的供应不稳定成为影响这些地区农业生产的重要因素。干旱还可能导致水库和河流的水位降低,进一步加剧了水资源的短缺。

2.3　农业灌溉水源的供应问题

灌溉是农业生产中至关重要的环节,尤其是在水资源相对匮乏的地区。随着气候变化导致水资源供应不稳定,农业灌溉水源的保障面临更大的压力。在干旱季节,水源的减少或用水需求的增加,会导致灌溉水源短缺,进而影响作物的生长和农田的生产能力。水资源短缺不仅直接影响灌溉系统的运行,也会导致农田土壤的盐碱化,使得土地的农业生产能力下降。灌溉的水源通常来自地下水、河流和水库等自然水体。然而,气候变化使得这些水源的水量出现波动,地下水位下降、河流流量变化等都对灌溉系统造成了很大影响。一些地区依赖的水源逐渐枯竭,水资源的获取变得更加困难,农业生产的稳定性因此受到威胁。

2.4 气候变化对灌溉系统的影响

气候变化还可能影响农业灌溉系统的效率和可持续性。在一些地区,极端天气事件的增加(如暴雨、干旱、冰雹等)会导致灌溉基础设施的损毁,增加了水资源管理和灌溉设施的维护成本。此外,水质问题也随着气候变化而变化,特别是在干旱地区,水源的水质可能受到污染,影响灌溉水的质量。水资源的有限性要求灌溉系统提高水的利用效率。在一些地区,采用滴灌、喷灌等高效节水的灌溉方式,以减少水资源浪费。这些现代化灌溉技术能够提高水的利用率,尤其在水资源稀缺的地区,对于保障作物生长、提高农业产量具有重要意义。

2.5 应对水资源短缺的策略

为了应对水资源短缺和气候变化带来的不利影响,采取有效的水资源管理和节水灌溉措施变得尤为重要。首先,增强水资源的科学管理,优化水资源的分配,特别是灌溉用水的高效利用,能够显著减少浪费。其次,推广滴灌、微喷灌等节水技术,提高灌溉系统的水效。此外,水源保护和水质治理也是解决水资源短缺问题的关键环节,采取措施改善水源的质量,减少污染,确保水资源可持续使用。随着全球气候变化的持续推进,水资源短缺问题将更加严峻,农业生产需在水资源的可持续管理上做出更多努力。通过技术创新和科学管理,农业能够更好地适应气候变化,确保粮食生产的稳定性和可持续性。

二、气候变化对生态系统的影响

1. 物种分布与生态系统结构变化

1.1 气候变化对物种栖息地的影响

物种的栖息地对其生存和繁衍至关重要。一方面,气候变化通过改变温度、降水量、湿度等气候条件,直接影响栖息地的适宜性。例如,全球变暖导致许多地区的气温升高,一些物种的栖息地变得过于炎热或干燥,无法继续维持现有的生态环境。另一方面,气候变化还可能导致降水量的变化,一些物种依赖的湿润环境可能变得干燥,从而影响物种的栖息条件。

一些高山或极地地区的物种,尤其是耐寒的物种,可能会因为温度升高而失去适宜的栖息地。气候变暖可能导致雪线升高,极地冰雪减少,进而破坏这些地区的生态系统。物种只能迁移到更高纬度或更高海拔地区,但这类栖息地的有限性使得物种面临迁移困难,甚至灭绝的风险。

1.2 物种分布的迁移与适应

随着气候变化的推进,许多物种开始向更适宜的环境迁移,以适应新的气候条件。例如,一些植物和动物会向高纬度或高海拔地区迁移,以寻找温暖的栖息地或更合适的生长条件。在海洋中,一些海洋物种的分布也发生了变化,热带海域的物种逐渐扩展到温带海域,而一些适应寒冷水域的物种则逐渐向极地地区迁移。

然而,并非所有物种都能顺利迁移。有些物种的迁徙速度受到生态屏障的限制,如山脉、沙漠、城市化地区等,物种迁移的路径可能受到阻碍。此外,物种适应新环境的能力也存在差异,部分物种可能无法快速适应新的气候条件,导致种群衰退或灭绝。

1.3 极端气候事件对物种分布的影响

极端气候事件,如干旱、洪水、热浪、冰雹等,也对物种的栖息地和分布产生了直接影响。这些极端事件可以快速改变环境条件,迫使物种迅速适应或迁移。例如,长时间的干旱可能导致水源枯竭,影响水生物种的栖息环境,或导致陆生物种失去食物资源。在这种情况下,许多物种可能面临生存威胁,甚至无法存活。极端天气事件的频繁发生还会导致生态系统的破坏。例如,海啸、热带风暴等灾害可能摧毁大片栖息地,使得物种无法恢复原本的生态平衡。加剧的气候灾难可能导致物种分布的不稳定性,甚至加剧物种灭绝的风险。

1.4 气候变化对生态系统结构的改变

气候变化不仅影响单一物种的栖息地和分布,还可能导致整个生态系统结构的变化。随着物种迁移或灭绝,生态系统中的物种相互作用发生变化,可能导致某些物种的优势地位发生转变。例如,一些耐寒的物种在气候变暖后被热带物种取代,改变了原生态系统的物种组成。此外,气候变化还可能导致物种之间的捕食关系、竞争关系发生变化,进一步影响生态系统的稳定性。

某些物种的消失可能会导致生态功能的丧失,如水质净化、碳储存、土壤保持等生态服务功能的减弱。更复杂的是,气候变化可能导致新物种的入侵,外来物种可能会改变现有生态系统的结构,进一步加剧生态不平衡,影响生物多样性。

1.5 应对气候变化带来的生态挑战

为了应对气候变化带来的物种分布和生态系统变化,保护生态多样性和增强生态系统适应能力至关重要。一方面,加强生态保护区的建设,提供适宜的栖息地,以便物种能够找到新的栖息地并顺利迁移。另一方面,生态恢复项目应加强受损生态系统的修复,以增加生态系统的韧性,帮助物种适应气候变化。此外,提高人类对物种保护的意识,减少人为活动对生态环境的破坏,也是维护生态平衡的关键。

物种的栖息地、分布和生态系统结构正受到气候变化的深刻影响,生态系统的稳定性面临严峻挑战。通过科学研究和保护措施,可以帮助缓解气候变化对生态环境的负面影响,维护生物多样性和生态系统的可持续性。

2. 生态功能变化

2.1 生态系统生产力的变化

生态系统的生产力指的是生态系统中物质和能量的生产能力,主要由植物的光合作用和养分循环过程决定。气候变化影响温度和降水模式,直接改变了植物的生长条件。温暖气候往往能加速植物的生长,但在一些地区,这种变化可能导致植物生长季节的提前或延长。例如,气温上升可能导致春季提前到来,使得植物的生长周期提前。然而,在某些情况下,过高的温度可能使植物的生长受到抑制,尤其是干旱和高温的结合可能限制了植物的生长空间和生长速度。此外,极端天气事件(如热浪和强降水)可能导致植物的生长季节缩短或不规则,影响生态系统的生产力。

2.2 碳储存能力的变化

碳储存是生态系统的重要功能之一,通过植物的光合作用,二氧化碳被固定到植物组织中,从而起到了减缓气候变化的作用。气候变化对生态系统的碳储存能力有着显著影响。温度升高可能促进植物的光合作用,提高碳固定能力,但极端气候事件,如干旱、洪水和火灾等,可能减少植物的生长和碳储存能力。

在温暖气候条件下,某些地区可能出现森林生态系统碳储存的增加,尤其是在温带和高纬度地区,温暖的气候有利于植物的生长。然而,极端气候事件如大规模森林火灾、干旱等会释放大量碳进入大气,导致生态系统的碳储存能力下降。此类事件增加了大气中二氧化碳浓度的波动,进而加剧了全球气候变化。

2.3 生物多样性的变化

生物多样性是衡量生态系统健康和稳定性的关键指标。气候变化给生物多样性带来了巨大压力。随着气温升高和降水模式变化,许多物种的栖息地发生改变,导致某些物种的分布范围扩大或缩小。生物多样性的减少可能会影响生态系统的稳定性和功能,减少生态服务功能(如水净化、土壤肥力和气候调节等)。

气候变化加剧了物种灭绝的风险,特别是那些不能快速适应新气候条件或无法迁移到新栖息地的物种。物种的适应能力、迁徙路径和生存环境都受到了气候变化的严重影响。一些物种可能会因为栖息地的变化而面临灭绝,而一些外来物种可能会入侵新环境,破坏原生态系统的平衡。

2.4 极端气候事件对生态平衡的影响

极端气候事件如暴雨、热浪、干旱、火灾和风暴等,对生态系统的结构和功能构成了严重威胁。虽然一些生态系统对轻度的气候变化具有一定的适应能力,但极端气候事件会打破生态平衡,导致生态系统功能的崩溃。例如,洪水和强降水可能会造成水土流失,破坏湿地和森林等生态系统的结构;热浪和干旱会使植物失去水分,进而影响植物的光合作用和生态系统的生产力;森林火灾不仅消耗了大量的碳储存,也破坏了栖息地,导致物种灭绝或迁移。

随着极端天气的频率和强度增加,生态系统可能难以恢复原有的功能,导致生态服务的丧失。因此,气候变化不仅通过改变环境条件影响物种生存,也通过极端气候事件直接破坏生态系统的稳定性和健康。

2.5 应对生态功能变化的策略

为应对气候变化带来的生态功能变化,采取有效的生态保护和恢复措施显得尤为重要。一方面,增强生态系统的韧性,提升其应对气候变化的能力,可以通过恢复退化的生态系统、保护重要的生态功能区域等措施来实现。另一方面,保护生物多样性、加强物种栖息地的保护与恢复,有助于保持生态系统的稳定性和生产力。

减少人类活动对生态系统的负面影响也是应对生态功能变化的关键。通过减少温室气体排放、改善土地管理、推广可持续农业等方式,可以减缓气候变化的进程,保护生态系统的碳储存能力和生物多样性,确保生态系统能继续为人类社会提供所需的生态服务。

三、气候变化对人类健康的影响

1. 极端气候与健康风险

1.1 热浪与健康风险

热浪是气温异常升高且持续多日的气象现象。随着气候变暖,热浪的发生频率和强度逐渐增加,给人类健康带来了显著的威胁。长时间的高温暴露可能导致中暑、热射病、脱水等热相关疾病,尤其对老年人、婴儿、患有心血管疾病或呼吸道疾病的人群更为危险。此外,热浪还可能加剧空气污染,尤其是在城市地区,热浪期间空气中的有害物质如臭氧浓度升高,进一步增加呼吸道疾病的发病率。热浪还会加重慢性疾病患者的症状,增加医疗系统的负担。

1.2 寒潮与健康风险

寒潮是指短期内气温骤降并伴随强风等极端天气事件。寒潮通常会导致寒冷天气对人体的直接影响,特别是对老年人、儿童和户外工作者,容易引发低体温、冻伤、心脏病发作等健康问题。寒冷的天气还会加剧心血管疾病的风险,导致血压升高,增加心脏病和中风的发生概率。寒潮还可能对呼吸系统产生负面影响,空气中的寒冷和湿度变化会加重哮喘、支气管炎等呼吸道疾病的症状。此外,寒冷天气可能会影响交通运输和供暖系统,导致医疗和急救服务的延迟,从而加剧健康风险。

1.3 暴雨与水源性疾病

暴雨和洪水等极端降水事件的增加,对公共卫生构成了极大的威胁。暴雨可能导致水源污染,尤其是在排水系统不完善或基础设施脆弱的地区,暴雨可能导致饮用水源的污染,增加水源性疾病的传播风险。常见的水源性疾病包括霍乱、伤寒、腹泻等,这些疾病对低收入国家和地区的民众尤其具有较高的致命性。此外,暴雨和洪水还会影响卫生设施的正常运作,导致医疗资源的短缺,进一步加剧健康危机。由于洪水可能导致环境卫生恶化,病媒的繁殖环境也增加,进一步促进了蚊虫传播的疾病,如疟疾、登革热等。

1.4 气候变化与传染病传播

气候变化可能影响疾病的传播模式,尤其是一些通过蚊虫传播的热带病。例如,气温升高和降水模式的变化有助于蚊虫栖息地的扩大,进而加剧了疟疾、登革热、黄热病等蚊媒病的传播风险。随着气候变化的加剧,这些疾病的流行区域可能会向更广泛的地区扩展,影响以往并不常见的地区。气候变化还可能影响水源性疾病的传播,极端降水和洪水事件可能促使病原体通过水源传播,而温暖气候条件也有助于细菌和病毒的繁殖速度,从而加大了疾病传播的风险。

1.5 生态变化与健康风险

气候变化导致生态系统的改变可能会间接影响人类健康。气候变化可能使某些物种迁移到新的地区,从而改变生态平衡。由于气候变化可能增加有害生物和病媒的种群数量,导致新的疾病威胁的出现。例如,温暖气候条件可能使某些昆虫或啮齿动物扩展其栖息地,导致新的病原体传播。气候变化还会影响植物的生长周期,某些植物的花粉季节可能延长,导致过敏性疾病(如过敏性鼻炎、哮喘)的发病率上升,给敏感人群带来健康威胁。

1.6　应对极端气候对健康的影响

为了应对极端气候对健康的影响,各国政府和相关机构应加强气候变化与公共卫生之间的联系,提前做好预警系统和应急响应计划。建立应对气候变化的卫生基础设施、提供更多健康保护措施,以及开展气候适应性教育,帮助民众了解如何应对极端天气事件,都是减少气候变化带来的健康风险的重要措施。此外,增强全球合作、减少温室气体排放、推动绿色发展等长远措施,能够有效减缓气候变化进程,降低极端气候事件对健康带来的潜在威胁。

2.　空气质量与疾病

2.1　温室气体与空气污染

温室气体,如二氧化碳(CO_2)、甲烷(CH_4)和氮氧化物(NO_x),在气候变化过程中扮演着至关重要的角色。随着温室气体浓度的增加,全球气温上升,导致极端天气事件的频繁发生。这些气象变化,如热浪、干旱和强风,都会加剧空气污染问题。例如,高温天气可以促使大气中的污染物(如臭氧)浓度上升,这些污染物会加重空气质量的恶化,尤其是在城市地区。此外,气候变化引发的森林火灾和干旱等极端事件,也会释放大量的污染物,如烟尘和有害气体,进一步恶化空气质量。长期暴露于这些污染物的环境中,对人类健康构成了巨大的威胁,特别是对于呼吸系统的影响。

2.2　空气污染与呼吸系统疾病

空气污染是许多呼吸系统疾病的主要诱因之一,尤其是细颗粒物($PM_{2.5}$)和臭氧等污染物对健康的影响。在温暖气候条件下,空气污染物更容易积聚,导致空气质量的持续恶化。研究表明,空气中的细颗粒物和臭氧可以引发或加重哮喘、慢性阻塞性肺病(COPD)、支气管炎和肺癌等疾病。暴露于高浓度的空气污染物中,呼吸道的黏膜容易受到刺激,导致气道炎症和过敏反应。特别是儿童、老年人和患有心肺疾病的人群,其健康风险更大。长期暴露于污染空气中,还可能导致肺功能下降,增加心血管疾病和其他慢性病的发生率。

2.3　极端气候与空气污染的协同效应

气候变化与空气污染之间的关系是双向的。气候变化不仅加剧了空气污染,还可能通过改变大气的循环模式,影响污染物的扩散与沉降。例如,热浪天气可以导致臭氧层的破坏和浓度增加,特别是在城市地区,臭氧浓度的上升会进一步加剧呼吸系统疾病的风险。同时,气候变化带来的极端气候事件,如大规模的森林火灾、沙尘暴和洪水等,会释放大量的污染物到大气中,污染空气质量并加重健康危害。极端天气带来的高温、干燥和风暴等条件,不仅促进了污染物的生成,还减少了空气的净化能力,使污染物得以长期停留在大气中,对人类健康构成持续威胁。

2.4　气候变化对敏感人群的影响

气候变化与空气污染的相互作用特别影响敏感人群的健康。儿童、老年人、孕妇以及患有呼吸道和心血管疾病的人群,对空气污染的敏感性较高。气候变化导致的高温天气和极端天气事件,增加了这些人群的健康风险。高温天气可能导致空气污染浓度升高,而敏感人群由于生理特点,可能更容易受到污染物的影响。此外,气候变化可能导致季节性空气污染的波动,例如,某些地区的秋冬季节会出现严重的雾霾天气,而这些时期恰好是呼吸系统疾病高发的时期。气候变化还可能改变花粉和过敏原的分布,加剧过敏性呼吸道疾病的发生率。

2.5 应对空气污染带来的健康风险

为了应对气候变化和空气污染对健康的影响,全球范围内需要加强气候适应性措施,特别是在城市地区。采取减少温室气体排放的政策,促进绿色能源的使用,减少工业污染,能有效减缓气候变化并改善空气质量。此外,改善公共卫生基础设施和空气质量监测系统,建立有效的预警机制和健康保护措施,能帮助高风险群体提前做好健康防护。例如,提供空气净化器、普及健康教育、制定空气污染暴露指南等,都是有效降低空气污染健康风险的措施。

四、气候变化对社会经济活动的影响

1. 经济活动的地域转移

1.1 农业生产的地域转移

气候变化对农业生产的影响尤为显著,尤其是在温暖地区和高纬度地区。随着气候变暖,一些寒冷地区的气候条件逐渐变得适宜农业生产,而传统农业大国面临着越来越严峻的气候挑战。例如,北极地区和北欧部分地区的气候逐渐变暖,土地解冻使得该地区的农业、渔业以及资源开采逐渐变得可行。这些地区可以扩展耕种季节,提高农业产量,同时为全球粮食供应做出贡献。然而,许多热带和亚热带地区的农业生产则受到不利影响。高温和干旱导致一些热带国家粮食生产受限,特别是依赖水资源的作物(如水稻和玉米)面临严重减产。气候变化还加剧了灾害的发生,如洪水、干旱和热浪等,导致这些地区农业面临更大的不确定性和风险。结果,一些原本适合大规模农业生产的地区可能会逐渐失去其竞争力。

1.2 工业发展的地域变化

气候变化对工业活动的影响也表现出地域性差异。由于气温升高和极端天气的增加,一些区域变得不适宜进行劳动密集型和高能耗的工业活动。例如,气候变暖可能使得原本湿润的地区变得更加干燥,从而影响能源和水资源的供应,工业生产成本上升,导致企业的迁移。与此同时,一些地区,如北极圈附近,气候变化使得资源开采活动变得更加可行。北极地区的冰层减少使得石油、天然气、矿产等资源的开采变得更为方便,吸引了大量投资和技术转移。这些地区成为全球能源产业的新兴市场,逐渐成为全球经济中不可忽视的一部分。

1.3 资源开采和能源供应的转移

随着气候变化的推进,资源开采的地域转移也在加速。冰层融化和气候变暖为极地地区的资源开采提供了新的机遇,尤其是在石油、天然气和矿产资源的开采上,新的航道也为全球贸易提供了更直接的路线。然而,这些地区的资源开发同样面临环境和生态保护的挑战,如何在促进经济发展的同时保护脆弱的生态系统成为全球面临的重大课题。同时,气候变化使得能源供应和生产的地域分布发生了变化。气候变暖带来的风力和太阳能资源的变化使得一些地区的可再生能源生产潜力上升。例如,太阳能资源丰富的地区在气候变化中可能迎来能源供应的转机,而一些风力资源稀缺的地区则可能面临能源供应不足的困境。

1.4 区域经济的适应与转型

随着气候变化对经济活动地域分布的影响加剧,地区经济需要进行适应性转型。许多受气候变化影响较大的国家和地区必须调整其经济发展模式,特别是在农业、工业和能源领域,探索新的可持续发展道路。这可能包括采取更多节能减排的技术、开发气候智能型农业、投资气候适应性基础设施等手段。全球贸易格局也会随着经济活动的地域转移发生变化。新的经济中心可能出现,全球市场对资源、产品和劳动力的需求也会随之调整。如何在这一转型过程中保持经济稳定增长,并确保社会的公平和包容性,是各国政府亟待解决的关键问题。

1.5 地区间的不平衡发展

气候变化还可能加剧地区间经济发展的不平衡。部分地区因气候变化获得了发展机遇,如一些寒冷地区由于变暖变得适宜农业和资源开采,而传统农业强国则面临着环境和生产力的双重挑战。这种不平衡可能加剧全球财富和资源的不均匀分配,导致经济贫富差距的进一步扩大。全球经济体系将面临前所未有的挑战,如何实现气候变化带来的经济机会和风险之间的平衡,将决定未来全球经济发展的走向。

2. 气候灾害的经济损失

2.1 基础设施和能源供应的损失

极端气候事件对基础设施的破坏是气候灾害带来的直接经济损失之一。台风、飓风、洪水等灾害可以摧毁道路、桥梁、电力设施、通信网络等基础设施,导致交通中断、电力供应短缺,影响日常经济活动的正常运转。例如,强烈的台风可能会摧毁沿海城市的建筑物和基础设施,导致大量资金用于灾后恢复和重建。灾害造成的基础设施损失,不仅需要大量资金投入修复,还可能长时间影响当地经济的复苏。能源供应也受到极端天气事件的直接威胁。气候灾害可能损害能源生产和传输设备,特别是风能、太阳能以及水力发电等依赖自然条件的能源形式。比如,强风天气可能破坏风力发电机,洪水会淹没电力设施,影响能源的供应。这种能源供应的不稳定性可能导致电力价格的波动,进而影响企业的生产成本和消费者的生活质量。

2.2 农业生产的损失

气候灾害对农业生产的影响尤为显著。干旱、洪水、热浪等极端天气事件会直接损害农作物和牲畜,导致农作物减产或完全失收。农业作为受气候变化影响最直接的行业之一,其损失不仅是短期的,也可能对长期的粮食安全造成威胁。干旱可能导致灌溉水源短缺,影响水稻、小麦等作物的生长;而暴雨和洪水则可能导致土壤侵蚀、农田淹没,严重影响作物生长和收成。此外,气候灾害对农业的连锁反应也不可忽视。例如,农业产量的减少可能引发食品价格上涨,进而影响全球粮食供应链,尤其是在贫困地区,可能加剧食物短缺、饥荒等问题。这种影响不仅造成了经济损失,还可能加剧社会不稳定,导致更多的社会冲突和政治动荡。

2.3 社会动荡与迁徙的经济影响

气候灾害引发的社会动荡和人口迁徙是气候变化带来的另一个重大经济损失。当气候灾害导致大规模破坏时,许多人被迫离开家园,形成气候难民。气候难民的迁徙对目的地地区造成巨大的社会和经济压力,可能引发社会资源的紧张、劳动力市场失衡、公共服务和基础设施的过载等问题。大量的难民潮可能导致原有社区的紧张局势加剧,进而引发社会冲突和政治不稳定,影响国家和地区的经济发展。尤其是低收入和发展中国家,缺乏有效的应对机制和资源,导致他们在应对气候灾害时更加脆弱,经济恢复能力较差。

2.4 气候灾害对全球经济的长期影响

气候灾害的经济损失不仅是短期的,还可能对全球经济产生长期的影响。气候变化引发的灾害可能导致某些产业和地区的长期衰退,改变全球供应链的结构,增加市场的不确定性。随着全球气温升高,某些地区的农业和资源开采将面临更大的挑战,导致全球市场的供应和需求模式发生变化。此外,气候灾害可能加大各国政府和国际组织在灾后救援和恢复方面的财政压力。由于极端天气事件的频繁发生,各国将不得不增加在应对气候灾害方面的投资和支出,这些开支可能占用本应用于其他经济和社会发展的资源,影响长期经济增长。

2.5 预防与应对的经济投入

为了减少气候灾害带来的经济损失,世界各国需要加大对灾害预防和应对措施的投资。这包括改进基础设施建设、提升灾害预警系统、加强农业科技等方面的投入。此外,国际社会需要加强合作,特别是为发展中国家提供气候灾害的应对资金,帮助这些国家减轻灾害带来的经济负担。预防气候灾害的经济成本是巨大的,但从长远来看,提前采取适应性措施将大大降低灾后恢复所需的高昂费用。这些投资不仅能够保护脆弱地区的经济,还能为全球经济稳定提供保障。

探究案例

案例1:气候系统的组成与运行机制

情境描述:你正在为一个气候学课程进行一项研究,旨在探讨气候系统的各个组成部分如何共同作用影响地球的气候和天气模式。你将分析大气圈、海洋、陆地表面、冰冻圈和生物圈在气候变化中的作用。

探究问题:

1. 请描述大气圈、海洋、陆地表面和冰冻圈在气候系统中的主要作用,并解释它们如何相互作用调节地球气候。

2. 假设地球的冰雪覆盖面积急剧减少,你认为这种变化会对全球气候产生什么影响?请从辐射平衡和温度变化的角度分析。

案例2:全球气候带

情境描述:你正在进行一项关于全球气候分布的研究,计划探讨热带气候、温带气候、寒带气候和干旱气候的分布及其特点。你将分析这些气候带如何影响各个区域的生态系统和人类活动。

探究问题:

1. 请简要描述热带气候和温带气候的主要特点,并分析它们对农业生产的影响。

2. 干旱气候的沙漠地区如何适应极端温差?请从植物、动物和人类活动的角度进行分析。

案例3:气候变化对人类活动的影响

情境描述:你作为一名环境政策研究员,正在分析气候变化对不同社会经济活动的影响,特别是对农业生产、生态系统和人类健康的影响。你将探讨如何通过适应性策略减缓这些影响。

探究问题：

1. 请分析气候变化如何影响农业生产,尤其是作物生长周期、降水模式和极端天气事件的增加。

2. 假设你是一位卫生专家,气候变化对人类健康的影响有哪些? 你如何预防与气候相关的疾病传播?

案例4:气候变化对生态系统的影响

情境描述:你正在研究气候变化对全球生态系统的影响,重点关注物种分布、生态系统结构和生态功能的变化。你希望了解气候变化对不同生态系统的长期影响,并提出相应的保护策略。

探究问题：

1. 气候变化如何影响物种分布与生态系统结构? 请举例说明温暖气候和极端气候如何改变物种栖息地。

2. 你认为气候变化对全球森林生态系统的影响最大吗? 请分析温暖气候对植物生长周期和碳储存能力的潜在影响。

案例5:气候变化对社会经济活动的影响

情境描述:你正在进行一项关于气候变化对社会经济活动的研究,探讨气候灾害对基础设施、农业和能源供应的经济损失。你需要评估气候变化如何改变不同地区的经济发展模式和人类社会的适应策略。

探究问题：

1. 气候变化如何影响全球经济的稳定? 请分析极端气候事件对基础设施、能源供应和农业的潜在经济损失。

2. 假设全球气候变暖将使北极地区的资源开采变得更加可行,你认为这将如何改变全球经济的格局? 请从资源分布和地区适应性的角度进行分析。

📖 推荐阅读书籍

1. Barry R G，Chorley R J：Atmosphere，Weather and Climate，Routledge，2010.

2. Lutgens F K，Tarbuck E J：The Atmosphere：An Introduction to Meteorology，Pearson，2017.

3. Simmon D J：Climate System Modeling，Cambridge University Press，2007.

4. Ahrens C D：Meteorology Today：An Introduction to Weather，Climate and the Environment，Cengage Learning，2018.

5. Houghton R A：Global Warming：The Complete Briefing，Cambridge University Press，2009.

6. U. S. Global Change Research Program：Climate Change Impacts in the United States：The Third National Climate Assessment，U. S. Government Printing Office，2014.

7. Henson R：The Rough Guide to Climate Change，Rough Guides，2008.

8. 秦大河,陈宜瑜,李学勇:《中国气候与环境演变》,科学出版社,2005.

9. 庄贵阳,朱仙丽,赵行姝,等:《全球环境与气候治理》,浙江人民出版社,2009.

第四章　水资源与水循环

第一节　水循环的过程与地理分布

一、水循环的定义及其作用

1. 水循环的定义及其作用

1.1　水循环的定义

水循环,又称水文循环,是地球上水分在大气、陆地和海洋之间不断转化、流动和循环的自然过程。它通过蒸发、凝结、降水、径流、渗透等多个环节,确保地球表面水资源的动态平衡。水循环不仅为地球上的所有生命提供必需的水源,也调节着气候、维持生态平衡,并为人类社会提供了持续的水资源保障。水循环是地球生态系统中至关重要的一环,它连接了地球上的所有水体,维持着水分在大气、陆地和海洋之间的流动。这一过程通过不同形式的水转化和流动,使得水在不同的环境中循环再生,保障了自然生态和人类活动的水资源供应。

1.2　水循环的作用

水循环不仅在自然界中具有关键的作用,也对人类社会、生态环境和气候系统有着广泛的影响。其主要作用包括调节全球气候、维持生态系统稳定、保障水资源供应、调节水土环境、促进全球水资源的再分配等。

水循环是地球气候系统中的重要组成部分。水蒸气是大气中的一种温室气体,它通过蒸发和蒸腾作用进入大气并参与云的形成。通过凝结形成的云层能够反射太阳辐射,也能保温,调节地球表面的热量。降水与水蒸气的交换影响着全球的热量和水分分布,从而影响气候模式的形成。不同地区的降水模式直接影响当地的气候特征,如热带地区的降水较为频繁,而沙漠地区则降水稀少。

水循环通过不断提供水源,维持了生态系统的平衡。植物通过水分的吸收和蒸腾,调节了水分的循环,并通过光合作用生产氧气。水循环还直接影响了动植物栖息地的湿度和水源供给,进而决定了不同生态系统的形成。无论是湿地、森林还是草原,水循环的健康都关系到这些生态系统的稳定性。

水循环是地球上水资源循环流动的基础。无论是城市用水、农业灌溉还是工业生产,水资源的供给都依赖于水循环的不断运行。通过降水,地表水资源得以积累,进入河流、湖泊和地下水库,供人类使用。同时,水循环确保了地下水和地表水的相互补充,在干旱地区尤其重要。随着人类社会的用水需求增加,水循环的重要性日益突出,科学合理地管理水资源成为全球发展的重点。

水循环对水土环境的调节具有重要作用。通过降水和蒸发,水分在土壤中的分布发生变化,影响了土地的湿度、温度和养分条件。通过水分的渗透作用,地下水得以补充,改善了土壤的水分条件,有助于植物的生长。水循环在土壤湿度的维持、河流和湖泊的水位调节方面发挥了至关重要的作用。

水循环的作用不仅局限于某一地区,它促进了全球范围内水资源的再分配。例如,热带地区通过蒸发和降水将大量的水分输送到大气中,部分水蒸气随着气流传播到其他地区,形成降水,最终回到地表。通过这种循环流动,水资源得以跨区域地再分配,保障了全球不同地区对水资源的需求。

2. 水循环的主要过程

2.1 蒸发与蒸腾

蒸发是水循环的首要过程之一,指的是水分从地表水体(如海洋、湖泊、河流等)蒸发到大气中的过程。太阳辐射加热地表水体,使得水分由液态转化为气态(水蒸气)。蒸发不仅发生在水体表面,还在土壤表层、植物叶片上等地方发生。大气中水蒸气的增多,形成了云和降水的前提。蒸发过程受到气温、风速、湿度和地理环境的影响,在温暖和干燥的地区尤为显著。

蒸腾是植物通过叶片释放水分的过程。植物的根部从土壤中吸收水分,然后通过茎部输送至叶片,最终通过气孔蒸腾到大气中。蒸腾不仅是植物保持水分平衡的方式之一,也是水循环中的一个重要环节。通过蒸腾,植物不仅释放水分,调节空气湿度,还帮助将水分传输至大气层,影响降水模式。

蒸发和蒸腾往往并行不悖,共同作用于大气中的水分输送。两者合起来被称为"蒸散发",这是大气层水分的重要来源之一。森林和热带雨林区域,由于丰富的植被和高温条件,蒸发和蒸腾作用尤为显著,是全球水循环的重要组成部分。

2.2 凝结与降水

当大气中的水蒸气冷却并凝结时,它就会形成水滴或冰晶,这一过程叫作凝结。凝结是在大气中水蒸气转变为液态或固态水的过程。水蒸气通常在温度较低的高空冷却并聚集在微小的尘埃颗粒上,形成了云和雾。云中的水滴或冰晶继续相互凝结,最终当它们变得足够大时,就会以降水的形式返回地面。

降水是凝结过程中不可或缺的一部分,是水循环中的一个关键环节。水蒸气通过凝结成云,最终以雨、雪、冰雹、霜等形式降落到地面。降水量的多少、频率和分布直接影响地球上水资源的供给与分布。例如,热带地区通常降水频繁,而沙漠地区降水稀少。

降水的类型和形式受多种因素影响,包括大气的温度、湿度、气流的运动和地理地形等。例如,山区的气流上升冷却导致降水增加,而沿海地区的湿润气候则常见较多的降水。降水后的水分继续进入地表,进行径流和渗透等过程。

2.3 径流与渗透

径流是指降水后水分在地面上流动并汇入河流、湖泊、海洋等水体的过程。降水后,水分在地表上沿着地形高低流动,最终聚集成溪流、河流等水体,返回到海洋或其他较大水体。径流在维持地表水体和河流水位的稳定方面起着至关重要的作用,是地表水资源的重要来源。

渗透是指水分从地表渗入土壤、岩层或地下水系统的过程。当降水或地面水体的水分渗透到地下时,水分通过土壤孔隙进入地下水层。这些水分可以在地下层中停留一段时间,补充地下水资源。地下水经过渗透作用进入地下水储层,并可能通过泉水、井水等形式重新回到地表。渗透的速率和深度受土壤类型、地形坡度、降水量以及土壤湿度等因素的影响。例如,沙土和其他渗透性较好的土壤会允许水分快速渗透,而黏土则阻碍水分的渗透。地下水是全球重要的水资源之一,尤其在缺水地区,地下水往往是唯一的水源。

2.4 水的储存与再循环

水的储存是水循环的一个重要环节,水分在不同的环境和形式下得到储存并通过多种地理过程返回水循环系统。水通过地下水储存、冰川积累、湖泊蓄水等方式被暂时保存。当气候条件变化或环境条件适宜时,这些储存的水分将释放并重新进入水循环中。地下水储存是指水分通过渗透作用进入地下层,填补地下水储层。在一些地区,地下水的储量极为丰富,成为供水的主要来源。地下水有时会通过泉水或人工开采的方式被提取至地表,供人类使用。

冰川储水是水在高山和极地地区储存的形式。冰川积累了大量的淡水,是地球上最大的水储存形式之一。随着气温的升高,冰川开始融化,释放出的水分进入河流和湖泊,参与水循环。这一过程在气候变暖的背景下变得尤为重要,冰川融水逐渐补充了很多地区的水资源。此外,湖泊和湿地也能储存水分,特别是在干旱季节,它们提供了对水资源的调节作用。这些储存的水不仅为周围生态系统提供了生存条件,也为人类提供了宝贵的水源。

再循环是指水通过各种自然过程,经过一定时间后又回到水循环系统。无论是通过地下水的补充、冰雪的融化,还是通过水体的蒸发,水最终都将进入大气、回流至海洋或流入地表,继续参与循环。水循环的再循环确保了地球上的水资源得以不断再生,形成了一个永续的自然过程。

二、水循环的区域差异

1. 热带与赤道地区

1.1 太阳辐射与高温

赤道和热带地区处于地球的太阳直射带,太阳辐射强度大,全年几乎保持恒定的高温。这使得该地区的蒸发和蒸腾作用特别活跃。热量的增加促进了水分从地表和植物叶片蒸发到大气中,水蒸气的浓度也随之升高。气温高、湿度大,促使水循环中的蒸发和蒸腾成为主要的水分来源之一。在赤道附近的地区,太阳直射角度接近垂直,导致白天气温通常维持在较高水平。因此,蒸发速度较快,蒸腾作用尤其在热带雨林和植被覆盖较多的区域表现得尤为明显。该地区的植被通过蒸腾释放大量的水分,这不仅加剧了大气中的水蒸气浓度,也为形成云层和降水提供了水分源。

1.2 高强度的蒸发与蒸腾

蒸发与蒸腾在赤道和热带地区形成了一个强大的水分输送系统。蒸发作用使得地表的水体(如海洋、湖泊和河流等)不断释放水蒸气,而植物的蒸腾作用则将水分从根部通过叶片释放到大气中。在热带雨林等地区,植物种类繁多且生长旺盛,每天都有大量的水分通过蒸腾作用释放到大气中。这一地区的植被,如热带雨林中的大树和灌木,在水分蒸腾方面的作用尤为突出。蒸腾不仅为植物维持生命活动提供水分,还通过调节局部湿度和空气流动,促进了水循环的加强。在热带地区,蒸发和蒸腾作用的组合通常会导致空气中的水蒸气浓度增加,进一步促进了降水的发生。

1.3　丰富的降水

热带地区尤其是赤道附近地区的降水量极为丰富,是地球上降水最多的地方之一。这里的降水量往往不受季节变化的显著影响,年降水量通常非常高,尤其是在热带雨林地区。热带雨林区域的年降水量通常超过 2 000 毫米,部分地区甚至达到 5 000 毫米以上,降水频繁且量大。这种丰沛的降水主要是由对流降水(由于太阳辐射加热地表水体和空气,空气上升并冷却形成降水)和局部湿度高的环境共同作用的结果。赤道和热带地区由于持续的高温,地表水体在太阳辐射的作用下不断蒸发,空气中的水蒸气通过对流上升,遇冷凝结成云,最后以降水的形式返回地面。

1.4　热带雨林与降水模式

热带雨林是全球降水最多的生态系统之一。热带雨林分布在赤道附近的低纬度地区,常年受到强烈的阳光照射,气候炎热且湿润。在这些地区,由于蒸发与蒸腾作用极为旺盛,空气中的水分不断增加。当温暖湿润的空气遇到上升气流时,水蒸气会冷却凝结,形成厚重的云层,最终降水频繁。在这些地区的降水模式也与大气环流和地形紧密相关。赤道地区的厄尔尼诺现象和拉尼娜现象等气候现象,甚至会影响降水的规律和强度,使得某些年份降水异常。然而,无论外部气候因素如何变化,热带地区依旧保持着较为稳定的高降水量。

1.5　热带地区的水循环与生态系统

热带地区丰富的降水和活跃的水循环对当地生态系统至关重要。降水为热带雨林等生态系统提供了充足的水源,使得植物能够在丰富的水分中生长和繁殖。水循环中的蒸发和降水互相作用,维持着湿润的环境,支持了极为丰富的生物多样性。在热带地区的雨林中,水分的循环不仅支持了植物的生长,还通过湿气对空气的调节作用,维持了温暖湿润的气候条件。雨林的覆盖面积和植物的蒸腾作用有助于增加空气湿度,进一步促进降水的形成。这种良性的水循环在全球气候调节、温室气体吸收、土壤保护和生物多样性维持方面具有重要作用。

1.6　热带和赤道地区水循环的全球意义

热带和赤道地区的水循环不仅对局部生态系统至关重要,也在全球气候系统中扮演着关键角色。这些地区的强烈蒸发和蒸腾作用为大气中的水分提供了持续的补给,使得全球水循环保持活跃,并帮助调节全球的气候模式。热带地区的降水直接影响海洋、陆地和大气之间的水分平衡,从而对全球气候变化产生深远的影响。此外,热带地区的水循环也对全球水资源的分布产生影响。通过蒸发、降水和径流等过程,热带地区的水循环帮助将水资源输送到其他区域,保障了全球范围内水资源的流动和再分配。

2. 温带地区

2.1 季节性差异与降水形式

温带地区的水循环受季节变化的影响较大,降水量和降水形式在不同季节呈现显著差异。冬季温带地区的气温较低,降水通常以雪的形式出现,特别是在高纬度地区或山区,积雪的形成成为冬季降水的主要形式。雪的积累不仅对当地的水资源补充有重要作用,还能调节土壤湿度,帮助植物在干旱季节维持水分。

进入春季后,随着气温逐渐升高,积雪开始融化,这一过程为温带地区提供了大量的水资源。在春季和秋季,降水量通常较为丰富,这两季的降水主要以雨水的形式出现。春秋季节的降水为温带地区的农业和生态环境提供了充足的水分,促进了植物的生长与发育。夏季则通常为干燥季节,部分地区降水较少,水分供应主要依靠地下水和积雪融水的补充。尽管如此,温带地区的水循环在整体上依然是活跃的,尤其是当降水集中的季节来临时,水资源的补充十分充足。

2.2 冬季降水与积雪

在温带地区,冬季降水主要以雪的形式出现,尤其是在气温较低的高纬度地区。冬季的积雪不仅是当地降水的主要形式,还对春季的水资源供应具有至关重要的作用。积雪融水在春季融化后,成了温带地区重要的水源之一。这些融雪水通过地表径流进入河流、湖泊等水体,补充了地表水资源,并为地下水补充提供了水分。积雪的作用不仅仅是水源的补充,雪的覆盖还对地表温度起到一定的调节作用。雪层的白色表面能反射大部分的太阳辐射,降低了地面温度,这在一定程度上影响了局部气候的变化。而当积雪融化时,它会释放大量的潜热,为春季的植物生长和水体补充提供了有利条件。

2.3 春秋季节的降水

温带地区的春季和秋季是降水较为集中的季节。春季随着气温上升,空气中的水汽增多,常常会出现持续的降水天气。春季的降水通常是由暖湿气流与冷空气相遇时形成的对流降水,这些降水为春季的农业活动和植物生长提供了重要的水源。秋季也往往是降水量较大的季节,尤其在温带地区的海洋性气候区,秋季降水的集中时间通常是持续而有规律的。这一季节的降水有助于土壤湿度的增加,为冬季的植被休眠期储备水分。秋季降水的规律性和稳定性使得该地区的水资源得到了良好的补充。

2.4 地表径流与地下水补充

在温带地区,地表径流是水分流动的主要方式之一。降水后,水分通过地表流动,汇入溪流、河流、湖泊等水体。冬季的雪融水和春秋季节的降水量往往较大,促进了地表径流的形成。地表水体的径流不仅帮助补充了河湖水位,还为农业灌溉提供了充足的水源。地下水补充也是温带地区水循环中的一个重要环节。在降水充沛的季节,水分通过渗透进入地下水层,补充地下水储量。在温带地区,地下水通常是春季和秋季降水后得到补充,这些地下水在干旱季节或冬季提供了持续的水源。地下水的重要性不仅体现在维持生态环境和农业生产上,还在应对气候变化和水资源分布不均的背景下发挥着重要作用。在温带地区,地下水资源的可持续利用关系到该地区水资源的长期稳定供应。

2.5　水的储存与再分配

温带地区的水循环还包括水资源的储存与再分配,尤其是地下水和湖泊的储水功能。在一些地区,降水量较为丰富的春秋季节通过地表径流和渗透进入地下水层,为地下水补充了大量的水分。这些地下水储层不仅能够为干旱季节提供水源,还能通过泉水等形式返回地表。湖泊和湿地在温带地区也扮演着重要的水储存和调节角色。湖泊通过积蓄春秋季节的降水和融雪水,为生态系统提供了稳定的水源。湿地地区通过水分的蒸发和水体流动,调节了当地气候和水分的分布,进一步维持了温带地区的水资源平衡。

3. 干旱与半干旱地区

3.1　水资源匮乏的原因

干旱与半干旱地区是全球气候带中水资源相对匮乏的区域之一。干旱与半干旱地区的水资源匮乏主要是由于降水量少和蒸发量大的双重影响。在这些地区,年降水量通常不足500毫米,某些极端干旱地区的年降水量甚至不足200毫米,远低于全球平均水平。这使得这些地区的水循环主要依赖有限的降水补给和地下水资源。蒸发量较大也是水资源短缺的原因之一。由于气温高、日照强烈,水分从地表和植被中蒸发得较快,导致表层水分迅速丧失。在一些沙漠和半沙漠地区,蒸发量甚至超过了降水量数倍,因此,即使有偶尔的降水,这些水分也很难留存于地表或地下,往往很快被蒸发掉。

3.2　降水稀缺与季节性波动

干旱与半干旱地区的降水量稀缺,且通常存在较大的季节性波动。在这些地区,降水主要集中在几个月的时间内,形成季节性降水高峰。季节性降水高峰的出现往往与季风、气候变化或局部气候系统的活动相关,例如夏季季风带来的降水。然而,尽管降水量有时集中在短期内,干旱地区的降水往往具有强烈的不稳定性和不可预测性。降水集中且频繁的暴雨往往导致局部洪涝灾害,而在旱季时,降水几乎为零,导致土壤干裂、植被枯萎,水源极度匮乏。过于集中或过于稀缺的降水模式,进一步加剧了水循环的非持续性。

3.3　高蒸发率对水循环的影响

在干旱和半干旱地区,高温和强烈的阳光直接导致水分蒸发速度非常快,远远超过降水量的补充。这种高蒸发率不仅限于地表水体,还包括植被的蒸腾作用和土壤中的水分蒸发。由于土壤多为干燥疏松或沙质,水分在短时间内迅速消失,导致这些地区的水资源无法有效地被保持。高蒸发率直接影响农业灌溉和生态环境的水分需求。作物如果不能及时获得足够的水分,生长发育将受到极大影响。在某些地区,地表水甚至在到达作物之前就已蒸发殆尽,严重影响农业产量。

3.4　地下水资源的匮乏与补充不足

地下水是干旱与半干旱地区维持水资源供给的重要来源。然而,由于这些地区降水量极少,地下水的补充速度远远低于水的消耗速度。地下水的储存主要依赖于降水渗透、山脉积雪融化及地下水的流入,但是,由于降水量不足,地下水层的补充速度非常缓慢。地下水的过度开采在这些地区尤为突出。为了满足农业灌溉、饮水和工业用水需求,地下水经常被过度抽取,这进一步加剧了地下水资源的枯竭。在一些干旱地区,地下水位逐年下降,部分水井因无法获取足够的地下水而干涸。这使得这些地区的水循环系统难以维持长期的水资源供应。

3.5 水分流失与土壤干旱

干旱与半干旱地区的土壤干旱问题尤其严重。由于降水稀缺,土壤无法储存足够的水分,且水分一旦进入土壤后,会因为蒸发作用而迅速流失。土壤干旱不仅影响植物的生长,还会加剧风沙的流动,形成沙漠化等环境问题。土壤的水分流失导致了干旱地区水分保持的困难,进一步加剧了生态系统的脆弱性。沙漠化是干旱与半干旱地区常见的环境问题,它不仅导致土地生产力的下降,还带来了生态退化和生物多样性丧失。

4. 寒带地区

4.1 低温与水循环的减缓

寒带地区的水循环首先受到低温的限制。在这里,全年大部分时间的温度都处于 0 ℃以下,导致水分很难以液态存在,大部分降水以雪和冰晶的形式落下。由于温度低,蒸发量相对较少,水分的流动速度也因此显著减缓。这使得寒带地区的水循环过程与热带和温带地区相比更加缓慢且不稳定。低温使得水蒸气凝结形成固体雪和冰,这些积雪和冰在地面上的停留时间较长,水分转化成固体状态,形成了寒带地区的独特水循环模式。此类环境下,降水大多是雪,而不是雨,因此冰雪覆盖的时间较长,影响了水资源的流动和储存。

4.2 雪与冰晶的降水形式

在寒带地区,降水主要以雪或冰晶的形式出现。降雪通常在寒冷的冬季最为频繁,夏季相对较少。雪的形成过程主要由大气中的水蒸气在低温下直接凝结成冰晶,然后聚集成雪花。当积雪量较大时,这些积雪在冬季可能会覆盖地面数月甚至更长时间,形成厚厚的积雪层。由于寒带地区的降水大多以雪的形式存在,降水的季节性变化较为显著。在某些地区,冬季的降雪量可能远大于夏季的降水量。雪的积累为寒带地区提供了大量的水资源,但由于大部分水以固体形式存在,因此需要在春季或夏季的温暖期才能通过融雪进入水循环系统。

4.3 冰川与永久冻土的作用

寒带地区的水循环受到冰川和永久冻土层的深刻影响。冰川是寒带地区储存水资源的一个重要方式。冰川是由多年降雪积累而成的巨型冰体,它们在寒冷气候下能够持续存储大量的水分。冰川不仅是寒带地区水源的重要来源,还在夏季融化时释放水分,进入河流、湖泊和地下水系统。永久冻土是寒带地区另一重要的水循环元素。永久冻土层是指全年温度低于零度的土层,水分在其中被冻结,形成冻土。在永久冻土区,水分被锁定在地下,无法流动或者以液态存在,这种冻土层的存在使得寒带地区的水资源难以得到有效循环。此外,永久冻土层下的地下水储量也受到冻结层的影响,部分地区地下水资源难以补充。随着气候变暖,冰川的融化和永久冻土的解冻正在加剧。冰川融水进入河流,改变了水资源的分布,尤其是在全球气候变化背景下,这种变化可能导致低温地区的水资源和生态环境发生变化。

4.4 水分冻结与水循环的阻碍

在寒带地区,水分的冻结对水循环的影响尤为显著。寒冷的气候导致大部分水分以冰雪的形式停留在地面,减少了水的流动性和可用性。随着气温的进一步降低,水分更多地以冰冻的形式存在,导致土壤和水体的水分供应减少。冰雪覆盖的地面通常会延缓水分渗透到土壤中,也减缓了地下水的补充过程。此类地区的土壤由于冻结无法有效吸收水分,造成降水无法进入地下水层,进一步加剧了水资源的短缺。

4.5 水资源的季节性变化

寒带地区的水资源变化呈现出强烈的季节性特点。冬季,降水主要以雪的形式存在,并在整个冬季停留在地面,而春季气温回升时,雪开始融化,形成融雪水。这些融水进入地表河流、湖泊和地下水系统,为水资源的循环提供了新的水源。然而,由于寒带地区的低温,水资源的更新周期较长,且大部分水在冬季冻结,形成冰雪层,流动性差。融雪期是寒带地区水资源供应的重要时段,特别是在依赖融雪水源的地区,春季和初夏的融雪水对农业和生态系统的水供应至关重要。在寒带地区,融雪带来的水资源不仅影响当地居民的饮用水供应,还对农业灌溉和生态保护起着重要作用。

4.6 全球气候变化对寒带水循环的影响

气候变化对寒带地区水循环的影响越来越显著。随着全球气温上升,寒带地区的冰川正经历着前所未有的退缩和消失。冰川的融水不仅改变了水资源的分布,也导致了气候和生态系统的变化。永久冻土的解冻也是气候变化带来的重要变化之一。随着气温的升高,永久冻土层逐渐融化,导致地表水和地下水的流动模式发生变化。解冻后的土壤释放出储存在冰冻层中的有机物质,可能导致温室气体排放增加,从而进一步加剧全球气候变暖。

第二节 水资源的开发利用与保护

一、水资源的开发利用

1. 水资源的来源与分布

1.1 水资源的构成

地球的水资源主要可以分为三大类:海水、淡水和地下水。水是生命之源,对地球上的所有生物和生态系统至关重要。不同类型的水资源对人类活动和生态平衡有着重要影响。水资源的来源分布不均,各种水体在地球上的分布也存在显著差异,直接影响着水资源的利用和管理。

1.2 海水的比例与分布

地球表面约有 71% 被水覆盖,而大多数这些水是海水,占据地球水体的 97.5%。海水是地球上最主要的水资源,分布广泛且几乎覆盖了全球的海洋、海湾、湖泊和部分陆地边缘地区。海水含有大量的盐分,不能直接供人类使用,因此其可用性受到限制。海水的存在对于调节地球气候起着至关重要的作用,尤其是在全球气候系统中的热量传输和水循环方面。海洋蒸发的水分供给了大气中的水蒸气,进而影响降水模式和气候变化。然而,海水的高盐度和不可直接饮用的特性,使其在农业灌溉、饮用水等方面的直接应用受到限制。

1.3　淡水的比例与分布

淡水是适宜生物生存的水体类型,仅占地球总水量的 2.5%。然而,这 2.5% 的淡水资源并不均匀分布,其中大部分的水体被锁定在冰川和永久雪盖中,难以利用。根据估算,淡水中约 68.7% 存在于极地和高山地区的冰川中,无法立即供人类使用。此外,地下水资源占淡水总量的约 30.1%,同样存在于地下深处,需要通过钻井等方式开采。

1.4　地下水的分布与利用

地下水是指渗透进入地下的水分,它是人类最重要的水源之一。地下水储量虽然巨大,但其分布和可利用性受到地下岩层的影响。地下水主要分为浅层地下水和深层地下水两种类型。浅层地下水通常存在于土壤层和近地表的岩层中,水位较浅,易于提取,广泛用于农业灌溉、饮用水供给和工业用水。深层地下水通常存在于地下较深的岩层中,水位较深,提取难度较大,但其水质通常较好,水量丰富。深层地下水是很多干旱和半干旱地区的重要水源。地下水资源的优势在于其相对稳定的供水量和较少的受季节性气候变化影响的特点。然而,由于过度开采和水污染问题,部分地区的地下水资源面临枯竭和污染的风险,因此地下水的管理和保护至关重要。

1.5　地表水的分布与利用

地表水指的是存在于地球表面的水体,包括河流、湖泊、湿地和水库等。尽管地表水资源占淡水的比例较小,但它是人类最常利用的水源之一,广泛应用于农业灌溉、饮用水供给、电力生产等多个领域。河流是地表水资源的重要组成部分,主要通过降水、融雪、地下水补给等方式获得水源。河流的流量受到季节性降水、地形、气候等因素的影响,部分地区的河流水资源相对稳定,而另一些地区则可能受到干旱等极端天气的影响。湖泊和水库是地表水的另一重要形式,能够存储大量的水资源,尤其在干旱季节或缺水地区,湖泊和水库成为重要的水源。它们的水量通常受到降水量和蒸发量的影响。地表水具有较高的可利用性,但也容易受到污染和过度开采的威胁。合理的水资源管理、污水处理和保护地表水资源的生态环境对于确保可持续发展至关重要。

1.6　全球水资源的可持续性问题

随着全球人口的增长和工业化进程的加快,水资源的需求不断增加,而水资源的分布和供给能力有限。水资源的过度开采、污染、气候变化等因素都可能威胁到水资源的可持续性。在某些地区,由于长期过度开采地下水或污染水源,水资源枯竭和水质恶化已经成为严重问题。因此,实现全球范围内的水资源可持续管理,采取节水措施、改善水资源分配、加强水资源保护,已成为全球应对水资源短缺和环境变化的关键措施。

2.　水资源的开发利用方式

2.1　水库建设与水坝

水库建设和水坝的修建是最常见的水资源储存和调配方式。通过建造水坝,能够有效地拦截河流中的水流,将其储存到水库中,以备后续使用。水库和水坝不仅为农业灌溉提供水源,还可用于城市供水、工业用水以及发电等多个方面。水库提供的储水量确保了农田灌溉的连续性,尤其在旱季或降水稀缺时,水库中的水资源能够保证农业生产不受气候变化的太大影响。随着城市化进程的加快,水库成了城市供水的主要来源。大型水库可以通过管道将水源输送到城市和周边地区,满足日常饮用、生活和工业需求。水坝通常伴随有水力发电设施,通过水流的动力转换为电能,成为可再生能源的重要组成部分。这种方式不仅满足了电力需求,还在一定程度上减少了化石能源的依赖。水库和水坝还具有洪水调节和防洪作用,尤其是在洪水季节,它们能够调控水流,避免下游地区发生灾害。此外,水库为生态环境提供栖息地和水源支持,促进生物多样性保护。

2.2　地下水开采

地下水作为重要的水资源来源,特别在干旱地区或地表水资源匮乏的区域,其开采成了维持生活和生产的关键。地下水是经过长期自然过滤后形成的水源,水质通常较为清洁。地下水的开采主要通过钻井等方式进行。通过建造深井和浅井,将地下水抽取到地面,供给农业、工业、饮用和生活等多种用途。地下水具有较高的稳定性,能够在季节性变化较大的地区提供持续的水源。在干旱和半干旱地区,地下水是唯一可利用的水源。许多国家和地区在面对长期干旱时,都大量依赖地下水进行水源供给。过度开采地下水可能会导致水位下降,甚至造成地下水资源枯竭。此外,地下水的过度抽取可能导致地面沉降、盐水入侵等问题。因此,需要采取科学的地下水管理措施,防止资源的过度开发和污染。

2.3　水资源调度与水利工程

水资源的调度和水利工程是解决水资源空间分布不均、时间分布不均等问题的重要手段。通过跨流域调水和精细化的水利工程建设,能够更合理地分配水资源,保证各地区的用水需求。一些地区通过跨流域调水工程,将水从水资源丰富的地区引流到水资源短缺的地区。这种工程通常需要建造大型输水管道、渠道和泵站等设施。中国的南水北调工程便是一个典型的跨流域调水项目,通过将长江水源调至北方,缓解了北方地区的水资源短缺问题。水资源调度系统可以根据不同季节、气候变化和用水需求,进行科学调配,确保在干旱季节和极端天气下,水资源仍能够得到合理分配。这对于农业灌溉、工业生产和城市供水都起到了重要作用。水利工程包括水库、灌溉系统、排水系统、堤坝、泵站等一系列设施,它们在水资源管理中扮演着至关重要的角色。通过完善的水利基础设施,能够有效提高水资源的利用效率,减少水资源浪费,确保各行业的用水需求。

2.4　海水淡化

海水淡化技术是解决水资源短缺问题的一种有效手段,尤其适用于沿海地区。海水淡化技术通过去除海水中的盐分和其他溶解物,将海水转化为可饮用的淡水。这项技术为水资源匮乏的沿海地区提供了新的解决方案。目前最常用的海水淡化技术是反渗透技术。通过半透膜的过滤作用,去除海水中的盐分和杂质,将海水转化为淡水。该技术能够提供较大规模的淡水供应,适用于城市和工业用水需求。另一种海水淡化技术是蒸馏技术,通过加热海水蒸发水分,再通过冷凝将水蒸气收集。虽然这种方法较为传统且能耗较高,但在一些小规模的应用中仍然有一定优势。海水淡化技术虽然能够提供稳定的水源,但也面临着能耗高、成本大和环境影响等挑战。大量使用淡化水可能会对环境造成一定的负担,如盐水排放和能源消耗问题。因此,需要在技术创新和能源可持续性方面进行改进,降低海水淡化的成本,促进其广泛应用。

二、水资源的保护

1. 水质保护与污染治理

1.1 污水处理

污水处理是减少水污染、保护水质的首要措施。通过物理、化学和生物方法,污水处理系统能够有效去除水中的污染物,降低水体的污染负荷,从而保障水资源的清洁和安全。物理处理方法包括沉淀、过滤、气浮等。这些方法能够去除水中的悬浮固体、油脂和较大颗粒物质,是污水处理过程中的第一步。通常通过机械装置将水中的大颗粒物质过滤或沉淀下来。化学方法主要是通过添加化学药剂,如絮凝剂、氧化剂等,帮助去除水中的溶解性污染物。常见的化学处理方法包括消毒、除磷、除氮等。这些方法能有效去除水中的有害物质,净化水质。生物处理方法通过利用微生物的代谢作用,将有机污染物降解为无害物质。常见的生物处理技术有活性污泥法、生物滤池等。生物处理不仅能去除污水中的有机物,还能提高水体的生态安全性。现代污水处理厂通常结合了物理、化学和生物处理技术,分阶段进行污水净化。污水处理厂的建设和运营是城市和工业水污染治理的核心,能够确保城市、工业和农业产生的废水得到有效处理,减少水体污染。

1.2 雨水收集与再利用

雨水收集与再利用是一种高效、可持续的水资源利用方式。通过建设雨水收集系统,可以捕捉并储存降水,为城市和乡村地区提供替代水源。这样不仅能减缓水资源的压力,还能有效应对城市排水系统的负担。雨水收集系统通常包括屋顶集水系统、储水池和管道等设施。通过合理设计,收集到的雨水可以供家庭、企业或公共设施使用,减少对传统水源的依赖。特别是在干旱或缺水地区,雨水收集可以为生活用水和农业灌溉提供宝贵的水源。为了确保收集的雨水适合使用,需要对雨水进行简单的过滤和净化处理。通过初步的沉淀、过滤和消毒等处理,可以去除雨水中的杂质、细菌和污染物,保证水质符合安全标准。经过处理的雨水可以用于多种用途,如冲厕、园艺灌溉、清洁作业等。这不仅减少了市政供水的需求,还能有效降低污水排放,减少环境负担。雨水收集与再利用的推广可以帮助缓解城市水资源短缺问题,同时减少雨水径流,减少城市水体的污染。此外,它还具有降低城市热岛效应、增加绿地灌溉和提高城市环境质量的综合效益。

1.3 湿地保护

湿地是地球上最重要的生态系统之一,具有天然的水质净化功能。湿地通过植物的吸附和微生物的分解作用,能够有效去除水中的污染物,净化水质。湿地还能够调节水流、维持水位,并为生物提供栖息地,促进生物多样性。湿地具有多重生态功能,包括水质净化、洪水调节、生物栖息地等。湿地能够通过植物的根系吸附水中的营养物质和污染物,有效净化水质。湿地还具有蓄洪、调节水流的能力,是防洪和水资源管理的重要组成部分。

随着人类活动的扩展,湿地面积逐渐减少,水质净化功能和生态功能受到了严重威胁。因此,加强湿地的保护和恢复至关重要。保护湿地可以采取立法、生态补偿、恢复原生态景观等方式,确保湿地生态系统的完整性。湿地的可持续管理不仅涉及水质保护,还包括生物多样性保护、生态旅游和文化遗产的传承。湿地保护需要综合考虑生态、社会和经济效益,实现生态环境的可持续发展。湿地保护需要国际间的合作与协调。联合国湿地公约(拉姆萨尔公约)是全球湿地保护的重要国际协议,旨在推动各国政府采取措施保护和恢复湿地生态系统。国际合作能够共享技术经验、提供资金支持,共同应对全球水资源与生态保护的挑战。

2. 水资源节约与高效利用

2.1 农业节水灌溉

农业用水占全球水资源消耗的主要比例,特别是在干旱和半干旱地区,水资源的高效利用至关重要。采用高效的灌溉技术可以有效提高水的使用效率,减少水资源浪费。滴灌是一种精确的灌溉技术,通过管道将水直接输送到植物根部,以滴水的形式供水,减少水分蒸发和渗漏的浪费。滴灌能够根据植物的需水量精确控制水的供应,极大地提高了灌溉效率,尤其适用于水资源短缺的地区。喷灌系统通过喷头将水雾化后均匀地喷洒到作物表面,模拟自然降水的过程。喷灌系统适用于大面积农业种植,能够提高水的渗透效率,减少水分流失,尤其适合用于田间的耕作区域。通过实施轮作、间作等农业管理措施,可以减少水分的过度消耗,增加土壤的水分保持能力。此外,采用抗旱作物、改良土壤结构、提高土壤渗透性等节水农业技术,能够更好地管理水资源,实现可持续的农业发展。智能灌溉系统利用气象数据、土壤湿度传感器和自动化技术,根据实时数据自动调整灌溉量,确保水分的供给符合作物生长需求。通过这种精确的灌溉方式,可以最大程度地避免不必要的水资源浪费。

2.2 节水型城市建设

随着城市化进程的加快,城市水资源的需求持续上升,节水型城市建设成为水资源管理的一个重要方向。通过在城市规划和建筑设计中实施节水措施,能够显著降低城市水资源的消耗,并推动水资源的循环利用。在城市中,雨水收集系统是节水型城市的一个关键组成部分。通过安装雨水收集设施,城市可以收集和储存降水,再经过简单处理后用于绿化灌溉、清洁作业或冲厕等非饮用用途,从而减少对自来水的需求。节水型建筑设计通过选用节水型设备,如低流量淋浴头、节水马桶和水龙头,能够有效减少日常生活中的用水量。此外,在建筑中合理规划水的循环使用,也能显著提高水的利用效率。城市污水回用是节水型城市建设的重要措施。通过对城市污水进行处理和再利用,处理后的水可供工业冷却、城市绿化、消防等非饮用用途使用,减少了新鲜水的消耗。在城市建设中,生态景观和绿色基础设施的引入,如人工湿地、绿色屋顶、透水铺装等,能够有效改善城市的水循环系统,提高水的渗透率和储存能力。这些绿色措施不仅提升了城市的环境质量,还为节水型城市建设提供了有力支持。

2.3 工业节水

工业生产是水资源消耗的重要领域,尤其是在高耗水行业,水的浪费和污染问题亟待解决。通过技术改造和设备更新,工业企业可以大幅提高水资源的利用效率,减少对水资源的压力。许多工业企业通过建设闭路循环水系统,实现生产过程中水的重复利用。这种方式通过将用过的水经过处理后重新投入生产流程,显著减少了对外部水源的需求,节约了大量的水资源。在一些高耗水的工业过程,如冶金、化工和造纸等领域,通过工艺改进和技术升级,可以大幅减少水的消耗。例如,采用干法处理、无水冷却技术和气体回收技术等创新工艺,有助于降低生产过程中水的使用量。工业污水的回用是节水措施的重要组成部分。通过设置污水处理设备,工业企业能够有效去除污水中的有害物质,使其能够重新用于生产、清洗、冷却等环节,避免了水资源的浪费。现代工业企业可以利用智能水管理系统实时监控生产中的水流量和用水情况,根据需求自动调整水的使用量。这不仅能够提高水的利用效率,还能帮助企业及时发现并修复水的浪费或泄漏问题。

第三节 水危机与区域应对策略

一、全球水危机的现状与原因

1. 水资源短缺

1.1 气候变化的影响

全球气候变化对水资源的影响愈加明显,尤其体现在降水模式的变化和极端天气事件的频繁发生。气候变化导致的降水量减少或过多,进一步加剧了水资源的供需失衡。在一些干旱和半干旱地区,气候变化导致降水量的减少,使得原本依赖降水的水源变得更加紧张。长期干旱导致水源枯竭,尤其是一些依赖雪山融水的地区,随着气温升高,雪水融化减少,水资源供应能力大幅下降。气候变化引发极端天气事件的频率和强度增加,例如长时间的干旱、洪水以及强烈的暴风雨等。这些极端天气不仅破坏了正常的水资源供应,还可能导致水污染问题,进一步加剧水资源短缺。降水季节性和地理分布的变化使得一些地区的降水量集中在特定的季节,导致旱季的水资源更加紧张。此外,降水量的集中可能带来洪水灾害,增加了水资源管理的难度。

1.2 人口增长

随着全球人口的持续增长,尤其是在发展中国家,水资源的需求呈现出急剧增长的趋势。大量人口的集聚以及生活水平的提高,给水资源带来了更大的压力。随着城市化的快速推进,越来越多的人口集中到城市中,城市水需求量急剧增加,这给水源供应系统带来了前所未有的挑战。城市供水和污水处理系统的建设与维护往往滞后于城市化进程,导致水资源的浪费和供水不足。农村地区人口的增加和农业灌溉需求的加大,也对水资源产生了巨大的压力。农业用水占据了全球水资源的大部分,而在一些缺水地区,农业用水的过度依赖和无效灌溉加剧了水资源短缺的局面。随着生活水平的提高,人们对清洁饮用水的需求逐步增加。在一些地区,尤其是人口密集的城市,供水系统和水资源储备不足,导致水源无法满足快速增长的需求。

1.3 过度开发与浪费

水资源的过度开发和浪费是全球水资源短缺的重要原因之一。工业化、农业灌溉和城市用水等方面的水资源开发,如果缺乏有效的管理和技术手段,往往会造成水资源的无效利用和浪费。在农业生产中,许多地区仍采用传统的灌溉方式,如漫灌等,导致大量水资源的浪费。农业用水效率低,特别是在水资源稀缺地区,过度灌溉使得地下水位下降,加剧了水源枯竭的风险。工业部门的用水量巨大,然而在一些国家和地区,工业用水管理和节水技术的应用相对滞后。无论是生产过程中的水循环利用不足,还是废水的排放未经过充分处理,工业用水的浪费和污染都加剧了水资源的匮乏。日常生活中,许多人缺乏节水意识,浪费水资源的情况较为普遍。特别是在一些发达国家和城市,由于水资源供给相对充足,很多人对于水的浪费并不敏感,导致了大量水的无效消耗。

1.4 地下水资源的过度抽取

地下水是全球重要的水源之一,尤其在干旱和半干旱地区,地下水是主要的水源之一。然而,地下水的过度抽取已成为全球水资源危机的重要原因之一。许多地区为了应对干旱和水资源短缺问题,开始过度依赖地下水。尤其是在农业灌溉中,地下水成了主要的水源。然而,由于地下水的自然补给速度远低于其抽取速度,许多地区已经出现了地下水位持续下降的现象,部分地区甚至出现了地下水枯竭的危机。地下水的污染问题也在一些地区逐渐显现。农业化肥和农药的渗透、工业废水的排放以及城市污水的渗漏等因素,都使得地下水的水质遭到破坏。这使得一些地区的地下水资源不再适合直接饮用,进一步加剧了水资源短缺的问题。相比地表水,地下水的补给周期长且缓慢。一旦过度抽取地下水资源,不仅难以恢复,还可能导致地下水资源的永久性损失,影响未来的水资源供给。

2. 水资源不均衡分布

2.1 区域差异

全球水资源的分布在区域间存在显著差异,一些地区水资源丰富,而另一些地区则严重匮乏,面临缺水问题。亚马孙雨林、东南亚、印度洋沿岸等热带地区拥有丰富的降水和充足的水源。这些地区年降水量较高,水资源相对丰沛。由于温暖潮湿的气候条件和充足的降水,这些地区的河流、湖泊和地下水储量也相对较大。与之相对的是中东、北非、澳大利亚等沙漠和干旱地区,这些地方水资源严重匮乏。由于年降水量低,几乎没有稳定的地表水源,这些地区通常依赖地下水资源供水。然而,由于地下水储量有限,过度开采地下水的现象普遍,导致水资源无法持续供给。此外,一些位于干旱与湿润地区交界的半干旱地区,如中国西北部、非洲撒哈拉沙漠边缘,面临水资源不均的挑战。这些地区季节性降水差异较大,虽然部分地区在某些季节降水较多,但整体水资源的可用性依然不足。

2.2 气候差异

气候带的不同直接影响了全球水资源的分布,热带、温带和寒带地区的降水量差异较大,造成水资源的不均衡分布。热带地区降水量丰富,湿润的气候条件使得这些地区水资源丰富。例如,亚马孙流域和东南亚地区,由于全年高温和稳定的降水,形成了丰富的河流系统和地下水资源。温带地区的降水量相对适中,季节性变化较大,尤其是春秋季节降水较多。虽然这些地区水资源相对充足,但由于季节性差异,部分地区在冬季或干旱季节可能出现水资源短缺的情况。寒带地区降水量较少,且大多以雪和冰晶的形式存在,水资源的供应大多依赖冰雪融水。由于气温极低,水循环较慢,水资源有限,且水资源的利用受冰雪融化季节的限制。

2.3 地理因素

水资源的分布与地理因素密切相关,海拔、地势和地理位置都在不同程度上影响着水资源的可用性。山区和高原地区的水源较少,且由于海拔较高,水体难以流向需要用水的低洼地区。高山地区的水资源通常集中在雪山融水和冰川中,但这些水源的获取和利用受到高海拔环境的限制。水资源的分布与地形关系密切。山区、盆地和流域的不同地形影响了水流的速度和储存方式。在山区,河流流速较快,水资源的运输和分配难度较大。而在平原和低洼地区,水资源较易储存和利用,但这些地区往往需要通过长距离输水来解决水资源分配问题。一些地区的水源受到流域和水体分布的影响。例如,水源沿着河流从高海拔地区流向低海拔地区,若流域内不同区域的水资源管理未能协调,可能导致水资源的不平衡分配和使用。

2.4 跨境水资源问题

一些重要的水源河流跨越多个国家的边界,这种跨境水资源问题带来了复杂的政治、经济和社会挑战。许多重要的水源河流,如尼罗河、恒河、湄公河等,跨越多个国家的边界。这些国家的水资源需求和使用往往不同,缺乏协调的水资源管理容易导致水资源争端。河流上游国家可能优先使用水资源,导致下游国家面临水量减少的困境。跨境水资源的管理需要多国合作与协调。然而,由于各国的经济、政治利益不同,如何公平合理地分配和利用这些水资源成为一个棘手问题。国际水道法和水资源协议的制定对于促进水资源的共享至关重要,但在实践中,跨国水资源合作往往面临挑战。由于水资源的战略性和稀缺性,跨境水资源管理的失败可能导致冲突甚至战争。在一些水资源紧张的地区,国家之间的水争端日益激烈,给全球水安全带来了更大的不确定性。

3. 水污染问题

3.1 工业废水污染

工业化进程中产生的废水是水污染的重要来源之一。工业废水中通常含有大量有害物质,若未经处理或处理不当直接排放到水体中,极易对水质造成严重污染。工业废水中常常含有重金属(如铅、汞、砷等)、有机化学品、油污、酸碱性物质等有害物质。这些物质不仅污染水体,还可能对水生生物的生存环境产生负面影响,进而破坏生态平衡。工业废水常通过管道直接排放到河流、湖泊或地下水中,这种排放方式没有经过充分处理,水体中的有害物质积累后,极大地危害了水质。长期以来,许多发展中国家由于监管不力,工业废水污染问题尤为严重。重金属和有毒化学物质的累积不仅对水质造成恶化,还对水体中的微生物、鱼类和其他水生生物造成毒害,影响整个生态系统的功能。部分地区的工业废水排放甚至导致大规模的水生物死亡事件。

3.2 农业污染

农业活动中使用的化肥、农药以及农业废弃物是水污染的另一个主要来源。随着农业生产的现代化和规模化,农业污染的程度也在不断加重,影响了水质和生态环境。过度使用化肥和农药是农业污染的主要原因。施用过量的化肥和农药使得大量的化学物质通过雨水、灌溉水或地表径流流入附近的河流和湖泊,造成水体富营养化,激发藻类繁生,降低水中氧气含量,严重影响水质。化肥和农药中的氮、磷等元素进入水体后,会导致水体富营养化现象。富营养化导致水生植物过度繁殖,尤其是水藻,最终消耗大量的氧气,造成水体缺氧,水中生物死亡,生物多样性严重丧失。农业废弃物(如秸秆、农药瓶、塑料薄膜等)也是水体污染的来源之一。这些废弃物未得到有效处置,可能被雨水冲刷到水体中,导致水质恶化和生态破坏。

3.3　城市污水污染

随着城市化进程的加快,大量的生活污水未经过处理或处理不当直接排入水体,给水源带来严重污染。城市污水污染不仅影响水质,还对公共健康构成威胁。城市生活污水含有大量的有机物、病原体、油脂、化学物质、药物残留物等。这些物质进入水体后,不仅破坏水质,还可能成为水源传染病的传播媒介,危及居民的健康。随着城市人口的增长,城市污水排放量也不断增加。部分发展中国家和地区缺乏有效的污水处理设施,导致大量未经处理或处理不彻底的污水进入水体,造成严重污染。未经处理的生活污水中有机物和营养盐含量较高,容易引发水体富营养化,导致水质恶化,水生生物死亡,甚至造成水体无法再利用。长期污染可能导致区域水资源短缺,影响城市的供水安全。

3.4　塑料污染

随着塑料制品的广泛使用,塑料废弃物成为全球水体污染的一个重要源头。塑料废弃物不仅污染水体,还可能对人类和野生生物造成危害。塑料袋、瓶子、包装材料等废弃物广泛存在于河流、湖泊、海洋等水域中。塑料在水中降解速度极慢,导致大量的塑料垃圾长期滞留在水体中,影响水质,破坏生态环境。随着塑料废弃物在水体中的逐渐分解,微小的塑料颗粒(微塑料)进入水体。这些微塑料不仅污染水质,还通过食物链被水生生物摄取,最终进入人类食物链,可能对人类健康构成潜在威胁。水生生物误食塑料垃圾后,可能导致消化系统损伤、死亡或生长发育问题。此外,塑料废弃物可能释放有毒物质,进一步影响水生态系统的健康。

4. 气候变化与水危机

4.1　降水模式变化

气候变化导致全球降水模式发生了显著的变化,不同地区的降水量变化对水资源的供给和分布产生了直接影响。在一些地区,由于气候变暖,降水量发生了集中化的趋势,即降水量变得更为密集。大量的降水短时间内无法被地表吸收,容易引发洪水、泥石流等灾害,破坏基础设施,影响农田和水源,甚至导致水质恶化。与降水量增加的地区相对,部分干旱和半干旱地区的降水量则显著减少。持续的干旱加剧了水资源的匮乏,导致地下水位下降、河流干涸,农业和居民用水供应紧张,尤其在沙漠地区,气候变化可能会导致水源进一步枯竭。气候变化不仅导致降水量的变化,还加剧了降水的时空分布不均。一些地区降水过多,而其他地区降水过少,全球水资源的分布更加不稳定,给水资源的管理和分配带来了极大的挑战。

4.2　极端天气事件的增加

随着全球气温升高,极端天气事件的频率和强度也出现了明显增加,极端干旱、暴雨、台风等气候事件对水资源的可用性和质量带来了多重威胁。气候变化引发的极端干旱事件愈发频繁,部分地区长期缺水,水资源逐渐枯竭。干旱不仅导致地表水源减少,还造成地下水的过度抽取,进一步加剧水资源紧张状况。农业用水不足,饮用水短缺等问题成为越来越多地区的难题。暴雨是气候变化下的另一个极端天气事件。暴雨引发的洪水、泥石流等灾害不仅直接影响水源的质量,损害水处理设施,还加剧了水污染。暴雨后,水中可能含有大量的有害物质,包括农业化肥、工业废水等,影响水体的生态环境。台风、强风暴等极端天气事件带来的强风、降水以及海面上升,可能导致海水入侵淡水资源,进一步加剧水资源的污染和损失。此外,这些灾害还可能破坏供水系统和基础设施,造成严重的水资源供给短缺。

4.3　冰川与雪盖融化

全球气温上升直接导致冰川和雪盖的加速融化,尤其是在高纬度地区,冰川水源的减少对依赖冰雪融水供水的区域产生了严重影响。高纬度和高海拔地区的冰川和雪盖是许多重要河流和水库的水源。在气温上升的影响下,这些冰川的融水量逐年减少。许多依赖冰川融水的区域面临着水源的短缺,特别是在夏季,原本依赖雪融水供水的河流流量大幅下降,影响了农业、工业和居民用水。亚洲的喜马拉雅山脉和南美的安第斯山脉,其山脉地区的冰川融水为下游地区提供着重要的水源。随着冰川的消失,许多河流的流量将显著减少,威胁到下游地区的水资源供应。随着冰川的消融,全球变暖可能导致某些地区原本依赖冰川供水的水库变得不再稳定,进而加剧水资源的紧张,特别是在某些依赖高山冰川供水的国家和地区。

4.4　海平面上升与淡水资源的污染

气候变化导致海平面上升,这一现象对沿海地区的水资源安全构成了严峻挑战。海水入侵淡水资源,不仅威胁到饮用水供应,还可能加剧水资源的短缺问题。随着海平面上升,沿海地区的地下水可能受到海水的入侵,导致淡水资源被盐水污染。盐水的入侵使得地下水无法继续作为饮用水和农业灌溉水源使用,加剧了该地区的水资源短缺。尤其是在一些低洼的沿海地区,气候变化引发的海平面上升可能使地下水系统遭到广泛的盐化,破坏水质,甚至使得原本可利用的淡水源变得不可用,威胁到数百万人的生活和生产活动。盐水的入侵还可能影响农业灌溉用水质量,导致农作物生长受阻,并增加农业生产成本。同时,沿海地区的水产养殖业也可能因水质恶化而受到影响,甚至导致养殖水域的生态灾难。

二、区域水危机的表现

1. 干旱地区的水资源危机

1.1　水资源短缺的现状

在干旱地区,年降水量通常低于500毫米,并且降水时间分布极为不均。大部分降水集中在短短几个月内,且降水的强度不稳定。其他时间段的干旱期长,降水量极少,导致土壤水分不足,地下水储备有限。这种不规律的降水模式使得这些地区的水源长期处于匮乏状态,尤其在旱季,水资源的供应更加紧张。由于干旱地区缺乏充足的地表水资源,地下水成了这些地区的主要水源。当地居民和农业活动大量依赖地下水灌溉。然而,地下水的开采速度远远超过其自然补给的速度,导致地下水位逐年下降。过度开采造成了地下水资源的枯竭,部分地区已经面临着不可持续的地下水抽取状况。

农业在干旱地区通常是水资源的最大消费者,这使得水资源的供需矛盾日益加剧。缺乏有效的水资源管理和现代化灌溉技术使得大量水资源被浪费,尤其是在传统的漫灌方式下,水分蒸发和渗透损失严重,导致农业生产效率低下。随着人口的增加和农业产量的需求增长,水资源的不足进一步加剧了农业用水的紧张。

1.2　水资源危机的影响

水资源的短缺直接影响干旱地区居民的日常用水。由于水源匮乏,许多地区的供水设施面临巨大的压力,无法提供足够的水量以满足居民的基本需求。尤其是偏远地区,供水不稳定,水质恶化,导致居民健康受到威胁,甚至加剧了水资源管理的社会冲突。水资源的不足对农业生产构成了重大挑战。干旱地区的农业通常依赖于灌溉,而水源的缺乏直接导致了农作物的减产。在干旱年份,许多农田可能无法获得足够的水分,导致粮食短缺和农作物生长缓慢。农业产量下降进一步加剧了食物安全问题,尤其是在以农业为生的地区,农民的生活水平下降,粮食价格上涨。

水资源短缺不仅对人类生活产生影响,还对生态系统造成了严重威胁。由于水量减少,许多河流干涸,湖泊面积缩小,湿地生态系统遭到破坏,生物栖息地被严重侵蚀。水源的减少导致了许多水生物种的灭绝或迁移,生物多样性急剧下降。长期缺水还可能加剧沙漠化,进一步恶化土地退化问题,形成恶性循环。

2. 水污染严重的区域

2.1　工业化带来的水污染

许多工业活动中,特别是化学、造纸、染料、制药等行业,产生大量含有有害物质的废水。这些废水可能包含重金属(如铅、汞、砷)、有机溶剂、酸碱废水等化学污染物。如果这些废水未经充分处理或处理不完全,直接排放到河流、湖泊和地下水中,将导致水质迅速恶化,严重威胁水源的可用性及生态系统的平衡。长期的污染积累不仅破坏水质,也可能使水源无法再利用。矿业开采,尤其是金属矿(如铜、铅、金等)和煤矿的开采,会产生大量的含重金属废水。这些废水中含有多种有毒化学物质,特别是铜、铅、汞等重金属。未经处理的矿业废水直接排放至水体中,不仅污染水源,还使水体中的生态环境遭到破坏。矿业活动常常与地下水的污染问题密切相关,导致长期水质无法恢复,影响周边地区的饮用水源。

一些工业排放的废气,不仅直接污染空气,也可能通过大气降水进入水体,从而间接引发水污染。尤其是在工业重镇,废气中的硫化物、氮氧化物等污染物会通过酸雨进入水体,改变水的酸碱度,造成水体酸化。这种酸性水体不仅影响水生生物的生存,还加剧了水污染的程度,使得水源的自净能力降低,生态系统的恢复力受到严重威胁。

2.2　农业与城市污水污染

化肥、农药的过度使用是农业水污染的主要来源之一。在农田灌溉过程中,过量的化肥和农药随水流入河流、湖泊及地下水系统,导致水体富营养化。水体中的氮、磷等营养物质过度积累,会促进藻类大量繁殖,形成水华现象。水华不仅消耗水中的溶解氧,导致水生生物的死亡,还能通过有毒藻类的产生,对生态系统和水质造成长远影响。此外,农业废弃物的排放也是水污染的重要源头之一,尤其在缺乏有效废物处理系统的地区。

随着城市化进程的加速,人口密集区域的生活污水排放量急剧增加。许多城市由于基础设施建设滞后,导致大量未经处理或处理不完全的污水直接排入周围的河流、湖泊或海洋。这些污水通常含有大量有机物、病原体、重金属、油脂、化学污染物等,严重影响水质并导致水生生态系统失衡。尤其在发展中国家的城市,由于排污标准和监管不足,污水处理设施不足,水污染问题尤为突出。

2.3 水污染的生态与社会影响

水体污染,尤其是富营养化导致水中溶解氧水平下降,水生生物的生存环境恶化。大量藻类和其他水生植物的死亡,加剧了水体的缺氧现象,进而导致鱼类、贝类等水生生物的死亡。水体的生态功能丧失,直接影响生物多样性,破坏了水域生态系统的平衡,进一步加剧了水污染的恶性循环。水污染不仅威胁到生态环境,还直接威胁到人类的生命健康。水中的有毒化学物质和病原体(如细菌、病毒等)可能通过饮水传播,造成水源性疾病的暴发。长期食用污染水源可能导致中毒、癌症等疾病的发生,特别是在饮用水净化设施不足或管理不当的地区,公共卫生危机更容易爆发。

水污染对农业灌溉和渔业生产造成了巨大影响。污染水源不仅影响作物的正常生长,降低农业产量,还可能通过重金属或有毒物质的积累影响作物品质,进而影响食品安全。在渔业方面,污染水体中的鱼类资源大幅减少,渔业产值受到直接影响,甚至造成经济损失。农业和渔业的损失使得地方经济面临困境,加剧了社会不稳定性。

3. 城市化与水资源冲突

3.1 城市用水需求激增

随着城市化的推进,尤其是大量农村人口向城市迁移,城市人口呈现快速增长的趋势。人口的增加直接带来了水资源需求的急剧上升。城市不仅需要满足居民的基本生活用水需求,还要满足工业生产、商业活动、农业灌溉等多方面的水需求。特别是在大城市,工业化水平高,商业化程度深,水资源需求量更加庞大,供水压力不断加剧,供水系统时常面临巨大的负担。

在许多发展中国家的城市,供水基础设施建设未能跟上人口增长的步伐。城市的供水系统往往无法满足迅速增长的用水需求,导致供水不足、供水不稳定的情况频繁发生。尤其是在贫困地区或城市边缘,供水设施老化或缺乏,部分地区甚至面临严重的水荒。与此同时,供水的不平等分配使得一些贫困社区和城市低洼地区的居民难以获得充足的饮用水资源,影响了居民的生活质量。

由于城市的用水需求大幅增加,水资源的有效管理显得尤为重要。然而,城市中经常存在用水浪费的现象,一些高收入地区和商业区的用水量远远超过了实际需求,导致了水资源的严重浪费。同时,水资源的分配并不均衡,不同区域、不同社会阶层的用水需求差异巨大,造成了水资源的不合理分配。城市供水管理不善、价格政策不公和基础设施建设滞后等因素导致水资源供需矛盾愈发突出,进一步加剧了水资源冲突。

3.2 城市水污染问题

随着城市人口的增长和工业化进程的加速,城市生活污水和工业废水的排放量急剧增加。许多城市的污水处理设施不足或运行不完善,导致大量生活污水和工业污水未经有效处理直接排放到城市的河流、湖泊和地下水中。这些污水中含有大量的有机物、病原体、有毒物质和重金属,严重污染了水体,降低了水质,使得水源无法再利用,危害到居民的健康和生态环境。

在一些城市,尤其是排水系统不完善或老旧的城市,雨水往往与生活污水和工业废水混合排放。这些雨水在经过街道、停车场、工厂等地方时，会带入大量垃圾、油污、重金属和有毒化学物质。当雨水进入城市河流或湖泊时，会进一步污染水源，导致水体污染加剧，影响水质。随着城市降水量的增多，污水排放压力增加，水质问题变得更加严重。

4. 流域水资源争夺

4.1 跨境河流水资源争夺

尼罗河是非洲最长的河流，流经 11 个国家，其中包括埃及和埃塞俄比亚。埃及一直依赖尼罗河水源来满足其国内的农业灌溉和饮用水需求。然而，随着上游国家，特别是埃塞俄比亚在尼罗河上游建设大规模水坝（如大复兴水坝），埃及担心水量的减少将严重影响其农业生产和生活用水供应。由于缺乏有效的合作协议和管理机制，这一水资源争端引发了地区政治紧张，双方在水资源的分配和管理上存在严重分歧，可能会影响地区的稳定。

印度河流域跨越印度、巴基斯坦以及中国等多个国家。印度与巴基斯坦之间围绕水资源的使用权问题展开了长期争论。1947 年分治后，印度和巴基斯坦签署了《印度河水协定》，但是这一协议的实施存在争议，尤其是在水资源分配、灌溉用水和水电开发等方面。印度近年来在上游修建水坝并控制水流，使得巴基斯坦面临水量不足的困境。水资源的争夺不仅导致水资源的利用效率低下，还时常引发两国间的政治紧张和冲突。

4.2 水资源合作与冲突解决

为了缓解跨境水资源争端，一些国际组织和跨国合作框架开始推动水资源共享与管理。例如，联合国环境规划署（UNEP）和世界银行等机构通过制定跨国水资源管理协议，促进水资源的公平分配和合作。通过建立公平的水资源分配机制，减少争端的发生，提高水资源的利用效率。国际条约和协定，如《印度河水协定》、尼罗河流域的合作协议等，虽然存在争议，但为跨国水资源管理提供了法律和政策框架，为解决争端提供了基础。

科技创新在跨境水资源管理中发挥着重要作用。例如，水资源监测技术的进步使得各国可以实时了解水资源的流量、质量和变化情况，避免因信息不对称而加剧争端。同时，数据共享和合作也是促进跨境水资源管理的关键。通过跨国数据共享，各国可以在科学的基础上协同管理水资源，提高水资源的利用效率。此外，水处理和节水技术的创新也为解决水资源紧张和污染问题提供了有效的技术手段。

三、水危机的应对策略

1. 水资源管理与规划

1.1 水资源管理的目标与原则

水资源的管理目标首先是确保水资源的可持续利用，即满足当前的需求而不妥协未来代际的需求。可持续利用要求合理配置水资源，并避免过度开采和浪费。通过科技手段（如水资源监测、节水技术等）确保水资源得到高效利用，最大限度减少资源浪费。水资源的公平分配是水资源管理的核心原则之一。特别是在水资源紧张的地区，各级政府和管理机构应根据实际需求、公平的原则来分配水资源，避免某些地区或部门过度消耗水源。公平分配不仅有助于减少社会矛盾，还能促进各个行业和社会群体的共同发展。

水资源管理不仅仅是满足人类需求,更要考虑到生态系统的需求。健康的水生态系统能够提供多样的生态服务,如水质净化、气候调节、物种栖息等。因此,水资源管理应注重生态保护,避免对生态环境造成破坏。

1.2 水资源规划的基本策略

水资源规划需要综合考虑各个领域的需求,包括饮用水、农业用水、工业用水等。综合规划可以确保不同用水需求之间的平衡,避免单一用途导致的水资源短缺。规划时还要考虑水源保护、用水效率以及不同地区的具体条件。

在跨流域地区,水资源的管理需要跨越行政区域和流域的限制,进行科学调配。例如,利用水库调节和跨流域输水等方式,确保水资源在各个地区的合理分配。通过跨流域的协作,保障供水稳定性,缓解局部水资源短缺的问题。

气候变化对水资源的影响越来越显著,降水量的变化、极端天气事件的增多都加剧了水资源的管理难度。水资源规划应考虑气候变化带来的不确定性,采用灵活的管理措施,如水库调节、地下水补给和水资源多元化等,确保水资源的长期稳定供应。

1.3 跨地区、跨流域水资源协调

各地区之间存在着水资源分布不均的问题,某些地区水资源丰富,而其他地区则面临短缺。跨地区水资源协调的关键在于合理调配水源和制定共享机制。通过建立跨地区的水资源管理平台,可以协调各地区的用水需求,减少用水争端,确保水资源的有效利用。

对于跨国流域,水资源的管理需要涉及多个国家的合作与协调。例如,国际河流如尼罗河、印度河等流经多个国家,国家间的合作尤为重要。跨国合作可以通过联合水资源管理机构、共同制定水资源使用协议等方式,确保各国公平、合理地使用水资源,减少争端和冲突。国际水资源管理不仅依赖于区域性合作,还需要国际法的规范和保障。联合国和其他国际组织提供了多项水资源管理协议和指导,如《国际水道法公约》和《跨界水资源协议》。通过这些法律框架,可以为跨流域水资源管理提供法律依据,促进国际间的合作和协调。

1.4 水资源管理的政策与措施

为了保障水资源的可持续利用,各国政府和地方政府应制定水资源保护政策,保护水源地、减少水污染、限制地下水过度开采等。政策应通过法制手段执行,鼓励节水、提高水资源利用效率,并对违法行为进行严厉惩处。在水资源紧张的情况下,推广节水技术和提高水利用效率显得尤为重要。灌溉技术、废水回用技术、智能水管理系统等都能显著提高水资源的使用效率。政策应鼓励企业和居民采用节水措施,降低水消耗,缓解供水压力。

精确的水资源数据是进行有效管理与规划的基础。加强水资源的监测和信息管理可以帮助决策者了解水资源的分布、流量、水质等动态变化,从而做出科学合理的规划。此外,数据共享和透明化有助于提高水资源管理的效率和公正性。

2. 国际合作与水资源共享

2.1 跨境流域的水资源共享挑战

在许多跨境流域,水资源的分布极不均衡。一些流域的上游国家拥有较丰富的水资源,而下游国家则面临水资源短缺。这种不均衡的水资源分布常常导致邻国之间的竞争和冲突。例如,尼罗河流域的上游国家埃塞俄比亚和下游国家埃及之间因水资源分配问题多次发生争议。

在很多跨境流域中，历史上往往形成了不公平的水资源分配格局。上游国家通常能优先利用水资源，而下游国家则可能遭受供水不足或水质污染等问题。这种不平等的分配常常加剧国家间的紧张局势，并可能导致冲突。

跨境流域的水资源管理不仅仅涉及水量分配，还关系到生态保护问题。水污染、气候变化以及过度开采等因素威胁着流域的水生态环境，影响各国的水资源可持续性。因此，跨境水资源共享还需考虑环境保护和生态平衡。

2.2 国际水资源协议的作用

为了促进跨境流域的水资源公平合理分配，各国通过签订国际水资源协议，明确水资源的使用权、分配方式以及保护措施。这些协议通常涵盖水量分配、环境保护、污染控制等方面内容，确保各国在共享水资源的同时，避免冲突和争端。例如，《尼罗河水协定》明确规定了尼罗河流域各国的水资源使用原则。

国际水资源协议通常还包括联合管理机制的设立，旨在通过跨国合作进行水资源的共同管理。这样的机制通常由流域国家共同组成管理委员会，负责协调水资源的开发、保护和分配。通过定期的合作与协调，确保水资源的可持续利用。例如，印度河流域的《印度河水协定》规定了印度与巴基斯坦之间的水资源利用机制。

在跨境水资源管理中，水资源争端是不可避免的，因此建立有效的争端解决机制至关重要。许多国际水资源协议都包含争端解决条款，允许通过调解、仲裁等方式解决争议。例如，《国际水道法公约》提供了对水资源争端的国际法律框架，帮助各国在出现争议时通过谈判或法律手段寻求解决方案。

2.3 跨国水资源合作的成功案例

尼罗河是世界上最长的河流，其流域涉及 11 个国家。随着水资源的紧张，尼罗河流域的国家采取了一系列合作措施。2009 年，尼罗河流域的国家达成协议，建立了"尼罗河水资源共享机制"，通过该机制，各国协调水资源的使用，解决水资源分配问题。此外，通过"尼罗河流域开发组织"的合作，建立了跨国水资源管理框架，实现了上游与下游国家的利益平衡。

印度河流域自 1947 年印巴分治后，水资源分配问题一直是两国关系中的敏感议题。1960 年，印度与巴基斯坦签署了《印度河水协定》，规定了印度河水的分配方式。协议确保了三条重要支流的水资源分配，为两国提供了稳定的水资源利用框架。该协议被视为跨境水资源合作的成功典范，证明了在公平和透明的框架下，国家间可以通过合作解决水资源争端。

3. 科技创新与水资源保护

3.1 水资源监测技术的应用

现代水质监测系统能够实时监测水源中的化学物质、病原体及其他污染物，确保水质的安全性和可用性。通过安装自动化水质检测设备，各地水资源管理部门能够及时掌握水质状况并采取应急措施，防止水污染扩散。

水量监测技术通过流量计和传感器对河流、湖泊和地下水的水量进行实时监测，提供准确的水资源数据。这些数据有助于科学预测水资源的可用量和变化趋势，从而优化水资源的调度和分配。

随着地下水过度开采问题的日益严重,地下水监测技术变得尤为重要。通过安装地下水监测站和数据采集系统,能够持续监测地下水位变化,帮助相关部门了解地下水资源的变化,并采取适当的保护措施。

3.2 远程感知技术在水资源管理中的应用

遥感技术利用卫星图像和无人机数据对水资源的变化进行高效监测。例如,通过卫星遥感可以实时跟踪大范围水域的变化,包括湖泊水位、湿地面积等数据。这些信息有助于分析水资源的空间分布和变化规律,支持水资源的科学管理。

GIS技术在水资源管理中可以整合多源数据,如水文数据、气候数据和土地利用数据,为决策者提供全面的水资源信息。通过空间分析和预测模型,GIS能够帮助管理者进行水资源优化配置,尤其在跨流域或跨国水资源管理中具有重要作用。

基于遥感技术和地面传感器,建立水资源的实时监控和预警系统,能够有效预测干旱、洪水等极端气候事件的发生。通过数据分析与风险评估,相关部门可以提前采取防灾减灾措施,避免水资源的浪费和环境破坏。

3.3 节水技术的推广与应用

在农业用水方面,节水灌溉技术,如滴灌、微喷灌溉和智能灌溉系统,可以显著提高水的利用效率,减少水资源浪费。这些技术通过精确控制水量,确保作物获得足够的水分,同时减少水的蒸发和流失。废水回收和再利用技术可以通过物理、化学和生物处理手段将废水净化,重新利用于工业、农业或城市绿化等领域。例如,城市污水处理厂通过高级处理工艺将废水净化并回用于工业生产,减少了对新鲜水源的依赖。在家庭和工业用水方面,节水型设备的推广应用,如低水耗洁具、节水型洗衣机和工业冷却系统,能够显著降低水的消耗。此外,通过智能水表和管网漏水监测技术,能够实时掌握用水情况并及时发现泄漏,减少水的浪费。

3.4 科技创新推动水资源保护的可持续发展

科技创新不仅仅提升了水资源的利用效率,还在推动水资源保护的政策制定方面发挥着重要作用。基于先进的技术手段,各国可以更精确地制定水资源保护政策,并且通过技术手段进行监管和评估,从而实现水资源的可持续管理。绿色技术,如生态修复技术、节能减排技术和低碳水处理工艺,能够减少对水资源的污染和破坏,推动水资源的绿色、可持续利用。通过对水体进行生态修复,恢复自然水循环系统,减少水质恶化和水源枯竭的风险。科技创新还推动了公众的参与和环保意识的提升。通过互联网、移动应用和社交媒体,公众能够实时了解水资源的状况,参与到水资源保护行动中。科技手段的普及提高了人们对水资源珍贵性的认识,促进了水资源保护的社会动员。

4. 教育与意识提升

4.1 提高公众对水资源问题的认知

当前,许多地区面临水资源短缺的严峻挑战,因此,提高公众对水资源匮乏问题的认知至关重要。通过电视、广播、社交媒体和社区活动等途径,普及水资源的现状、面临的挑战和未来的趋势,增强公众的危机意识。水污染问题同样需要广泛关注。学校、社区和政府应通过宣讲会、讲座、展览等形式,讲解水污染的来源、后果以及如何避免污染水体等问题。公众能够更好地理解污染对水质、生态和健康的危害,从而自觉采取行动减少污染源。公众需要了解水生态系统的作用,包括水生物种、湿地及其与气候、环境的关系。教育应强调水生态系统的多功能性和其对自然环境的调节作用,从而增强公众在日常生活中的生态保护意识。

4.2　在学校和社区中推广水资源教育

学校作为教育的重要载体,应将水资源的相关知识纳入课程体系,从小培养学生的水资源保护意识。例如,在生物、地理、环境学等课程中融入水循环、水资源管理和水污染防治的内容,帮助学生理解水的宝贵性与保护方法。学校可以组织节水实践活动,如节水小实验、模拟水资源管理等,通过亲身实践让学生了解节水的实际操作。此外,学校也可以通过竞赛、演讲、绘画等形式,激发学生对水资源保护的兴趣,增强他们的环保责任感。社区作为联系居民和自然环境的纽带,应开展水资源保护的宣传活动。例如,通过社区讲座、发放宣传册、设立节水宣传栏等方式,普及节水常识和污染防治方法。同时,鼓励居民参与水资源的保护行动,如清洁河流、减少家庭水污染等。

4.3　媒体和社会宣传的作用

传统媒体如电视、广播以及新兴媒体平台,如微博、微信公众号、短视频等,都可以成为宣传水资源保护的重要渠道。通过定期发布节水技巧、环保新闻、成功案例等内容,向公众传递水资源紧缺和节约的紧迫性,提升水资源保护意识。政府和非政府组织可以联合举办大型的水资源保护宣传活动,如"世界水日"宣传周、节水大使活动等,推动公众深入理解水资源的重要性。通过集体行动和公益活动,进一步动员更多的人参与到水资源保护中,培养全社会的节水行为。通过广告和视觉艺术展示水资源保护的主题,如通过海报、横幅、公益广告等形式,展示节水的理念和生活中节水的小技巧。艺术作品能够以直观、形象的方式,增强水资源保护信息的传播效果。

4.4　激励政策与行为改变

政府和企业可以设立一些奖励机制,鼓励节水行为。例如,对于节水成绩突出的企业或家庭,给予一定的财政奖励或税收优惠,推动节水行为的广泛实践。通过开展民众参与的调查和反馈机制,让社会各界参与水资源管理和保护的决策。例如,开展关于节水方法的社会调研,收集民众意见并将其纳入政策建议,增强公众的参与感和责任感。除了宣传教育,政策和法律的实施同样至关重要。通过制定相关法律法规,限制过度用水,规定水污染防治措施,并加大执法力度,确保水资源保护政策落到实处。同时,强化对违反节水规定的行为的处罚,确保公众水资源保护意识的强化。

4.5　绿色行为的培养与社会动员

通过推动绿色生活方式的普及,激励公众采取更加环保的行动,如使用节水型设备、选择绿色能源等。在家庭和企业中推广节能减排、资源回收等行为,减少水资源的间接消耗。通过组织环保志愿者,带动更多人参与到水资源保护的行动中。例如,志愿者可以参与水域清理、植树造林等活动,通过集体行动提升公众的参与意识,推动节水文化的普及。

探究案例

案例1：水循环的过程与地理分布

情境描述：你正在进行一项关于水循环的研究，目的是了解不同地区水循环的差异以及这些差异对区域气候的影响。你需要分析热带、温带、干旱和寒带地区水循环的特点，并考虑这些差异如何影响当地水资源的分布。

探究问题：

1. 请描述水循环的基本过程（如蒸发、蒸腾、降水、径流等），并解释这些过程如何在不同地区（热带、温带、干旱地区等）表现出不同的特点。

2. 干旱地区的水循环有何特殊性？你认为干旱地区面临的水资源挑战与其他地区相比有哪些不同？

案例2：水资源的开发利用与保护

情境描述：你作为一名环境工程师，正在设计一个水资源管理方案，旨在解决某城市面临的水资源短缺问题。你需要考虑如何开发利用当地的水资源，同时保护水质和提高水资源的利用效率。

探究问题：

1. 请分析水资源的开发利用方式，如水库建设、地下水开采等，并讨论这些方式的优缺点。

2. 为了保护水资源，你会建议实施哪些措施？请从水质保护、节水和污染治理等方面进行讨论。

案例3：水危机与区域应对策略

情境描述：你正在分析全球范围内的水资源危机，特别关注水资源短缺、污染和不均衡分布问题。你将为某些水资源短缺的区域提出应对策略，尤其是针对干旱和水污染严重的地区。

探究问题：

1. 请简要描述全球水危机的现状和原因。哪些地区面临的水资源问题最为严重？请举例说明。

2. 针对干旱地区的水资源危机，你认为应采取哪些应对措施？请从水资源管理、国际合作和科技创新等角度进行分析。

案例4：水资源管理与规划

情境描述：你作为一名水资源规划专家，正在制定一项区域水资源管理计划。你的目标是确保水资源的可持续利用，并考虑如何应对城市化带来的水资源需求增加。

探究问题：

1. 请分析水资源管理与规划的重要性。如何通过合理的规划和管理来解决区域水资源短缺问题？

2. 随着城市化进程的推进，城市对水资源的需求不断增加。你认为哪些策略可以帮助城市实现水资源的高效利用？请提出具体的方案。

案例5：国际合作与水资源共享

情境描述：你正在参与一个关于跨国水资源管理的研究，重点是如何通过国际合作和水资源共享解决跨境河流和湖泊的水资源争夺问题。你需要提出有效的合作机制,以确保各国公平利用水资源,避免冲突。

探究问题:

1. 请简要描述跨境水资源争夺的现状,并分析这一问题对区域稳定的影响。

2. 如何通过国际合作来解决跨境水资源争端?你认为哪些措施能够促进水资源的公平分配和可持续利用?

📖 推荐阅读书籍

1. Llamas M R,Martínez-Santos P:Water,Agriculture and the Environment in Spain:Can We Square the Circle?,CRC Press,2005.

2. Sachs J D:The End of Poverty:Economic Possibilities for Our Time,Penguin Press,2005.

3. 陈家琦,等:《水资源学》,科学出版社,2002.

4. 姜文来,等:《水资源管理学导论》,化学工业出版社,2005.

5. 贾绍凤,姜文来,沈大军,等:《水资源经济学》,中国水利水电出版社,2006.

第五章　土壤与植物地理

第一节　土壤形成过程与类型分布

一、土壤的形成过程

1. 土壤的定义及作用

1.1　土壤的定义

土壤是地球表层由岩石风化、植物残骸、动物尸体及微生物活动等共同作用形成的,具有一定结构和化学成分的物质。它是自然界中不可或缺的组成部分,是地球上所有生命体生存和繁衍的基础。土壤的形成是一个漫长而复杂的过程,通常需要数千年至数百万年的时间,涉及多个因素的共同作用,如气候、地质、植被、动物活动以及微生物的分解作用。土壤不仅具有多种物理和化学特性,还在不同的环境条件下形成了不同类型的土壤,适应了不同的生态系统。土壤的主要功能之一是作为植物生长的媒介,它通过提供必要的水分、养分和适宜的根系环境,支持植物的生长,并为各种生态系统提供物质基础。

1.2　土壤的作用

土壤不仅是植物生长的基础,还承载着大量的生物和物质循环功能。它通过其结构和组成为植物提供了水分、空气、矿物质和有机物,确保植物能够获得生长所需的养分。土壤中的矿物质和有机质能够通过植物根系的吸收提供各种必需元素,如氮、磷、钾等,促进植物的生长与繁殖。土壤还参与了生态系统中的物质循环,特别是在碳、氮、磷和水分的循环中,起着至关重要的作用。土壤中的微生物、真菌和其他生物体通过分解植物残骸、动物尸体和其他有机物质,将这些有机物转化为可供植物吸收的养分,促进土壤肥力的恢复和提升。此外,土壤还通过调节水分的渗透与储存,控制地下水的流动,保持生态系统的水分平衡。通过这些循环作用,土壤维持了生态系统的稳定性,支持了植物、动物以及微生物等多种生物群体的生存与繁衍。

2. 土壤形成的主要因素

2.1　气候

气候是影响土壤形成最重要的因素之一,主要通过气温、降水量和湿度等因素作用于土壤的物理、化学及生物特性。气温对土壤有机物的分解起着至关重要的作用,温暖的气候下微生物和植物活动更加活跃,土壤中的有机物质分解和转化的速度较快,有助于肥沃土壤的

82

形成。而在寒冷地区,由于温度低,生物分解过程减缓,导致土壤中有机质积累较慢,土壤的肥力较低。降水量则直接影响土壤的水分状况,水分是植物生长和土壤化学反应的关键因素。在降水充沛的湿润气候中,土壤能够保持较高的湿度,有利于养分的积累和植物的生长。降水充沛的地区常常形成深厚且富含养分的土壤,如森林土壤和潮湿气候区的红土。反之,在干旱地区,由于水分的迅速蒸发和养分的流失,土壤通常较为贫瘠且表层干燥。湿润气候促进了有机物的积累并加速了其分解,而干旱地区则限制了有机质的积累和土壤的肥力。此外,湿润气候常常伴随丰富的植被覆盖,进一步促进了土壤中有机物的沉积与土壤结构的改善,使得该地区土壤具备较强的生产力和支持多样化生态系统的能力。

2.2 母质

母质是土壤形成的基础物质,通常由岩石、矿物质以及其他地质材料构成,母质的类型、组成和风化程度直接影响土壤的基本特性。母质中的矿物成分、颗粒大小和化学性质决定了土壤的通透性、保水性以及养分的供应能力。例如,富含矿物质的母质,如火成岩(花岗岩、玄武岩等),在风化过程中通常生成富含矿物质和养分的肥沃土壤。母质中的沙质成分较多的地区则通常生成排水性较好的土壤,适合一些耐旱植物的生长。富含石灰质的母质会在风化过程中形成碱性土壤,这类土壤通常养分丰富但会受到一定的盐碱化影响。母质的风化过程可以分为物理风化和化学风化。物理风化主要通过机械作用如风力、水流和温度变化等将岩石打碎,而化学风化则通过化学反应(如酸碱反应、氧化还原反应等)改变母质的矿物成分,使其逐渐转化为土壤物质。母质的风化程度越高,土壤越成熟,能够提供更多的养分和适宜的环境供植物生长,因此成熟土壤的肥力通常较高。

2.3 生物

生物活动对土壤形成的影响深远,植物、动物和微生物的活动是土壤发育过程中不可或缺的组成部分。植物的根系通过吸收水分和养分,释放有机物质,直接改善土壤的结构,提高土壤的通气性和水分保持能力。植物的根系分泌的有机酸可以促进土壤中矿物的风化过程,加速土壤养分的释放。动物,特别是地表和地下的动物,如蚯蚓、地鼠等,能够通过掘洞、翻动土壤和排泄物质来改善土壤的物理结构,使得土壤更松散,便于空气、水分的流动和根系的生长。动物的排泄物和死亡遗体经过微生物分解后成为土壤中的有机质,进一步提高了土壤肥力。微生物的作用尤为关键,它们通过分解植物和动物残体,释放出大量的有机养分(如氮、磷、钾等),这些养分被植物吸收,支持着植物的生长。微生物的活动还涉及土壤中一些重要的生物地球化学循环,如氮循环和磷循环等。总之,生物活动通过增加土壤中的有机质、矿物质和养分含量,维持了土壤的肥力和结构,直接影响土壤的生产力和生态功能。

2.4 时间

土壤形成是一个非常缓慢的过程,需要上千年甚至数百万年的时间才能形成完全发育的土壤。随着时间的推移,土壤中的有机物、矿物质和微生物活动逐渐积累和转化,土壤的结构、层次和肥力不断完善。时间的积累使得土壤逐渐发育出不同的层次,如表土层、亚土层、底土层等,每一层都具有不同的特性,满足不同植物的生长需求。在湿润和温暖的地区,土壤形成的速度较快,土壤较为深厚且富含有机物,通常支持多样的植物和动物群落。相反,在寒冷和干旱地区,由于气候条件限制,土壤的发育进程较慢,可能形成浅薄的土层,土壤的肥力较低,植被也相对单一。时间不仅影响土壤的物理性质,还直接影响其化学性质。

随着时间推移,土壤中矿物质的转化和有机质的积累逐渐提高土壤的肥力和水分保持能力,最终形成成熟的土壤系统。成熟土壤的特点包括层次分明、养分丰富、能够有效地支持植物的生长和生态系统的稳定。

2.5 地形

地形因素对土壤的形成和分布有着显著影响,特别是坡度、朝向和海拔等因素。坡度影响水流的速度和土壤的侵蚀程度,坡度较陡的地区,水流速度较快,养分容易被冲刷,导致土壤较为贫瘠,通常形成较浅的土层。而平坦或缓坡地区,水分和养分的积累较为充足,土壤通常较为厚实,具有较高的肥力。坡面朝向的差异会影响土壤的温度和湿度,阳光直射的坡面通常较为干燥,水分容易蒸发,而背阴坡面则较为湿润,土壤水分保持较好。海拔高度的变化也会影响土壤的类型和分布,海拔较高的地区气温较低,降水量较少,土壤发育较慢,且通常较为浅薄。不同地形条件下,土壤的发育过程不同,造成了土壤类型的差异。这些地形差异不仅影响土壤的水分、养分和空气流通,还直接决定了当地适宜的植物种类和农业活动方式。例如,在陡坡地区,通常采取梯田或其他水土保持措施来防止土壤流失,而在平坦地区,则更适宜广泛的农业生产和自然植被的生长。

2.6 人为因素

人为活动对土壤的形成、改良以及变化具有深远的影响。人类通过开垦、耕作、灌溉、排水等活动,直接影响了土壤的物理化学性质。例如,在农田灌溉过程中,长期的灌溉会导致水稻土的形成,这种土壤富含水分、泥沙和有机物质,适宜水稻种植。同时,通过施肥和土壤改良措施,人类也能够提高土壤的生产力,改善土壤的酸碱度和养分含量。然而,人类的不当活动,诸如过度耕作、过度放牧、无序的城市化进程和工业污染等,也会对土壤造成严重破坏。例如,过度耕作会导致土壤的结构受损,增加侵蚀和流失,而城市化进程则会改变土壤的自然结构,导致土地盐碱化、土壤压实等问题。土地开发和过度使用导致土壤退化,进而影响农业生产和生态系统的稳定。为了实现土壤的可持续管理,现代农业和环境保护技术倡导通过科学耕作、轮作、施肥和水土保持等措施,改善和修复土壤质量,减少人为活动对土壤的负面影响。

二、土壤类型的分类与分布

1. 全球土壤类型分类

1.1 棕壤

棕壤通常出现在温带地区,特别是在温带森林和草原地区。其特点是富含有机质,土壤结构松散,排水良好,适合农业生产。棕壤的颜色通常呈棕色或深棕色,这与其高有机质含量直接相关。其有机质主要来源于当地丰富的植被,如森林和草地的枯枝落叶,这些有机物质在微生物的作用下分解,并与土壤中的矿物质结合,形成了具有良好肥力的土壤。棕壤的形成与温带气候条件和适中的降水量密切相关,温和的气候促进了植物的生长和有机物的积累,而适中的降水量则保证了土壤的湿润性和排水性,使其能够有效支持农业生产。

在农田使用中,棕壤被广泛用于种植小麦、玉米、大豆等作物,因其富含有机质和良好的水分保持能力,使得作物的生长条件得到了保证。棕壤的良好结构和排水性能有助于避免土壤板结,促进根系呼吸和养分吸收。棕壤还具有较强的抗干旱能力,适应性较强,尤其适合高产农业系统。

1.2 黄土

黄土主要分布在干旱和半干旱地区,尤其是在中国北方的黄土高原。黄土的形成过程较为缓慢,通常由风化和沉积作用积累的细颗粒物质组成,富含矿物质。其形成与气候的干旱特征密切相关,黄土层通常是由风吹送的细小颗粒在大气中的沉积物累积而成,尤其是在风沙较多的地区。由于黄土富含矿物质(如铁和铝等),其颜色通常呈黄色或淡黄色。

黄土的优点之一是良好的透气性和水分保持能力,使其适合耐旱作物的种植。例如,小麦、高粱等耐旱作物能够在黄土中较好地生长。然而,由于黄土的肥力较低,主要依赖其矿物质的提供,长期农业利用可能会导致土壤的贫瘠,因此需要通过科学的水土保持和施肥管理来维持其农业生产力。黄土高原的水土流失问题也严重影响了该地区土壤的保持与改善,特别是在降水不均的季节,土壤侵蚀成为亟待解决的环境问题。

1.3 红土

红土广泛分布于热带地区,特别是热带雨林和湿润的热带地区。红土富含铁、铝等矿物质,这些矿物质在热带气候的作用下,经过长期的风化和氧化反应形成。红土的土壤酸性较强,排水性好,但由于热带地区的降水量大,容易发生营养流失,因此红土的肥力相对较低。红土的颜色通常为鲜红或土黄色,这是因为富含的铁元素在高温和湿润环境下发生氧化反应形成了氧化铁,导致土壤呈现出独特的红色。

尽管红土的自然肥力较低,但通过合理的农业管理,特别是施加有机肥和采取适当的水土保持措施,仍可以种植一些耐酸、耐湿的作物,如甘蔗、橡胶树、咖啡等。热带地区的红土在农业利用上还面临着一定的挑战,尤其是在过度开垦和强降雨的影响下,红土可能出现严重的营养流失和土壤侵蚀问题。因此,在红土地区,采取合适的土地利用和保护措施显得尤为重要。

1.4 黑土

黑土通常见于温带草原地区,具有很高的有机质含量。黑土的颜色深,主要由植物残骸、动物尸体等有机物质在微生物作用下分解后形成。黑土通常出现在温带地区的草原或森林边缘,因其富含腐殖质,具有很好的水分保持能力和养分供给能力,被认为是世界上最肥沃的土壤之一。黑土的肥力源自其丰富的有机物质,这些有机质为植物提供了大量的养分,同时也有助于改善土壤结构,使土壤保持良好的透气性和水分保持能力。

黑土非常适合农业生产,尤其适合种植粮食作物如玉米、小麦、大豆等。黑土的肥沃性和优越的物理性质使得它成为许多农业区的理想土壤。然而,由于过度耕作和不合理的土地管理,黑土也面临着土壤退化的风险。为了保持其长期的农业生产力,黑土地区需要合理的耕作和施肥管理,并加强水土保持措施,以避免土壤养分流失和结构恶化。

1.5 极地土壤(冰冻土)

极地土壤主要分布在寒带和极地地区,如北极和南极地区。由于这些地区的气温低,土壤长期处于冻结状态,水分难以渗透,土壤形成速度极为缓慢。极地土壤中的有机物质分解非常缓慢,通常需要数百到数千年的时间才能形成土壤层。极地地区的植物稀少,土壤的肥力较低,且由于冻土的存在,植物无法在短暂的生长季节内获取足够的营养和水分。

极地土壤的表层通常是永久冻土(也叫"永冻层"),它是一个结冰的土层,不仅使得水分难以渗透,而且阻碍了植物根系的生长。因此,这些地区的土壤不适合大规模的农业活动。极地土壤的特殊性质使得其环境较为恶劣,植物主要是低矮的苔藓、地衣和一些耐寒的草本植物,主要通过适应低温、短生长季和少量的水分来生存。

2. 土壤的地域分布

2.1 热带雨林区

在热带雨林区,土壤通常为红壤。该地区的气候特征是高温和丰富的降水,这样的气候条件促使土壤中的矿物质和有机物质快速风化和流失。由于热带雨林的常年降水和高温,土壤表层的有机质分解速率较快,导致矿物质被迅速带走,尤其是钾、钙和镁等养分,这使得红壤的肥力相对较低。红壤富含铁、铝等矿物质,颜色通常呈红色或黄色,主要是因为这些金属在热带气候下发生了氧化反应。由于过多的降水,土壤的酸性较强,这种酸性土壤容易发生养分流失,特别是在没有合适的土壤保护措施时,养分流失速度加快,土壤的可持续性较差。

热带雨林区的土壤通常较为贫瘠,因此不适合长期的农业种植。农耕活动往往需要特别的土壤改良措施,如增加有机肥料、通过轮作恢复土壤肥力,或者通过人工灌溉来维持土壤的水分和养分。然而,即便如此,过度的农业开发也可能加速土壤的退化,进一步降低其生产力。因此,合理的土地管理和生态保护显得尤为重要。

2.2 温带草原区

温带草原区的土壤类型主要为黑土和棕壤。这些土壤类型通常富含有机质,特别是黑土,其有机质含量非常高,通常非常适合农业生产。黑土是由长期的植物残骸和动物尸体积累形成的,颜色呈黑色或深灰色,显示出其高度的有机物质。黑土具有极好的水分保持能力和通气性,能够提供丰富的养分,适宜于种植粮食作物,如小麦、玉米、大豆等,是世界上最肥沃的土壤之一。由于其肥沃和适宜的气候条件,温带草原区被广泛用于大规模农业生产,尤其是在北美、欧洲和中国的部分地区。

棕壤在该地区也很常见,含有较多的有机物质,适合各种作物的生长。棕壤通常呈浅棕色或暗棕色,适中的降水量和温和气候使得它具有良好的水分调节能力和土壤结构。温带草原的气候相对温和,降水适中,土壤能够保持较好的结构和肥力,因此该地区能够支持丰富的农业活动,特别是谷物和草本植物的种植。土壤的健康和肥力维持依赖于适当的耕作和水土保持管理。

2.3 沙漠区

沙漠区的土壤通常贫瘠,含水量极低,难以支持植被生长。沙漠土壤主要由细小颗粒和沙粒组成,具有较大的颗粒结构,使得土壤的水分保持能力较差,养分也容易流失。沙漠地区的气候特征为干旱,降水量非常少,蒸发量大,导致土壤中的水分迅速流失,尤其是在夏季高温时,蒸发加剧,水分几乎无法在土壤中长期存在。

由于沙漠地区的气候条件恶劣,水源匮乏,沙漠土壤通常缺乏有机质,无法为植物提供充足的养分,这使得沙漠地区的植被稀少,只有一些耐旱植物能够在这些土壤中生长。农业生产在沙漠地区几乎不可能进行,除非采取特殊的灌溉技术和土壤改良措施,如滴灌、绿洲农业等。尽管如此,沙漠地区的土壤在经过改良后,有时可以通过引入适应性强的作物,如枸杞、仙人掌等,进行有限的农作物生产。

2.4 高山区

高山区的土壤通常为贫瘠的山地土壤。由于海拔较高,气温较低,降水量相对较少,山地土壤通常较薄,土壤深度浅,难以积累大量的有机物。这些山区通常缺乏丰富的植物覆盖,土壤中有机物质的积累过程较为缓慢。因此,山地土壤的肥力相对较低,且排水性较强,水分难以保持,导致生物活动也较为缓慢。山区的特殊地理条件使得这些土壤难以形成理想的农业环境,虽然在气候适宜的地区可以发展高山农业,但土壤条件对农作物的生长造成了较大限制。

尽管有些山区存在一定的农业潜力,特别是在气候温和的高山地区,利用梯田和其他传统的农业技术进行耕作,仍可以在有限的区域内种植一些作物,如马铃薯、青稞、杂粮等。但总体来说,由于山地土壤的局限性,山区土壤通常不适合大规模的农业种植,而更多地适用于牧业和高山农业。山区的土壤保护尤为重要,避免因过度开垦而导致水土流失和土壤退化。

第二节 植物的分布规律与环境适应性

一、植物的分布规律

1. 全球植物类型的划分

1.1 热带雨林

热带雨林是地球上最具生态多样性和复杂性的生态系统之一,主要分布在赤道附近的热带地区。热带雨林的气候特征是高温、多雨,年降水量可达 2 000 至 10 000 毫米,且降水分布较为均匀,湿度较大。植物种类繁多,生物多样性极其丰富,热带雨林被认为是地球上最重要的碳汇之一。这里的植被大多数为常绿植物,主要以乔木为主,树木高度通常超过30 米,形成多层次的植被结构,包括乔木层、灌木层和草本层。乔木层是高度发达的大型树木,它们的树冠形成浓密的树顶层,提供了丰富的栖息环境。灌木层是指乔木层下方生长的许多灌木、藤本植物等,这些植物的生长依赖于较低的光照。草本层是热带雨林中最底层的植物,由一些低矮的草本植物、蕨类植物、苔藓等组成。

热带雨林的土壤由于频繁的降水和快速的有机物分解,通常较为贫瘠。尽管如此,植物通过发达的根系和复杂的共生关系,如与真菌的共生、根瘤菌等微生物的协作,有效地利用了土壤中有限的矿物质和养分。热带雨林的生态系统对全球气候调节和水循环起到了至关重要的作用。

1.2 温带森林

温带森林分布在北纬 30°至 50°和南纬 30°至 50°的温带地区,这些地区具有明显的四季变化和适中的降水量。温带森林的植物种类因季节变化较为明显,常见的植物包括落叶阔叶树、常绿针叶树和一些常绿植物。温带森林可以进一步细分为落叶阔叶林和针叶林。落叶阔叶林主要分布在温带湿润地区,这些森林在秋冬季节叶片脱落,减少水分损失。常见的树种有橡树、枫树、桦树等。针叶林常见于较冷的温带地区,树木如松树、杉树等常绿树种能保持叶片,适应寒冷气候。

在冬季,温带森林的许多植物进入休眠期,叶片脱落以减少水分的蒸发,而针叶树则保持常绿状态,能够抵御低温。温带森林的土壤富含有机物质,通常为酸性或中性土壤,这些土壤适合多种植物的生长,因此温带森林广泛存在于北美、欧洲、东亚等地区,并为各种野生动物和人类提供了丰富的资源。

1.3 草原

草原分布在干旱和半干旱地区,降水量相对较少,生长季节较短,因此草原的植被主要以草本植物为主,灌木和树木较为稀少。草原植物通常具有强大的耐旱性,能够在干旱环境中茁壮成长。草原地区的植物适应了极端的气候条件,其根系深且发达,有助于获取地下水源。草原生态系统广泛分布在全球多个地区,如北美大平原的草原以高大的草本植物为主,生长旺盛,是全球重要的农业生产区。亚欧大陆草原带包括俄罗斯草原、蒙古草原等,种植牧草和粮食作物是当地的主要农业活动。澳大利亚草原也叫做"Outback",以草地为主,灌木较为常见。草原生态系统是草食性动物的栖息地,种群间通过食物链相互依赖,草原对农业尤其是牧业的发展具有极大意义,是世界重要的粮食和肉类生产地。

1.4 沙漠植物

沙漠植物主要分布在降水极为稀少、气候极端干旱的地区。这些地区的植被稀疏,水分的蒸发远大于降水,因此沙漠植物的种类通常较少,且具有强大的适应性。沙漠植物的适应特征包括根系发达、抗旱能力强和叶片结构特殊。沙漠植物的根系通常深入地下,可以汲取较深层的水源。一些沙漠植物如仙人掌通过储存水分、减少叶面积等方式来降低水分蒸发,适应干旱环境。沙漠植物的叶片通常非常小或退化成刺,表面覆盖蜡质层,以减少水分的流失。

沙漠植物的分布呈现稀疏的特征,主要包括沙漠草本植物、灌木等。这些植物通过不断进化出各种适应性特征,如减缓水分流失、强化水分的利用等,生长在极端干旱和温差较大的环境中。

1.5 极地苔原

极地苔原主要分布在北极和南极的高纬度地区,这些地区的气候极为寒冷,温度低且降水量稀少,因此植物种类相对较少。苔原植物主要是低矮的植物,如苔藓、地衣、低矮灌木和一些草本植物。

极地苔原植物的生长速度非常缓慢,因为气候严酷,生长季节短暂。极地植物有许多耐寒、抗冻的适应性特征。许多苔原植物具有较强的抗寒能力,可以在极低的温度下存活。为了减少风力和寒冷的影响,苔原植物通常生长较矮,甚至与地面紧密接触。极地苔原植物的生物多样性较低,生态系统的生产力也较低,但这些植物在积雪和霜冻的保护下能够存活,并且在严寒环境中继续适应生长。

2. 植物的垂直分布

2.1 高山植物带

在高山地区,随着海拔的逐渐升高,气候变化对植物的分布带来了显著的影响。低海拔地区通常温暖,适合温带森林和草原植物的生长。然而,随着海拔上升,气温降低,植物种类逐渐发生变化,逐步过渡到能够适应寒冷、高海拔环境的植物种类。在高山区域,植物从高大乔木逐渐过渡到灌木、草本植物,甚至苔藓、地衣等低矮植被。由于气候条件恶劣,高山植物常具备许多适应寒冷环境的特征,如强抗冻性、耐风性和耐旱性。它们的根系发达且较短,能够有效地在贫瘠和湿度较低的土壤中扎根,吸收有限的水分。

随着海拔进一步升高,气温愈加寒冷,植物种类开始变得更加稀少且具有更强的耐极端气候的特性。高山草甸和灌木丛等生态系统,展现出顽强的生命力,如雪莲、岩蔷薇、杜鹃等高山植物。雪莲等植物不仅能够抵御低温,还能够适应短暂的生长季节和强风的侵袭。在极端气候条件下,这些植物通常生长缓慢,但具备极强的抗逆性。与此同时,海拔较高的地区土壤贫瘠且矿物质含量低,因此,高山植物带的植物大多具有较强的营养吸收和生存能力。

高山植物带的生态系统呈现出显著的垂直分层特征。低海拔处通常有更多的草本植物和灌木丛,而在较高的海拔处,植物的种类变得更为单一,低矮的苔藓和高山草本植物成为主要植被类型。随着海拔升高,生长季节逐渐缩短,且强烈的紫外线辐射对植物产生一定的压力,导致高山植物带的生态系统整体生产力较低。尽管如此,这些植物能够在高山地区生存,并为高山生态系统的其他生命形式提供支持。

2.2 高原植物带

高原地区的气候条件较为严苛,通常寒冷、干旱、气压较低,并且紫外线辐射强烈。这些极端的环境条件使得高原植物带的植物种类相对较少,且主要以适应低温、干旱和强紫外线的植物为主。高原植物多为矮小的草本植物、灌木以及一些耐旱和耐寒的植物,它们的形态特征与环境的严酷性密切相关。例如,植物的叶片通常较小,表面覆盖着厚厚的蜡质层,帮助减少水分蒸发,同时避免过多紫外线的照射。根系往往较发达,能够在贫瘠的土壤中汲取水分,这样的适应特征使得它们能够在缺水和低气压的环境中生存。

在高原地区,植物生长的生物量较低,生态系统的生产力也相对较低。高原植物带的植被类型通常较为单一且生长缓慢,因高海拔地区的气候短暂而恶劣,生长季节很短,许多植物的生长周期很长,形成一个低产的生态系统。滇红、苔藓类植物以及高原草甸植物等是该地区常见的植物,它们在此类极端环境下依然顽强生长,成为高原生态系统的重要组成部分。由于高原地区缺乏丰富的降水和温暖的气候条件,这些植物多具有较强的耐旱性和抗寒性,能够忍受高原地区白天气温较高、夜间温度极低的剧烈温差。

高原地区的土壤通常比较贫瘠,缺乏足够的养分供应,这对植物生长构成了限制。尽管如此,一些高原植物通过特殊的适应机制克服了这些困难。例如,部分植物具有较强的光合作用效率,在光照充足的情况下快速积累能量。与此同时,由于高原植物带的植被层较为薄弱,植被覆盖率较低,水土保持功能有限,这也导致高原地区更容易受到风蚀和水蚀的影响,所以保护高原生态环境至关重要。

二、植物的环境适应性

1. 气候适应性

1.1 热带雨林区的气候适应性

热带雨林区的气候特点是高温、高湿和丰沛的降水。在这样的环境中,植物需要适应高湿度和频繁的降水。为了最大化生存机会,热带雨林中的植物发展出了多种特有的适应机制。许多植物具有大而厚重的叶片,这不仅有助于植物提高光合作用的效率,还能减少水分的蒸发,确保在高湿环境中获得足够的水分。这些叶片通过广阔的表面积吸收更多的阳光,同时通过减少水分流失来应对高温高湿的环境。

垂直生长是热带雨林植物的另一种适应方式。许多树木通过快速向上生长,以争取阳光的照射。由于热带雨林的植物层次丰富,阳光只能透过密集的树冠洒向地面,树木为了获得更多的光照,不得不在向上生长的过程中积累强大的木质部和深厚的根系,以支撑其巨大的树干和叶片。部分热带雨林植物的叶片表面覆盖蜡质层,这种蜡质层能够有效防止水分过度蒸发,尤其是在热带地区经常发生的暴雨后,植物能保持水分的稳定,避免因过量的降水而导致的损失。这些适应特性使得热带雨林的植物能够在充满挑战的环境中茁壮成长。

1.2 干旱地区的气候适应性

干旱地区,如沙漠,水源极为有限,植物必须特别适应这种极为干燥的环境,能够储存并有效利用水分。为了应对这种严酷的环境,沙漠植物进化出了几种独特的适应机制。首先,沙漠植物通常拥有深长的根系,这种根系能够穿透沙土表层,深入地下几米甚至更深,寻找深藏的地下水源,从而维持生长所需的水分。其次,耐旱性是沙漠植物最显著的适应性之一。它们的叶片往往呈现针状或厚实的表皮,减少水分的蒸发,避免在高温和干旱环境中流失过多水分。同时,许多沙漠植物能够在最干旱的季节进入休眠状态,减缓新陈代谢,降低水分消耗,等待雨水的恢复期。部分沙漠植物具有独特的水分储存机制,它们能够将水分储存在肥厚的茎部或叶部,如仙人掌,通过这种方式克服长时间干旱的挑战,保持植物的生长和繁殖。

1.3 寒冷地区的气候适应性

寒冷地区,如极地和高山环境,气温极低且生长季节极短,植物必须通过一系列的适应机制应对低温和严寒带来的挑战。首先,许多植物通过进入冬眠状态来应对寒冷环境。在冬季,当气温下降到极限时,植物会减少新陈代谢和能量消耗,从而延缓生长并减少对资源的需求,度过寒冷的冬季。通过这种方式,植物能够最大限度地减少生命活动的能量消耗,等待春季温暖的到来。另外,耐冻性也是寒冷地区植物的一项重要适应机制。一些植物通过在细胞液中增加抗冻物质,如甘油或某些糖类,来降低水的冰点,从而避免细胞因冻结而受到损害。这种机制帮助植物在低温环境中生存并维持正常的生理功能。寒冷地区的植物通常低矮生长,以减少暴露的表面积。低矮的生长不仅能够降低水分的蒸发,也减少了抗风的压力,防止植物受寒风的侵袭。这种生长方式使得植物能够在短暂而严酷的生长季节中存活,并以最小的资源消耗度过寒冷的环境。

2. 水分适应性

2.1 沙漠植物的水分适应性

在沙漠等干旱环境中，由于水源稀缺，沙漠植物必须通过一系列特殊的适应性机制来确保生存。首先，沙漠植物通常拥有极为发达的根系系统，尤其是深根系。它们的根系可以深入地下几米甚至更深，能够从地下水层中汲取水分。这使得沙漠植物能够在表面土壤干旱时，依然获得来自深层土壤的水源。深根系不仅帮助植物从地下获取水分，还能增加植物在干旱季节的生存概率，避免因表层水源的干涸而迅速枯萎。许多沙漠植物还发展出了储水组织，最典型的例子就是仙人掌。仙人掌通过其肥厚的茎部储存大量水分，这使它们能够在长时间的干旱期内维持生命。储水组织不仅帮助植物在水源稀缺时提供必要的水分，还能有效地减少植物因干旱而萎蔫的风险。通过这种机制，仙人掌能够在最严苛的干旱环境中继续生长和繁殖。

为了进一步适应干旱环境，沙漠植物还发展出减少水分蒸发的能力。许多沙漠植物的叶片非常小或呈针状，这有助于大大减少水分的蒸发。叶片表面的蜡质层也能有效地防止水分流失，进一步提高植物在极端干旱环境中的生存能力。此外，一些沙漠植物通过在白天关闭气孔，减少水分流失，从而有效地减少水分蒸发。这些适应机制使沙漠植物能够在极端的水分短缺条件下存活，并在恶劣的环境中繁衍生息。

2.2 湿地植物的水分适应性

与沙漠环境的干旱条件不同，湿地环境中的水源丰富，但由于水流缓慢且排水不畅，湿地植物面临的主要挑战是水分过多及其带来的低氧环境。因此，湿地植物必须适应这种水分充沛但排水困难的环境，并发展出一系列的水分适应机制。

湿地植物最典型的适应特征之一是气根的发育。例如，红树林植物通过气根从空气中吸取氧气，这些气根伸出水面，能够直接接触空气中的氧气，避免了长时间浸泡在缺氧的水中。这些气根不仅能为植物提供氧气，还有助于它们在长时间淹水的环境中保持生长。气根系统为湿地植物在水位波动较大的区域提供了生存的保障。

一些水生植物进化出了浮叶结构，能够浮在水面上。浮叶结构使得植物能够更好地接触阳光，进行光合作用，同时通过接触水体直接获得所需的水分。例如，荷花和浮萍等水生植物就具备这样的浮叶结构，这不仅使它们能够吸收充足的阳光，还能最大限度地利用水源。

湿地植物还具备适应过多水分的排水机制。例如，某些湿地植物通过其根系中的特殊气孔排出过多的水分，从而避免根部的水分积聚过多，导致根部腐烂。这些排水机制帮助植物维持根部的通气性，并避免在水浸泡的环境中遭受水涝。通过这一适应特征，湿地植物能够在湿润而缺乏排水的环境中有效地生长，并保持健康的生长状态。

在湿地生态系统中，这些植物不仅能在水源充足的环境中繁盛生长，还通过其独特的适应性保障了湿地生态系统的健康与稳定。湿地植物的水分适应性，不仅使它们能够承受湿润环境中的挑战，还为其他水生生物提供了栖息地和食物来源，成为湿地生态系统的重要组成部分。

3. 土壤的适应性

3.1 沙漠土壤的适应性

沙漠土壤通常贫瘠,水分极易流失,这使得沙漠植物必须具备一系列独特的适应性机制,以应对这些不利的土壤条件。首先,沙漠植物的根系系统通常非常高效且具有很强的适应性。这些植物的根系不仅深且广,能够在沙漠土壤中广泛延伸,深入地下数米寻找水源。通过这种根系扩展,植物能够最大限度地汲取地下水分,并应对表层水源短缺的问题。

为了提高水分的利用效率,沙漠植物的根系往往具备增强的水分吸收能力。它们通过根系结构的特化,例如,根毛的增加,能够有效地吸收土壤中有限的水分。更重要的是,沙漠植物的根系可能会在土壤中形成密集的根网,这种根网不仅有助于提高水分的获取效率,还能增加植物对土壤养分的吸收能力,从而帮助植物在贫瘠的沙漠土壤中生长和繁殖。

尽管沙漠土壤通常贫瘠,缺乏有机质和可用养分,但一些沙漠植物具有特殊的适应性,能够改善土壤的肥力。例如,某些沙漠植物通过在根系中积累有机物质来提高土壤的营养含量。这些植物能够通过根系活动将有机物质转化为土壤中的可用养分,为其自身生长创造更适宜的土壤条件。通过这些适应性机制,沙漠植物不仅能够在极度贫瘠的土壤中生存,还能在一定程度上改良土壤环境,促进植物群落的生长和繁荣。

3.2 肥沃土壤的适应性

与沙漠土壤相比,肥沃土壤具有丰富的养分和水分,适宜植物快速生长。在这样的环境中,植物的根系通常更加发达,能够更加高效地吸收丰富的水分和养分。植物根系的广泛分布和深入土壤,帮助它们在不同土层中有效获取所需的水分和养分。这使得植物能够在肥沃土壤中迅速生长并保持健康的生长状态。

在肥沃土壤中,植物通常具备较强的繁殖能力,能够快速扩张种群。例如,一些植物会在肥沃的土壤中增加种子的产量和传播速度。通过加快繁殖周期,植物能够充分利用土壤中的丰富资源,在最短的时间内扩展自己的种群。这种适应性繁殖机制使得植物能够在肥沃土壤的有利环境中占据有利位置,迅速建立新的群落。

此外,许多植物通过与土壤中的微生物群落,特别是与根瘤菌等共生微生物的合作,来增强对土壤中氮等重要养分的吸收。根瘤菌能够固定大气中的氮,并将其转化为植物可利用的氮化合物。通过这种共生关系,植物能够更高效地利用土壤中的养分,进一步提高土壤的利用效率。尤其是在肥沃土壤中,植物能够通过与微生物的合作,提升其营养吸收能力,促进快速生长和繁殖。

肥沃土壤不仅为植物提供丰富的水分和养分,还为植物的生态适应性提供了多种选择。在这种环境中,植物能迅速响应气候变化、土壤变化等外界因素,通过适应性繁殖和养分吸收机制,保证其种群的长期繁荣。此外,肥沃土壤的土壤结构和有机物质含量较高,为植物提供了更加稳定的生长环境,促进了植物多样性的形成与维持。因此,肥沃土壤为植物提供了一个理想的生长和繁殖环境,植物能够在此迅速适应并茁壮成长。

第三节 土壤退化与植被恢复的案例分析

一、土壤退化的影响与原因

1. 土壤退化的定义与影响

1.1 土壤退化的定义

土壤退化是指土壤的物理、化学和生物性质受到不同程度的破坏,导致其功能衰退的现象。土壤退化会直接影响其对植物生长的支持能力、储水能力和养分供给功能,从而使土壤失去其应有的生态服务功能。具体表现为土壤肥力的显著下降、土壤结构的破坏、水分保持能力降低、土壤酸碱度的异常波动以及生物多样性的减少等问题。这种退化过程不仅影响农作物的生长,还会对生态系统的稳定性产生广泛的负面影响。

土壤退化的过程通常是缓慢且逐步加剧的,初期可能不易察觉,但随着时间的推移,退化程度加深,可能会导致土壤的不可逆转的损害。人类活动是土壤退化的重要推动力,但自然因素如气候变化、干旱等也在一定程度上加剧了土壤的退化。

1.2 土壤退化的影响

土壤退化的影响深远且复杂,涉及农业生产、生态环境、社会经济等多个方面。首先,土壤肥力的下降直接导致农业生产力的降低,进而影响农作物的生长,粮食产量和质量也随之下降。尤其在许多依赖传统农业生产方式的地区,土壤退化成了农民生计的巨大威胁。在这些地区,农民往往依赖于有限的土地资源来维持生计,一旦土壤质量下降,农业生产就会受到严重影响,粮食安全问题也随之加剧。

土壤退化还加剧了水土流失,进一步导致土地质量的恶化。由于土壤结构的破坏,土壤的水分保持能力显著减弱,干旱和水分不足的问题更加突出。土壤的水分蒸发速度加快,表层土壤缺乏有效的保水层,这使得植物的根系难以从土壤中汲取足够的水分。在水源短缺的情况下,水资源的管理变得更加困难,尤其是在干旱和半干旱地区,水资源的紧张加剧了水资源的竞争和冲突,影响了农业、工业和城市的可持续发展。

此外,土壤退化还对生态环境产生了深远的负面影响。植物生长受阻会导致植物种群的减少,进而影响整个生态系统的稳定性。由于土壤的退化,原本能够支撑多样化植物和动物群落的生态系统遭到破坏,生物多样性减少,生态功能受到削弱。随着土壤退化的加剧,沙漠化、盐碱化等现象逐渐出现,严重时,原本适宜居住和耕作的土地可能会转变为不适合农业生产和人类居住的荒漠地带。这不仅对生态环境造成了极大的破坏,还可能导致农业和生物栖息地的进一步丧失,进而影响全球粮食生产和生态安全。

土壤退化还可能引发更广泛的社会问题。随着土壤生产力的下降,土地荒废现象愈加严重,许多地区的农民可能会面临失去耕地的困境,不得不迁移到其他地区寻找生计。这种人口迁移可能会加剧城乡差距,增加社会的不稳定性,甚至导致农村人口的持续流失和城市化进程的加剧,从而对社会和经济产生沉重的压力。在某些情况下,土壤退化还可能引发土地资源争夺,甚至激化区域冲突,形成更大的社会不和谐因素。总之,土壤退化不仅仅是一个生态问题,它还涉及人类社会的可持续发展与全球环境的稳定。

2. 土壤退化的主要原因

2.1 过度耕作与农业开发

过度耕作是导致土壤退化的最直接且常见的原因之一。持续的过度耕作会导致土壤中的有机质逐渐减少,因为植物残体和其他有机物在土壤中的积累速度无法赶上过度耕作的消耗速度。土壤有机质的缺失不仅影响土壤的营养供应,还破坏了土壤的天然结构,使土壤变得松散、易于压实,失去其固土能力。土壤有机质对于维持土壤的水分保持、土壤结构以及微生物活性至关重要。当有机质减少时,土壤的水分渗透性和养分保持能力大大降低,导致植物根系难以从土壤中吸收足够的水分和营养。

此外,长期耕作破坏了土壤的土粒结构,导致土壤透气性和排水性差,减少了根系的生长空间。随着耕作的不断深入,土壤逐渐压实,变得更加坚硬,水分不易渗透,使得降水更加难以被土壤吸收。这不仅导致土壤水分流失,还使得植被生长受到限制。特别是在一些不适宜耕种的土地上进行过度开发,会加剧这种恶性循环,形成土地沙化、盐碱化等不良生态后果。为了应对这种情况,越来越多的农业实践开始重视轮作、休耕和有机耕作等方法,以恢复土壤的健康。

2.2 水土流失与风蚀

水土流失是由于降水冲刷作用导致土壤表层中的有机物、矿物质和养分被带走,从而造成土壤质量下降的问题。水土流失在山区、干旱和半干旱地区尤为严重,特别是在降水量不稳定且地形起伏较大的地区。大雨或者持续的降水往往会带走表层的土壤,导致土壤肥力的急剧下降。这种现象不仅影响农业生产,也加剧了生态环境的恶化。

山区或坡地如果没有有效的植被覆盖,或者植被覆盖不足,土壤的水土保持能力会急剧降低,降水的冲刷作用更为明显。在没有植被的情况下,土壤暴露在外界环境中,缺乏保护,导致水土流失的加剧,进而引发土地沙化、盐碱化等现象。为了减轻水土流失的影响,采用梯田、植树造林、草地保护等措施可以有效防止土壤侵蚀。

风蚀是另一种重要的土壤流失形式,尤其在干旱和沙漠化地区。风蚀发生在土壤缺乏稳定的植被覆盖、表面较为干燥时,风力将松散的表层土壤吹走,导致土壤的肥力流失,并加剧地表的裸露。随着风蚀的加剧,土地的沙化进程变得更加迅速,这不仅对农业生产产生负面影响,还可能带来生态系统失衡和生物多样性的丧失。

2.3 污染与化肥过度使用

污染和化肥的过度使用是土壤退化的重要原因之一。现代农业的化肥过度依赖改变了土壤的酸碱度,长期大量施用化肥,尤其是氮肥、磷肥和钾肥,逐渐导致土壤酸化或盐碱化,从而影响土壤中的微生物生态平衡。化肥中的化学成分可以抑制土壤有益微生物的活动,破坏土壤的自我修复能力,使得土壤无法有效恢复其自然功能。在缺乏有机物质的情况下,土壤微生物群落的退化会导致土壤肥力进一步下降,造成恶性循环。

尤其是氮肥过量施用后,会导致土壤中的氮浓度过高,影响植物的正常生长,并且可能污染地下水源。长期使用过量磷肥也会使土壤中的磷累积,造成植物对其他养分的吸收不平衡,从而影响植物的健康生长。此外,施用过多的钾肥还可能使土壤的钾离子浓度过高,进一步影响植物对钙、镁等其他重要养分的吸收。化肥的过度使用不仅降低了土壤肥力,还使得土壤结构变得松散和不稳定,易受外界环境影响,难以保持稳定的土壤生态环境。

农药的过度使用以及工业废水的排放也对土壤健康构成威胁。农药中残留的有害化学物质会污染土壤,导致土壤微生物活性下降,影响植物根系的正常生长,甚至破坏食物链中的物种。工业废水中排放的有毒物质,如重金属和有机污染物,会导致土壤的有害物质积累,影响土壤的自净能力,从而加剧土壤退化。在污染严重的地区,土壤的生态功能完全丧失,甚至需要通过物理或化学方法来修复。

二、植被恢复的案例分析

1. 中国的退耕还林还草项目

1.1 项目背景与目标

中国的退耕还林还草项目始于 20 世纪 90 年代,是一项旨在通过恢复和保护植被,特别是森林和草地,以解决生态环境退化问题的大规模生态恢复计划。项目的起因可以追溯到中国长期以来的过度耕作、森林砍伐、草地破坏及过度放牧等问题,这些活动导致了土地荒漠化、沙漠化加剧以及水土流失等一系列生态问题,尤其是在干旱和半干旱地区,土地退化愈发严重。随着中国经济的快速发展和城市化进程的推进,原本可以支撑农业发展的土地被过度开发,导致土壤质量急剧下降,水资源匮乏。为了遏制这一趋势,政府实施了退耕还林还草项目,旨在通过减少耕地面积、恢复森林和草地,从根本上改善生态环境和提升土地的可持续利用能力。

该项目的核心目标是恢复和保护自然生态系统,特别是植被覆盖,以减少水土流失、缓解土地退化、恢复生物多样性,并通过这些措施提升生态功能,增强自然灾害的防护能力。此外,项目还着眼于建设自然生态屏障,特别是在西北、东北及长江上游等水源涵养区,以提高地表水分的滞留能力,防止沙漠化和土地沙化的扩展。通过这一系列措施,项目力求恢复和改善土地的生态功能,为可持续农业和农村经济发展提供保障。

1.2 实施措施与策略

为了实现退耕还林还草项目的目标,中国政府采取了多项措施和策略。项目实施的核心内容包括:农业生产结构调整、退耕还林还草、植树造林、草地恢复以及大规模的生态修复。具体的实施措施包括:(1) 农业结构调整。鼓励农民减少高强度耕作,尤其是在易发生水土流失的山区、丘陵和干旱半干旱地区。通过政府补贴和政策支持,引导农民转向生态友好的农业方式,比如发展果树、经济林、茶园以及农业旅游等。这一策略不仅有助于恢复土地的生态功能,还能帮助农民增加收入来源。(2) 植树造林与草地恢复。在适宜的地区,特别是森林覆盖率较低的地区,通过植树造林、大规模种植本土树种和草地恢复,来增强土壤的固结能力,提升水土保持能力,减少水土流失。为此,政府在项目中提供了巨额资金支持,并通过技术培训帮助农民掌握林业种植技术。(3) 生态修复与生物多样性恢复。通过恢复原生态植被,推动自然生态系统的修复,尤其在受破坏严重的生态区域,通过大规模的生态修复措施,恢复生物多样性,提升生态系统的稳定性。包括恢复湿地、草原等多种自然生态类型,使区域生态系统能够提供更加稳定的生态服务。(4)技术支持与农民培训。政府为参与项目的农民提供了大量的技术支持和生态农业方面的知识培训。这不仅仅局限于植树造林与草地恢复的技术,还包括水土保持、土地管理和农业可持续发展的各项技术,帮助农民转型为生态农业生产者,增加收入的同时,提升他们的生态保护意识。(5)政策激励与财政补贴。为了鼓励农民参与,政府为退耕还林还草的农民提供了丰厚的财政补贴,特别是对放弃耕作、退耕还林的农户,给予每年定期补贴。政府还为农民提供了包括土地复垦、土地休耕和生态农业转型的政策支持,确保项目的长期可持续性。

1.3 取得的成效与挑战

经过多年的努力,退耕还林还草项目取得了显著成效。项目实施的区域普遍反映出生态环境有所改善,主要表现为以下几个方面:(1)生态环境得到恢复。大量退耕的土地已经成功转变为森林或草地。特别是在干旱、半干旱和沙漠化地区,植被恢复取得了明显进展,水土流失得到了有效遏制,地表植被覆盖率和土壤质量有所提升。此举大大增强了自然生态屏障,提高了这些地区对自然灾害的抗御能力。(2)生物多样性逐渐恢复。在生态恢复区域,植被恢复不仅改善了土地质量,还促进了生物多样性的复苏。特别是在一些沙漠化和荒漠化较严重的地区,通过恢复原生植被、种植本土物种,有助于恢复区域的生态平衡,吸引了各种动植物的回归。(3)改善了水资源管理能力。由于植被恢复和水土保持措施的推进,很多地区的水资源调节能力得到了增强。生态恢复不仅改善了地下水储量,还帮助控制了地表水的径流和洪水灾害,特别是山地地区,水源涵养和水资源调配能力得到了显著提高。

然而,项目也面临了一些挑战和困难:(1)恢复进展缓慢。尽管大部分地区取得了积极成果,但仍有部分地区的恢复进展较为缓慢,尤其是在极度贫瘠、干旱或水资源匮乏的地区。恢复后的土地往往需要较长时间才能恢复到预期的生态水平,尤其是在极端环境下,恢复的效果可能不如预期。(2)技术与管理难题。尽管政策支持和技术指导已为农民提供了帮助,但一些地方的农民对生态保护意识不足,或者缺乏足够的技术力量去管理恢复后的土地。此外,长期的土地管理和监控仍是一个难题,尤其是一些偏远地区的土地保护和生态管理力度不足。(3)经济压力与农民参与度。尽管政府提供补贴和政策支持,但部分农民仍然对项目持观望态度,尤其是在短期内看不到明显经济回报的情况下。农民的积极性与项目的长期可持续性紧密相关,因此需要进一步加强农民对生态农业的认同感和参与意识。

2. 撒哈拉沙漠周边的绿化工程

2.1 项目背景与意义

撒哈拉沙漠周边的绿化工程是为应对沙漠化扩展所带来的严重生态和社会经济问题而发起的一个国际合作项目。撒哈拉沙漠位于非洲北部,是世界上最大、最干旱的沙漠,涵盖了多个国家,包括阿尔及利亚、摩洛哥、突尼斯、乍得和尼日尔等。随着气候变化和人为活动的加剧,沙漠化的扩展速度不断加快,给周边地区带来了极为严峻的挑战,尤其是对于农业生产、牧业发展、生态系统稳定以及人类生存环境造成了巨大威胁。沙漠化不仅导致土地贫瘠、植被稀少,还加剧了气候的极端化,如干旱和极端高温等。为了遏制沙漠化的扩展,保护当地的农田、牧场和水资源,撒哈拉沙漠周边的绿化工程被提出作为一项长期、战略性的国际环保计划。该工程的成功实施不仅对缓解全球气候变化具有重要意义，还能为全球沙漠化防治提供宝贵的经验。

2.2 项目实施与技术手段

撒哈拉沙漠周边的绿化工程涉及多个国家的合作，采取了多种手段和技术来恢复和改善地区的生态环境。实施策略包括植树造林、草地恢复、沙漠化防治、植被恢复等关键措施。为适应极为干旱和贫瘠的沙漠环境，工程重点选择了耐旱、耐盐碱的植物，如耐旱灌木、沙枣树和耐干旱草种等，以提高植物的存活率和生长速度。

为确保水源的有效利用，项目还采取了修建水源涵养区的措施，确保水分能够被有效储存并渗透到土壤中，以供植被生长。现代滴灌技术的应用大大提高了灌溉水分的利用效率，减少了水资源的浪费，同时提升了土壤的保湿能力和植物生长的可持续性。为了防止风蚀和水土流失，项目还建立了生态屏障，采用种植防风林带来减少风力对土地的侵蚀。

在管理上，项目结合现代遥感技术和土地监测手段，实时跟踪各项措施的实施效果，利用卫星图像和地面传感器等手段收集数据，及时调整项目管理策略，确保绿化工作的精准性和持续性。此外，项目还开展了科学的土壤改良工作，包括土壤加固、盐碱化治理等，以改善沙漠地区的土壤质量。

2.3 项目成效与前景

撒哈拉沙漠周边的绿化工程在某些地区已取得了显著成效。植被覆盖率有了明显提高，水土保持效果得到了强化，沙漠化地区的生态环境逐步得到改善。绿化项目带动了周边社区的经济发展，通过提供林业、生态旅游和可持续农业等新的经济活动，改善了当地民众的生活水平和生计。项目中的生态屏障和水土保持措施在一定程度上遏制了沙漠的扩展，提供了防风和防沙的天然屏障。

由于撒哈拉地区的自然条件极为严峻，绿化过程仍面临诸多挑战。首先，水资源的匮乏是项目面临的最大瓶颈，极端气候条件使得降水量不足，严重依赖人工灌溉。其次，沙漠地区的土壤普遍贫瘠，盐碱化和沙化程度较高，恢复土地的生态功能需要长期且高成本的投入。再者，项目实施过程中还需要克服本地社会、文化、政治等多方面的挑战，确保各方利益的协调与合作。

展望未来，撒哈拉周边绿化工程的成功与否将依赖于更多国家和地区的合作以及科技创新的推动。国际间的技术交流和资金支持将是推动绿化项目可持续发展的关键因素。同时，项目还需要重视本地社区的参与与教育，提升民众的环境意识和自我管理能力。随着国际合作的加深和技术的不断进步，撒哈拉周边的绿化工程有望实现长期的生态恢复和可持续发展，为全球沙漠化防治和气候变化缓解提供宝贵经验。

三、土壤与植被恢复的挑战与前景

1. 恢复的挑战

1.1 气候变化的影响

气候变化已成为影响土壤和植被恢复的重要因素，随着全球气温上升和气候模式的变化，土壤和植被的恢复面临前所未有的挑战。气候变化引发的极端天气事件，如持续干旱、暴雨洪涝、沙尘暴等,正在加剧土壤退化的程度并威胁已恢复植被的生长和稳定。

气候变化对降水模式的影响尤其显著,许多地区的降水量变得更加不稳定,季节性降水模式发生了变化,这使得水资源的可用性大大减少。干旱时期水分的流失速度加快,土壤水分保持能力下降,直接影响植物的生长和生物多样性的恢复。此外,气温上升导致蒸发量增加,增加了土壤表层水分的蒸发损失,使得土壤更难保持湿润,进而影响植物的生长与繁殖。这些变化使得原本能够支持恢复的土地变得更加脆弱,恢复过程变得更加艰难且不可预测。

极端气候事件对生态系统的破坏性效应也常常带来恢复工作的停滞。例如,强烈的沙尘暴不仅会带走表层的土壤,还会摧毁已恢复的植被覆盖,破坏土壤结构,加剧水土流失。洪涝灾害则可能导致已恢复的土地被淹没或冲刷,重新造成退化。气候变化带来的不确定性大大增加了生态恢复项目的复杂性,尤其是在未来气候条件日益变化的背景下,恢复的可持续性面临严峻挑战。

1.2 土地利用变化

土地利用变化,特别是农业扩展、城市化进程和工业化发展,对自然生态系统构成了重大压力,进一步增加了恢复工作的难度。随着城市化和工业化的推进,原本适合植被生长和生态恢复的土地被不断转为城市建设用地、工业用地或商业开发用地,这使得大量土地无法再用于生态恢复。这一过程中,不仅土地资源遭到压缩,还改变了原有的生态结构和功能,造成了生态系统的极大损失。

在农业扩展方面,过度开垦、过度放牧和不合理耕作导致了土地的沙化、盐碱化等问题,尤其是在干旱和半干旱地区,土地的退化速度加剧,恢复进程远远滞后于土地退化的速度。长期的过度耕作使得土壤中有机质含量下降,土壤结构被破坏,水分和养分的保持能力减弱,这些不利因素大大延缓了植被恢复和土壤修复的过程。

与此同时,城市化进程加速了人类活动对自然生态环境的改变,建设用地和基础设施的扩展压缩了原本适合植被生长的空间,使得恢复项目难以进行。在一些地区,城市发展对周围的生态环境产生了巨大影响,导致原生态栖息地丧失,生物多样性大幅下降,这些都给土壤和植被恢复带来了巨大挑战。特别是在一些城市周围,土地利用的变化不仅破坏了原有的生态结构,还加剧了水土流失和沙漠化的进程。

1.3 土壤质量和植物适应性问题

土壤质量是影响生态恢复成败的关键因素之一。许多退化土地的土壤质量较差,常见的土壤问题包括贫瘠、盐碱化和缺乏有机物质,这些问题严重限制了植物的生长和生物多样性的恢复。土壤的水分保持能力差,养分含量不足,致使许多植物难以在这些恶劣的环境中扎根生长。

即使一些植物具有较强的环境适应性,它们在贫瘠土壤中也往往难以生长。这是因为土壤中缺乏植物生长所需的基本养分,且水分保持能力差,无法满足植物的生长需求。化肥过量使用、长期过度耕作等人为因素导致土壤结构破坏,使得土壤失去了天然的水分和养分调节能力,即便恢复种植适应性强的植物,也很难实现预期的生态恢复目标。

此外,土壤的盐碱化问题尤为突出。特别是在干旱和半干旱地区,由于灌溉水源的过度使用和水分蒸发造成的盐分积累,土壤表层容易形成盐碱层,严重影响植物的生长。许多植物对于盐碱土壤的适应性较差,恢复工作中的植物种植往往受到极大限制。尤其是在土壤盐碱化严重的地区,植物的根系难以有效吸收水分和养分,导致生长缓慢甚至死亡,从而进一步推迟了恢复进程。

1.4　社会经济和政策因素

土壤和植被的恢复不仅是一个生态过程,还深受社会经济和政策因素的影响。尽管恢复项目需要长期的投入和管理,但在许多经济欠发达的地区,资源的匮乏和社会经济的困境使得恢复项目的持续性受到威胁。资金不足、技术支持不够以及农民缺乏生态保护意识,都可能导致生态恢复项目无法有效实施。

资金和技术的短缺使得许多地区难以实施和维护恢复工作。虽然政府通过各类补贴和支持政策鼓励农民参与生态恢复项目,但许多地区的农民依然缺乏足够的技术力量,导致土地管理和生态恢复措施无法得以充分落实。再者,一些地方政府可能对生态保护的重视不够,缺乏有效的长效机制和监督措施,导致政策执行效果打折扣,恢复工作难以持续进行。

土地所有权问题也是一个不容忽视的挑战。特别是在一些土地使用权不明确或农民对土地的使用权不稳定的地区,土地的流转和管理存在困难,可能导致恢复项目的推进受阻。在这些情况下,农民缺乏对土地的长远规划和保护意识,往往难以从根本上改善土壤质量并实施有效的恢复措施。此外,土地资源的分配和社会公平问题也影响了生态恢复项目的实施,尤其是在贫困地区,资源的不平衡分配使得生态恢复的资金和技术难以有效到达最需要的地方。

政府政策的有效性、地方政府的执行力以及不同地区之间的协调与合作,都是影响恢复工作能否顺利进行的重要因素。为了应对这些社会经济和政策上的挑战,需要从全社会层面增强生态保护的意识,完善土地管理制度,提升政策的执行力,以确保恢复工作在未来能够持续有效地开展。

2. 前景与展望

2.1　生态恢复技术的发展

随着科技的飞速进步,生态恢复技术也经历了显著的发展和创新,这些新技术的出现不仅显著提高了恢复工作的效率,还克服了许多传统方法的局限性,赋予了生态恢复更多的可能性。遥感(RS)技术与地理信息系统(GIS)的结合已经广泛应用于土壤质量、植被变化及生态环境监测中,能够提供准确、实时的数据,帮助科学家和政策制定者跟踪土地退化和植被恢复的状态。例如,遥感影像通过反射光谱数据分析,能够精准地监测土壤和植被的健康状况,及时发现问题区域,并为恢复策略的调整提供重要依据。

土壤改良技术的不断发展为恢复工作提供了更多的手段。例如,施用有机肥料、调整土壤 pH 值、增加土壤有机质含量等方法,可以显著改善土壤的结构、提高土壤的水分保持能力和养分状况,进而为植物的生长提供更优的生长环境。使用生物技术改良土壤微生物群落、应用生态工程技术(如水土保持设施和植物根系加强技术)等创新方法也逐步加入恢复工作中,极大提升了生态恢复的效率与成功率。这些技术的应用不仅为全球应对土壤退化提供了新方向,也为未来的生态恢复项目开辟了高效、可持续的路径。

2.2　多学科的融合

土壤与植被恢复不再是单一学科的任务,而是一个跨学科合作的成果。生态恢复的复杂性和多维度要求了多个学科的紧密合作,环境科学、农业科学、气候学、生态学等学科的融合,促进了生态恢复领域的多角度探索与创新。例如,气候学的进步使得我们能够通过气候模型预测未来气候变化对生态系统的影响,为恢复项目提供更具前瞻性的规划和应对策略。利用气候预测技术,可以精确掌握降水变化和温度波动,为选择适合的植物物种和种植时机提供科学依据。

土壤水分监测技术的突破使得恢复工作能够更加精准地评估土壤的水分状况。通过土壤湿度传感器和无人机监控,能够实时掌握恢复区的水分变化,为恢复策略的调整提供数据支持。这种科技与学科的交叉融合,不仅使得恢复方案更具个性化、科学性,也提升了恢复项目的效率,帮助不同地区根据当地具体条件制定量体裁衣的恢复计划,从而推动全球范围内更为精准且可持续的生态恢复进程。

2.3 全球合作与政策推动

随着全球气候变化问题的加剧,各国之间的合作已成为推动生态恢复的重要力量。气候变化带来了跨国的环境挑战,生态系统退化问题已成为全球性议题。因此,国际间的合作、技术共享、资金支持以及管理经验的交流变得尤为重要。国际组织、环保 NGO 以及各国政府之间的协作,使得全球生态恢复工作得以共享技术成果、资金和人力资源,从而加速全球恢复进程。

例如,通过联合国环境规划署(United Nations Environment Programme,UNEP)和世界银行等国际机构的支持,多个发展中国家能够获得必要的资金和技术援助,实施生态恢复项目。国际合作不仅在技术和资金上提供支持,还在政策框架建设上做出了巨大贡献。许多国家通过签署国际环境保护协议和合作框架,如《巴黎协定》,加强了环境保护与生态恢复的全球治理。

同时,国家和地方政府通过出台和实施绿色金融政策、生态保护立法等措施,为恢复项目的顺利实施提供了强有力的政策支持。政府还通过土地利用规划、生态补偿政策以及生态农林业补贴,优化资源配置,推动生态恢复。政策的支持不仅为恢复工作提供了法律保障,还有效促进了公众的参与,强化了社会各界在生态保护中的责任感和参与感。

2.4 公众意识的提高

随着全球气候变化和环境问题日益严峻,公众的环保意识逐步增强,生态保护不再仅仅是专业人士的责任,而是全社会的共同使命。越来越多的农民、社区和地方民众开始主动参与到土壤与植被恢复工作中,展现了公众参与在恢复项目中的重要性。通过转变生产方式、采用生态农业技术以及植树造林等措施,农民在改善土地质量的同时,也提升了经济效益和收入水平,体现了生态保护和经济发展的双赢效果。

在一些退化地区,农民通过使用水土保持技术、发展绿色农产品等方式参与恢复,不仅为生态环境贡献力量,也改善了家庭的生活条件。公众的广泛参与提升了恢复项目的执行效果,减少了单纯依赖政府的资金投入,还推动了环保意识的传播。通过教育和公众参与,恢复项目不仅得到了更好的实施,也形成了社会对于生态恢复的长远关注,创造了一个共同参与的环保氛围。

2.5 长期监测与管理

土壤与植被的恢复是一个长期、持续的过程,确保恢复成果的可持续性和有效性,需要持续的监测与科学管理。随着信息技术的飞速发展,恢复项目的监测手段变得更加高效和精准。遥感技术、大数据分析、物联网(Internet of Things,IoT)技术等现代科技的应用,使得恢复项目的实时监控成为可能。

通过实时收集土壤、植被、气候和水文等数据,管理者能够动态追踪恢复项目的进展,及时发现问题并进行调整。例如,使用无人机进行空中拍摄和遥感数据采集,能够提供精准的地表变化数据,帮助恢复团队了解植被覆盖度、土壤湿度和水土流失情况。大数据技术的应用可以对监测数据进行分析,发现潜在的恢复难点并优化策略。

定期评估恢复项目的效果,可以帮助管理者了解恢复的进度和效果,确保目标的实现。通过建立长期监测与管理体系,恢复项目能够保持良好的生态效益,并为全球生态恢复事业提供可持续发展的示范经验。这不仅能够为未来类似项目提供科学依据,还能通过数据积累,为全球生态保护和恢复提供宝贵的经验和参考。长期的监测和管理是确保生态恢复成效得以延续的关键,也是推动全球生态恢复与环境保护事业实现可持续发展的重要保障。

探究案例

案例1:土壤形成过程与类型分布

情境描述:你正在研究某地区的土壤类型,目标是了解土壤形成的过程以及不同土壤类型如何在不同地区分布。你需要分析气候、地形和生物等因素对土壤的影响,并探讨这些因素如何共同决定土壤的类型。

探究问题:

1. 请描述土壤的形成过程,解释气候、母质、生物、时间和地形如何共同作用,影响土壤的特性。

2. 假设你在一个热带雨林地区进行研究,你会遇到什么类型的土壤?请分析这种土壤的形成原因以及它对植被生长的影响。

案例2:植被的分布规律与环境适应性

情境描述:你正在研究全球植被的分布,并分析不同植被类型如何根据气候、土壤和地形适应环境。你需要从气候适应性、水分适应性和土壤适应性等方面,分析植物如何调整其形态和生理特性来适应不同环境。

探究问题:

1. 请简要描述热带雨林和沙漠植被的主要适应性特征。它们是如何根据环境条件适应水分和温度变化的?

2. 在高山地区,植被的分布通常会随着海拔的升高发生变化。请解释这一变化,并探讨植物如何在不同的高山带中生存。

案例3:土壤退化与植被恢复的案例分析

情境描述:你正在分析某地区的土壤退化现象,并研究如何通过植被恢复项目来改善土壤质量。你将以中国的退耕还林还草项目和撒哈拉沙漠周边的绿化工程为例,探讨这些恢复项目的实施过程与效果。

探究问题:

1. 请描述土壤退化的表现与原因,并分析过度耕作和水土流失如何加剧土壤退化。

2. 中国的退耕还林还草项目在改善土壤质量和防止沙漠化方面起到了什么作用？请分析这一项目的成效和挑战。

3. 撒哈拉沙漠周边的绿化工程如何帮助恢复植被并抑制沙漠化？请解释项目中使用的技术和方法。

案例 4：土壤与植被恢复的挑战与前景

情境描述：你作为生态恢复项目的负责人，正在评估当前土壤退化和植被恢复面临的挑战以及未来的恢复前景。你将分析气候变化、土地利用、政策支持等因素对恢复工作的影响，并展望未来土壤和植被恢复的趋势。

探究问题：

1. 你认为土壤和植被恢复过程中面临哪些主要挑战？如何通过政策和技术手段克服这些挑战？

2. 随着全球气候变化和环境保护意识的提高，土壤和植被恢复将如何发展？请预测未来生态恢复技术在全球环境改善中的作用。

推荐阅读书籍

1. Brady N C，Weil R R：The Nature and Properties of Soils，Pearson，2016.

2. Plaster Ereenwood J，et al：Soil Science and Management，Cengage Learning，2008.

3. Lal R：Managing Soil Drought，CRC Press，2023.

4. Vieira A：Soil Conservation：Strategies，Management and Challenges，Nova Science Publishers，2021.

5. Arrouays D，Carre F，Forges D R A，et al：Global Soil Security：Soil Science-Society Interfaces，Taylor and Francis，2018.

6. Bunting T B：The Geography of Soil，Taylor and Francis，2020.

7. 董东平：《土壤与植物地理野外调查研究》，内蒙古大学出版社，2007.

8. 应俊生，陈梦玲：《中国植物地理》，上海科学技术出版社，2011.

第六章 人口与地理空间分布

第一节 人口分布的地理规律与影响因素

一、人口分布的地理规律

1. 全球人口分布的不均衡性

1.1 高人口密度区域

全球人口密集的区域通常集中在温带、沿海和大河流域等地。东亚、南亚、欧洲等地区的高人口密度与其自然条件和社会经济背景密切相关。这些地区拥有肥沃的土地,适宜的气候和充足的水资源,非常适合农业生产。例如,东亚的华北平原、南亚的恒河平原、欧洲的黑土地区域等,均为农业生产的重要基地,能够为大量人口提供充足的粮食供应。温带气候区的气温适宜,降水充沛,适合植物生长。这些地区的气候条件为农业、工业和城市发展提供了基础支撑。温带气候区的日照、降水和温度条件使得这些地区不仅适宜耕作,也为其他经济活动提供了理想的环境。沿海地区和大河流域通常是交通要道,地理位置得天独厚。便利的交通网络促进了商业的交流和经济的繁荣,这也进一步促进了人口的聚集。例如,中国的长江流域、印度的恒河流域以及欧洲的莱茵河流域都是人口稠密的区域。

1.2 低人口密度区域

相比于高人口密度的区域,沙漠、极地、高原和山地等地的低人口密度区域则由于自然环境的恶劣,导致人口稀少。以下是这些区域人口稀少的原因分析。沙漠和极地地区的气候条件极端恶劣,温度极高或极低,土地贫瘠且干旱或冰冷,难以支持农业和大规模的人类居住。例如,撒哈拉沙漠、阿拉伯沙漠和南极洲等地气候条件使得人类生存和生产面临极大挑战,人口自然难以聚集。这些地区缺乏足够的水源,成为限制人口密度的主要因素。水是维持生命、农业和工业活动的基本条件,而在缺水的地区,人类生存、农业发展及社会经济活动的规模都会受到极大制约。例如,中东的干旱地区、撒哈拉沙漠等地的水资源短缺使得这些地方的经济和人口发展受到限制。高原和山地的地形复杂,交通不便,经济活动受到极大限制。由于这些地区的地形多样,土地利用受限,且建设基础设施和开展农业活动面临困难,使得这些区域的经济发展滞后,人口也相对稀少。例如,喜马拉雅山脉、安第斯山脉等地区的地理环境极其复杂,导致这些地方人口聚集较少。

1.3 胡焕庸线

胡焕庸线是中国著名地理学家胡焕庸提出的一个划分线,用于描述中国人口的地理分布。该线大致将中国人口密度分为两部分,体现了中国人口分布的不均衡性。胡焕庸线不仅反映了自然地理条件对人口分布的影响,也与历史上的政治中心、定都及战略要地有着紧密联系。

胡焕庸线的东侧,尤其是长江以东地区,人口密集,经济发展较为迅速。该地区包括中国的主要经济区、农业生产基地以及大部分的城市和工业区,如上海、杭州、广州等大城市。而西侧的广大区域,如西部高原、山地和沙漠地区,则人口稀少,经济发展相对滞后。这一分布不仅与自然条件紧密相关,也受到中国历史上多个朝代都城选址的深刻影响。

在中国历史上,定都的选择大多集中在胡焕庸线的东侧,尤其是长江以东地区。自秦朝以来,大部分的帝国都选择在这一带设立首都,如长安(今西安)、洛阳、南京、北京等地。定都选择的历史影响了中国的政治、文化和人口分布。这些城市不仅是政治和文化中心,也吸引了大量的居民、商人和知识分子,从而促进了这些地区人口的聚集和经济的发展。尤其是在明清时期,定都北京和南京极大促进了东部地区的城市化进程和经济繁荣。东部地区拥有更多的平原,适合农业生产,水资源丰富,这为定都城市的稳定发展提供了良好基础。都城的建设促进了沿线交通的发展,使得这一地区逐渐成为中国的经济重心。这一历史传统延续至今,东部地区仍然是中国最发达的区域之一。相较而言,中国历史上的许多帝国较少在西部地区设立都城。西部地区由于高山、沙漠和干旱等自然条件的限制,经济和人口发展较为滞后。在一些朝代,如唐朝和元朝,虽然有一定程度的西扩和对西部的治理,但总体上,西部地区相较于东部,始终处于较为疏远的状态。这一历史背景与胡焕庸线的分布相呼应,说明了自然环境与历史政治中心的相互作用。

胡焕庸线的形成与自然环境(如地形、气候等)、资源分布(如水源、土地肥沃程度)以及历史文化等因素息息相关。中国东部地区拥有丰富的水资源、适宜的气候和较为平坦的土地,这些条件为人口聚集和经济发展提供了良好基础。此外,历史上政治中心的选择也加速了这些地区的城市化进程,进一步推动了人口的集中。与此相比,西部地区的高山、干旱和沙漠等自然条件,以及历史上较少设立都城的情况,使得该地区的经济和人口发展较为缓慢。

2. 人口分布的历史演变

2.1 农业社会时期

在农业社会时期,人口主要集中在水源充足、土地肥沃的区域。由于古代农业生产对水源和肥沃土地的依赖,特定地理环境成了农业文明的发源地。这些地区的自然资源条件优越,能够支持大规模农业生产,从而吸引了大量人口的聚集。大河流域和湖泊附近的地区由于水源充足和土地肥沃,一直是人口聚集的中心。例如,黄河流域是中国古代农业文明的发源地,这里水资源丰富,土地适宜耕种,早期的农业发展为后来的社会组织和文化繁荣提供了支持。类似的例子还包括尼罗河流域和印度河流域,这些地方的农业发展促进了古代文明的崛起,并成为古代人口的主要聚集地。古代农业社会的兴起促进了人口集中在这些资源丰富的地区。随着农业技术的发展,农民能够生产出足够的粮食,人口逐渐增多。这些区域成了古代文明的文化和政治中心,不仅具备了大量的劳动力资源,还形成了独特的社会结构和复杂的政治制度。

2.2 工业化和城市化时期

工业化和城市化进程推动了人口迁移的趋势,特别是在工业革命之后,全球人口的地理分布发生了显著变化。19世纪末到20世纪初,随着科技的进步和生产力的发展,人口开始从乡村地区向城市地区迁移,城市人口迅速增长。工业革命催生了工矿城市的出现,尤其是在欧洲和北美等地,许多传统农业区的劳动力开始涌向新兴的工业城市。这些工矿城市成了工业化的集中地,吸引了大量的农村人口和外地劳动力。城市化不仅带来了大量就业机会,还促进了基础设施建设和交通的改善,使得人口的流动更加频繁。

随着交通的改善和经济全球化的推进,城市化进程加速。许多国家的主要城市和经济中心迅速发展,人口逐渐从农业地区向城市聚集,形成了现代都市圈。特别是在20世纪后期,城市化进入快速发展阶段,许多发展中国家开始经历城市人口的急剧增长,出现了大量的城乡人口迁移现象。比如,中国的改革开放后,人口大量涌入东部沿海的城市,推动了这些地区的快速工业化和经济发展。随着城市化的深入,现代都市圈逐渐形成。这些都市圈不仅成了经济和文化的中心,还通过先进的交通和通信技术,吸引了全球范围内的人口流动。城市不仅在数量上增加,而且在经济和社会结构上也发生了深刻的变化,形成了复杂的经济和社会网络。

二、人口分布的影响因素

1. 自然环境因素

1.1 气候

气候条件直接影响着某些地区是否适宜人类活动,温暖湿润的气候通常为人口密集区,而极端的气候条件,如高温、干旱或寒冷,则大大限制了人口的聚集。热带和温带地区,因其气候条件适宜,常常成为人口密集的地区。温暖湿润的气候有利于农业生产,使得这些地区能够支撑较大的人口。例如,东南亚的热带气候和中国、欧洲的温带气候,为农业提供了充足的资源,这些地区成为世界上人口密集的核心区域。以中国的长江流域和珠江三角洲为例,这些地区具有适宜的气候和丰富的水资源,为农业生产提供了理想的条件,进而吸引了大量人口的聚集。温带气候的充沛降水和适中的气温同样为农作物的生长提供了良好条件,支持了大规模的农业生产。

沙漠和极地地区因气候的极端性,人口较为稀少。沙漠地区的高温、干旱以及长期缺水的环境,严重限制了农业生产和水资源的获取,这使得这些地区的人口难以形成较为集中的聚集体。类似地,极地地区的低温和长期严寒的气候,也使得这些地区的人类生存条件非常困难,导致人口稀少。例如,沙漠地区的撒哈拉沙漠和寒冷的南极地区,因其不适宜人类生活和生产,人口密度极低。

1.2 水资源

水资源的丰富性和分布是影响人口聚集的关键因素之一。水源的可获得性对于农业生产、工业发展和人类生存至关重要,因此,河流、湖泊和沿海地区通常成为人口密集的区域。水资源丰富的地区,尤其是河流和湖泊流域,一直是人类文明的发源地。例如,长江流域、尼罗河流域、密西西比河流域等,由于得天独厚的水源条件,成了古代文明的摇篮,并且至今仍然是全球人口最为密集的地区。长江流域,作为中国重要的水系,不仅支持了广泛的农业生产,还带动了区域经济的发展,为当地人口提供了稳定的生计和生活条件。历史上,世界上许多重要的文明都是在这些水源丰富的地区繁荣发展的。沿海地区因海洋提供了丰富的水资源,且这些地区的气候适宜、资源丰富,是全球一些人口最密集的区域。沿海地区的经济活动也因渔业、港口贸易等得到了极大的促进,这些经济活动吸引了大量的人口迁入。交通便利的沿海地区,如东南亚的海域、欧洲的地中海沿岸以及美国的东海岸和西海岸,成了全球经济活动的中心,这些地区人口的聚集与其交通优势和水源丰富有着密切关系。

1.3 土壤与农业条件

土壤的肥沃程度和农业条件的适宜性直接影响人口的聚集。肥沃的土地不仅能支持大规模的农业生产,还能保障粮食供应,这为人口的长期生存提供了条件。肥沃的土壤是农业生产的基础,能够支持大规模的农作物种植,从而保障粮食供应。在历史上,全球许多高人口密度的区域都拥有肥沃的土壤和适宜的农业条件。例如,中国的黄河流域、印度的恒河平原和美洲的大平原地区,这些地区的土壤非常适合农业种植,因此成了古代农业文明的发源地。肥沃的土壤支持了高效的农业生产,进而推动了社会经济的繁荣和人口的增加。适宜的农业条件不仅能满足人类的日常生存需求,还能推动社会的长期发展。中国的黄河流域就是一个典型的例子,该地区土壤肥沃,水资源丰富,长期以来是中国农业的核心区域。水稻、小麦和玉米等农作物的丰产为当地人口提供了稳定的粮食供应,同时推动了社会的稳定与繁荣。由于农业条件优越,黄河流域成了中国古代文明的发源地之一,也是人口高度集中的区域。相反,土壤贫瘠或农业条件不适宜的地区,如许多干旱和半干旱地区,由于粮食生产困难,人口聚集的潜力明显降低,形成了低人口密度的区域。

2. 社会经济因素

2.1 经济活动与产业发展

经济发达地区通常能吸引大量人口迁入。工业化和现代化水平较高的地区不仅提供了丰富的就业机会和更好的生活设施,还为人口聚集提供了有力的支持。随着科技进步和产业升级,这些地区能够提供更多的高薪岗位和更高的生活质量,从而吸引外来人口的涌入,形成"人才磁铁"。

在全球范围内,发达国家的工业区和经济中心城市往往成为吸引外来人口的主要区域。例如,美国纽约、德国法兰克福、中国北京、中国上海等大城市因其强大的经济活力、繁荣的产业和丰富的就业机会,吸引了大量外来人口。这些地区不仅有发达的制造业、工业基础,还涌现了大量的新兴产业,尤其是在科技、金融和服务业方面。纽约的金融业、上海的商业中心地位、北京的科技创新和文化产业都成了全球人口迁移的重要因素。

随着全球化进程的加速,许多国家的主要城市,尤其是那些集中科技创新、信息产业和金融服务的城市,成了全球人口迁移的重要目的地。例如,硅谷的科技产业、伦敦的金融业、东京的汽车制造业等,都吸引着来自世界各地的劳动力。这些产业通过提供大量高薪工作岗位,创造了巨大的吸引力,特别是对于技术人员、工程师、金融分析师和创意产业从业者。随着科技创新和数字经济的兴起,这些地区不仅在经济活动上保持强大的吸引力,也为高技能人才的聚集创造了条件。诸如人工智能(Artificial Intelligence,AI)、大数据、区块链等新兴行业,推动了这些地区进一步成为全球创新中心,吸引着越来越多的人才前来定居和工作。

随着经济和产业的不断发展,人口逐渐向这些高发展水平的区域集中,形成了"人才流动中心"。这些城市和区域因其丰富的就业机会、优越的生活条件以及蓬勃发展的行业,吸引着大量的移民和劳动力。随着经济全球化的深入,跨国公司和高科技企业在全球范围内分布,形成了产业链和创新网络,进一步增强了区域的吸引力。举例来说,全球创新的中心硅谷,不仅吸引美国本土的人才,也成了来自印度、欧洲及其他地区科技精英的目的地。随着跨国公司在全球范围内的扩展,这些地区的人口将进一步增加,推动产业与人口的高度集聚。

2.2　交通与基础设施

交通网络的完善与基础设施的建设对人口流动和资源分配起到了至关重要的作用,尤其在大都市和重要交通枢纽城市。便捷的交通系统和完善的基础设施,不仅提升了人们的日常生活质量,还大大促进了劳动力市场的流动性,从而推动了人口的集中。

交通网络的发达对于人口流动有着不可忽视的影响。尤其是在现代社会,交通便利化促进了不同地区之间的快速流动,尤其是从乡村向城市的迁徙。以欧美地区为例,凭借发达的铁路、公路、航空网络,人口可以方便地从一个地区迁移到另一个地区,特别是向大都市的迁移。美国洛杉矶、法国巴黎、日本东京等大都市,因其密集的交通网络,使得城市能够轻松吸引周边地区甚至其他国家的人口,成为全球人口迁移的集聚地。随着城市化进程的推进,更多的农村居民前往城市寻找更好的就业机会和生活条件,进一步加速了人口向城市地区的集中。

交通便利之外,现代化的基础设施,如水利设施、电力供应、通信网络等,也显著提高了人们的生活质量。基础设施的完善不仅能满足日常生活的基本需求,还为城市的经济发展提供了保障。大城市通常配备完善的公共服务设施,包括医疗、教育、文化和娱乐等资源,这使得更多人愿意选择迁入这些城市生活。例如,北美和欧洲的大城市通常提供优质的医疗设施、全球一流的教育体系和丰富的文化活动,这些条件让人们在选择迁入城市时更具吸引力。基础设施的完善还直接推动了城市和周边区域的经济发展。例如,上海、北京和广州等城市,凭借其完善的公共设施和国际化的交通网络,吸引了大量来自全国各地及全球的劳动力。随着城市基础设施的不断优化,城市的生产力和生活质量得到了提升,人口集聚的速度也随之加快。

交通便利与基础设施的建设相辅相成,共同推动了人口的集聚和资源的有效分配。城市的基础设施不仅支持了日常生活需求的满足,还促进了区域经济的快速增长。例如,拥有发达交通网络和先进基础设施的纽约、伦敦、东京等全球大都市,已成为国际金融、文化、商业活动的中心,这些因素共同促使更多人才、资本和资源流向这些城市。随着全球化和城市化的推进,城市间的竞争愈加激烈,交通和基础设施的优势将成为吸引更多人口的关键因素。

3.　政治与历史因素

3.1　政府政策与移民流动

政府在制定移民政策、税收优惠和经济激励措施时,往往会显著影响人口的流动和分布。国家的移民政策不仅决定了外来人口的吸引力,还能在某种程度上推动区域经济的平衡发展。

移民政策是影响人口流动的一个关键因素。19世纪末期,美国通过一系列宽松的移民政策,大力吸引来自欧洲的移民,特别是东欧和南欧的劳动力,为美国西部的开发提供了重要支持。这些移民不仅帮助开垦了西部荒地,还为当地的工业化和城市化进程提供了必要的人力资源。类似地,其他国家也通过移民政策来推动区域发展,如日本和新加坡等国家通过引进技术人才和专业劳动力促进了国内的现代化进程。

为了促进区域平衡发展,许多国家推出了区域发展政策,旨在减少人口过度集中在大城市和沿海地区的现象。中国的西部大开发和印度的"印度制造"计划,都是通过政策鼓励人口向欠发达地区迁移,从而推动经济的均衡发展。这类政策通常包括土地优惠、税收减免、基础设施建设支持等,以吸引劳动力流向内陆或其他不发达地区,从而缓解大城市的过度拥挤和资源压力。

在全球化背景下,跨国劳动力市场的变化和国家间移民政策的调整使得人口流动愈加频繁。例如,欧洲和北美的经济中心吸引了大量来自亚洲、非洲和拉丁美洲的劳动力,尤其是在高技能劳动力和低技能劳动力方面,移民流动已成为全球人口分布的一个显著特征。同时,随着国际政治和经济形势的变化,许多国家也根据自身需要调整移民政策,如增加难民接收量或推出人才引进计划,这些政策都极大地影响了人口的流动趋势。

3.2 历史事件与社会变迁

历史事件,特别是战争、殖民扩张、自然灾害等重大社会变迁,对人口分布产生了深远的影响。历史上的大规模战争,尤其是两次世界大战,导致了大规模的人口迁移和社会结构的改变。第二次世界大战后,欧洲经历了大规模的移民潮,许多原本在战时流离失所的人民选择迁移到北美、澳大利亚等地区,推动了这些国家人口的增长和城市化进程。类似地,殖民扩张时期,欧洲列强通过殖民地扩展,改变了全球人口结构和地理分布。大量欧洲移民涌向美洲、非洲和亚洲,殖民活动在全球范围内创造了新的社会和经济结构,形成了新的文化融合区。

一些自然灾害、疫情和大饥荒等历史事件对人口分布也有深远影响。比如,19世纪的爱尔兰大饥荒迫使大量爱尔兰人移民到美国和其他地区,导致爱尔兰本土人口大幅减少。20世纪初的流感大流行和新冠疫情等全球大流行病也导致了人口流动和结构的变化。灾难性的疫情和战争往往迫使大量人口迁移,以寻求更安全的居住和生存条件,进一步影响了全球的人口分布。

战后,许多国家经历了大规模的移民潮,特别是在战后重建期间。例如,战后欧洲的"疏散政策"促使了大量劳工从乡村迁移到工业化程度较高的城市。美国和加拿大也通过鼓励欧洲劳动力移民,为工业发展提供必要的劳动力支持。这些移民不仅带来了劳动力,还促进了当地的文化多样性,使得这些地区的人口结构发生了重大变化。

3.3 文化与社会传统

文化和社会传统深刻影响着某些地区人口的分布。文化和宗教背景对人口的聚集模式产生了重要影响,特别是在一些文化上相对统一的地区。在许多文化上相对统一的地区,特定的文化或宗教背景往往会促进相同群体的定居。这些地区的社会结构稳定,人口聚集往往有着深厚的文化基础。例如,印度的恒河流域长期以来是印度教文化的发源地,成为印度教徒的主要聚居区域。类似地,中国的传统文化区,特别是黄河流域和长江流域,因儒家文化的深远影响,形成了以汉族文化为主的聚集区。文化和宗教背景的统一使得这些地区的人口结构相对稳定,形成了长期以来的社会传统。

在一些宗教和社会传统影响深刻的地区,宗教信仰不仅塑造了社会的生活方式,还决定了某些区域的人口分布。以中东的阿拉伯世界为例,伊斯兰教的宗教信仰和文化背景对人口的分布产生了深远影响。阿拉伯世界的传统地区,如沙特阿拉伯、埃及和伊朗等地,由于宗教和文化的一致性,形成了相对稳定的人口结构。同时,宗教节日、朝圣活动等也推动了这些地区的人员流动和人口密集。

社会传统和家庭结构也对人口的聚集产生影响。在许多文化中,大家庭制度和传统的生育观念使得人口增长较快。例如,在南亚和部分非洲地区,由于家庭结构相对较大,传统上对子女数量的要求较高,这也加速了当地人口的增长。此外,文化中对男性和女性角色的不同定义,也在一定程度上影响了生育率和人口密度的变化。

第二节　城市化与农村发展的地理学视角

一、城市化的定义与过程

1. 城市化的定义及意义

1.1　城市化的定义

城市化是指社会经济从以农业为主的农村型结构转向以工业和服务业为主的城市型结构的过程。它通常表现为人口大量向城市迁移、土地利用模式的变化,以及产业结构的调整等方面的深刻变革。城市化不仅仅是人口向城市的迁移,它涉及社会各个层面——从生产方式、社会组织形式到文化习惯等的全面转型。随着城市的扩展,产业、资源、技术和劳动力逐步集中,推动了生产力的发展和社会的现代化。

城市化是社会发展的必然趋势,它代表了从传统农业社会向现代工业化社会的转型。这一过程中,农村地区的人口和资源逐渐向城市集中,城市成了经济、政治、文化和科技活动的中心。同时,城市化还意味着土地的高效利用、产业结构的优化以及社会功能的重构,它将各类活动更紧密地联系在一起,推动了整个社会的进步。

1.2　城市化的意义

城市化的意义不仅仅体现在人口的迁移,它还具有深远的社会经济影响。城市化促进了生产力的提升。随着人口的集中,资源、技术、信息和资本的流动变得更加高效。城市为产业和企业提供了更多的市场和资源,使得经济活动能够规模化、高效化,推动了经济的持续增长。通过城市化,传统的农业社会转变为以工业和服务业为主的现代社会,从而带来了整体生产力水平的大幅提升。

城市化加速了科技创新和社会文化的变革。城市作为创新和科技研发的中心,吸引了大量科技公司、研究机构和高技术产业。这种集中的创新资源推动了科学技术的进步和产业升级。而在文化层面,城市化使得不同背景的人群汇聚在一起,促进了多元文化的交流和社会结构的多样化。

城市化也带来了一些新的挑战。随着人口密度的增加,城市面临着环境污染、资源短缺、交通拥堵等问题。城市的快速发展往往导致基础设施的滞后,给城市管理和社会稳定带来了巨大压力。贫富差距的加大和社会不平等的加剧也成了城市化进程中的重要社会问题。因此,如何平衡城市化的速度与可持续发展,制定合理的城市规划和社会政策,成了现代城市化的重要课题。

2. 城市化的过程与阶段

2.1 早期城市化

早期城市化一般发生在农业社会向工业社会过渡的过程中。这个阶段的城市化主要是由工业化引发的,尤其是在19世纪至20世纪初期,随着蒸汽机、机械化生产和大规模工厂的出现,农村人口大量向城市迁移,寻求更好的就业机会和生活条件。城市的迅速发展为大量农村人口提供了就业机会,并逐步形成了以工厂为核心的工业经济结构。

在这个阶段,城市化的速度较慢,主要集中在发达国家和地区。随着农业技术的提升,部分农村地区的劳动生产率得到改善,部分农村人口开始向城市流动,推动了城市规模的扩展和社会结构的变化。在城市化的早期阶段,土地的利用模式发生了巨大变化,农业用地被转变为工业和住宅用地,同时城市的基础设施、交通网络和社会服务逐步完善。

2.2 现代城市化

随着全球化的加速和信息技术的飞速发展,现代城市化呈现出新的特点。在这一阶段,城市化不仅仅是工业化的推进,还表现为信息化、服务业的发展以及高科技产业的蓬勃成长。城市的规模不断扩大,尤其是大都市和都市圈的出现,成了全球经济活动的引擎。城市化的进程不仅仅是人口的聚集,还意味着全球网络的加速、科技创新的推动和经济重心的转移。

现代城市化伴随着城市功能的转变,城市逐渐从单一的工业中心转变为多功能的综合性中心。这些城市不仅是制造业和商业的中心,还成了金融、科技、文化和教育等领域的聚集地。信息化、数字化和智能化技术的应用,使得现代城市的功能更加多样化。全球大城市如纽约、伦敦、东京等,已经成为全球经济的枢纽,吸引着世界各地的劳动力和资本。

二、城市化的地理影响

1. 城市空间结构的变化

1.1 城市核心区的功能集中

城市的核心区域通常是商业、文化、政府机构等重要功能的集中地。这些区域作为城市的"心脏",承载着大量的经济活动和社会资源。在这个区域内,建筑密集、交通繁忙、商业繁荣,往往是城市最具代表性的部分。核心区的土地利用通常高度密集和复杂,涉及高层建筑、商务办公楼、购物中心等多功能的空间安排。随着城市人口的增加和经济活动的加速,城市核心区的资源和空间竞争愈发激烈,这使得核心区的土地利用和基础设施建设成为城市规划的重点。

核心区的高密度发展也带来了一系列问题。例如,交通拥堵、空气污染、土地成本上升等,往往使得城市管理面临较大压力。与此同时,核心区的过度发展可能导致城市中心的生态环境恶化,公共服务设施的压力增大,甚至产生"城市病"现象。因此,如何在核心区内实现空间的高效利用、保持生态平衡,并为居民提供良好的生活环境,成为城市发展面临的挑战。

1.2　郊区的转型与新功能区的出现

随着城市化的深入,城市的边缘区域或郊区逐渐发展成新的功能区。这些区域曾经主要是农业用地或自然景观区,随着城市的扩展,逐渐转型为住宅区、工业区、商业区或物流园区等。郊区的土地利用方式通常呈现低密度、分散化的特点,但随着城市化进程的加快,郊区的土地利用也逐步向着多样化和功能化转变。

许多城市的郊区如今已成为新兴的住宅区和产业园区。住宅区的建设为大量流入城市的外来人口提供了居住空间,而工业区和物流园区则承载着现代产业和商业活动,支持城市经济的持续增长。这些功能区的出现和发展,帮助城市分散了部分功能,减轻了核心区的压力。然而,郊区的快速扩展也带来了城乡结构的变化和土地利用的交织。乡村与城市之间的界限变得模糊,导致城乡一体化进程中的土地冲突和功能重叠问题。

1.3　交通网络的扩展与区域联系

城市化不仅带来了空间扩展,还推动了城市交通网络的快速发展。随着各功能区之间的联系愈发紧密,交通系统的建设成为确保城市运作高效的关键因素。城市的交通网络包括道路、公共交通、轨道交通等多种形式,它们通过不断扩展和优化,促进了城市内各个区域的互动和协作。

交通网络的扩展同样带来了诸多挑战。尤其是在城市核心区和边缘区之间,交通压力日益加大。快速增长的交通流量、拥堵的交通状况以及有限的公共交通资源,成为制约城市发展的瓶颈。此外,交通基础设施的不平衡发展和土地资源配置的不合理,常常导致某些区域交通流畅,而另一些区域却面临交通堵塞和服务不足的困境。

1.4　城市空间结构的多样化与管理挑战

随着城市空间的快速扩展,城市的功能分区变得愈加多样化,从而带来了一系列的管理挑战。城市的核心区与郊区在功能上差异明显,且彼此之间往往存在一定的重叠和交错。如何协调不同功能区之间的资源配置和基础设施建设,如何平衡空间利用与生态保护,成为城市管理者需要面对的关键问题。

城市空间结构的多样化不仅体现在物理空间上,还体现在社会和经济活动的层面。例如,随着不同功能区的发展,社会阶层的分化、就业机会的差异以及公共服务的分布不均等问题逐渐浮现。这使得城市管理需要在优化空间布局的同时,考虑如何促进社会公平正义和经济平衡,确保不同群体能够共享城市化的成果。

2. 土地利用变化

2.1　农田的减少与粮食安全

随着城市化进程的加速,城市外围的农田逐渐被征用用于建设住宅、商业区和工业园区。农田的减少直接影响了粮食生产能力和食品安全。大量的耕地被改变用途,导致农业生产规模的缩小,进而影响了城市及周边地区的粮食供应。在一些地区,城市化过程中的土地高效利用虽然提升了土地的经济价值,却使得原本用于农业生产的土地资源面临巨大压力。

尤其在一些发展中国家,城市化导致的大量耕地转化为城市建设用地,带来了粮食生产的不足和价格波动的风险。这使得确保粮食安全成为城市化过程中亟须解决的问题之一。合理的土地规划和对农田的保护,能够有效缓解这一问题,避免城市化与粮食安全之间的冲突。

2.2 林地和湿地的消失与生态功能的丧失

随着城市化的推进,原本的森林、湿地和自然保护区等土地类型,常常被转化为住宅区、工业区和基础设施用地。林地和湿地作为重要的生态系统,承载着丰富的生物多样性和关键的生态服务功能,如水土保持、碳吸收、空气净化等。随着这些生态环境的消失,生物多样性遭到严重威胁,许多物种的栖息地被破坏,生态链条逐步断裂。

湿地作为自然水文系统的重要组成部分,具有调节水流、涵养水源和净化水质的功能。湿地的破坏不仅导致了水资源的流失,还加剧了洪涝灾害的发生。因此,土地利用变化带来的生态功能弱化,不仅影响了自然环境的稳定性,还对城市周边的生态系统造成了深远的影响,增加了生态脆弱性。

2.3 城市化与生态退化

城市化往往伴随着大规模的土地开发,这种扩张不仅改变了自然景观,还可能导致生态退化。在城市边缘和郊区的土地转化过程中,过度开发和不合理的资源利用,导致了土壤质量的下降、植被覆盖率的减少以及水体污染等一系列环境问题。例如,工业区和建筑区的扩展,使得大量土地的自然植被被清除,土壤质量受到破坏,水土流失加剧。

土壤污染是城市化过程中的一个突出问题,工业废弃物、农业化肥和农药的过度使用,造成了土壤中有害物质的积累,影响了土地的生产能力和环境质量。同时,城市扩张导致的水资源需求激增,加剧了水源短缺和水污染问题,进一步加剧了生态退化的趋势。

3. 社会与经济发展

城市化的推进在带动经济快速发展的同时,也带来了社会结构和生活方式的变化。城市成了经济活动的中心,尤其是在服务业和工业领域。随着产业结构的变化,更多的人口迁入城市,推动了就业机会和收入水平的提升。城市化为居民提供了更多的生活便利和公共服务,从教育、医疗到基础设施建设等方面都得到了显著改善。城市的经济发展模式也呈现出从传统制造业向高新技术和服务业转型的趋势。

城市化的经济发展并非无弊端。尽管整体经济水平上升,社会的贫富差距却可能拉大,城市贫民区和社会不平等问题日益严峻。许多低收入人群无法享受到城市化带来的经济红利,反而可能因房价上涨和资源分配不均等问题陷入困境。城市化进程中的社会问题,尤其是就业不平等、住房问题、公共服务的不均衡等,逐渐成为社会发展的挑战。因此,城市化不仅要关注经济发展,更需重视社会公平和资源的均衡分配,以实现可持续的社会发展。

3.1 城市化与经济增长

城市化对经济发展具有深远的推动作用。随着人口向城市集中，城市成了商业、服务业和工业活动的中心。现代城市的经济结构呈现出从传统农业和制造业向高新技术产业和服务业转型的趋势。服务业，尤其是金融、信息技术、医疗、教育等领域的快速发展，吸引了大量劳动力涌入城市，这不仅促进了经济的增长，还提高了就业机会。

城市化促进了基础设施建设的提升，包括交通、能源、供水和通信等领域的改善。完善的基础设施不仅提升了居民的生活质量，也为经济活动提供了坚实的支撑。例如，高速铁路、地铁、互联网等现代化交通和通信工具，提升了城市的运营效率，降低了生产成本，推动了城市经济的进一步繁荣。

3.2 就业机会与收入水平的提升

城市化直接推动了就业机会的增加。在城市中，由于产业多样性和劳动力市场的广阔，居民的就业选择更多，尤其是中高端服务业和高科技行业的扩展，提供了更多的就业岗位。随着就业机会的增加，居民的收入水平得到了提升，尤其是在一些发展较快的大城市，工资水平普遍较高，生活水平也随之改善。

城市化通过改善基础设施、教育资源和公共服务，提升了劳动者的整体素质和技能培训，进而推动了经济生产力的提升。高素质劳动力的涌入不仅增加了企业的竞争力，也为城市带来了更高的创新和创业活力。城市作为创新和创业的集聚地，吸引了大量年轻人和技术人才，他们的参与促进了经济的多元化和高质量发展。

3.3 城市化带来的社会福利改善

城市化为居民提供了更为完善的公共服务和社会福利。从基础设施建设到教育、医疗等公共服务的改善，城市化大大提升了民众的生活质量。城市不仅拥有更多的教育资源和医疗设施，还提供了更为高效的公共交通、社会保障和公共安全等服务，使居民能够享受到更高水平的生活保障。

城市化带来的社会福利改善也体现在生活便利性方面。现代化的商业区、购物中心、文化娱乐设施等，为居民提供了丰富的消费选择和休闲方式，极大地提升了居民的生活品质。然而，这些福利的普及往往呈现出区域和阶层的差异，某些群体可能会因为经济条件和社会地位的差异，无法享受城市化带来的红利。

3.4 城市化带来的贫富差距与社会不平等

尽管城市化推动了经济的快速增长，但其也带来了贫富差距的加大和社会不平等问题的加剧。在许多城市，城市化带来了大量的外来人口涌入，但这些人口往往面临就业不稳定、收入水平较低以及生活条件较差等问题。许多低收入人群无法享受城市化带来的经济福利，反而因为高房价、生活成本上涨等因素陷入困境。

城市贫民区的出现，是城市化过程中最为显著的社会问题之一。随着城市规模的扩大，一些原本处于城市边缘的低收入群体未能得到有效的住房保障和社会支持，形成了贫民区或棚户区。这里的居民通常面临着教育、卫生、交通等公共服务的短缺，生活质量较低，且缺乏参与社会经济活动的机会。这种贫富差距的扩大不仅影响了社会的和谐稳定，也加大了社会治理的难度。

3.5　住房问题与社会资源的不均衡

住房问题是城市化过程中不可忽视的重要问题。随着人口的集中和城市土地资源的紧张,房价和租金的上涨已成为许多城市面临的共同难题。尤其是在大城市,住房价格持续上涨,许多低收入家庭无法负担高昂的房价或租金,导致了大量的"房奴"现象。

城市内不同区域的资源分配不均也加剧了社会的不平等。一些中心区域的优质教育、医疗、交通等资源相对集中,而远离市中心的区域往往面临着公共服务短缺的问题。这种资源的不均衡分配,使得社会不同群体之间的差距日益扩大,社会稳定和谐面临严峻挑战。

三、农村发展的变化与挑战

1. 农村经济转型

1.1　从传统农业到现代农业

随着机械化和智能化技术的普及,农业生产效率显著提升,减少了劳动力需求。农业机械化,如拖拉机和收割机的使用,使生产规模扩大,推动了劳动力向城市流动,部分地区出现了劳动力短缺和人口老龄化现象。同时,精准农业和无人机植保等技术帮助农民更高效地管理农作物,减少资源浪费,提高生产力。绿色农业的兴起强调生态平衡,推动农民转型为从事生态监测、环境保护等新职业的人群,吸引了一部分年轻人回流,推动了农村人口结构的多样化。尽管农业生产效率提高,但劳动力需求减少,尤其是年轻人更倾向于迁往城市寻求更好的工作机会。为应对这一挑战,一些国家通过科技创新和产业发展等方式,鼓励农村人口留在家乡,转向更高附加值的农业产业。

1.2　乡村经济的多元化

随着农村经济的转型,农业逐渐成为多元化经济的一部分,乡村开始依赖农产品加工和乡村旅游等新兴产业,提升了农民的收入,并促进了人口回流。农产品加工将原材料转化为附加值更高的产品,如食品加工和纺织品制造,创造了大量就业机会,吸引了人口返乡。乡村旅游作为新兴产业,吸引了城市居民到乡村体验宁静生活,促进了农村经济发展。旅游业不仅提供了新的收入来源,还推动了基础设施建设和文化传播,加强了城乡联系,提升了农村的文化自信和凝聚力。这一发展推动了劳动力从农业向服务业和工业转型,部分年轻人带着城市经验回到家乡参与发展,为农村经济注入新活力。乡村经济的多元化不仅丰富了农村经济结构,也帮助解决了劳动力短缺问题,进一步推动了农村经济的持续增长和人口结构的优化。

2. 农村人口迁移与人口老龄化

2.1　青壮年劳动力的外流

城市化的快速推进使得城市成为就业和生活的主要目的地,尤其是在提供了更高的收入水平和丰富的就业机会后,青壮年劳动力更倾向于迁往城市。城市的产业多样化,包括制造业、服务业及高科技行业,提供了更多的职业选择,而这些行业通常给予相对较高的薪资待遇和较好的社会保障。与此相比,农村的土地资源有限,农业生产的劳动强度大,收入水平偏低,青壮年劳动力很难在农村找到令人满意的工作机会。这一现象导致了农村劳动力的极度流失,农业生产的依赖主要转向老年劳动力和部分留守儿童。在许多农村地区,青壮年劳动力的外流已成为常态,造成了农业生产力的下降。同时,这种劳动力外流也影响了农村家庭的结构,许多家庭不再具备足够的劳动力来维持传统的农业生产,家庭角色的转变也使得农村的社会支持系统面临巨大压力。

2.2 人口老龄化的加剧

随着青壮年劳动力大量外流,农村地区的老龄化问题愈加严峻。由于缺乏足够的就业机会和社会保障,越来越多的年轻人选择到城市谋求发展,导致农村的劳动力逐渐减少。随着老年人占据了农村人口的大部分,农村的劳动力结构严重失衡。人口老龄化带来的影响不仅仅体现在年龄结构的变化,还体现在老年人社会参与度的下降。许多老年人因健康和体力问题无法继续参与农业生产和社区活动,从而加剧了农村劳动力的短缺。与此同时,农村老龄化加剧也对社会服务提出了更多需求,尤其是养老、医疗、照护等服务。由于农村地区医疗设施和社会保障体系不完善,许多老年人在健康管理和生活保障方面面临很大困难。

人口老龄化使得农村面临更多的社会压力,尤其是在劳动力短缺的情况下,农业生产效率逐渐降低,很多必须依赖大量人力的农业工作无法完成。例如,耕作、播种和收割等劳动密集型工作,因劳动力不足,无法维持高效生产。农业的可持续发展面临严峻挑战,进而影响农村经济的增长潜力。

3. 乡村振兴与可持续发展

3.1 促进农业现代化

精准农业通过物联网、大数据、遥感技术等手段,实现对农业生产的精准监控和调控。例如,精准灌溉和施肥技术能够根据土壤和作物的实际需求,精确供给水分和养分,不仅能减少资源浪费,还能大幅提高作物产量。随着科技的进步,生态农业和绿色种植逐渐成为农业现代化的重要组成部分。这些方法不仅有助于保护生态环境,还能提高农产品的品质与安全性。尤其是生态农业,通过采用轮作、休耕等方式,改善土壤质量,减少水源污染,推动农业可持续发展。同时,农民的科技教育水平提升,通过与农业高校和研究机构的合作,推动农业技术的普及与创新,进一步提升生产效率和农业管理水平。

3.2 加强乡村基础设施建设

乡村基础设施建设的提升,不仅能改善生产条件,也能直接影响居民生活质量。交通网络的改善,特别是与城市和县城的连接,能有效降低物流成本,推动农产品流通,拓宽市场渠道。随着农村电力、通信网络的全面提升,农民能够便捷地获得农业技术、市场信息,甚至通过电商平台直接销售农产品,推动了农村经济的快速发展。同时,互联网在教育和医疗领域的普及,帮助解决了城乡教育资源不平衡的问题。通过远程教育和医疗服务,乡村居民能够享受到与城市相同的优质资源,减少了城乡差距,提升了农村的社会福利水平。水利设施的完善,不仅能够满足农业灌溉需求,还能有效利用节水技术,推动绿色农业的发展。可再生能源的推广,如太阳能、风能等,也为农村经济注入了绿色动力,促进了乡村的可持续发展。

3.3 强化生态保护与绿色发展

在乡村振兴战略中,生态保护和绿色发展是基础和前提。生态农业通过推广无公害种植、减少化肥和农药的使用,能够有效保护土壤和水资源,提高农业生态系统的健康。绿色发展模式的实施,不仅有助于提升农产品的附加值,还能满足日益增长的消费者对健康、环保产品的需求。尤其是在水土保持方面,科学的措施如梯田建设和植被恢复,不仅能防止水土流失,还能提高土地的生产力。在环境保护方面,农村垃圾处理和污水治理措施的加强,有助于改善农村的生活环境,提高居民的幸福感和归属感。此外,绿色农产品的市场认可度不断提高,不仅推动了农业的绿色转型,还帮助农民通过有机认证等方式提升农产品的市场竞争力,从而带动农村经济的进一步发展。

3.4 推动社会服务与公共治理创新

乡村振兴的成功不仅依赖于经济发展和基础设施建设,还需要创新的社会服务和治理模式。随着乡村人口老龄化的加剧,医疗健康服务的需求急剧增加,尤其是在老年人护理方面。通过提升乡村医疗基础设施,建设更多的乡镇卫生院和村级医疗站,可以有效提升农村医疗服务水平。此外,政府应加大对社会保障体系的支持,尤其是在养老、医疗和失业保险等方面,确保农民的基本生活保障。创新的乡村治理模式,能够增强农民的参与感和获得感。例如,发展村民委员会和农村社会组织,加强农民的自治能力,推动基层治理的民主化,促进乡村社会的和谐与稳定。城乡一体化的发展是实现乡村振兴的长远目标。通过加强城市与乡村在教育、医疗、就业、基础设施等方面的互动与合作,可以实现资源共享,促进农业产业化、农村企业化,从而增强乡村经济的整体竞争力。同时,政府应通过税收优惠、财政支持等措施,鼓励投资流入农村,推动乡村经济的全面发展。

第三节　人口问题与区域可持续发展

一、人口问题的主要表现

1. 人口过快增长与资源压力

1.1 人口增长对土地资源的影响

人口增长导致土地需求急剧上升,尤其在城市化迅速推进的地区,土地资源变得更加紧张。随着城市人口的增加,居住需求的提升,农业用地和生态保护区经常被用于开发住宅区、商业区以及基础设施建设。这一过程导致了大量耕地的减少,使得农业生产用地进一步压缩。在一些城市,绿地和生态保护区域的面积减少,原本用于吸收二氧化碳和调节气候的自然区域被开发成住房或商业设施,导致生态系统的失衡。

土地的过度开发不仅影响了城市的可持续发展,还带来了环境退化问题。例如,原本可用于农业的土地被过度建筑化,土壤质量下降,土地生产能力降低。进一步地,城市扩张常常导致水土流失,增加了自然灾害的风险,如洪水和沙尘暴等。与此同时,城市化过程中大量人口涌入也加剧了交通拥堵、空气污染等城市病,进一步影响了土地资源的合理利用。为了应对这些挑战,必须通过合理规划和高效土地使用政策,确保土地资源的可持续性和生态环境的保护。

1.2 水资源短缺与用水压力

随着人口的增长,水资源的需求不断增加。尤其是在干旱和半干旱地区,水资源的短缺问题更加严重。随着农业、工业和居民用水量的不断攀升,水源被过度开采,导致地下水位下降,河流、湖泊等水体的水质下降,水资源面临严峻考验。在一些区域,由于地理条件和气候变化,降水量减少,导致水源匮乏,水资源分配也面临不均等的问题。

农村地区尤其受到水资源短缺的困扰。由于农村地区缺乏完善的水利设施和管理体系,很多地方水源利用不当或存在浪费现象。农业灌溉用水大量依赖地下水资源,长期过度开采使得地下水储量逐渐枯竭。此外,农村的水质污染问题严重,水源受到农业化肥、农药等污染物的影响,水质逐年恶化,影响农民的饮用水安全和农业生产的稳定性。随着气候变化的加剧和人口增长,水资源短缺问题将更加突出,如何加强水资源管理和提高水的利用效率,成为当前亟待解决的重要课题。

1.3　能源消耗与环境压力

人口的快速增长和经济的持续发展导致能源需求急剧上升。在一些高人口密度的城市,能源消耗呈现爆发式增长,尤其是在供电、供暖、交通等领域的需求加大,使得能源供应成为瓶颈问题。由于经济发展依赖于传统能源,如煤炭、石油和天然气等,导致温室气体排放显著增加,进而引发全球气候变化问题。工业和交通的能源消耗是二氧化碳排放的主要来源,而这些排放不仅影响全球气候,还对城市的空气质量和环境健康造成极大压力。

随着能源需求的不断上升,如何保障能源供应的稳定性,并减少环境污染成为一个重要课题。过度依赖化石能源不仅使得资源枯竭的风险加剧,还导致空气污染和健康危机。例如,大气中的污染物如二氧化硫、氮氧化物等,严重影响居民健康,增加呼吸系统疾病的发生率。为了缓解能源消耗对环境的压力,推动能源结构的优化是当务之急,需加大可再生能源的投资,推广绿色低碳技术,逐步摆脱对化石能源的依赖,降低温室气体排放,减少环境污染。

1.4　可持续发展面临的挑战

随着人口的持续增长和资源压力的加剧,区域可持续发展面临前所未有的挑战。人口过度增长导致资源的过度消耗,尤其是水、土地和能源等基本资源的供给与需求之间的不平衡,成为制约可持续发展的关键因素。在一些高人口密度地区,资源的紧张不仅制约了经济的进一步增长,还加剧了生态环境的恶化。例如,过度开发和资源浪费导致生态系统的退化,影响了生物多样性,增加了自然灾害的频发。

同时,资源的不均衡分布加剧了区域差异。东部沿海地区经济发达,资源相对丰富,但一些中西部地区资源匮乏,导致了区域间的不平衡发展,给国家的整体经济和社会稳定带来了挑战。要推动区域的可持续发展,需要通过技术创新、优化资源配置、提高资源利用效率等措施来缓解资源短缺问题。同时,还需要提升全民的环保意识,鼓励可持续消费模式和绿色生产方式,推动经济从传统模式向低碳、绿色、高效模式转型。

2.　人口老龄化与社会保障

2.1　人口老龄化对社会福利的影响

随着人口老龄化的加剧,社会福利体系面临日益严峻的挑战。养老、医疗、社会保障等公共服务需求急剧增加,特别是在发达国家和部分发展中国家,这一现象更加显著。由于老年人口的增长,养老金支出不断上升,这对现有的社会保障体系造成了沉重负担。在一些国家,养老金的支付压力可能导致财政赤字的加大,进而影响国家的经济稳定。

此外,老龄化还意味着更多的人需要长期护理服务,包括阿尔茨海默病、肢体残疾等相关疾病的护理。随着护理服务的需求激增,许多国家尤其是老龄化程度较高的国家,面临着护理人员短缺、护理设施不足等问题,这对社会福利体系构成了巨大的压力。为了满足日益增长的需求,必须加快老龄化社会福利体系的改革,增加养老金和健康保障的财政支持,同时改善老年人的居住条件,提供更多的社会服务,促进养老模式的创新。

2.2　医疗保障面临的挑战

人口老龄化带来的最大挑战之一是老年人群体中慢性病和老年病的增加。这些健康问题不仅增加了医疗需求,也使得老年人群体对长期医疗护理的依赖程度加深。老年人通常需要更多的医疗资源,这导致现有医疗保障体系的支出压力加剧。在许多地区,医疗资源分布不均、设施不足、专业医护人员短缺等问题尤为突出,这对老年人群体的医疗保障构成了严峻挑战。尽管发达国家有相对完善的医疗保障体系,但随着老年人群体的激增,医保支出的压力也日益增大,如何提高医疗保障的普及性和可持续性成为亟待解决的问题。在一些发展中国家,老年人群体的医疗保障更加薄弱,基本医疗服务难以满足其需求。为了解决这些问题,必须推动医疗保障体系的创新,包括通过增加公共医疗投入、完善医保政策、推动医疗技术的普及和提高医疗服务的效率等方面来应对人口老龄化带来的压力。

2.3　劳动力市场的变化

老龄化人口的增加对劳动力市场产生了深远的影响。随着工作人口的减少,劳动力市场面临着劳动力供应不足的问题,年轻劳动力的短缺使得许多行业的用工难度加大。老年人口的增加意味着更多的人将推迟退休或继续工作,这虽然在一定程度上缓解了劳动力市场的压力,但也可能导致劳动力结构失衡,造成年轻人就业机会的减少,进而影响整个社会的就业稳定。

老龄化带来的另一个问题是生产力的下降。老年人群体的劳动能力普遍较低,这可能影响各个行业的生产效率,尤其是在一些依赖体力劳动和技术劳动力的行业中,缺乏年轻劳动力可能会导致行业发展停滞。此外,劳动力不足可能迫使企业提高薪资水平,这可能导致劳动力成本上升,影响国家和地区的经济竞争力。

为了应对这些变化,政府和社会应采取积极的措施,例如,推动老龄劳动力再就业,延长退休年龄,并通过技术培训、终身学习等手段提升劳动力的整体素质。同时,还应鼓励年轻人进入劳动市场,提供更多就业机会,促进劳动力市场的平衡和社会经济的持续发展。

2.4　政策应对与社会创新

应对人口老龄化带来的社会保障问题,政府需要制定一系列长期有效的社会政策。延迟退休年龄是应对劳动力短缺和养老金支付压力的一个常见措施。随着人们健康状况的改善,许多国家和地区开始考虑将退休年龄逐步提高,以减少养老金的负担,并保证劳动力的持续供应。此外,还应加强社会保障制度的改革,提高养老金的覆盖范围和支付水平,确保老年人能够享受到基本的生活保障。

社会创新在应对老龄化社会问题中也起到了至关重要的作用。发展社区健康管理系统、加强老龄化社会适应性设施建设,能有效提升老年人的生活质量,减少医疗负担。例如,许多国家已经开始实施居家养老模式,通过社区服务和智能健康设备帮助老年人在家中保持独立生活。同时，推动志愿服务的开展，让更多的社会成员参与到老年人的照护工作中，也能缓解老龄化带来的压力。

技术创新也是解决老龄化社会问题的重要途径。例如，发展老龄化友好的技术设备（如智能家居、健康监测设备等）可以帮助老年人实现更好的自我照护，减轻家庭和社会的照护负担。同时，利用大数据和人工智能技术提升社会福利和医疗服务的效率，也为应对老龄化社会提供了新的解决方案。

3. 人口流动与区域不均衡发展

3.1　城市化进程与人口集聚

随着城市化进程的加速，农村人口大量涌入城市，形成了庞大的城市人口群体。城市化带来了经济增长、基础设施建设的快速发展及产业升级。然而，人口集聚所带来的快速城市扩展也伴随着许多挑战。首先，城市资源变得日益紧张，尤其是在交通、住房、教育和医疗等公共服务领域。由于城市基础设施建设未能同步跟上人口增长的速度，城市内部常出现资源分配不均的问题。交通拥堵、房价高涨、教育资源稀缺以及医疗服务不足，成为困扰城市发展的主要问题。

城市化导致的社会不平等现象也日益突出。大量流入城市的低收入群体和外来人口往往难以享受优质公共资源，这不仅加剧了贫富差距，还加深了不同社会阶层之间的隔阂，导致社会阶层固化，影响社会的和谐与稳定。随着城市人口的进一步增加，如何有效解决资源分配不均的问题，成为城市治理的重要任务。

3.2　区域发展差距的加大

人口流动加剧了地区间发展的不平衡，特别是东部和西部、城市和乡村之间的差距更加显著。东部地区由于地理、资源、资金和技术的集中，经济发展较为迅速，城市化水平较高，基础设施和公共服务相对完善。而西部地区由于长期受限于交通、教育和医疗等基础设施的薄弱，人才流失等原因，经济发展滞后，区域差距逐渐拉大。部分西部地区仍面临着基础设施不足、生产力较低的困境，无法与东部地区形成有效竞争。

乡村人口的外流，尤其是青壮年劳动力的流失，使得农村经济逐步萎缩。农业劳动力的短缺导致许多农田无法得到有效耕作，土地荒废问题愈发严重。与此同时，农村的传统产业面临衰退，农村经济缺乏创新，发展受阻。人口流动所带来的区域不平衡不仅加剧了东部与西部之间的经济差距，还加重了城乡之间、区域之间的社会不稳定因素。

3.3　农村人口流失与农业生产影响

农村青壮年劳动力的大量外流对农业生产造成了深远影响。许多农村地区的青壮年劳动力选择前往城市寻求更高收入的工作机会，导致农业生产力大幅下降。缺乏足够劳动力的农村，土地得不到有效耕种，农业产值逐渐下降，部分地区甚至出现了大规模的土地荒废现象。农业生产的低效不仅影响了粮食供应的安全，还影响了农村的经济活力。

农村劳动力的短缺使得现代农业技术的推广受限。许多农民缺乏接受现代农业技术的机会和资源，传统农业生产模式仍占主导地位，农业结构单一，创新乏力，致使农村经济发展面临瓶颈。由于缺少创新和多样化的农业产业，农村经济难以转型和升级，整体发展停滞不前，进一步加剧了城乡之间的经济差距和社会不平等。

3.4　区域协调发展与政策建议

要解决人口流动带来的区域不平衡问题,政府需要加大区域协调发展的力度,促进资源、技术和资本的均衡分配。首先,政策引导至关重要。政府应通过优惠政策和财政支持,鼓励产业向中西部和农村地区转移,帮助提升地方经济的竞争力。加大对地方基础设施的投资,尤其是交通、教育、医疗等方面,可以有效促进区域之间的经济和社会互动,降低区域发展差距。推动乡村振兴战略也是解决农村人口流失和农业生产问题的关键措施。通过发展地方特色产业,如农业综合体、乡村旅游和绿色农业等,可以为农村带来新的经济增长点。同时,加强农村教育、医疗、社会服务等公共设施的建设,提升农村的基础设施水平,吸引更多的青壮年劳动力回流,缓解人口外流的压力。政府还应鼓励人才和技术的流动,为中西部和农村地区注入创新动力。通过建立和完善创新平台、孵化器等机构,引导科技创新与产业发展相结合,为地方经济的可持续发展提供有力支持。通过综合措施的实施,可以实现区域的协调发展,缩小东部与西部、城市与乡村之间的差距,推动社会经济的全面进步。

二、区域可持续发展的概念与挑战

1. 可持续发展的三大支柱

1.1　经济增长与社会福祉的协调

经济增长是推动国家发展的核心力量,但如果这种增长依赖于大量资源的消耗和环境的过度开发,它将无法为社会带来长期的福祉。为了实现可持续的经济增长,必须将社会福祉作为衡量经济发展的重要标准之一。经济增长不仅应关注国内生产总值(Gross Domestic Product,GDP)的增加,还应兼顾民众的福祉改善,尤其是通过减少贫富差距、提升教育质量和医疗水平等措施,让社会各阶层都能享受发展红利。例如,发展绿色经济和循环经济,不仅能提升资源利用效率,还能创造更多就业机会,增强社会的稳定性和包容性。此外,公共基础设施的建设、社会保障制度的完善以及全民教育的普及,是确保社会福祉得到持续提升的关键。

1.2　环境保护与生态平衡

在追求经济增长的同时,环境保护和生态平衡不可忽视。传统的工业化进程往往伴随着大量资源的开采和污染物的排放,这对环境的长期健康构成了威胁。为了实现可持续发展,必须采取低碳、绿色的生产和消费方式。低碳经济的推动包括大力发展可再生能源、促进能源效率的提升以及减少化石能源的依赖。绿色技术的发展,不仅能减少污染,还能促进生态系统的修复和生物多样性的保护。此外,加强生态保护区的建设、实行严格的环境保护政策以及对破坏生态环境的行为进行惩罚,都是保持生态平衡的有效手段。最终,建立起人与自然和谐共生的可持续发展模式,才能确保经济和环境的双赢。

1.3　社会发展与公平正义

社会可持续发展重视提高民众的生活质量和社会的整体福祉,特别是在全球化带来机遇的同时,也带来了不平等和社会阶层固化的问题。因此,社会的包容性、公平性和正义性在可持续发展中占据着至关重要的地位。缩小贫富差距、提升社会福利、保障基本的教育和医疗服务,是实现社会可持续发展的基础。尤其是在发展中国家,教育机会的不平等和健康保障的缺乏往往成为社会不稳定的根源。通过建设普惠的社会保障体系、实施公平的税收政策、促进社会资源的合理分配,可以保障各个群体的基本权益,尤其是弱势群体和边缘化人群的基本生存权。此外,推动性别平等和促进少数族群的社会融合,能够促进社会的多样性和包容性,进一步推动社会的全面进步。最终,建设一个公平正义、和谐稳定的社会,是实现可持续发展的重要目标。

2. 区域可持续发展的挑战

2.1 资源的合理利用

区域内资源的合理利用是可持续发展的基础。随着全球人口增长和工业化进程的推进,资源需求不断增加,但自然资源是有限的,过度开采不仅会导致资源枯竭,还可能引发生态危机。因此,优化资源配置、推动资源节约型发展是解决区域资源压力的关键。采取节能、节水、循环利用等措施,能够有效提高资源的使用效率,减少浪费。例如,实行区域性的水资源管理规划,合理分配水资源,优先保障农业、工业和城市用水的可持续性。同时,推动可再生能源的发展,如太阳能、风能、地热能等,不仅能够替代传统的化石能源,减少环境污染,还能够缓解能源供应紧张的问题。资源的合理利用不仅需要政府的引导,还需要公众的参与和企业的积极行动,从而形成全社会共同推动可持续发展的合力。

2.2 生态保护与恢复

生态保护和恢复是实现区域可持续发展的关键环节。许多地区在经济快速发展的过程中,生态环境遭受了严重破坏,森林砍伐、湿地消失、土地退化等问题导致了生物多样性的丧失和生态功能的衰退。这些生态损害不仅影响了自然环境的稳定,还给区域的经济、社会带来了长期的负面影响。因此,区域内必须采取科学的生态保护和修复措施,以恢复生态平衡。森林植被恢复、水土保持、湿地保护等都是有效的生态修复手段。通过植树造林、恢复退化土地的植被覆盖,以及加强河流流域的生态治理,可以显著改善生态环境质量,恢复水土保持功能,提高生物多样性。此外,生态补偿机制的建立、生态环境的法治化保护,也是推动生态修复的重要手段。只有恢复和保持良好的生态系统,才能为区域的长期可持续发展提供保障。

2.3 区域发展不平衡

区域发展不平衡是全球许多国家面临的共同问题,尤其在发展中国家,东部与西部、城市与乡村之间的发展差距尤为明显。这种差距不仅表现在经济增长速度上,还体现在基础设施建设、教育、医疗等社会服务的分配上。由于资金、技术、人才等资源的高度集中,经济较为发达的地区通常能够获得更多的投资和政策支持,而落后地区则面临基础设施薄弱、社会服务缺乏等问题。这种区域间的差距容易导致社会不稳定,增加贫困和不平等,因此,缩小区域发展差距,推动区域均衡发展,成为实现可持续发展的重要任务。为了应对这一挑战,需要政府制定差异化的发展政策,尤其是加大对欠发达地区的投资和支持。政策可以通过设立税收优惠、引导产业转移、提供基础设施建设资金等措施,鼓励企业和资源向落后地区流动,提升当地的经济发展潜力。同时,促进各地区间的技术交流和人才流动,打破地区发展的壁垒,实现更加协同的区域发展。此外,推进乡村振兴战略和新型城镇化进程,改善农村地区的基础设施,提升农民的生活水平,也是缩小区域发展差距的重要举措。

3. 人口与区域可持续发展的关联

3.1 人口结构与区域经济发展

人口结构直接决定区域经济发展的潜力与挑战。年轻人口的增加能够为区域带来更多的劳动力,促进生产力的提升,推动经济增长。尤其是在劳动密集型产业和创新型产业中,年轻劳动力的充足可以有效增强区域的竞争力。然而,随着老龄化问题的加剧,许多地区面临着劳动力不足的挑战,社会保障系统也面临巨大压力。老龄化人口的增加可能导致退休人员比例上升,造成税收收入下降和社会保障开支增加,影响经济的稳定增长。为了应对这一挑战,合理的人口政策至关重要。政策可以通过延迟退休年龄、鼓励女性和老年人群体参与劳动力市场、提高生育率等手段,缓解劳动力不足的问题,增强区域经济的活力。此外,合理的人口迁移政策,鼓励劳动力向发展潜力较大的区域流动,也能有效推动区域经济的均衡发展。

3.2 人口分布与资源承载力

人口分布与区域资源的承载力密切相关。不同地区的资源禀赋差异较大,一些地区资源丰富,但人口较少,可能存在资源浪费和利用不充分的现象。而一些人口密集的地区,资源压力较大,可能会对自然资源和社会基础设施造成极大负担。例如,都市地区人口密集,交通拥堵、环境污染、住房紧张等问题日益突出,这些问题影响了城市的宜居性和可持续性。而资源丰富的乡村或偏远地区,虽然拥有广袤的土地、丰富的自然资源,但由于人口流失,资源的利用效率较低,无法形成有效的经济发展动力。合理的区域人口规划是缓解这些矛盾的重要手段。通过引导人口向资源较为丰富、发展潜力较大的地区流动,可以实现资源的高效利用,缓解部分地区的资源压力,促进区域的协调发展。为了做到这一点,政府可以通过提升公共基础设施建设、改善区域间的交通网络、提供税收优惠等措施,吸引人才和劳动力流入资源较为丰富的地区,从而实现区域资源的优化配置。

3.3 控制人口增长与优化人口质量

控制人口增长和优化人口质量是区域可持续发展的基础。在资源有限的地区,人口过快增长会导致资源消耗过度,环境压力加大。因此,适当控制人口增长速度是实现可持续发展的必要手段。通过制定合理的生育政策,提供更好的教育、健康服务,提升人口整体素质,可以有效调节人口结构,避免过度增长带来的资源压力。此外,优化人口质量是提高经济效益和社会福利的重要途径。提升人口的教育水平、技能水平和科技能力,不仅能够推动创新和技术进步,还能提高劳动力的生产率,为区域经济发展提供高效的支撑。提高人口的健康水平,可以减少社会医疗负担,提高劳动力参与率,推动社会整体福祉水平的提高。因此,提升人口的教育、技术和健康素质,成为推动区域可持续发展的关键。

3.4 人口流动与区域发展协调

人口流动是全球化和现代化背景下的一个显著趋势,不同地区间的劳动力流动有助于优化资源配置,促进区域经济的多元化发展。然而,人口流动也可能带来一系列挑战,特别是对于一些资源较少的地区和经济较弱的区域。人口过度流入大城市可能导致城市资源的过度消耗,社会基础设施的超负荷运转,以及贫富差距的加剧。而部分欠发达地区可能因劳动力外流,面临人才短缺、经济衰退和社会不稳定等问题。因此,合理的人口流动政策至关重要。政府可以通过设立产业引导政策,鼓励人才向中西部和农村地区流动,推动地方经济发展。同时,要加强城市与乡村、东部与西部的区域协调发展,减少因人口流动带来的区域不平衡问题。通过提高落后地区的基础设施建设、提供就业机会、支持地方产业发展等方式,可以实现人口流动的双向平衡,推动区域间的经济、社会、资源的协调发展,促进区域可持续发展目标的实现。

三、可持续发展政策与措施

1. 人口控制与发展政策

1.1　控制人口增长与资源压力缓解

人口过快增长直接导致资源消耗的加剧和生态环境的恶化。为了缓解资源压力,政府可以实施一系列有效的控制人口增长的政策,如调整生育政策、实施计划生育等措施,以控制人口的增长速度。此外,通过提高公众对资源保护的意识,推动绿色低碳的生活方式,减少资源浪费,能够进一步缓解环境压力。例如,鼓励使用节能产品、推广公共交通和低碳生活,推动社会的低碳转型。政府还可以通过优化公共资源的配置,合理安排教育、医疗等社会服务,确保有限资源能够公平地分配到最需要的地方。

1.2　优化人口结构与劳动力市场调节

人口结构的变化对国家的经济发展具有深远影响。随着老龄化人口的增加,劳动力市场可能面临短缺,年轻劳动力的流失也会加大社会保障体系的压力。为应对这些问题,政府应着力优化人口结构。首先,提升人口素质是关键,通过投资教育、培训和职业发展,增强劳动力市场的竞争力和适应性。对于老龄化地区,政府可以通过延迟退休政策,鼓励年长劳动力参与工作,同时加强社会保障体系,确保他们的基本生活需求得到满足。其次,吸引高技能劳动力进入劳动力市场,特别是在高技术、创新领域,能有效填补年轻劳动力不足的空缺,从而保持经济增长的活力和可持续性。

1.3　人口流动与区域空间布局优化

人口流动对区域空间的布局和资源配置产生重要影响。为避免部分地区人口过度集聚、资源过度消耗,政府应通过优化区域规划,推动人口流动的合理化。政策应鼓励人口从大城市向中小城市、乡村地区流动,促进区域间的均衡发展。例如,政府可以通过提供税收优惠、建设基础设施、改善社会服务等方式,吸引劳动力向经济潜力较大的中西部地区流动,减轻东部和大城市的人口压力。此外,通过制定相关激励措施,如加强乡村振兴战略,促进农村经济发展,提升农业和农村地区的就业机会,也能吸引人才流向农村,促进乡村人口的稳步增长和区域的可持续发展。

在优化区域空间布局时,政府还应注重区域内外的平衡,避免大规模的城市化导致乡村人口的严重流失,保持农村地区的生机与活力。通过加强基础设施建设、促进农业现代化和发展地方特色产业,可以增强乡村的吸引力,并推动城乡一体化发展,进而实现人口与资源、环境的协调发展。

2. 绿色发展与生态文明建设

2.1 提高能源效率与促进清洁能源转型

随着人口的增加,能源需求随之增长,特别是在城市化进程加快的地区,能源的消费量大幅上升。为应对这一挑战,政府需加强清洁能源的推广,并制定相应政策推动能源结构的转型。例如,太阳能、风能等可再生能源可以大大减少对化石能源的依赖,并降低碳排放,为持续增长的人口提供更为清洁的能源供应。同时,提升能源效率也至关重要,特别是在高密度人口区域,如大城市中,如何减少单个单位能耗对于环境的影响,需要通过绿色建筑、智能化管理等技术,推动能源的高效利用。通过这种方式,不仅能满足人口不断增长的需求,还能缓解由过度能源消耗带来的环境压力。

2.2 减少污染物排放与环境治理

人口增长往往伴随着工业化、城市化进程的加速,这导致了空气、水体、土壤污染的加剧,尤其是在高密度城市区域,污染问题尤为突出。人口密集地区的资源消耗与污染排放对环境的压力巨大,影响居民的健康和生活质量。因此,政府必须采取更加严格的环保政策,减少污染物排放,尤其是针对工业和交通领域。通过鼓励绿色技术的创新,推动清洁生产、绿色交通等领域的进步,减少污染物排放,不仅有助于保护环境,还能为日益增加的人口提供更好的生存环境。例如,推广电动汽车替代传统燃油车,能够大幅减少城市中的空气污染,同时降低碳排放,提高生活质量。此外,加强环保设施的建设,提高废水处理、垃圾分类和污气排放的标准,也能有效减少污染对人口健康和生态系统的影响,确保人口和环境的可持续发展。

2.3 生态修复与保护优先

人口增长和城市化进程导致许多生态系统遭到破坏,生态环境退化和生物多样性下降是不可忽视的挑战。随着人类活动范围的扩大,森林砍伐、湿地破坏和土地荒漠化等问题愈发严重,影响自然资源的可持续利用和人口的生活质量。因此,政府在推进绿色发展过程中,必须优先考虑生态保护和修复,尤其是在资源开发区和生态敏感区。为了应对人口带来的生态压力,政府可以采取一系列生态修复措施,如森林恢复、水土保持、湿地保护等。通过实施这些措施,不仅能修复受损的生态环境,还能提升生态系统的自我调节能力,为当地人口提供更为稳定的资源供给。此外,湿地生态修复不仅有助于防止水土流失,改善水质,还为地方生物提供栖息地,增强生态系统的稳定性和韧性。通过生态保护和修复的策略,政府能够在保护生物多样性、恢复生态功能的同时,为人口提供充足的自然资源和宜居环境,缓解因过度开发和人口增长带来的生态压力。这些措施的实施为人口的可持续发展提供了坚实的生态基础。

3. 区域协调发展

3.1 区域经济发展差距的缩小

随着人口迁移和产业转移,区域间经济差距日益扩大,特别是东部地区与西部地区、城市与乡村之间的差距。在一些地区,由于经济发展较快,人口聚集,资源消耗巨大,形成了经济过度集中的现象。而在其他地区,由于缺乏基础设施建设和产业发展,人口流失严重,导致社会经济水平滞后。这种经济差距不仅影响社会公平,也导致资源配置的不合理,甚至会加剧环境和社会压力。

为了缩小区域间经济差距,政府应通过制定和实施差异化的区域发展政策,确保资源、资金和技术能够向落后地区倾斜。例如,政府可以加大对贫困地区和乡村的投资,促进产业多样化,提升基础设施建设,尤其是在交通、能源、教育和医疗等方面的基础设施。通过支持欠发达地区产业升级和创新,带动当地经济增长,同时也能吸引劳动力向这些地区流动,缓解一些大城市的过度人口压力,推动区域间的经济均衡发展。

3.2　人口与资源的协调配置

随着人口持续增长,特别是在一些大城市和经济发达地区,人口密度越来越高,资源压力也越来越大。部分地区由于人口过度集中,面临住房紧张、交通堵塞、水资源短缺、空气污染等问题,而其他地区则由于人口流失、资源浪费等原因,发展潜力未得到充分利用。因此,合理的人口与资源配置至关重要。

政府应通过优化人口规划,促进人口向资源丰富且潜力巨大的地区流动。这不仅有助于缓解过度集中的城市的资源压力,还能激活一些经济发展滞后的区域。通过区域政策引导和基础设施建设,鼓励劳动力和技术向中西部、乡村地区流动,推动这些地区的经济发展,改善资源的利用效率。例如,针对中小城市和农村地区,可以提供税收优惠、土地政策等,吸引投资和人才,提升其竞争力。

此外,政府还应加强资源调度,实施区域资源共享机制,避免部分区域因人口过度集中而导致的资源过度开发。通过合理配置水资源、土地资源等关键资源,确保各区域的资源能够高效且可持续地利用,提升整体经济和社会效益。

3.3　区域社会服务的均等化

区域间社会服务的不均衡,尤其是在教育、医疗和住房等方面的差异,直接影响人口的生活质量和社会公平。人口流动和地区差距的扩大,使得一些城市和发达地区的社会服务系统超负荷运转,而一些欠发达地区则面临服务短缺的困境。如何缩小这一差距,确保各区域居民都能够平等享有基本社会服务,是推动区域协调发展的重要任务。

政府应加大对欠发达地区的公共服务投入,特别是在教育、医疗和住房等基础设施方面。比如,在农村和边远地区加大教育资源的投入,提高教育质量,促进农村劳动力的技能培训,提升整体社会的教育水平;加强基层医疗设施建设,推动远程医疗和健康服务的普及,提升农村医疗水平,通过推进廉租房、保障性住房建设,确保低收入群体能够获得稳定的住房。

通过推动社会服务均等化,不仅能提高欠发达地区居民的生活质量,也能促进人口在区域间的均衡分布。随着公共服务的改善,人们对欠发达地区的吸引力增加,能够有效降低人口向大城市的单一流动,从而减轻这些城市的资源压力,推动更为均衡的区域发展。

💻 探究案例

案例 1:人口分布的地理规律与影响因素

情境描述:你作为一名地理学者,正在分析全球人口分布的地理规律。你需要探讨不同地区人口密度差异的原因,并分析自然环境、社会经济因素如何影响这些分布。

探究问题:

1. 请描述全球人口分布的主要规律,为什么东亚、南亚、欧洲等地区人口密度较高,而沙漠、极地等地区人口较少?

2. 你认为气候、土壤、交通等因素在决定人口分布中的作用如何? 请举例说明自然环境和社会经济因素如何共同作用影响某一地区的人口分布。

案例2:城市化与农村发展的地理学视角

情境描述:你正在研究一个城市化快速发展的地区,目标是分析城市化进程对城市空间结构、土地利用和环境的影响。你还需要考虑城市化对农村经济和人口流动的影响。

探究问题:

1. 请分析城市化过程中的土地利用变化。城市化如何改变农田、林地等自然环境的使用? 这些变化对生态环境和气候有什么影响?

2. 随着城市化进程的加快,许多农村地区面临劳动力流失和人口老龄化问题。你认为如何推动农村经济转型,缓解"空心化"现象?

案例3:人口问题与区域可持续发展

情境描述:你正在参与一个区域可持续发展项目,目标是分析人口过快增长、人口老龄化和人口流动对区域可持续发展的影响。你需要探讨如何平衡人口增长、资源消耗与环境保护,促进区域内外的均衡发展。

探究问题:

1. 请讨论人口过快增长对资源、能源和环境的压力。如何通过控制人口增长和优化资源利用实现区域的可持续发展?

2. 在面对人口老龄化问题时,社会保障和医疗资源面临巨大压力。你认为哪些措施可以应对老龄化带来的挑战,确保社会的可持续发展?

案例4:区域可持续发展的挑战与政策

情境描述:你作为区域发展专家,正在设计一个可持续发展战略,目标是解决区域发展不平衡问题。你将考虑如何利用资源、保护生态环境并优化人口分布,以促进区域的均衡发展。

探究问题:

1. 请分析区域可持续发展面临的主要挑战。如何解决资源的合理利用、生态保护与区域发展不平衡等问题?

2. 在促进绿色发展和生态文明建设方面,政府可以采取哪些政策措施以确保经济与生态的和谐发展?

案例5:人口流动与区域不均衡发展

情境描述:你正在研究某国家内的区域经济和人口分布不均问题。目标是探讨城市与乡村、东部与西部的经济差距和人口流动,提出促进均衡发展的解决方案。

探究问题:

1. 请分析人口流动对区域经济发展的影响。如何通过政策调节人口流动,缩小城市与乡村、东部与西部之间的经济差距?

2. 在推动区域协调发展的过程中,如何平衡各地区的资源、环境和人口分布? 你认为哪些政策可以促进不同地区间的均衡发展?

📖 推荐阅读书籍

1. Barcus H，Halfacree K：An Introduction to Population Geographies，Routledge，2017.

2. Knippenberg H：Population and Development：The Demographic Transition，Routledge，2010.

3. James P：Urban Sustainability in Theory and Practice，Routledge. 2015.

4. Andrew E G，Eugene M，Mary T：Urban Geography：A Critical Introduction，Wiley-Blackwell，2015.

5. Denise P：Theories and Models of Urbanization，Springer，2020.

6. 杨中新:《中国人口老龄化与区域产业结构调整研究》,社会科学文献出版社,2005.

第七章　资源地理与可持续利用

第一节　自然资源的分类与地理分布

一、自然资源的分类

1. 按资源性质分类

1.1　可再生资源

可再生资源是指那些能够在自然界中通过自然循环过程自我恢复或补充的资源。这些资源通常具有较高的持续性,能够在合理管理和利用的条件下长期供给。可再生资源的合理利用对于促进经济发展、改善生态环境和确保人类社会的可持续发展至关重要。

水是地球上最为重要的可再生资源之一,对所有生命形式的存在和发展都至关重要。水资源通过水循环系统不断得到补充。然而,由于过度开采、污染等因素,许多地区的水资源正面临紧缺问题,尤其是在干旱和半干旱地区。为了确保水资源的可持续利用,政府和社会必须加强水资源的合理管理,包括实施节水措施、提高水资源的利用效率、建设和维护水利基础设施等。通过这些措施,可以减少水资源浪费,提高水的可用性,并确保在未来几年内能够满足人类和自然环境的需求。

森林资源不仅为人类提供木材、燃料和其他可再生的生物资源,还在调节气候、保持水土、增加生物多样性等方面发挥着重要作用。虽然森林资源在一定周期内能够再生,但由于人类活动的影响,森林退化和砍伐现象广泛存在。这不仅威胁到生态平衡,也影响了森林为人类社会提供的多重生态服务。因此,科学合理的森林资源管理至关重要。这包括森林保护、禁止过度砍伐、推进森林再造以及大规模植树造林等措施。只有通过可持续的森林管理,才能确保森林资源的长期供给,并增强其对气候变化的适应能力。

风能是一种清洁的可再生能源,依赖于地球大气的流动。随着全球对环境问题关注度的提高,风力发电成为一种重要的能源形式。风力发电不仅能够有效降低对化石能源的依赖,还能大幅减少温室气体的排放,缓解气候变化。随着技术的不断进步,风力发电的成本逐渐降低,使其在全球范围内得到广泛应用。通过建设风力发电站,不仅可以为地区提供稳定的电力供应,还可以推动可持续经济发展,减少能源行业对环境的负面影响。风能的开发利用,尤其是海上风电和陆上风电项目,正成为世界能源转型的重要方向。

太阳能是地球上最丰富、最清洁的能源形式之一,几乎无穷无尽,且完全依赖于自然条件。太阳能的利用技术,如太阳能光伏发电和太阳能热能技术,经过多年的发展,已经取得了显著进展。太阳能的优势在于它的普及性和可持续性,几乎全球每个地区都可以利用太阳能资源。太阳能的广泛应用不仅能够减少对化石能源的依赖,还能大幅降低环境污染,尤其是二氧化碳的排放。随着太阳能技术的不断成熟和成本的进一步降低,太阳能在全球能源结构中占据越来越重要的位置,成为推动绿色低碳发展的关键力量。

1.2　不可再生资源

不可再生资源是指那些一旦被开采和利用后,难以在短期内恢复或完全再生的资源。这些资源的消耗速度远远超过自然的再生速度,因此需要更加谨慎和高效的管理。不可再生资源的开采不仅会导致资源的枯竭,还可能对环境造成长期的负面影响。

矿产资源是现代工业和社会发展的基石。金属矿产如铁矿、铜矿、铝土矿等,以及非金属矿产如石灰石、磷矿等,广泛应用于建筑、制造、交通运输等多个领域。随着矿产资源的逐渐枯竭和需求的增加,合理开采和技术革新成了保障矿产资源长期供应的关键。矿产资源的开采过程中,必须采取环境保护措施,避免过度开采对生态环境的破坏。此外,矿产资源的回收利用也是减少新开采压力的有效途径,循环经济的推广能够有效延长矿产资源的使用寿命,降低对自然环境的影响。

化石能源,包括煤、石油和天然气,是目前全球能源供应的主要来源。虽然化石能源在推动工业革命和现代化进程中起到了至关重要的作用,但它们也存在着明显的局限性:首先,化石能源是不可再生的,长期依赖化石能源可能导致能源短缺问题;其次,化石能源的燃烧会释放大量温室气体,成为气候变化的主要驱动因素。因此,全球越来越多的国家正在进行能源转型,推进可再生能源的利用,减少对化石能源的依赖。在这一过程中,加强能源效率的提升、发展清洁能源技术、加强能源结构调整等,都是实现能源转型的关键举措。

稀有金属资源,如锂、钴、稀土元素等,在现代高科技产业和清洁能源技术中起着不可或缺的作用。随着智能化、数字化和绿色能源技术的迅猛发展,对这些稀有金属的需求不断增加。由于稀有金属的储量有限且分布不均,这使得这些资源的开采与管理成为全球关注的焦点。稀有金属的开发不仅涉及技术创新,还需要考虑到环保和资源的可持续性。为了应对资源供应不足的挑战,各国正在加强对稀有金属的战略储备,并且在回收和再利用方面不断探索新的技术,以减少对原生资源的过度依赖。

2. 按资源用途分类

2.1　能源资源

能源资源是指能够产生能量或转化为能源形式的自然资源,广泛用于推动工业生产、交通运输、建筑供热等多个领域。能源资源的开发和利用不仅是推动经济发展的核心动力,也与环境保护密切相关。

化石能源长期以来是全球经济和工业生产的主要能源来源。石油、天然气和煤炭不仅在发电、交通、建筑等多个行业中发挥着重要作用,还在全球能源市场中占据主导地位。然而,这些能源资源的不可再生特性以及它们在利用过程中所产生的温室气体和污染物,给全球气候变化和环境造成了严峻挑战。随着化石能源的储量逐渐下降,世界各国正在推动能源结构的转型,逐步减少对化石能源的依赖。

可再生能源的主要优势是取之不尽、用之不竭,且对环境的影响较小。太阳能、风能、水能和地热能等自然资源能够提供持续、稳定的能源供应。随着科技进步和成本下降,这些能源形式在全球范围内的应用得到了迅速扩展。尤其是太阳能和风能,随着技术的成熟和成本的降低,已经成为许多国家能源结构中的重要组成部分。可再生能源的发展不仅为全球能源转型提供了动力,也在减缓气候变化、推动低碳经济发展方面发挥着至关重要的作用。

2.2 水资源

水资源是指所有能够被人类利用的水体资源,包括淡水资源、地下水资源、江河湖泊等。水是维持生命和生态平衡的基本资源,水资源的管理和保护对社会的可持续发展至关重要。淡水是人类和生态系统生存的基础,但全球的淡水资源分布不均,许多地区面临严重的水资源短缺。随着全球人口的增加和工业化的推进,淡水资源面临着日益加剧的压力。有效的水资源管理,包括节水技术的推广、提高水利用效率、加强水资源的回收利用,是解决水资源短缺问题的关键。地下水是世界上重要的水资源之一,尤其是在缺乏表面水源的地区,地下水是饮用水和灌溉水的重要来源。尽管地下水的存量庞大,但过度抽取可能导致地下水位下降、地面沉降等问题。为了确保地下水的可持续利用,必须采取科学的管理措施,监测地下水资源的动态变化,避免其过度消耗。江河湖泊不仅是淡水资源的重要来源,也是许多生态系统的重要组成部分。然而,随着城市化进程加速和工业化程度的提高,江河湖泊的污染问题日益严重。工业废水、农业面源污染、生活污水等都会对水质造成影响。有效的水污染治理、生态修复以及加强水资源保护,已经成为全球水资源可持续管理的关键问题。

2.3 矿产资源

矿产资源指地球表层及其地下储藏的可供人类开采利用的固体矿物资源。矿产资源广泛应用于工业生产、建筑、交通运输等领域,是现代经济的基础。金属矿产是现代工业的基石,广泛应用于建筑、制造、交通等行业。铁矿、铜矿、铝土矿等金属矿产是不可替代的原材料。然而,由于这些资源的有限性和过度开采,部分金属矿资源正逐步枯竭。为了应对这一问题,必须推动矿产资源的高效利用和回收再利用,同时开展矿产资源替代材料的研发,以减缓资源短缺的压力。非金属矿产在建筑、化工和农业等行业中有着广泛的应用。石灰石主要用于水泥生产,沙子是建筑行业的重要原料,而石膏则常用于建筑装饰和水泥工业。尽管非金属矿产相对丰富,但随着需求的增长,部分资源的开采也带来了生态环境的压力。因此,加强非金属矿产资源的可持续管理,尤其是在开采过程中采用环保技术,已成为保障资源长远利用的关键。

2.4 生物资源

生物资源是指自然界中的动植物资源以及由其衍生的资源,如森林资源、渔业资源等。生物资源不仅提供了人类的基本生存需求,还在生态平衡和生物多样性保护方面发挥着不可替代的作用。动植物资源在农业、药品、食品、纺织等行业中具有广泛的应用。植物资源为人类提供粮食、木材、药材等,动物资源则提供肉类、皮毛等重要物资。然而,随着物种的灭绝速度加快,动植物资源的保护变得日益重要。推动生态保护,防止过度开采和捕猎,是保护生物资源的关键。渔业资源包括海洋和淡水水域中的鱼类及其他水生生物。过度捕捞已导致许多鱼类物种的数量急剧下降,甚至面临灭绝的风险。因此,渔业资源的可持续管理成为全球生态保护的重要任务。加强渔业资源的保护措施、推行科学捕捞和养殖技术是确保渔业资源长期可持续利用的关键。森林资源提供木材、药材、食物等重要物资,并在维护气候平衡、减少土壤侵蚀、调节水循环等方面发挥重要的生态功能。全球范围内的森林砍伐和森林退化对环境造成了巨大压力,森林资源的保护和恢复工作显得尤为重要。加强森林保护、推进绿色森林管理和可持续采伐,将有助于确保森林资源的可持续利用,并为全球生态系统的健康提供保障。

二、自然资源的地理分布

1. 资源分布的不均衡性

1.1 能源资源的地域分布

能源资源是推动现代工业和经济发展的重要基础。然而,能源资源的分布极为不均,某些地区资源丰富,而其他地区则能源匮乏,导致全球能源市场和国际关系的复杂性。石油和天然气是全球最为重要的能源资源,主要分布在中东、俄罗斯和北美等地区。中东地区,尤其是沙特阿拉伯、伊朗和伊拉克,拥有世界上最大的石油储备,是全球石油生产和出口的核心区域。俄罗斯则在天然气领域占据重要地位,尤其是向欧洲供应天然气的管道系统。而美国则在页岩油气的开采上取得突破,成为全球最大的石油生产国之一。由于能源资源的高度集中,这些地区在全球能源市场中占据重要位置,同时也使得国际政治和经济形势变得更加复杂。

煤炭作为一种传统的能源资源,主要分布在中国、美国、印度等国家。中国是全球最大的煤炭生产和消费国,其丰富的煤炭资源支持了国家工业化进程,但也带来了环境污染等问题。美国和印度也在煤炭开采和利用方面占有重要地位,煤炭仍然是许多国家能源结构的关键组成部分。然而,由于煤炭的高污染性和不可再生性,许多国家正在转向清洁能源,推动能源结构的转型。

水力资源主要分布在山地和大河流域,这些地区拥有丰富的水流和高低落差,适合建设水力发电站。全球主要的水力资源集中在中国、巴西、加拿大、俄罗斯等国家。中国的三峡大坝和巴西的伊泰普大坝是世界上最大的水力发电项目之一。水力资源的分布决定了不同地区的电力生产能力及能源结构,尤其是对于发展中国家,水电已成为重要的清洁能源来源。

1.2 矿产资源的地域分布

矿产资源是现代工业生产中不可或缺的原材料,具有决定性的经济和战略意义。矿产资源的分布同样存在显著的地域差异,且由于矿产的开采、加工和贸易涉及大量的投资与技术,因此其分布也直接影响各国的经济发展水平。

铁矿和铜矿是现代工业和建筑的基础原料,全球的主要铁矿资源集中在中国、巴西、澳大利亚等国家。中国是全球最大的铁矿生产国之一,澳大利亚和巴西则是世界上最大的铁矿出口国。铜矿资源主要分布在南美洲,尤其是智利和秘鲁,此外中国、美国和俄罗斯也是重要的铜矿生产国。铜矿的分布与工业化和基础设施建设密切相关,因此铜矿资源的开发对经济发展起到了至关重要的作用。

金矿和钻石矿是世界上最为贵重的矿产资源之一,金矿和钻石矿的主要分布区域包括非洲、俄罗斯、加拿大等地。非洲的南非、加纳和津巴布韦等国拥有丰富的金矿资源,俄罗斯和加拿大在全球金矿储量方面也占据重要地位。钻石矿则主要分布在非洲的博茨瓦纳、南非以及俄罗斯等国。金矿和钻石矿的开采对于这些国家的经济发展有着重要的影响,但由于资源的有限性和环境问题,如何实现可持续的开采和管理成为全球关注的焦点。

1.3 生物资源的地域分布

生物资源是维持生态平衡和人类生活的基础,具有极其重要的经济、环境和社会价值。生物资源的分布不均主要与气候条件、生态环境以及生物多样性的分布密切相关。热带雨林是全球生物多样性最丰富的地区,主要分布在亚马孙、刚果盆地和东南亚等地区。亚马孙雨林被誉为"地球之肺",其丰富的植物和动物种类为全球生态系统提供了重要的支持。随着人类活动的加剧,热带雨林正面临着严重的森林砍伐和生态破坏。保护热带雨林资源不仅是生物多样性保护的关键,也关系到全球气候变化和水循环的稳定。

森林资源主要分布在北半球的温带和寒带地区,以及热带地区的雨林带。全球的森林资源集中在俄罗斯、加拿大、巴西、印度尼西亚等国。森林不仅为人类提供木材、药材等经济资源,还在调节气候、保持生物多样性、净化空气等方面发挥着重要作用。随着全球森林面积的减少,如何实现森林资源的保护和可持续利用,已成为全球共同关注的挑战。

渔业资源主要分布在全球的海洋渔场和沿海地区,尤其是北太平洋、南太平洋、北大西洋等海域。这些区域的渔业资源丰富,是全球渔业生产的重要来源。然而,过度捕捞和污染导致了许多渔业资源的枯竭。为了解决这一问题,国际社会已采取多项措施加强渔业资源的可持续管理,如设立渔业保护区、实行配额制等。

2. 自然资源与区域经济的关系

2.1 资源丰富地区的经济增长优势

自然资源的丰富程度是推动区域经济发展的关键因素,尤其在资源型经济区域,资源的开发往往成为经济增长的主要动力。资源丰富的地区,天然资源如矿产、能源和水资源等的开采与利用,往往直接促进了工业化进程。例如,中东地区的石油资源,不仅为地区带来了巨大的财富,而且推动了相关产业的发展,使石油出口成为推动经济增长的核心力量。同样,矿产资源丰富的澳大利亚和巴西,通过铁矿、铜矿等资源的开采和出口,促进了本国的工业化进程,并为全球市场提供了大量的原材料。而能源资源丰富的国家,如沙特阿拉伯和俄罗斯,则凭借石油、天然气等能源资源的开发,成为全球重要的能源供应国,带动了能源产业的上下游发展,从而助推了区域经济的快速增长。

资源丰富的地区通常以重工业、能源产业为主,农业和服务业相对较少。这种资源依赖型经济结构,虽然能迅速积累财富,并推动地区经济的繁荣,但也容易导致资源型经济的过度依赖。在短期内,这种依赖能够促进经济发展,但随着资源的逐渐枯竭,或市场需求的变化,地区的经济可能遭遇冲击,且未能及时转型为更加多元化的经济结构,从而面临增长的瓶颈。因此,缺乏多元化产业结构的地区,在全球经济变化的影响下,可能变得更脆弱,难以维持长期的经济增长。

2.2 资源依赖的负面效应

虽然自然资源的丰富有助于地区经济的繁荣,但过度依赖资源的开发和利用,也可能带来一系列经济、社会和环境问题,影响区域经济的长期可持续发展。随着资源的过度开采,许多资源丰富的地区可能面临资源枯竭的风险,从而对其经济产生严重冲击。例如,依赖煤炭、石油等资源的地区,如果资源枯竭或价格暴跌,这些地区的经济很容易受到影响,甚至出现经济衰退。曾经依赖资源开发而迅速崛起的许多国家,随着资源逐渐枯竭,逐步陷入了经济低迷、就业萎缩和产业衰退的困境。这种情况不仅会加剧贫困和社会不稳定,还可能影响人民的生活质量和社会福利。

过度开发自然资源往往带来严重的环境污染和生态破坏。例如,大规模的矿产开采、石油钻探、煤炭燃烧等活动,不仅消耗大量的自然资源,还会造成水源污染、空气污染、土地退化等一系列环境问题。以中国的煤炭资源开发为例,煤矿的开采和燃烧造成了严重的空气污染和水资源污染,甚至影响农业生产和人类健康。此外,资源开发对生物多样性和生态系统的破坏,也会对地区的可持续发展产生深远影响。

2.3　资源型经济的转型与可持续发展

为了避免过度依赖资源带来的风险,许多资源丰富地区已经开始进行经济结构转型,推动多元化和可持续发展。为应对资源枯竭和全球市场波动,许多资源型地区正在进行经济结构多元化,减少对单一资源的依赖。通过发展高科技、制造业、服务业等其他产业,这些地区能够平衡经济发展,减少资源过度依赖的风险。例如,阿联酋通过大力发展教育、旅游、金融等非石油产业,成功实现了经济结构的多元化,摆脱了对石油资源的过度依赖。此外,多元化的产业结构不仅能提升经济的抗风险能力,还能创造更多就业机会,改善民众的生活水平。

为保障自然资源的长期可用性,并减少对环境的破坏,许多地区开始实施绿色经济政策和可持续发展战略。通过加强资源循环利用、推动绿色技术创新,促进可持续农业、生态旅游等产业的发展,资源丰富地区可以实现经济增长与环境保护的双赢。例如,巴西投入大量资金保护亚马孙雨林,推动生态旅游和可持续农业的增长,从而实现生态保护与经济发展的和谐共生。绿色经济不仅能够减少资源的过度消耗,还能改善生态环境,提升民众的福祉。

2.4　区域经济的不平衡性与全球化

自然资源的分布不均,导致不同地区的经济发展存在显著差距。资源丰富的地区通常能迅速融入全球经济体系,而资源匮乏的地区则可能陷入发展滞后的困境。在全球化的背景下,资源丰富地区通过向全球市场供应资源,获得了大量财富并推动了经济发展。然而,资源匮乏地区由于天然资源的短缺,往往难以实现快速的工业化和经济增长,这导致全球经济发展呈现不平衡。例如,撒哈拉以南非洲许多国家,因缺乏足够的资源,经济发展相对滞后,甚至陷入贫困;而资源丰富的中东、俄罗斯等国家则迅速崛起,成为全球经济的重要角色。这种资源的不平衡分布,不仅加剧了国家间的经济差距,也导致了国际政治和经济的不稳定。为了缓解资源不均带来的负面影响,国际合作和资源共享成为推动全球经济平衡发展的关键途径。通过加强国际贸易、技术交流以及经济援助,资源匮乏的国家可以借助全球资源网络实现经济增长。同时,发达国家通过提供技术和资金支持,帮助资源贫乏地区发展替代能源、环保技术等,推动社会福利的改善和可持续发展。全球化带来的资源共享,为各国实现经济发展、促进区域经济平衡提供了更多的机遇。

第二节　资源开发与环境代价

一、资源开发的方式与技术

1. 传统资源开发方式

1.1　采矿与开采

矿产资源的开采是传统资源开发中最为典型的方式之一,通常分为露天开采和地下开采。露天开采广泛应用于矿床较浅且面积较大的矿物资源开采,常见的有煤矿、铁矿、铜矿等;地下开采则适用于矿藏较深的矿种,如金矿和某些稀有金属矿。这些开采活动能迅速满足工业对原材料的需求,支撑全球经济增长。然而,这些开发方式对环境和生态系统的影响不可忽视。

露天开采需要大规模清理地表植被,破坏了原生态环境,导致土壤的流失和退化。采矿过程中,岩土的挖掘和废弃物的堆积,不仅降低了土地的生产能力,还可能引发山体滑坡和泥石流等自然灾害,进一步加剧了生态系统的破坏。

采矿过程中,矿石中的有害物质会随着废水排放进入水体,导致水源污染。此外,化学物质和重金属残留在土壤中,也会对农田和地下水造成长久性的污染。例如,铅、汞、砷等有毒元素的排放,不仅危害生态环境,还会影响人类的健康。

1.2　水利工程

水资源的开发是传统资源开发中的重要环节之一,水利工程如水库、水坝等设施被广泛用于调节和管理水资源。通过这些设施,可以实现水资源的蓄积、分配和调控,为农业灌溉、工业生产和城市供水提供保障。然而,这些项目往往对水文环境和生态系统产生深远影响。

水坝的建设会使得水流速度和水量发生变化,改变了原有的河流生态系统。很多鱼类和水生生物的生存环境被破坏,造成物种灭绝或种群数量急剧下降。同时,水库的建设也可能导致大片土地被淹没,原本栖息在这些地区的动植物受到威胁。

水坝和水库的修建不仅会改变水体的流向,还会对区域内的水文循环产生影响。例如,上游和下游的水量分布发生变化,可能导致下游地区干旱,影响农业灌溉和水力发电的稳定性。此外,长时间的大规模水资源调控,可能会使局部气候和生态系统出现不平衡。

1.3　能源开采

能源资源的开发,尤其是石油、天然气和煤炭的开采,是传统资源开发中最为广泛的领域。能源的开采和利用直接关系到全球经济的运作和工业化进程。然而,传统能源的开采方式对环境的破坏不可忽视,特别是温室气体排放、空气污染等问题,已经成为全球关注的焦点。石油、天然气和煤炭在开采和使用过程中,会大量排放二氧化碳等温室气体,直接加剧全球气候变暖。全球变暖带来的极端天气现象如热浪、干旱、暴雨等,已对全球生态环境、农业生产和人类健康产生了严峻挑战。能源的开采,尤其是煤炭的开采和燃烧,会产生大量的颗粒物、二氧化硫和氮氧化物等有害气体,导致空气质量的恶化。长期暴露在这种污染环境中,不仅会导致呼吸系统疾病,还会增加心血管疾病的风险。此外,能源开采还会破坏生态环境中的空气、水质和土壤,影响农业和人类生活。

2. 可持续开发的技术与方法

2.1 清洁能源技术

清洁能源技术包括太阳能、风能、水能等可再生能源的开发与利用,旨在减少对化石能源的依赖,并减少温室气体排放。与传统的煤炭、石油和天然气等化石能源相比,清洁能源具有明显的环境优势,能够有效减轻环境污染并缓解气候变化。

太阳能是最为丰富和清洁的可再生能源之一。通过太阳能电池板(光伏发电)或太阳能热水器等技术,太阳能能够直接转化为电能或热能,广泛应用于家庭、工业和农业领域。近年来,太阳能发电成本显著下降,效率逐渐提高,成为全球能源结构转型的重要组成部分。

风能是另一种重要的清洁能源。风力发电通过风力驱动风轮转动,进而发电。风能技术的优势在于其清洁、可再生、几乎没有废气排放,而且可以在海上和内陆多个地方进行布置。风电产业已在全球范围内蓬勃发展,特别是在欧洲和中国,风能发电占据了能源供应的重要份额。

水能利用主要依赖于水力发电,通过大坝、涡轮机等设施将水流的能量转化为电能。水力资源丰富的地区,特别是山地和大河流域,往往成为水力发电的主要基地。水电站的建设不仅能够为周边地区提供稳定的电力供应,还能调节区域水资源的分配和使用,支持农业灌溉和工业发展。

2.2 资源回收与循环利用

随着资源的日益紧张和环境问题的加剧,资源回收与循环利用成为实现可持续发展的重要途径。通过有效的资源回收利用,不仅可以减少对自然资源的需求,还能够减少废弃物的产生和环境污染。

废旧金属回收是一项具有重要环保意义的活动。金属如铝、钢、铜等被广泛应用于建筑、汽车、家电等领域,而这些金属在使用过后往往可以通过回收重新加工利用。废旧金属的回收不仅减少了对原矿资源的开采需求,还能有效降低能源消耗和环境污染。通过发展先进的回收技术,废旧金属的回收效率和质量大大提高。

塑料材料广泛应用于包装、家居、汽车等领域,但大量的塑料废弃物给环境带来了严重问题。回收塑料不仅能减少塑料垃圾对自然环境的污染,还能够降低塑料生产对石油等资源的需求。通过现代化的回收技术,如机械回收、化学回收等,废旧塑料可以被重新加工成原料或产品,达到循环利用的目的。

随着电子产品的普及,电子废弃物(如旧手机、计算机、电视等)也逐渐成为全球关注的问题。电子废弃物中含有有害物质,如重金属和有毒化学物质,若处理不当,将对环境和人类健康构成威胁。通过回收和再利用技术,可以有效地提取电子产品中的贵金属和有用元件,并将废弃物中的有害成分安全处置,减少对环境的负担。

2.3 绿色采矿技术

采矿业作为传统资源开发的重要组成部分,历来因其对环境的巨大破坏而备受关注。为实现可持续发展,绿色采矿技术应运而生,旨在减少采矿活动对生态环境的负面影响,同时提高资源的开采效率和可回收性。

低影响开采技术主要指在矿产资源开采过程中采取一系列减少生态破坏的措施,如采用精细化开采技术、降低噪声与粉尘污染、减少水土流失等。通过这些技术手段,能够减少采矿对土地、空气和水体的污染,同时在不破坏生态系统的前提下高效地获取资源。

矿山修复是绿色采矿的重要组成部分,旨在通过对矿区进行恢复性管理,修复受损的生态环境。矿山开采后的土地往往会出现土壤贫瘠、植被丧失等问题,因此矿山修复技术包括了土壤改良、植被恢复和水源保护等内容。通过科学的修复措施,可以让采矿活动对环境的影响降到最低,甚至恢复矿区原有的生态功能。

尾矿是采矿过程中产生的废弃物,常常对周围环境造成严重污染。绿色采矿技术的一个重要方向是尾矿的资源化利用。通过先进的尾矿处理技术,可以从尾矿中回收有价值的金属或矿物,减少废弃物的堆积。同时,尾矿的合理处置,如利用尾矿填埋场进行生态恢复,能够有效减少尾矿对水源和土壤的污染。

二、资源开发的环境代价

1. 生态环境的破坏

1.1 土地退化与沙漠化

土地退化是指由于人为活动、气候变化或自然因素,导致土地质量的下降,表现为土壤贫瘠、水源枯竭和生物多样性减少等问题。沙漠化是土地退化的极端表现,指的是原本可用于农业或其他用途的土地逐渐变得干旱、贫瘠,最终成为沙漠环境。

矿产资源的开采往往导致大规模的土地开垦和破坏。露天矿山的建设通常需要清除大量的植被和土壤,破坏原有的自然景观和生态平衡。矿坑的开采、尾矿堆积和废石堆积等,使得土地表层的结构和质量发生严重变化,导致土壤贫瘠和水土流失。长期不合理的矿产资源开发甚至可能导致土地的永久性退化,无法恢复其原有的生态功能。

沙漠化是土地退化的加剧表现,往往发生在气候干旱和人为因素共同作用下。例如,过度放牧、农田扩展、矿产开采和水资源过度利用等活动,都会破坏土壤的结构和水源的自然循环,使得土地变得无法支持植物的生长,最终导致沙漠的扩展。特别是在干旱和半干旱地区,如中国的北方、非洲的撒哈拉地区,沙漠化问题尤为严峻,严重影响了当地居民的生活条件和生态环境。

1.2 生物多样性的损失

生物多样性是指地球上所有生命形式的多样性,包括物种多样性、基因多样性和生态系统多样性。生态环境的破坏,尤其是矿产资源开采和水利建设等活动,直接威胁到生物栖息地的完整性,导致生物多样性的急剧下降,甚至物种的灭绝。

矿产资源的开采,尤其是在森林和野生动植物栖息地中的开采,往往会对生态系统造成致命打击。开采活动需要大量的土地改造,导致原有植被的破坏和物种栖息地的丧失。比如,热带雨林中丰富的植物和动物种类正面临着采矿活动的威胁,生物群落的多样性急剧下降。此外,矿山的建设和运营还可能导致空气和水污染,进一步加剧了栖息地的恶化,影响许多依赖于特定环境生存的物种。

水库、坝体等大型水利工程的建设,虽然能够带来一定的水资源利用效益,但也对生态环境造成了不可忽视的影响。水坝的建设改变了原有的水流和生态环境,导致上游和下游的水文循环发生变化,影响了水生物种的生存。尤其是水坝对鱼类的迁徙、繁殖产生了障碍,许多物种因此面临生存危机。此外,水库的建设常常导致大片湿地和森林的消失,进一步威胁到依赖这些环境的物种。

矿产资源的开采和水利建设不仅仅造成生物栖息地的破坏,还可能导致生态系统功能的失衡。随着某些物种的灭绝,生态系统中的食物链和能量流动也遭到了破坏,进一步加剧了生态系统的不稳定。例如,森林砍伐和开矿导致了栖息在这些区域的许多物种的灭绝,而这些物种的消失可能会引发生态系统中其他物种的变化,导致整个生态系统的功能退化。

2. 污染与气候变化

2.1 空气污染

空气污染是由多种有害物质释放到大气中引起的现象,主要来源于化石燃料的燃烧、工业生产和交通运输等。特别是在资源开采和利用过程中,煤炭、石油等传统能源的使用产生了大量的污染物,严重影响了空气质量。

煤炭和石油作为主要的能源之一,在其开采、运输及燃烧过程中,释放出大量的有害气体。煤炭燃烧过程中,二氧化硫(SO_2)、氮氧化物(NO_x)和颗粒物等污染物被大量释放到大气中,导致严重的空气污染。石油燃烧同样也会释放大量的二氧化碳(CO_2)、氮氧化物和其他有毒气体,这些污染物不仅对人类健康造成威胁,还会导致酸雨的形成,影响土壤和水质。

空气污染直接影响居民的健康,尤其是在城市和工业区,长期暴露在污染物环境中,可能导致呼吸系统疾病、心血管疾病以及其他健康问题。此外,空气污染还会影响生态系统的平衡,例如,通过酸雨破坏土壤和水源,从而影响农作物的生长和水生物种的繁衍。

2.2 水污染与水资源短缺

水污染与水资源短缺是当前全球面临的严重环境问题之一。资源开采和工业生产过程中,废水排放和污染物的溢出导致了水源的污染,严重影响了周围的生态系统以及居民的生活质量。

在矿产资源的开采过程中,特别是在金属矿、煤矿和石油开采过程中,废水的排放对周围的水源造成了严重污染。开采过程中使用的化学物质、重金属及其他有毒废弃物常常被直接排放到水体中,导致水源中的有害物质浓度上升,严重污染水质。此外,工业生产过程中产生的废水、废气和固体废弃物若处理不当,也可能污染地下水和地表水,影响整个地区的水源供应。

随着水污染的加剧,许多地区也面临着严重的水资源短缺问题。水质下降使得可饮用水源变得稀缺,导致居民无法获得足够的清洁水源。此外,水污染还严重影响了水生生物的生存,导致生态系统的崩溃。例如,湖泊和河流中的污染物使得水体富营养化,导致藻类泛滥,破坏了水生态系统的平衡。

2.3 温室气体排放与气候变化

能源开采与使用是全球温室气体排放的主要来源之一,尤其是煤炭、石油和天然气的燃烧。温室气体的增加加剧了全球气候变暖,给地球生态系统和人类社会带来了深远影响。

煤炭、石油和天然气的燃烧过程是温室气体排放的主要来源。煤炭燃烧释放的大量二氧化碳是全球变暖的主要原因之一,而石油和天然气的燃烧同样释放了大量的二氧化碳及其他温室气体。此外,资源开采过程中的甲烷泄漏也是温室气体排放的重要来源。特别是天然气开采过程中,甲烷气体的逸散对气候变化的影响更为显著,因为甲烷的温室效应是二氧化碳的 25 倍。

温室气体的过度排放导致全球气候变暖,产生了一系列的气候异常现象,如极端天气、冰川融化、海平面上升和生态系统的破坏。气候变暖不仅威胁到人类社会的安全,还影响了全球生物多样性和生态平衡。例如,气温升高导致农业生产力下降,影响粮食供应;极端天气事件频发增加了自然灾害的风险;冰川融化和海平面上升对低洼地区和岛屿国家构成了威胁。

三、资源开发的社会经济代价

1. 社会冲突与资源争夺

1.1 资源争夺引发的贫困与社会不公

资源丰富的地区往往吸引了大量的外部资本和利益争夺,但这些地区的贫困和社会不公现象却日益严重。资源的开采和开发过程中,往往只有少数精英和跨国公司从中获益,而大量的当地居民却未能共享资源带来的财富。这种财富分配的不均衡使得贫困问题更加突出,并且进一步激化了社会的不公。

在许多资源丰富的国家,矿产、能源和水资源的开发带来了巨额财富,但这些财富往往集中在少数人的手中。大规模的资源开采和贸易通常由跨国公司主导,而本地居民则未能从中获得实际利益,导致社会经济差距加大。在非洲的部分地区,虽然自然资源丰富,但当地人民却因失业、教育和医疗资源匮乏而陷入贫困。资源的开发往往以牺牲环境和社会利益为代价,导致贫困现象的恶化。

资源争夺带来的社会不公和贫富差距可能导致社会动荡和不满情绪。由于资源的集中开发和不合理分配,社会阶层之间的矛盾加剧,民众的不满情绪和抗议活动愈加频繁。这种不平等的社会结构不仅影响经济的可持续发展,也极大地增加了政治不稳定的风险。许多资源丰富地区,尤其是中东和非洲,面临着严重的社会冲突,往往是因为资源的争夺加剧了社会矛盾。

1.2 资源争夺与战乱

资源争夺是许多冲突和战乱的根源之一,尤其是在资源丰富但缺乏有效管理的地区。随着资源的不断开采和需求的增加,资源争夺不仅体现在国家间的竞争,还表现为内部武装冲突、民族矛盾和政治动荡。

在中东地区,石油和天然气资源的争夺成为各方势力冲突的核心问题。例如,伊拉克战争、叙利亚冲突等都与资源争夺密切相关。外部势力为了控制石油资源而进行军事干预,而当地武装团体则为争夺资源而展开暴力冲突。这种资源争夺使得本已脆弱的国家和地区更加动荡不安,普通民众在战乱中遭受极大的痛苦。资源的控制权往往被视为掌握国家命运的关键,正因为如此,冲突和战争几乎不可避免。

在非洲,许多国家经历了由于矿产资源争夺而爆发的民族冲突。刚果(金)和苏丹等国的内战便与当地丰富的矿产资源密切相关。不同的民族和武装团体为了控制矿产资源,进行激烈的冲突。这些冲突不仅导致了大量人员的伤亡和流离失所,也极大地削弱了国家的治理能力,致使地区的社会和经济发展遭受长时间的倒退。

1.3 资源争夺与难民问题

资源争夺往往会导致战乱和社会动荡,进而加剧全球的难民危机。随着资源的过度开发,地区冲突不仅迫使大量民众流离失所,还导致难民问题在全球范围内的加剧。资源争夺激化的战争和冲突,使得大量民众不得不逃离家园,成为难民。在中东地区,由于石油和天然气资源的争夺,各国间的战争持续不断,尤其是叙利亚战争和伊拉克战争,导致了数百万人的流离失所。大量难民涌向欧洲及其他地区,给接收国家带来了巨大的社会和经济压力。此外,非洲的一些资源丰富但贫困的地区,武装冲突和民族争斗也导致了大规模的难民潮。难民问题不仅影响当地社会的稳定,还加剧了全球的政治和社会压力。

资源争夺带来的战争和冲突直接推动了全球难民问题的上升。大量逃离冲突地区的难民迫切需要人道援助、栖息地和生存保障。许多难民在临时难民营中生活条件极为艰苦,面临饥饿、疾病和安全问题。难民潮不仅给接收国带来人道主义负担,也使得国际社会在处理冲突和解决难民问题时面临严峻挑战。全球范围内的资源争夺和战乱,加剧了这一问题的复杂性和紧迫性。

2. 区域发展不平衡

2.1 资源集中地区的经济发展优势

资源的丰富程度直接影响一个地区经济的活力。资源丰富地区通常能够吸引大量的投资和技术,推动相关产业的发展,从而实现经济的快速增长。资源丰富地区通过大规模开发和利用自然资源,能够迅速建立起以资源为基础的产业链,促进当地经济的迅猛发展。例如,石油和天然气资源丰富的中东国家,依靠能源产业获得了大量财富,不仅支撑了国家的经济发展,还推动了基础设施建设、科技创新以及服务业的兴起。类似的例子还包括俄罗斯、巴西和澳大利亚等国,它们通过矿产资源的开采,带动了钢铁、制造业等多个产业的发展,形成了产业集聚效应。

资源开发带来的产业化和投资,提供了大量的就业机会和经济增长动力。资源丰富地区的劳动市场通常较为活跃,居民的收入水平较高,从而推动了生活水平的提高和社会消费的增长。例如,中国的内蒙古、宁夏等地通过煤炭资源的开发,吸引了大量劳动力,推动了工业化进程,也带动了地区内的商业活动和房地产市场。

2.2 资源匮乏地区的经济滞后

相较于资源丰富地区,缺乏自然资源的地区往往面临着经济发展的瓶颈。由于缺乏足够的资源支持,这些地区的经济往往增长缓慢,甚至陷入贫困,缺乏产业支撑和吸引投资的能力,形成区域发展不平衡。资源匮乏的地区由于缺少能源、矿产等基础性资源,无法像资源丰富地区那样依靠天然资源推动工业化进程。这使得这些地区不得不依赖外部援助或投资,才能够维持经济发展。例如,撒哈拉以南的非洲许多国家,尽管具有较强的劳动力资源,却因自然资源的匮乏,缺乏可持续的经济支撑,导致这些国家的经济发展水平远低于资源丰富的国家。

资源匮乏的地区通常缺乏足够的资金来投资基础设施建设,尤其是在交通、通信、电力等关键领域的投入不足,导致生产效率低下,阻碍了现代化产业体系的发展。例如,一些内陆地区或小型岛国,因资源有限且地理位置偏远,无法吸引到足够的投资,基础设施建设长期滞后,进一步制约了经济发展。

2.3　区域经济差距的加剧

资源开发带来的经济差距不仅存在于不同国家之间,甚至在同一国家内部,资源的开发与分布也可能导致区域经济差距的加剧。经济发达地区的快速发展和贫困地区的滞后,往往使得社会不平等问题更加突出,影响国家的整体和谐与稳定。随着资源开发的加速,资源丰富地区往往获得了更多的资金和政策支持,从而进一步加快了其经济的发展,导致地区之间的收入差距和生活质量差距进一步扩大。这种区域经济差距不仅加剧了社会阶层之间的对立,还可能导致社会的不稳定。例如,东部与西部、沿海与内陆的经济差距日益加大,部分资源丰富地区的富裕程度已经远超其他地区。随着这些差距的加剧,社会矛盾可能激化,甚至可能导致迁移潮、抗议活动以及社会动荡。

为了缓解区域发展的不平衡,政府通常需要采取一系列政策措施,推动区域间的经济均衡发展。这些政策包括财政转移支付、基础设施建设、产业援助等,旨在支持欠发达地区的发展,并促进资源和财富的合理分配。例如,许多国家通过实施区域发展规划,推动资源匮乏地区进行产业转型和基础设施升级,吸引外部投资,缩小区域经济差距。

2.4　全球化对区域经济不平衡的影响

全球化背景下,资源丰富地区不仅能吸引全球资本,还能通过国际贸易进一步巩固其经济优势。然而,全球化也加剧了资源匮乏地区的经济滞后,全球资本的流动和技术的转移并非总能惠及贫困地区,反而可能加剧贫富差距。在全球化的推动下,资源丰富的地区更容易融入全球经济体系,形成国际化的产业链条和贸易网络,从而进一步加速经济的增长和繁荣。中国的沿海地区通过外向型经济的崛起,形成了具有竞争力的制造业和出口导向型经济,而中西部地区则由于资源和产业支持不足,未能同步发展。

全球化的资源依赖性使得部分资源丰富的地区,尤其是那些依赖出口矿产、能源等天然资源的国家,能够通过全球贸易获得大量财富。然而,这种过度依赖出口的经济模式也加剧了发展不平衡,使得资源依赖型经济容易受到国际市场波动的影响,导致经济波动较大。此外,资源匮乏的地区则因缺乏足够的资源保障,无法参与全球市场竞争,进一步拉大了区域经济差距。

3.　依赖性与可持续发展风险

3.1　资源依赖的经济脆弱性

依赖单一资源的经济模式虽然能够在短期内带来快速的经济增长,但这种经济结构的脆弱性在面对外部变化时尤为明显。当资源枯竭、资源价格下降,或出现其他外部冲击时,资源依赖地区容易陷入经济危机。许多资源型国家依赖矿产、能源等自然资源的开采和出口作为主要经济支柱,资源的开采为国家提供了大量财政收入和就业机会。然而,这种过度依赖单一资源的经济模式使得这些地区极易受到资源市场波动的影响。例如,石油价格的大幅波动就曾导致中东部分国家的经济动荡,许多依赖石油出口的国家在全球油价下跌时遭遇了经济衰退,甚至出现财政赤字和社会动荡。类似的情况也发生在矿产资源丰富的国家,如巴西和南非,过度依赖矿产出口使得这些国家的经济面临高度的不稳定性。

依赖资源的地区,往往面临资源枯竭的风险。资源开发周期有限,随着时间推移,矿产资源、石油、天然气等的开采将逐步达到枯竭阶段。依赖这些资源的经济体,在资源枯竭后将面临产业转型的巨大挑战。例如,阿根廷曾在 20 世纪过度依赖开采的矿产资源,而随着资源的枯竭,地区经济逐渐萎缩,未能及时找到替代产业,导致经济衰退和社会危机。

3.2　市场波动与经济不稳定

资源价格的波动性是资源依赖地区面临的重大挑战。全球市场对能源、矿产等资源的需求波动直接影响相关资源的价格,价格波动可能导致地区经济的巨大波动,给财政、就业和社会稳定带来风险。全球市场的价格波动对资源依赖型地区的影响非常深远。以石油为例,石油价格的剧烈波动不仅影响石油生产国的财政收入,还直接影响其社会福利、基础设施建设等领域。例如,在油价上涨时,石油生产国的收入大幅增加,这为国家带来经济繁荣,但当油价暴跌时,这些国家的经济立刻陷入困境。类似的情况也出现在矿产资源市场,如铜、铝等金属的价格波动,给依赖矿产出口的国家带来了极大的经济不确定性。

在资源价格下降或市场需求减少时,依赖资源的地区往往面临经济衰退。例如,近年来全球煤炭需求的下降导致了中国部分煤炭产区的经济下滑,许多依赖煤炭开采的小城市和乡村陷入了经济困境,失业率上升,社会动荡加剧。这类市场波动使得资源依赖型经济难以实现长期稳定发展,暴露出其结构性缺陷。

3.3　资源开发带来的社会危机

资源依赖不仅影响经济发展,也可能带来深刻的社会危机。过度开发自然资源和对单一资源的依赖,可能导致贫富差距扩大、社会不平等加剧,甚至引发社会冲突和政治不稳定。资源开发往往集中在少数资源丰富的地区,这些地区由于依赖资源开采产生的财富,常常形成了较为集中的经济利益。但资源开采收益往往集中在少数特权阶层和大企业手中,未能有效惠及普通民众,导致贫富差距扩大。以中东地区为例,虽然石油财富丰富,但大部分收入和财富仍集中在少数政府官员和石油公司手中,普通民众未能分享资源开发带来的福利,从而加剧了社会不平等。

资源的过度开发和不合理分配可能引发社会冲突,尤其是在资源贫乏地区。一些国家或地区因资源开发的收益未能平等分配,可能导致不同地区、族群和阶层之间的冲突。例如,非洲部分国家由于矿产资源开发过度集中于少数地区,导致当地居民因贫富差距悬殊而爆发社会暴动。此外,资源争夺还可能引发跨国冲突,部分资源丰富地区,尤其是能源和矿产资源丰富的国家,往往成为国际政治斗争的焦点,产生复杂的外交和军事冲突。

3.4　经济转型与可持续发展挑战

要规避资源依赖带来的风险,许多资源型国家和地区正积极推动经济转型,寻求多元化的经济发展模式,以实现可持续发展。然而,经济转型并非易事,许多资源型地区面临着巨大的转型压力。资源依赖型经济转型往往面临产业基础薄弱、技术水平不足和投资不足等问题。在许多资源型国家,传统的资源开采产业往往占据着主导地位,经济结构过于单一,导致其在进行产业升级和结构转型时,难以迅速找到可替代的产业支柱。即使有意进行多元化发展,往往也缺乏足够的技术、人才和资金支持。例如,俄罗斯和沙特阿拉伯等国家虽然有丰富的资源,但要实现从资源型经济向高科技、服务业等行业的转型,需要巨大的投资和长时间的社会变革。

为了减少资源开发依赖所带来的风险,推动绿色经济和技术创新成为一个可行的解决方案。通过发展可再生能源、环保产业和高科技产业,资源型国家能够逐步减少对传统资源的依赖。例如,阿联酋通过大力投资清洁能源产业,逐步摆脱对石油的依赖,并推动金融、旅游等非资源产业的快速发展。绿色经济的发展不仅能够促进可持续发展,还能够帮助资源型国家实现经济结构的多元化,提升国际竞争力。

第三节　可持续资源管理的地理学方案

一、可持续资源管理的理念

1. 可持续资源管理的原则与目标

1.1　可持续资源管理的原则

可持续资源管理的核心目标是通过科学的规划、开发和利用自然资源,确保当代的需求得到满足,同时为后代保留足够的资源和良好的环境条件。这一管理过程遵循若干基本原则,旨在平衡当前与未来的需求,最大限度地减少对环境的负担。

资源的最小消耗原则要求通过技术创新和有效管理来减少资源消耗,并提高资源的利用效率。例如,推广节能技术和进行产业结构调整,有助于降低资源的使用强度,从而减少对自然资源的依赖,达到节约资源的效果。

循环利用与再生原则强调通过废弃物的回收与再加工,实现资源的循环利用。这不仅有助于减少对新资源的需求,还能显著降低环境负担。例如,废旧金属、塑料和玻璃的回收利用,不仅节约了原材料,还减少了垃圾填埋和污染问题。

公平分配原则则要求确保资源的公平分配,使不同地区、不同社会群体都能享有适当的资源保障。这一原则尤其重要,特别是在资源丰富的地区,通过避免资源的过度集中与不均衡分配,可以减少因资源争夺而引发的社会冲突和不平等现象。

最后,生态保护原则要求在资源开采、森林砍伐、农业生产等过程中采取有效的保护措施,尽量减少对生态系统的破坏。合理规划资源开发,避免对生物多样性和生态环境造成长期负面影响,保障自然环境的健康和稳定。

1.2　可持续资源管理的目标

可持续资源管理的最终目标是确保自然资源的长期可用性,同时促进经济与社会的可持续发展。具体来说,这一目标涉及以下几个方面。首先,保障资源供应的稳定性是基础目标之一。通过合理规划资源的开发和利用,确保资源能够持续供应,避免因资源枯竭或过度浪费而造成的供应短缺。这不仅有助于支撑经济的长期发展,还能避免因资源紧张引发的社会动荡。其次,促进经济与社会的长期发展也是可持续资源管理的核心目标。通过合理的资源开发和利用,确保资源不会因过度消耗而导致经济衰退。同时,确保资源开发过程中利益的公平分配,有助于减少社会冲突,提高人类福祉,推动社会整体发展。再次,提升环境质量和生态系统服务功能是实现可持续发展的关键。资源开发过程中,必须考虑其对环境的影响,采取措施减少污染,保护生态环境,并恢复已经退化的生态系统。通过绿色技术和管理手段,减少对生态系统的负面影响,维持生态的多样性和稳定性,进而确保人类活动与自然环境的协调发展。最后,实现人与自然的和谐共生是可持续资源管理的最终追求。这不仅仅是经济层面的考虑,更是对人与自然关系的深刻思考。通过调整人类活动方式,使资源开发与自然环境的承载力相匹配,最终实现人与自然的和谐共生,以确保人类社会的可持续发展和生态系统的健康。

2. 资源的合理利用与保护

2.1　节约资源的措施

资源节约是指通过提高资源利用效率,减少资源的消耗,以确保资源能够持续供应。在全球资源紧张的背景下,节约资源是缓解资源枯竭和减少环境污染的有效途径。采取先进的技术手段和管理方法,能够在不影响生产和生活质量的前提下,大幅度降低资源消耗。

节能技术与产业优化是节约资源的重要手段。例如,通过推广高效能源设备、实施智能化能源管理、优化产业结构等措施,可以大幅减少能源消耗。此外,鼓励发展节水型技术和农业生产方式,减少水资源的浪费,也是节约资源的一部分。推广绿色建筑、智能交通系统(Intelligent Transportation System,ITS)以及环保包装等措施,不仅有助于资源节约,还有助于减少环境负担。

2.2　循环利用与再生资源

资源的循环利用与再生利用是实现资源可持续发展的关键策略。废弃物的回收与再加工能够大大减少对新资源的需求,减轻资源开发对环境的压力。特别是在金属、塑料、玻璃等常见材料的回收和再利用方面,已有许多成功的示范和经验。

废物资源化,即将废弃物转化为新的资源,已经成为当前全球广泛关注的议题。通过建立高效的回收体系,促进工业废料、生活垃圾等的回收利用,可以有效减轻垃圾填埋和焚烧对环境的污染。废旧金属、塑料、电子产品的回收再加工,不仅能减少对原材料的需求,还能节省能源,降低碳排放。此外,有机废物的再利用,如农林废弃物、餐厨垃圾等,可以通过堆肥、沼气发电等方式转化为能源或肥料,实现资源的多重价值。

2.3　生态保护与环境修复

生态保护是可持续资源管理的重要组成部分,其核心在于减少人类活动对生态系统的破坏,维护生态平衡。在资源开发过程中,必须充分考虑生态系统的承载力和恢复能力,采取有效措施保护生物多样性,避免生态环境退化。

生态保护措施包括生态敏感区的划定、野生动物栖息地的保护以及植被恢复等。以森林资源为例,合理的森林管理和森林保护措施,能够防止过度砍伐,维持森林生态系统的稳定。同时,通过生态补偿机制,鼓励资源开发者为生态破坏行为进行补偿,以恢复被破坏的生态环境。

环境修复是指通过人工干预、技术手段或生态恢复措施,修复因过度开发、污染或自然灾害造成的生态系统损害。生态修复的对象包括受污染的土地、水源和空气等。在土地污染治理方面,通过植被恢复、土壤改良和农田整治等手段,可以恢复受污染土地的生产能力和生态功能。在水资源修复方面,采取湿地建设、人工净化和生态修复等方法,能够改善水体质量,恢复水生态系统的健康。

2.4 可持续资源利用的政策与法规

为了确保资源的合理利用与保护,许多国家和地区已经出台了一系列的政策和法规。资源税收制度、环境保护法、可持续发展规划等政策和法律,要求企业和个人在资源开发和利用过程中遵循环境保护的基本原则,确保不破坏生态环境。

政府应通过政策引导、法律规范和市场激励等手段,推动资源的可持续利用。比如,提供财政补贴和税收优惠,鼓励企业投资绿色技术和环保产业;对破坏生态环境的企业实施惩罚性政策,严惩非法开采和资源浪费行为。此外,国家还应加强国际合作,推动全球资源治理,减少资源开发过程中的国际争端和不平衡。

2.5 社会参与与公众意识

可持续资源管理不仅仅依赖政府和企业的努力,还需要全社会的广泛参与。公众环保意识的提升,对资源的合理利用与保护至关重要。通过环境教育、公益宣传等手段,提高公众对资源节约和环境保护的认识,促进公众自觉参与资源的节约与回收。

在家庭和社区层面,倡导低碳生活、节水节电、垃圾分类等措施,能够在日常生活中实现资源的合理利用与保护。在企业层面,鼓励企业践行绿色生产、绿色供应链管理和可持续采购,推动产业链的整体绿色转型。通过全社会的共同努力,可以有效推动可持续资源管理的实践,确保资源的长期可用性和环境的健康。

二、可持续资源管理的策略

1. 科学的资源规划与管理

1.1 资源勘探与评估

资源勘探与评估是资源开发的前提,它为资源的合理开发与利用提供了科学依据。资源勘探的目的是通过地质勘察、遥感技术、环境监测等手段,准确评估自然资源的数量、质量及其分布情况,从而为规划提供数据支持。

在矿产资源的勘探中,采用先进的地质勘探技术,如地震勘探、钻探、遥感影像分析等方法,能够准确识别资源的潜在分布,避免盲目开采。在能源资源勘探方面,通过地质调查和油气勘探技术,可以有效评估石油、天然气等资源的储量及其可开采性。同时,生态环境勘探也是资源评估的重要组成部分,通过监测水质、空气质量、土壤状况等环境因素,可以确保资源开发对生态系统的影响最小化。

资源的评估不仅限于数量和质量的评定,还包括其经济价值、开发难度、环境影响等多方面的综合考量。在这方面,环境影响评估(Environmental Impact Assessment,EIA)是不可或缺的环节,它能帮助决策者在开发资源前充分了解项目可能带来的环境后果,做出科学的决策。

1.2　资源开发与利用规划

合理的资源开发规划是确保资源高效、可持续利用的关键。资源开发规划不仅要考虑资源的开发规模和速度，还应综合考虑生态保护、社会发展和经济需求等多方面因素。科学的规划能有效避免资源浪费，防止开发过度对生态环境造成破坏。

分区管理是资源开发规划中常用的策略，根据不同地区的资源类型和生态环境状况，制定不同的开发标准和管理措施。例如，生态敏感区和自然保护区应设定严格的开发限制，避免资源开采对环境造成不可逆的损害；而对于资源较为丰富、环境影响相对较小的地区，可以适度开发，以满足经济增长需求。

多方参与的决策机制对于资源开发的规划至关重要。政府、企业、科研机构和公众等应共同参与资源的规划过程，通过广泛的协商和科学分析，确保资源开发的公平性和可持续性。在资源开发规划中，要明确短期和长期目标，综合考虑资源的经济效益、社会效益和环境效益，避免盲目追求短期经济利益而忽视生态和社会成本。

1.3　资源利用效率与节约措施

提高资源利用效率是确保资源可持续开发的核心。随着资源逐渐匮乏，单纯依赖大量开采和消耗已经无法满足社会发展的需求。因此，提高资源利用效率成为资源管理中的重要目标。采用先进的技术和管理方法，可以显著提升资源的利用效率，降低资源消耗，减少对环境的压力。

节能与减排技术是提高资源利用效率的关键。通过推广清洁能源技术、提高能源转换效率、优化能源利用结构等措施，可以有效降低对传统能源的依赖，减少温室气体排放和空气污染。例如，太阳能和风能的利用大大降低了化石能源的消耗，降低了碳排放，推动了绿色低碳经济的发展。

精细化管理也对提升资源利用效率具有重要作用。通过精确的数据分析和资源监控系统，企业和政府可以实时掌握资源的使用情况，及时调整资源的分配和利用方式。实施节水、节土、节材等管理措施，在各个领域减少不必要的浪费，也是提高资源利用效率的重要手段。

1.4　资源保护与环境兼容性

在资源开发和利用过程中，保护生态环境是不可忽视的环节。资源的开发不应仅关注经济效益，更要考虑其对环境和社会的长远影响。科学的资源规划与管理应明确保护环境的责任，并采取措施减少开发活动对生态系统的破坏。

生态保护优先是资源管理的重要原则之一。在制定开发计划时，应优先考虑对自然环境的保护措施，如环境影响评估、环境友好型开发技术的引入，以及资源开发的环境补偿机制等。通过采取这些措施，可以有效减少资源开发对生态环境的负面影响，确保生态系统的稳定与可持续。

在矿产资源开采过程中，应采用低影响开采技术，避免大规模露天开采造成的土地退化与水土流失。在森林资源开发时，应控制砍伐强度，采取人工林恢复和生态补偿等措施，保护森林生态系统的多样性和稳定性。

1.5　监测与评估机制

科学的资源管理离不开有效的监测和评估机制。通过实时监测资源的开发进程、利用情况以及环境影响,能够及时发现潜在问题并进行调整。资源管理信息系统(Resource Management Information System,RMIS)和地理信息系统(GIS)等技术,可以实现资源数据的实时采集和分析,支持科学决策。

动态评估是资源管理的重要环节。资源的开发与利用不仅要在项目实施前进行预测,还需要在整个开发周期中进行动态监测和评估。通过对资源开采、生态影响、经济效益等多方面因素的持续评估,可以及时调整开发方案,确保资源开发和利用始终处于可持续的轨道上。

1.6 跨区域与国际合作

资源的合理开发与利用不仅是国家层面的任务,也需要国际间的合作与协调。由于许多自然资源跨越国界,尤其是水资源、海洋资源等,国际合作对于资源管理尤为重要。各国应加强资源的跨境治理,制定相关协议,规范资源开发行为,确保资源的公平合理分配和可持续利用。跨国水资源管理需要各国共同合作,确保水资源的公平分配和高效利用。国际社会可以通过签订国际环境协议、资源共享机制等,促进全球范围内的资源保护和可持续开发。

2. 生态补偿与修复机制

2.1 生态补偿的基本理念与原则

生态补偿的基本理念是通过补偿措施恢复受影响的生态服务功能,保障生态系统的可持续性。补偿应遵循公平性原则,即确保损害区域或群体能够获得合理补偿,尤其要考虑当地社区的生计需求,避免贫富差距加大。此外,补偿措施应优先支持能够迅速恢复生态功能的项目,如湿地或森林恢复,以实现最佳的生态修复效果,这体现了效益最大化原则。补偿措施的长效性也是关键,它不仅解决当前的生态问题,还需具备可持续性,确保生态修复能够长期持续,并逐步恢复生态系统的自我调节能力。

2.2 生态修复的技术与方法

在技术和方法方面,生态修复通过科学手段恢复受损的生态环境,提升生态系统的功能与稳定性。常见的修复方法包括森林恢复、湿地修复和污染修复。森林恢复通过人工植树或天然恢复等方式,保障生物多样性和水土保持;湿地修复则通过恢复水文流动性和生物多样性,改善湿地的生态功能,保护物种栖息地;污染修复采用物理、化学和生物修复法,处理污染土地和水体,恢复生态环境。生物修复因其环保且经济的特点,得到了广泛应用。

2.3 生态修复的实施与管理

生态修复的实施不仅涉及技术问题,还需要合理的规划与管理。修复项目需制定详细的计划,包括目标、措施、时间表和预算,确保修复工作的顺利推进。此外,生态修复涉及多个领域,需要政府、科研机构、企业和公众的共同参与,推动修复措施的实施。生态补偿资金的管理同样至关重要,补偿资金需合理分配并专款专用,通过透明管理和效益评估,确保项目达到预期的生态修复目标。

2.4 生态补偿与修复的挑战与前景

尽管生态补偿与修复机制取得了初步成效,但仍面临诸多挑战,特别是资金不足、修复效果不明显以及利益平衡问题。尤其是在发展中国家和经济欠发达地区,资金的匮乏影响修复项目的效果。然而,随着绿色发展理念的推广,生态补偿与修复机制在政策层面逐渐得到支持,生态补偿市场的建设逐步完善。未来,随着科技进步和管理体制的完善,生态修复技术将不断创新,生态补偿机制将更加规范化,推动全球生态环境保护与可持续发展。

3. 推动绿色技术与创新

3.1 绿色技术的定义与作用

绿色技术是指在资源开发、生产和消费过程中,能够有效减少对环境的负面影响,提升资源利用效率,并推动低碳、可持续发展的技术。它涉及多个领域,包括清洁能源、节能减排技术、污染治理技术和资源回收技术等。通过推广绿色技术,能够减少环境污染、降低碳排放、提高资源利用效率,从而减缓气候变化,推动社会向绿色低碳发展转型。

3.2 低碳技术的应用

低碳技术是减少温室气体排放、提高能源效率和使用可再生能源的技术手段。随着全球气候变化问题日益严峻,低碳技术的应用变得尤为重要。例如,风能、太阳能等可再生能源的开发和利用,不仅能替代传统的化石能源,减少温室气体排放,还能提供清洁能源,保障能源供应的可持续性。此外,碳捕捉与储存技术(Carbon Capture and Storage,CCS)也在减少工业排放方面发挥着关键作用。推动低碳技术的普及和创新,有助于在资源开发过程中减少环境污染,推动经济低碳转型。

3.3 绿色创新的推动机制

推动绿色技术与创新,不仅需要技术本身的突破,更需要政府、企业和社会各界的共同努力。首先,政策和法规的引导至关重要。政府应通过制定绿色产业政策、设立绿色创新基金、提供技术研发补贴等措施,激励企业进行绿色技术的研究和应用。其次,企业应加大对绿色技术研发的投入,通过技术创新提升资源利用效率,减少对环境的负面影响。最后,公众的环保意识和消费选择也将促进绿色技术的普及和应用。绿色创新不仅是科技的进步,更是社会各界共同参与的结果。

3.4 绿色技术在资源开发中的应用案例

在矿产资源开发方面,采用绿色矿业技术可以有效减少对环境的破坏,降低矿产开采和处理过程中的能耗与污染。比如,矿区的生态修复技术、矿产资源的循环利用技术以及低碳冶炼技术,均能够显著减少矿业活动对生态环境的负面影响。在农业资源开发方面,推广绿色农业技术,如精准农业、智能灌溉、生态农业等,不仅能够提高农作物产量和资源利用效率,还能够减少化肥、农药的使用,避免水土污染,保障土壤健康和生态平衡。此外,在水资源管理中,应用先进的水处理和节水技术,如膜技术、雨水收集与再利用技术,可以提高水资源的利用效率,减少水资源浪费,确保水资源的可持续利用。

4. 全球资源合作与共享

4.1 跨国能源合作的意义与途径

能源资源是全球最为关键的资源之一,然而,不同国家的能源资源禀赋、需求和发展水平存在差异。为了确保全球能源安全和可持续发展,各国应加强能源领域的合作。能源合作不仅可以促进能源的合理分配,缓解某些地区的能源短缺问题,还可以加速新能源技术的推广和应用。例如,通过区域性能源共享网络、跨国电网建设和国际能源合作组织,多个国家可以实现能源供应的互联互通和优化调度,降低能源成本,增强能源供应的安全性与稳定性。

在国际合作中,清洁能源技术的共享和合作尤为重要。随着气候变化问题的日益严峻,全球对可再生能源的依赖程度不断提高。风能、太阳能、地热能等可再生能源技术的跨国合作,不仅能促进能源的绿色转型,还能推动全球低碳发展。此外,通过国际合作,技术转移可以帮助发展中国家实现能源转型,推动全球能源结构的低碳化与可持续化。

4.2 国际环境保护与资源共享

全球环境问题具有跨国性和全球性,尤其是在气候变化、生物多样性保护和污染治理等方面,需要各国共同参与合作。通过全球环境协议与组织,如《巴黎协定》《联合国气候变化框架公约》等,各国能够协同努力应对环境污染与气候变化,实现全球环境保护目标。在资源保护方面,尤其是水资源、森林资源、渔业资源等的跨国合作,已成为全球可持续发展的核心议题。

跨国河流和湖泊的水资源管理合作,通过签署水资源共享协议、建立跨国水资源管理委员会,可以确保水资源的公平分配与合理利用,避免水资源争夺引发冲突。类似地,跨国森林保护合作通过共享技术和资金,支持边境地区的森林保护与恢复项目,以应对全球森林面积减少的挑战。国际海洋合作也通过联合监测与保护,确保渔业资源的可持续利用,防止过度捕捞和海洋生态退化。

4.3 资源共享的国际化平台与机制

为了推动全球资源合作与共享,需要建立多层次、多领域的国际合作平台与机制。这些平台能够促进各国之间的信息交流、技术转移、经验共享等,提升全球资源利用的效率与公平性。国际组织、跨国公司、科研机构和非政府组织在资源共享中的作用尤为重要。

全球绿色基金、国际气候基金等金融机制,已成为推动全球环保和资源共享的重要手段。通过这些资金支持,发展中国家能够在环境保护、清洁能源和可持续发展项目中获得资金援助,降低其发展成本并推动低碳经济转型。此外,通过国际合作框架,各国可以共同研发新技术,推动资源高效利用、环境保护和绿色技术创新,从而加快全球可持续发展的步伐。

三、可持续资源管理的区域性方案

1. 区域资源管理与保护

1.1 水资源管理与节水技术

水资源是人类生存和发展不可或缺的基础,但全球许多地区面临水资源短缺的问题,尤其是在干旱和半干旱地区。为了保障水资源的可持续利用,水资源管理的核心任务是通过技术手段、政策引导和行为规范,合理配置水资源,并减少水的浪费。

节水灌溉技术是水资源短缺地区的重要措施之一。传统的灌溉方法常常导致水资源的浪费,而现代节水灌溉技术如滴灌、微喷灌溉等,通过精准投放水分,有效减少了水资源的损失,同时提高了农田的灌溉效率。此外,雨水收集和储存系统在一些干旱地区也得到广泛应用,能有效利用降水资源,缓解水资源不足的压力。

加强水资源的跨区域合作,开展流域管理与保护,尤其是跨国河流的水资源协作,也是确保水资源可持续利用的重要措施。通过建立合理的水资源分配和管理机制,减少过度开发、污染等问题,实现区域间的水资源公平共享。

1.2 森林资源的可持续管理

森林是地球上最重要的生态资源之一,承担着水土保持、气候调节、碳吸存等多重生态功能。然而,全球许多森林资源正面临过度砍伐、非法采伐和森林退化的威胁。因此,对于森林资源的管理需要采取可持续的策略,确保其生态功能得以长期维持。

可持续林业管理是保护森林资源的关键策略之一。它强调在满足经济需求的同时,确保森林资源得以再生和恢复。具体措施包括限制或禁止非法采伐、加强森林资源监测、推广自然再生与人工种植相结合的林业经营模式、提高森林生态恢复能力等。此外,森林保护区的建立、生态补偿机制的实施以及森林认证制度的推广,都有助于提升森林资源管理的可持续性。

在一些森林资源丰富的地区,生态旅游和非木材林产品的开发为地方经济提供了新的发展机会,推动了经济与生态保护的双赢局面。这种资源利用方式既能促进当地经济发展,又能减少森林过度开发的压力,实现生态与经济的协调发展。

1.3 土地资源的合理利用与保护

土地资源是所有生产活动的基础,合理利用土地资源是实现可持续发展的重要前提。尤其是在一些土地资源有限、人口密集的地区,如何平衡经济发展与生态保护之间的关系,成了土地资源管理的核心问题。

在土地资源管理中,土地利用规划与土地保护政策至关重要。合理的土地利用规划可以避免无序开发、生态破坏以及土地资源浪费。例如,在城市化进程中,应加强城市土地的节约集约利用,避免"城市蔓延"现象,提升土地利用效率;农业用地的保护同样重要,尤其是在一些高产农田地区,需要采取科学的耕作方式,避免土地退化。

加强生态恢复和退化土地的治理,尤其是对沙化、盐碱化等不适宜耕种土地的修复,也是区域资源管理的关键。通过实施退耕还林、还草、还湿等措施,可以有效恢复土地的生态功能,促进生态系统的可持续发展。

1.4 矿产资源的合理开采与环保管理

矿产资源在全球许多地区的经济发展中扮演着重要角色,但过度开采往往会造成环境污染、资源枯竭等负面后果。因此,矿产资源的合理开采和环保管理对实现可持续发展至关重要。

矿产资源的开采应严格遵守环境保护法律法规,实施环境影响评估(EIA),确保矿业开发过程中对环境的破坏降到最低。与此同时,资源开采企业应采用先进的技术手段,减少资源浪费,提高采矿效率。例如,通过地下矿产资源的开采替代传统的露天开采,减少土地破坏和生态环境影响。在一些矿产资源丰富的地区,应推动资源的循环利用和综合利用。通过资源回收和废弃物处理,不仅能够减少对新资源的依赖,还能降低矿产资源开发带来的环境压力。

1.5 区域资源管理的政策与法律保障

为了有效实施区域资源管理,必须建立健全的政策和法律框架,确保资源管理措施的执行力和公正性。政府应制定具有前瞻性、科学性的资源管理政策,规范各类资源的开发、利用和保护,确保资源管理工作的可持续性。在区域资源管理中,政府需要协调各部门之间的合作,尤其是在水资源、土地、森林等多领域的资源管理上,加强跨部门协作,确保资源的合理利用。同时,环境法规的执行力度也至关重要,政府应加强环境监管和执法力度,防止资源开发过程中出现违规行为。

2. 本地化与多样化策略

2.1 因地制宜的资源管理策略

因地制宜是指根据不同区域的资源禀赋、生态环境以及社会经济条件,制定具体的资源管理和利用方案。这种策略能够有效地避免资源的过度开发和环境的不可承受负担。各地区的资源特点和利用需求不同,因此制定相应的管理策略至关重要。

水资源紧缺的地区,采用节水灌溉技术、雨水收集系统以及水资源的循环利用等方法,能够有效缓解水资源紧张的局面。而在森林资源丰富的地区,应实施可持续的林业管理,合理规划森林的砍伐、保护与再生,确保森林资源的长期利用。此外,在高原地区或干旱区,土地利用和农业发展需要特别考虑水土保持和防风固沙措施,以保护脆弱的生态环境。

因地制宜的资源管理策略应考虑生态、经济、社会等多方面的因素,平衡发展与保护,既不让资源过度开发,也避免生态环境退化。科学的资源评估和预测是实施因地制宜策略的前提,通过精准的数据分析和模型预测,为资源管理提供依据。

2.2 多样化的资源开发模式

资源的多样化开发模式是指在同一地区或不同地区根据资源特点采用多元化的开发手段与产业模式。这种模式避免了依赖单一资源的开发,降低了对单一资源开发的过度依赖,进而有效缓解了资源枯竭和生态环境损害的风险。

一些矿产资源丰富的地区,在传统的矿产资源开采之外,可开发绿色能源(如太阳能、风能)等清洁能源项目,推动经济转型,减少对环境的负面影响。在农业资源开发方面,单一作物的种植容易导致土壤退化,而多样化的农业生产模式,如农业与生态旅游相结合、推广有机农业或农林复合经营等,可以既满足资源的利用需求,又促进生态的恢复与保护。

在渔业资源丰富的地区,除了传统的渔业开发,还可考虑推广水产养殖业、生态渔业等新型产业模式。通过多样化的资源开发,不仅能够提高经济效益,还能保持生态平衡,减少环境污染。

2.3 本地化与多样化策略的协同发展

本地化与多样化的策略应结合地区特点,通过科学的资源规划与合理的产业布局,实现资源的协同开发与保护。例如,在森林资源丰富的地区,可以实施森林生态旅游、绿色能源生产等产业相结合的模式,使得资源的开发不仅有助于经济发展,也能够保持生态功能和多样性。

本地化策略和多样化开发模式的结合,还需要综合考虑社会因素,尤其是区域内社区的参与。社会各界的共同参与,不仅能够提升资源管理策略的执行效果,也能够促进社会对可持续发展的认同与支持。

社区参与的"社区共治"模式,使得当地居民在资源管理中既是受益者也是管理者,能够更好地理解资源保护的意义,从而提高资源管理的效益。通过这种协同发展的方式,区域内的资源可以得到更加有效和合理的利用,社会与生态效益也能够同步提升。

2.4 多样化的政策与机制支持

为了实施本地化与多样化策略,政策支持是不可或缺的。政府应根据不同区域的特点,制定适应性强、灵活性高的政策和法律法规,确保资源开发与保护的平衡。例如,对于水资源短缺地区,可以通过政策引导节水技术的推广,鼓励绿色农业、节水灌溉等项目;而对于资源丰富地区,政府应通过补贴和税收优惠等手段,鼓励可持续发展产业和绿色技术的应用。

同时,各类补贴、环保税费、绿色信贷等经济机制也应配套实施,保障本地化与多样化资源开发的可行性与持续性。政府应加强资源的科学评估与监管,通过设立生态红线、环境保护区等手段,对开发活动进行约束,防止过度开发与环境破坏。

探究案例

案例1:自然资源的分类与地理分布

情境描述:你正在研究自然资源的地理分布,目标是分析不同类型的资源如何在全球范围内分布,并探讨资源分布对区域经济和社会的影响。你将关注能源、矿产、森林和水资源的分布以及它们与当地经济发展之间的关系。

探究问题:

1. 请描述可再生资源和不可再生资源的主要区别,并举例说明这两类资源在全球的分布情况。

2. 在全球范围内,石油、煤炭和水力资源的分布有何不同?这些资源的分布对相关地区的经济发展有何影响?

案例2:资源开发与环境代价

情境描述:你作为环境保护专家,正在评估一个区域的资源开发活动。你需要分析该区域的资源开采对生态环境的影响,并提出减少负面环境影响的措施。你将重点分析矿产资源开采、能源开采和水利工程对环境造成的代价。

探究问题:

1. 请讨论矿产资源开采对生态环境的破坏,如土地退化、生物多样性损失等,并分析这些问题如何影响生态系统。

2. 能源开采和使用如何加剧气候变化问题?你认为应如何通过清洁能源技术和绿色采矿技术减少资源开采的环境代价?

案例3:资源开发的社会经济代价

情境描述:你正在分析某资源丰富国家的社会经济问题。该国家过度依赖矿产和能源资源的开发,导致了社会冲突和区域发展不平衡。你需要探讨资源过度开发的社会经济代价,并提出如何促进社会和谐与区域均衡发展的建议。

探究问题:

1. 资源的过度开发如何导致社会冲突与贫困?请举例说明资源争夺对某些地区的影响。

2. 你认为如何通过政策调整缓解资源开发带来的区域经济差距?请讨论促进资源公平分配和区域协调发展的措施。

案例 4:可持续资源管理的地理学方案

情境描述:你作为可持续资源管理项目的负责人,正在为某地区制定资源管理方案。该地区拥有丰富的自然资源,但资源开发面临环境污染和生态破坏的问题。你需要设计一个可持续的资源管理方案,确保资源的长期可用性并促进社会、经济与环境的协调发展。

探究问题:

1. 请讨论可持续资源管理的理念,并说明如何在资源开发过程中实现经济、社会和环境的和谐发展。

2. 你认为应如何采用科学的资源规划和管理来确保资源的合理开发与利用?请举例说明合理规划在资源开发中的重要性。

案例 5:可持续资源管理的区域性方案

情境描述:你正在参与一个区域资源保护项目,目标是根据该地区的资源特点和环境状况制定个性化的管理策略。你需要考虑不同资源的管理措施,如水资源的节约与森林资源的可持续管理,以确保地区资源的长远发展。

探究问题:

1. 假设你正在管理一个水资源短缺的地区,你会采取哪些节水措施以确保水资源的可持续利用?

2. 在森林资源丰富的地区,如何采用可持续林业管理来保护森林资源并促进生态恢复?请提出具体的管理措施。

推荐阅读书籍

1. Mears R:Natural Resources and Environmental Economics,Routledge,2013.

2. Tietenberg T,Lewis L:Environmental and Natural Resource Economics,Pearson,2016.

3. Brown L R:The World on the Edge:How to Prevent Environmental and Economic Collapse,W. W. Norton & Company,2011.

4. 马中:《环境与自然资源经济学概论》,高等教育出版社,2006.

5. 谢高地:《自然资源总论》,高等教育出版社,2009.

6. 何建坤,等:《自然资源可持续利用战略与机制》,中国环境科学出版社,2006.

7. 罗丽艳:《自然资源价值代偿机制研究》,经济科学出版社,2005.

第八章　农业、工业与交通地理

第一节　农业区位与地理环境的关系

一、影响农业区位的自然因素

1. 气候条件

1.1　温暖湿润的气候

温暖湿润的气候条件非常适合湿地作物的种植,尤其是水稻。水稻对温度和水分的需求极为敏感,通常在高温、湿润的环境中生长最快,因此它们在气候湿润、降水丰富的地区得到广泛栽培。水稻生产区通常集中在东南亚的季风气候区,如中国的长江流域、印度和泰国等地,这些地方气温高、降水量丰富,为水稻提供了充足的水源和适宜的温度。水稻的生长不仅与气候密切相关,还受到季节性降水的影响。季风气候区的降水季节集中,能提供足够的水源,使这些地区成为理想的水稻种植地。在温暖湿润的气候条件下,水稻的生长周期较短,且由于充足的水分供应,病虫害相对较少,这有助于提高产量。

1.2　干旱和半干旱的气候

干旱和半干旱地区的气候条件要求作物具有较强的抗旱能力,因此在这些地区种植耐旱作物,如小麦、玉米和棉花等。这些作物能够适应有限的水源条件,但仍需通过灌溉来提高产量。干旱地区的降水量较少且分布不均,因此农业生产通常依赖灌溉技术来补充水分。中东、北非以及澳大利亚的部分地区都是典型的干旱气候区。在这些地区,水资源极为稀缺,农业生产离不开先进的灌溉系统,如滴灌、喷灌和洪泛灌溉等。高效的水资源管理至关重要,合理的灌溉与水资源使用有助于在干旱环境下保持农业生产力并避免土壤盐碱化。此外,这些地区也不断采用现代农业技术,优化作物品种,增强作物对干旱的耐受性,从而在有限的水资源下提高农业产量。

1.3　寒冷气候

寒冷气候地区的农业生产受限于短暂的生长季节和低温环境,因此适宜种植耐寒作物。这些作物能够在低温环境下生长,并具有较短的生长周期,使其能够在有限的生长季节内完成生长过程。例如,大麦、燕麦、马铃薯等作物在寒冷气候中表现出较强的适应能力,它们能够忍受霜冻和低温,且生长周期较短。尽管寒冷气候地区的农业生产受限于较短的生长季节,但这些地区的作物通过优选耐寒品种和优化种植时间,能够在低温环境中保持较高的产量。北欧、加拿大和俄罗斯的部分地区就采用了这种方式,使得农业能够在寒冷环境中维持稳定的生产水平。通过合理安排种植季节,适应性强的作物品种能够在短暂的温暖季节内迅速生长并成熟,从而为当地居民提供充足的粮食供应。

2. 土壤条件

2.1 肥沃的土壤

肥沃的土壤通常富含有机质和矿物质,提供了作物生长所需的丰富养分,因此这些土壤是最适合农业生产的类型。典型的肥沃土壤如黑土和黄土等,广泛分布在世界一些重要的粮食生产区。例如,中国东北的黑土地区和乌克兰的广袤平原便是世界上最著名的粮食生产基地,这些地区的土壤富含有机质,具有良好的水分保持能力,适宜种植小麦、玉米、大豆等重要粮食作物。黑土地区的土地通常结构松散、排水良好,有利于根系发展,能够提供稳定的养分供应。因此,这些地区的农业生产通常能实现高产,并且土壤肥力较强,支持多种作物的种植,形成了大规模的农业种植区。

2.2 贫瘠的土壤

贫瘠土壤,如沙漠土壤和盐碱土,通常缺乏足够的养分和水分,难以支持传统农作物的生长。沙漠土壤含水量低,养分流失严重,盐碱土则由于盐分的积累,造成了对多数植物生长的抑制。因此,这些地区的农业生产通常面临较大的挑战。然而,通过结合先进的农业技术,如水源管理、施肥和灌溉等手段,贫瘠的土壤也可以被改良和利用。在中东和撒哈拉地区,农业活动的成功往往依赖于灌溉系统和土壤改良技术。通过建设大规模的灌溉设施,合理利用地下水资源或通过海水淡化技术,这些地区能够实现有限的农业生产。此外,使用有机肥料或化学肥料改善土壤结构和养分含量,也使得这些地区的农业逐渐能够维持一定的生产能力。

2.3 酸性或碱性土壤

土壤的酸碱度直接影响作物的生长,某些作物对土壤的酸碱度有特殊要求。酸性土壤通常 pH 值较低,适宜水稻等耐酸性作物的生长。水稻生长所需的环境是酸性土壤,因为这种土壤有利于水稻根系的发育和养分的吸收,因此,水稻主要分布在一些酸性土壤较多的地区,如亚洲的部分稻田区。碱性土壤则适宜一些喜碱性作物的生长,如某些果树(如柑橘、橄榄树等)和豆类作物。碱性土壤一般 pH 值较高,可以通过调节施肥策略来优化作物的生长环境。然而,过于极端的酸碱度会抑制作物的生长,因此,在农业生产中,合理调节土壤的酸碱性是非常重要的。

3. 水资源

3.1 水田农业

水源充足的地区适宜开展水田农业,尤其是对水分需求极高的作物,如水稻和莲藕等。水田农业不仅需要充足的水源,而且对水质要求也较高,通常需要大量的水来保持田地的湿润状态。水稻的生长尤其依赖充足的水分,其根系发育需要长时间浸泡在水中。因此,水田农业主要分布在江河流域、湖泊平原或水资源丰富的地区。典型的水田农业区域包括中国的长江流域、印度的恒河流域和东南亚的湄公河流域等。这些地区降水丰富,水资源充足,形成了大规模的水田生产体系。长江流域的稻田面积巨大,是世界上主要的水稻生产基地之一。类似地,印度的恒河流域也提供了充足的水源,使得水田农业得以蓬勃发展。除了水稻,莲藕、芦苇等水生作物也通常在这种湿润环境中生长,这些地区的农民通过水田的轮作和合理安排水位变化,实现多种作物的种植。

3.2　旱地农业

旱地农业是指那些适应干旱或半干旱地区的农业形式。在这些地区,降水量稀少且不稳定,农业生产通常依赖于自然降水或有限的灌溉系统。旱地农业主要种植耐旱作物,如小麦、玉米、豆类等,这些作物能够适应较为干燥的环境。旱地农业广泛分布于中东、非洲的撒哈拉地区、美国西南部以及澳大利亚等干旱或半干旱区域。在这些地区,由于降水量少,农业生产离不开高效的水资源管理。对于这些地区的农民而言,水资源的合理使用和有效管理至关重要。一些旱地地区采用轮作、旱作技术以及节水灌溉系统来提高土壤水分的利用率。以中东的部分国家为例,通过建设现代化的灌溉系统,如滴灌和喷灌,能够大大提高水资源的利用效率,确保作物在干旱季节能够获得足够的水分。

3.3　水资源管理

无论是水田农业还是旱地农业,合理的水资源管理都至关重要。随着全球水资源逐渐紧张,传统的水利灌溉方式面临着挑战,现代化的灌溉技术和水资源管理方法显得尤为重要。滴灌、喷灌等高效灌溉技术可以显著提高水资源的利用率,减少水的浪费,尤其适用于干旱地区的农业生产。滴灌技术通过直接将水送至植物根部,避免了水分蒸发和流失,有效提高了水的使用效率。喷灌系统则能够覆盖更广的种植区域,适用于大规模的农业生产。此外,节水灌溉技术的应用不仅能帮助缓解水资源短缺问题,还能改善土壤结构,保持土壤的适宜湿度,减少盐碱化等问题。水资源管理的另一重要方面是水源的保护与合理分配。在水资源丰富的地区,如何平衡不同农业用水需求、城市用水和生态保护成为重要课题。在干旱地区,合理规划水资源使用、引导农民采取节水技术与作物选择,也能帮助提高农业生产的可持续性。

4. 地形条件

4.1　平原和低丘陵

平原和低丘陵地区的地形平坦,便于开展大规模机械化农业作业。这些地区通常适合进行粮食作物的种植,尤其是小麦、玉米、大豆等作物,具有较为稳定的气候条件和充足的水源,适合进行大规模的商业化农业生产。例如,美国的中西部大平原、俄罗斯的乌拉尔平原以及中国的华北平原,都是世界著名的农业生产区。这些地区土壤肥沃,土地面积广阔,适宜机械化操作。特别是在美国的中西部,农田面积巨大,机械化程度高,作物产量稳定,成为全球重要的粮食生产基地之一。类似地,俄罗斯的乌拉尔平原和中国的华北平原也有着丰富的农业资源,生产着大量的小麦、玉米等重要粮食作物。在这些地区,由于地形平坦,农田容易大规模开发,农业生产常常高度集中,并且借助现代化的农业机械,能够大幅度提高生产效率。机械化作业使得作物种植、收割等过程更加高效,减少了人力需求。

4.2　高山和丘陵

与平原地区相比,高山和丘陵地区的地形复杂,常常不适合进行大规模的机械化耕作。但这些地区的独特气候条件和丰富的水源使得其成为一些特定作物的理想生长地,特别是一些高价值作物,如茶叶、葡萄、咖啡等。例如,中国的云南和四川等山区,因其温暖湿润的气候和独特的海拔条件,成了世界著名的茶叶生产区。这里的茶叶品种丰富,品质优良,是全球市场的重要供应地。类似地,欧洲的葡萄种植区(如法国的波尔多、意大利的托斯卡纳地区)大多位于丘陵地带。葡萄种植对气候和土壤条件要求较高,丘陵地区的坡地和气候特点有助于葡萄的生长和成熟,因而成了葡萄酒产业的发源地。此外,咖啡种植通常分布在高海拔地区,这些地区具有独特的温度和湿度条件,适宜咖啡的生长。高山和丘陵的特殊地形使得这些地方成为特定作物的重要生产基地。

4.3 山区牧业

在高山地区,由于气候条件和地形限制,农业生产多以牧业为主。山区往往适宜发展以牧草为主的牧业,特别是养殖牛、羊等牲畜。由于高山地区的气候寒冷、土壤较为贫瘠,常常不适宜进行大规模的粮食种植,但适合大面积放牧。山区牧业通常依赖自然放牧,这种放牧方式不仅能利用山区的草原资源,而且对牲畜的生长也有良好的促进作用。然而,山区牧业也面临一定的生态挑战,过度放牧可能导致草原退化、水土流失等环境问题。因此,合理的生态环境管理和草原保护至关重要,避免过度放牧和不合理利用自然资源。一些高山地区,如喜马拉雅山脉的部分区域和阿尔卑斯山地区,都是著名的牧业生产区。当地的牧民依靠放牧养殖牛羊,生产乳制品和肉类,形成了独特的山区牧业经济。此外,山区牧业还需要结合现代畜牧业技术,如草地轮牧、人工草场建设等方法,以确保资源的可持续利用。

二、人文与社会经济因素

1. 劳动力与技术

1.1 劳动力的数量与素质

劳动力的数量和素质是农业生产的核心要素之一,直接决定了作物种植的规模和生产方式。在劳动力相对丰富的地区,农业生产往往是劳动密集型的,这意味着这些地区需要大量的人工劳作来完成农业活动,如播种、耕作、施肥、收获等。劳动力的素质同样关键,劳动力的技能水平、文化教育背景以及对现代农业技术的接受度,决定了农业生产的质量和效率。在一些发展中国家,劳动力成本较低,这使得劳动密集型农业在这些地区得到广泛应用。例如,许多亚洲和非洲国家的农业生产以人力为主,尤其在种植蔬菜、花卉、茶叶等作物时,人工劳作的比例较高。这些地区通常依赖于较低的工资水平来促进农业发展,并在全球农产品市场上占有一席之地。

然而,劳动力的数量和素质并非固定不变,随着城市化进程的加快,农业劳动力面临流失的问题。很多年轻人选择离开农村,进入城市寻求更好的就业机会,这使得农村地区的劳动力短缺问题逐渐显现。劳动力的老龄化、教育水平不足以及农民的技能不匹配,也对农业生产造成了一定的压力。为了应对这一挑战,部分国家开始重视农业教育与培训,通过提升劳动力的素质,促进农业的可持续发展。

1.2 劳动密集型农业与技术依赖

劳动密集型农业通常出现在劳动力充足且成本较低的地区,这些地区的农业生产更多依赖于人工,而非高科技机械设备。在这些地区,土地面积相对较小且生产方式传统,农民通过大量的人工投入来保证农业的高效运行。例如,部分亚洲国家和非洲地区,农业生产中仍然依赖人力和简单的手工具来耕种和收获作物。特别是那些小规模的家庭农场,劳动力是农业生产的主要资源。

随着劳动力短缺问题的加剧和农业生产效率要求的提高,劳动密集型农业逐渐面临挑战。机械化农业的引入成了一种趋势,尤其在劳动力稀缺或土地面积较大的地区,机械化农业逐渐取代了传统的劳动密集型模式。农业机械化不仅能减少对劳动力的依赖,还能够提高作物的产量和生产效率。

尽管如此,劳动密集型农业仍在一些国家和地区占据重要地位,特别是在那些劳动力相对充裕且生产模式较为原始的地方。为了提高劳动效率,这些地区可能会借助简单的技术手段,如现代灌溉系统、机械化采摘等,来增加劳动的产出率。随着技术不断进步,更多的农业生产方式开始探索技术与劳动力相结合的途径,从而实现资源的最大化利用。

1.3　技术创新与农业现代化

随着科技的飞速发展,农业生产逐渐从传统的依赖人工的方式向现代化、智能化转型。现代农业技术的引入不仅提升了农业的生产效率,也提高了农业生产的可持续性。在发达国家,农业生产已经逐步实现机械化和智能化,科技的应用为农业带来了革命性的变化。精准农业技术是当前农业技术创新的重要方向之一。通过使用全球定位系统(Global Positioning System,GPS)定位、遥感技术和大数据分析,精准农业可以帮助农民根据土壤、气候和作物需求制定更加精细的管理措施。这些技术能够优化水肥管理、提高土地的利用效率、降低资源浪费,并减少对环境的负面影响。无人机、传感器、智能灌溉系统等技术的应用,使得农业生产变得更加高效、节水和环保。

此外,智能农业设备的引入也大大改变了传统农业生产模式。例如,自动化播种机、智能收割机、无人驾驶农业车辆等设备,在提高农业生产效率的同时,也减少了对劳动力的依赖。机器人技术、人工智能和物联网的进一步发展,正在推动农业向更加智能化、自动化的方向迈进。尽管技术创新为农业带来了诸多益处,它也要求农民具备相应的技术知识和技能。在一些发展中国家,技术推广和农民培训仍然是技术进步的瓶颈。要确保新技术的普及,政府、科研机构和农业企业需要共同努力,加强农业科技的推广和技术支持,以帮助农民适应技术革新,提升农业生产水平。

2. 市场需求

2.1　市场需求与作物选择

农业生产的方向和规模通常受到市场需求的影响。不同地区根据市场需求优先生产不同的作物,尤其是当市场对某些作物的需求急剧上升时,生产者往往会选择这些作物进行种植。经济作物(如棉花、橡胶、咖啡等)的生产通常依赖于市场需求,这类作物的种植区往往不仅面向本国市场,还需要面向国际市场出口。对于这些国家来说,农业生产与全球市场的需求紧密相连。例如,东南亚国家(如泰国、越南和印度尼西亚)大规模生产橡胶,这与全球汽车产业对橡胶的需求息息相关。市场的变化直接影响这些地区农业生产的方向,市场需求上升时,相关作物的种植面积和产量可能会迅速扩大,反之亦然。随着消费者偏好和全球经济形势的变化,农业生产模式不断进行调整。比如,近年来,随着绿色有机农业的兴起,一些国家和地区逐渐转向生产有机农产品,以迎合市场对健康和环保食品的需求。

2.2 经济作物与粮食作物的权衡

在农业生产中,经济作物与粮食作物之间常常存在选择的权衡。一些地区由于地理和气候条件,适合生产经济作物(如棉花、橡胶、咖啡、可可等),这些作物通常具有较高的市场价值,且生产规模较大,出口成为主要销售渠道。经济作物的生产通常需要满足国际市场的需求,因此,其市场波动性较大。若全球需求上升,生产地区的农业生产将迅速扩大,若市场需求下降,农业生产则可能受到很大冲击。

与经济作物相比,粮食作物(如小麦、玉米、大米等)的生产则多侧重于国内消费和地区市场。粮食作物通常具有较为稳定的市场需求,因为它们是人们日常生活中必不可少的食物来源。对于许多国家而言,保证粮食安全是农业发展的首要任务,这也导致了许多国家在粮食生产上进行政策支持和资源配置。

在某些情况下,农业生产者需要在经济作物和粮食作物之间进行选择或平衡。例如,在一些热带地区,农民可能需要在种植高价值的咖啡和生产当地必需的粮食作物之间做出决策。这种权衡不仅影响农业生产结构,也直接关系到农民的收入水平。

2.3 市场变化与农业生产决策

市场需求的变化直接影响农业生产决策,尤其是在全球化和信息化迅速发展的今天,市场的波动变得更加不可预测。农业生产者必须具备灵活应对市场变化的能力,以确保农业生产能够适应市场需求的波动。例如,国际油价、全球气候变化或其他经济因素可能影响农业生产的种类和规模。定期的市场调研、精准的生产计划、对市场需求的快速反应是确保农业稳定发展的关键措施。尤其是在气候变化加剧和全球供需不平衡的背景下,农业生产者应及时调整生产策略,适应市场的快速变化。例如,当某些粮食作物的价格上涨时,生产者可能会增加产量,反之,当价格下跌时,他们可能会调整种植结构,减少风险。

随着技术的进步,农业生产的市场调研和决策也变得更加精准和高效。大数据、人工智能和区块链等新兴技术,已开始帮助农业生产者实时监测市场趋势,做出更为科学的生产决策。这不仅能够提高农业生产的效益,还能帮助农民应对市场波动带来的风险。

3. 政策与农业支持

3.1 政府补贴与农业政策

政府通过补贴、税收优惠和其他政策工具,直接支持农业生产的持续发展。为了减轻农业生产的风险和成本,许多国家为农民提供各种形式的支持。例如,生产补贴可以帮助农民降低种植成本,尤其是在粮食生产和经济作物领域。价格支持政策也是常见的农业支持方式,它能够稳定农民收入,防止市场价格波动对农业生产的负面影响。农业保险、低利贷款等金融工具为农民提供了保障,使他们能够更好地应对自然灾害、气候变化或市场价格波动带来的风险。这类政策尤其在气候不稳定的地区发挥重要作用,帮助农民减轻灾后恢复的负担。

除了经济补贴,政府还会提供农业技术支持。通过农业科研机构的技术转移、培训和推广项目,政府可以帮助农民掌握现代农业技术,提升农业生产水平和效益。例如,精准农业技术、生态农业技术以及新型农业设备的引入,能够使农业生产更加高效、环保。各国还会提供资金支持,推动农业科技创新,确保农业长期发展的可持续性。

3.2　土地政策与农业区位

土地是农业生产的重要资源,政府的土地政策直接影响农业区位的选择和生产方式。在土地资源有限的背景下,如何合理规划和配置农业用地是各国政府需要面对的重要课题。许多国家会根据农业发展需求和土地的适宜性,对土地进行规划和管理,以实现土地资源的最优配置。例如,国家可能会划定一定的耕地保护区,限制非农业用途的扩展,确保粮食生产和其他农业活动所需的土地供应。

土地流转政策是政府用以促进农业发展的另一种工具。通过土地流转,农民可以将土地租赁给有经营能力的大型农业生产单位,从而实现土地的集约化经营,提高土地的生产效率。此外,土地保护措施(如禁止过度开发或不合理使用土地)可以保护农业生态环境,确保土地长期可持续使用。

土地使用权的管理也是一个重要的政策环节。政府通过土地承包、土地使用权的合理分配与管理,能够促进农业生产的稳定性和可持续性。土地政策的优化不仅提高了农业的生产力,还能为农业区位选择提供更明确的指导。

3.3　水利政策与农业支持

农业生产对水资源的依赖性极强,因此水利政策的支持对于农业发展至关重要。政府通过修建灌溉系统、治理水土流失、进行水资源调度等方式,确保农业生产中水源的稳定供应。在干旱或水资源匮乏的地区,灌溉系统尤为重要,它能够有效保证农田灌溉,提升农业生产能力。

为了提高水资源的利用效率,许多国家实施了集中的水利规划和管理措施。政府往往会投资建设大型的灌溉设施、蓄水池以及水资源调度系统,确保水资源能够科学合理地分配到各个农业生产区域。在农业区,政府还通过水土流失治理、水利设施的建设与管理等措施,有效减少水资源的浪费和污染。

水利政策的实施还帮助农民合理用水,促进水资源的高效利用。例如,通过引入现代灌溉技术(如滴灌、喷灌等),能够大大减少水资源的浪费,提高灌溉效率。这些措施不仅保障了农业的水源供应,还促进了农业的可持续发展和生态环境的保护。

三、农业区位的区域特征

1. 粮食生产区

1.1　美国中西部粮食生产区

美国中西部,常被称为"美国的粮仓",是全球最重要的粮食生产区之一。该地区包括美国的"玉米带"和"小麦带",覆盖了俄亥俄州、伊利诺伊州、艾奥瓦州、密苏里州、堪萨斯州、内布拉斯加州等地区。这里的气候条件非常适合粮食作物的生长,特别是玉米、小麦、大豆等。美国中西部的土壤,尤其是黑土,富含有机质和矿物质,极为适合粮食作物的生长。该地区的主要水源包括密西西比河、密苏里河等,灌溉条件良好,保证了作物在生长期有足够的水分。美国的农业技术高度现代化,机械化程度极高,农业生产依赖于高效的耕作设备和先进的种植管理系统。这不仅提高了作物产量,还降低了生产成本。

1.2 印度平原的粮食生产特色

印度平原,尤其是恒河平原和印度河流域,是印度最重要的粮食生产区之一。这个地区广泛分布着印度的水稻、小麦、玉米等主要粮食作物,是国家粮食供给的核心地带。恒河和印度河为这一地区提供了稳定的水源,尤其在季风季节,降水量充足,适合水稻的生长。现代灌溉系统也在确保粮食生产的稳定性方面起到了重要作用。在适宜的气候条件下,许多地区能够进行双季稻的种植,这使得该地区粮食产量持续增加。印度平原地区劳动力相对丰富,尤其在农业旺季,劳动力可以通过人力耕作、大规模播种等方式提高生产效率。然而,印度平原的农业也面临一些挑战,如土地肥力下降、地下水资源过度开发等问题,这些问题需要通过技术创新和政策引导来解决。

1.3 华北平原的农业优势

华北平原是中国最重要的粮食生产区域之一,尤其是小麦、玉米和大豆的主要产区。这个地区包括河北、河南、山东等省份。华北平原地处温带季风气候区,四季分明,夏季高温、冬季寒冷,适合种植冬小麦和夏玉米等作物。此外,充足的降水和太阳辐射也为农业生产提供了有利条件。尽管华北平原整体降水量有限,但灌溉设施发达,特别是引黄灌溉系统保证了农业生产的稳定。利用黄河水源,华北平原的农业用水得到合理配置。随着农业现代化进程的推进,华北平原的机械化水平不断提高,种植、收割、灌溉等作业都依赖先进的机械设备。这不仅提高了生产效率,还节约了人力成本。华北平原农业生产的挑战主要包括水资源紧张、土壤退化等问题,这些问题需要通过科学的水资源管理和农业生态保护措施来应对。

2. 经济作物区

2.1 中国的棉花种植区

中国是世界上最大的棉花生产国之一,棉花种植区主要集中在中国的北方和西部地区。新疆是中国最大的棉花生产区,也是全球重要的棉花生产地之一。新疆地区地处干旱或半干旱的气候带,夏季温暖干燥,适宜棉花的生长。棉花对温度和日照要求较高,新疆的长日照和高温气候为棉花的生长提供了有利的环境。新疆的土地资源广阔,适合大规模的机械化种植。土地流转政策和现代化的农业管理模式使得棉花种植得以迅速扩展。由于新疆水资源相对紧张,灌溉成为棉花种植的关键。棉花种植区主要依赖天山的冰雪融水以及地下水资源,通过灌溉系统保障棉花的水分供应。中国棉花产业链较为完善,从棉花种植到纺织、服装生产,形成了完整的生产体系,推动了当地经济的发展。

2.2 巴西的咖啡生产区

巴西是世界上最大的咖啡生产国之一,咖啡生产区主要分布在巴西的东南部、南部和中部地区,特别是米纳斯吉拉斯州、圣保罗州和圣埃斯皮里图州等。巴西的咖啡种植区属于热带气候,温暖的气候和充足的降水为咖啡的生长提供了理想的条件。巴西的咖啡主要为阿拉比卡咖啡,适合在高海拔地区种植。巴西的咖啡种植区土地资源丰富,且土地规模大。随着机械化技术的发展,巴西的咖啡生产逐步实现了大规模的机械化种植和收割,提高了生产效率。巴西是世界主要的咖啡出口国之一,咖啡产业为巴西带来了丰厚的外汇收入。巴西的咖啡生产主要面向国际市场,尤其是北美、欧洲和亚洲市场。

2.3 热带与亚热带经济作物区

热带和亚热带地区是世界经济作物的重要生产基地,这些地区的气候特点使得它们特别适合种植如咖啡、可可、橡胶、棉花、香蕉、橙子等经济作物。这些地区通常具备充足的降水、高温和长日照,非常适合热带和亚热带作物的生长。特别是橡胶、咖啡、可可等作物,在这些气候条件下能够达到最佳的生长效果。热带和亚热带地区土地资源丰富,许多国家有着广阔的农业用地,能够进行大规模的单一作物种植。这些地区的农业通常依赖大规模的劳动力投入,尤其是对于劳动密集型作物如香蕉、橙子等的种植。热带与亚热带地区的经济作物生产通常高度依赖国际市场需求。大部分生产的经济作物用于出口,尤其是欧美国家的消费市场。由于全球经济形势和消费者需求的变化,市场波动对这些地区农业生产有着显著影响。

3. 牧业区

3.1 蒙古草原的牧业特色

蒙古草原位于中亚地区,是世界上最著名的牧业区之一。这个地区以其广袤的草原和适宜的气候条件,成了牧业发展的重要基地。蒙古草原的牧业特色包括:蒙古草原属于温带草原气候,年降水量较少,主要依赖春季和夏季的降水。草原上生长着丰富的牧草资源,适合放牧和草地牧养。草原的冬季严寒、干燥,而夏季温暖,适合牧草生长并为牲畜提供足够的食物。蒙古的传统牧业主要依赖于游牧方式,牧民根据季节变化和草场的可利用性迁移牲畜。这种游牧式生产模式使得牧民能够在不同的季节利用不同的草场资源,避免草场过度利用。蒙古草原上主要养殖的牲畜包括牛、羊、马和骆驼,其中羊是最为重要的家畜,提供羊毛、羊肉等产品。马在蒙古文化中有着重要的地位,除了用于运输和骑乘,还是牧业活动中的重要劳动力。

3.2 澳大利亚内陆的牧业生产模式

澳大利亚内陆地区(也称为"澳大利亚内陆"或"Outback")是世界著名的牧业区,特别适合牛羊的养殖。澳大利亚内陆属于干旱或半干旱的气候带,降水稀少,气温变化大。尽管自然条件较为严峻,但内陆广阔的土地和长时间的日照使其成为牧业生产的重要地区。澳大利亚的牧业生产以大规模牧场为主,牧场的面积可以达到数千甚至数万平方千米。牧场主通常采用集约化的管理方式,结合现代化的技术和设施,确保牲畜的健康成长。澳大利亚的内陆牧场主要养殖牛和羊,尤其是肉牛和羊毛羊。澳大利亚是世界上最大的羊毛生产国之一,羊毛的质量享誉全球。羊肉和牛肉的出口也为澳大利亚的经济做出了重要贡献。为了应对干旱气候和土地资源限制,澳大利亚的牧场主广泛应用现代化技术,如自动化喂养系统、精准饲养技术等,提升了牧业生产的效率和可持续性。

3.3 其他重要牧业区的特点

除了蒙古草原和澳大利亚内陆,还有一些地区也以牧业生产为主,具有各自的特色。阿根廷的潘帕斯草原是世界上最著名的肉牛生产区之一。该地区气候温和、草地丰富,适宜养殖肉牛。阿根廷的牛肉以其高质量著称,主要用于出口。潘帕斯草原的牧业生产模式类似于澳大利亚,注重大规模牧场经营和现代化管理技术的应用。新西兰以其优质的乳制品和羊肉而闻名。该国的牧业生产区多集中在北岛和南岛的牧场,新西兰的牧场主注重生态保护和可持续发展。新西兰是全球最大的羊毛出口国之一,此外,新西兰的奶制品行业也在全球市场中占有重要地位。美国西部的牧业区包括蒙大拿州、怀俄明州等地区,这些地区拥有广阔的草原和适宜的气候条件,主要养殖肉牛和羊。美国牧业区的生产方式与澳大利亚和阿根廷类似,采用现代化机械和管理手段,注重生产效率和产品质量。

4. 混合农业区

4.1 东南亚地区的农业多样性

东南亚地区是一个典型的混合农业区,农业活动在这里呈现出丰富的多样性。该地区的气候、地理条件以及丰富的生物多样性为多种农业生产方式提供了条件。东南亚地区的农民通常种植多种作物以满足家庭消费和市场需求。常见的作物包括稻米、玉米、根茎类作物(如甘薯、山药)、水果(如香蕉、柑橘)以及经济作物(如橡胶、咖啡)。这种多元化种植方式不仅提高了土地的利用效率,还分散了农民的风险。由于东南亚的许多国家拥有丰富的海岸线和内陆水域,渔业和水产养殖成为该地区农业的重要组成部分。稻田养鱼、池塘养虾等养殖方式在许多地方得到广泛应用。在一些地区,尤其是农村和山地地区,农民将小规模的畜牧业与农业种植相结合。猪、牛、鸡等牲畜的养殖与农田耕作相辅相成,形成了农业综合体。东南亚的农业多样性使得这一地区的农业系统更具适应性和韧性,同时为农民提供了更稳定的收入来源。

4.2 混合农业区的土地利用与生产方式

混合农业区的土地利用通常注重耕地、草地、水域和森林等多种资源的综合利用。土地利用方式的多样化不仅优化了农业生产的空间布局,还促进了农业生态系统的平衡。许多混合农业区的农民采用轮作和间作的方式进行土地利用。轮作可以改善土壤肥力,减少病虫害的发生,而间作则有助于提高土地利用效率并减少杂草生长。例如,在东南亚地区,农民可能会在稻田里种植豆类作物,既能增加土壤氮源,又能提升农业收益。在混合农业区,农田和畜牧业往往是相互交织的。农民既种植作物,又养殖家畜,牲畜的粪便可作为有机肥料,促进土壤肥力的恢复。同时,农牧结合有助于农民分散风险,增强农业生产的韧性。在水源丰富的地区,农民常将水产养殖与农田耕作结合。例如,稻田养鱼和池塘养虾等方式已成为许多东南亚国家的重要农业生产模式。这种结合可以提升土地和水域的生产能力,提高农民的整体收入。

4.3 混合农业的可持续性与挑战

尽管混合农业系统具有多方面的优势,但它也面临着一些挑战,需要采取有效措施来保障其可持续发展。混合农业的可持续性依赖于生态平衡的保持。合理的土地管理和资源利用对于保障土壤健康、减少水土流失以及保护生物多样性至关重要。过度放牧、过度耕作以及不当的水资源管理可能导致生态环境退化,影响农业系统的长期稳定性。气候变化对混合农业区构成了一定的威胁。异常天气现象(如干旱、洪水、台风等)对农业生产造成了直接影响,特别是依赖于自然水源的农业生产模式。为应对这些挑战,农民需要采用更为适应气候变化的农业技术,如抗旱作物、改良灌溉系统等。混合农业区的生产方式通常依赖于稳定的市场需求和合理的政策支持。市场需求的变化可能会影响农民的生产决策,而政策的变动(如农田政策、水资源管理等)则可能对农业生产造成影响。为了确保农业的可持续发展,政府应制定长远的发展规划,并提供适当的政策支持。技术创新和农业知识的传播对于提高混合农业区的生产效率和可持续性至关重要。农民需要获得更多的农业技术培训和资源支持,以提高生产水平并降低环境负担。适应当地生态和资源特点的技术方案可以帮助农民在可持续发展的框架内优化农业生产。

第二节 工业布局与地理因素的影响

一、工业区位的基本因素

1. 原料来源

1.1 原料的地理分布

原料是工业生产的基础,不同类型的工业对原料的依赖程度不同。原料的地理分布直接影响工业区位的选择。例如,钢铁、化肥和造纸等行业通常需要大量的矿物和农产品作为原材料,因此这些行业往往集中在原料丰富的地区。例如,中国的钢铁工业主要分布在矿产资源丰富的华北和东北地区,而造纸工业则多位于森林资源丰富的长江流域。原料的分布不仅受到自然资源的制约,还与区域的基础设施、运输便利性和当地经济发展状况密切相关。

1.2 依赖原料的行业特征

某些行业对原料的依赖程度特别高,这些行业的区位选择往往取决于原料的可得性和运输成本。例如,钢铁行业和煤炭开采业,往往依赖于本地矿产资源,这些行业通常位于矿区附近,以减少原料运输成本。而纺织、食品加工等行业则可能依赖于当地的农产品和天然纤维,这类行业通常会选择农业发达、农产品丰富的地区进行生产。与此不同的是,某些技术密集型行业,如电子产品和精密制造,虽然需要特定的原材料,但其原料供应通常不受地理位置的重大限制,且这些行业更多地依赖技术和人力资源。

1.3 原料运输成本与工业区位

运输成本在原料依赖型行业中占有重要地位。对于需要大宗运输的行业,原料的运输成本决定了企业是否能够维持竞争力。原料的运输费用直接影响工业区位的选择。通常,原料丰富的地区会建设相关的运输基础设施(如港口、铁路等),以降低运输成本。此外,原料的存储和加工也会影响工业集群的形成。例如,位于资源丰富区域的煤炭开采和钢铁生产行业,可以通过铁路和水运将原料运输到加工厂,从而降低物流成本,提高生产效率。

2. 能源供应

2.1 能源的种类与需求

能源是工业生产的核心,能源的种类和需求特性直接影响工业区位的选择。传统的煤炭、石油和天然气是重工业和能源密集型产业的主要能源来源,而电力和新能源(如风能、太阳能)在现代高科技产业中则逐渐成为主流能源。在一些传统工业中,能源消耗量大,能源供应的可靠性与稳定性尤为重要,而对于精密电子等高技术产业来说,虽然对能源的需求量较低,但对能源质量和稳定性要求较高。不同工业对能源的依赖程度不同,这使得能源供应成为影响产业区位选择的重要因素。

2.2　能源资源的地理分布

能源资源的地理分布具有显著的不均衡性,这也是各个工业区位选择的重要依据。例如,煤炭资源在中国的山西、内蒙古以及印度的贾坎德地区相对集中,这些地区的重工业和能源密集型产业发展迅速。油气资源则主要集中在中东、俄罗斯和北美等地区,这些地方的石油化工和天然气工业繁荣。相较于传统的煤炭和石油,新能源资源则主要集中在地理条件适宜的地区,如风能和太阳能产业主要发展在西北地区等阳光充足、风力资源丰富的区域。因此,能源资源的丰富性和分布将直接影响能源密集型产业的区位选择。

2.3　能源供应与产业结构的关系

能源供应与产业结构密切相关,产业对能源的需求类型和强度决定了能源的供应形式和产业的区位选择。对于高耗能行业,如钢铁、电力生产、化肥和铝业等,这些行业通常会选择靠近能源资源的地区,这样可以最大限度降低生产成本。能源密集型产业的集中还可能促进区域经济的发展,并形成产业集群效应。随着绿色经济和可持续发展观念的兴起,新能源产业(如风力发电、太阳能等)逐渐成为新的产业重心,这些产业的地理分布则会受到资源、政策和环境等多种因素的影响。能源的可持续性将成为未来工业区位选择的一个关键考量。

3.　劳动力与技术

3.1　劳动力资源的分布

劳动力是工业发展的关键要素之一,工业区位往往受劳动力资源分布的影响。劳动力的数量、素质和成本是决定产业区位选择的重要因素。许多工业,尤其是劳动密集型行业,如纺织、制鞋和电子组装,通常集中在劳动力丰富且成本较低的地区。世界各地的劳动力资源分布差异,通常与地区的教育水平、技能培训和社会经济发展水平密切相关。例如,中国和印度等国家的许多工业园区集中在劳动力充足的内陆地区,而东南亚一些国家,如越南和孟加拉国,因劳动力成本较低,也成了劳动密集型行业的热土。

3.2　劳动密集型产业的区位选择

劳动密集型产业对劳动力的需求量较大,通常选择劳动力成本低、劳动力供应充足的地区。这些产业通常对技术要求较低,主要依赖大量的人工操作和较简单的生产流程。例如,纺织和服装制造业通常位于发展中国家的沿海城市或乡村地区,这些地区的劳动力充足且薪资相对较低。劳动力成本是这一类产业的主要区位决定因素,因此这些产业往往会选择那些劳动力价格有竞争优势的地区。此外,某些地区可能通过政府提供的优惠政策、补贴和基础设施建设等吸引企业落户,从而进一步降低生产成本,推动该产业的发展。

3.3　技术密集型产业对区域创新的依赖

与劳动密集型产业不同,技术密集型产业则依赖于高技术的创新和高素质的人才。高科技产业,如半导体制造、信息技术和生物医药等,通常需要优质的教育和培训体系,以支持技术研发和创新。技术密集型产业的区位选择更多依赖于区域内的创新能力、科研机构的聚集以及技术人才的供给。例如,硅谷之所以成为全球技术产业的中心之一,是因为它汇聚了世界顶尖的科技公司和创新型人才,得益于加州大学等科研机构的支持。技术密集型产业对周围的技术氛围、创新文化和企业间的技术合作有较高的依赖,区域创新能力的强弱直接决定了技术密集型产业的成败。

3.4 人力资源培训与技术创新的结合

人力资源的培训与技术创新密不可分。对于技术密集型产业而言,人才的素质直接影响创新的速度和质量,因此,高质量的职业教育和人才培养体系是这一类产业能够持续创新的重要保障。许多发达国家在推动技术创新时,注重通过加强高等教育和职业培训,培养具备科研能力、工程技术能力和创新思维的人才。此外,企业和科研机构的合作也为技术创新提供了平台,能够通过技术交流和人才流动实现知识的共享和技术的突破。因此,区域内的教育资源和人才培训体系在技术密集型产业区位的选择中占据着至关重要的地位。

4. 交通与市场

4.1 交通设施的关键性作用

交通设施是工业区位选择中不可忽视的因素。交通的便利性不仅影响原料的运输和产品的分销,还决定了地区的整体物流效率和产业聚集的程度。良好的交通设施,包括公路、铁路、港口和航空网络,为企业提供了方便快捷的运输途径,减少了运输成本,提高了工业生产的整体效率。例如,汽车制造业通常集中在交通枢纽附近,以便快速配送零部件和整车产品。中国长三角地区的交通设施尤其发达,使得该地区成了重要的制造业和高科技产业的集中区。

4.2 物流成本与工业区位

物流成本对工业区位的选择有着深远的影响,特别是对于那些依赖大量原材料输入和产品输出的行业。制造业和重工业往往需要以最低的运输成本获取原材料并将产品运送到市场。随着全球化进程的推进,物流网络的复杂性和运输成本的控制日益重要。港口、铁路网络、仓储设施等都对工业区位的选择产生影响。例如,一些重工业如钢铁、电力和化肥行业通常会选择靠近港口、铁路枢纽的地区,以便减少物流成本,提高原料的运输效率。

4.3 市场需求的影响

市场需求直接决定了工业区位的选择,尤其是在全球化的背景下,市场不仅限于国内需求,还包括国际市场的需求。许多企业会根据市场的需求变化来选择生产基地,以便更好地应对市场波动。对于那些面向国际市场的企业,选择靠近国际港口和机场的地区尤为重要,因为这些地区能够提供更快捷的进出口物流服务。与此不同,面向国内市场的企业则可能更倾向于选择靠近消费市场和交通便利的地区,以降低产品运输成本并提高配送效率。

4.4 交通枢纽与工业集群的形成

交通枢纽通常成为工业集群的形成地,因其能够有效连接原材料、生产过程和市场。位于交通枢纽的工业区通常拥有更完善的基础设施、较低的运输成本以及更高的物流效率,这为企业带来了竞争优势。以中国长三角、珠三角等经济带为例,这些地区凭借其发达的交通设施、便捷的运输网络和强大的市场需求,形成了完整的产业链和产业集群。这些地区的企业不仅能够共享资源,还能通过技术合作和供应链优化,提高整体产业的竞争力。

二、工业分布的区域特征

1. 重工业区

1.1 重工业区的资源基础

重工业区通常依赖丰富的自然资源,尤其是矿产资源、能源资源,如铁矿、煤矿、石油和天然气等。这些资源为重工业的发展提供了稳定且相对廉价的原料供应。例如,钢铁、机械制造等行业的生产都需要大量的矿产资源和能源。俄罗斯的乌拉尔山脉地区和中国的东北老工业基地就是典型的重工业区,它们的工业化发展与这些区域丰富的资源密切相关。

俄罗斯乌拉尔山脉地区拥有丰富的铁矿、煤矿和石油资源,成了钢铁、机械制造等重工业的发源地。通过大规模的资源开采和加工,这些资源形成了完备的产业链,推动了当地及全国经济的发展。类似地,中国东北老工业基地,尤其是沈阳和鞍山等城市,凭借丰富的矿产资源和能源,成功地发展了钢铁、机械制造等重工业,成为国家工业化的重要支柱。

1.2 典型重工业区的地理分布

重工业区的地理分布往往与矿产资源的分布密切相关。以俄罗斯的乌拉尔山脉地区为例,该地区的铁矿、煤矿和天然气等资源为钢铁、机械制造等重工业的蓬勃发展提供了强有力的支持。乌拉尔山脉地区不仅是俄罗斯的钢铁工业中心,也是重要的机械制造和冶金产业集群。

中国的东北老工业基地,特别是沈阳、鞍山、长春等城市,也是典型的重工业基地。沈阳以其机械制造业著称,鞍山则以钢铁生产闻名,这些城市凭借地理位置的优势和丰富的资源,一度成为中国重要的工业生产基地。尽管近年来这些地区的重工业相对衰退,但它们仍在中国的经济发展史上占据着举足轻重的地位。

1.3 重工业区的经济效应

重工业区对地方经济的增长具有深远影响。这些地区通常依赖大规模的能源消耗和原材料的提取,加上重工业的产业链效应,往往会带动能源供应、物流运输等相关行业的发展。由于重工业所需的大量原材料、设备和能源,重工业区往往形成了工业集群,带动了区域内相关产业的发展,推动了就业和地方经济的增长。例如,乌拉尔山脉地区的重工业集群不仅推动了钢铁、机械制造等行业的发展,还促进了电力、化工、交通等配套产业的繁荣。类似地,东北老工业基地通过钢铁和机械制造等行业的集聚,形成了地方经济的重要支柱,带动了相关领域的快速发展。

2. 轻工业区

2.1 轻工业区的产业特征

与重工业相比,轻工业通常依赖较少的原材料和资本投入,且以劳动密集型为特点。这使得轻工业在劳动力丰富、生产成本较低的地区得以蓬勃发展。轻工业涉及的产业广泛,包括纺织、电子、家电、玩具、鞋帽等领域,通常具有较低的技术门槛和生产成本。中国的珠三角和长三角地区就是典型的轻工业区。这些地区凭借充足且成本相对较低的劳动力,以及完善的产业链和供应链,成了全球纺织、电子产品和消费品生产的重要基地。例如,珠三角的广州、东莞和深圳等地,广泛从事纺织、家电、玩具等产品的制造,并通过出口形成了全球生产和贸易的重要网络。

2.2 轻工业区的地理优势

珠三角和长三角地区凭借地理位置的优势和完备的基础设施,成了轻工业发展的核心区域。珠三角地区特别是广州、深圳,凭借交通便利、港口优势以及劳动密集型产业的发展,成为全球重要的消费品生产基地。该地区的电子产品、纺织品、鞋类、玩具等产品,几乎占据了全球市场的份额。

长三角地区,尤其是上海、杭州、苏州等城市,地理位置优越,交通便捷,且具备强大的产业集聚效应。这些城市不仅是中国的经济重心之一,也是电子、纺织、消费品等轻工业的生产集群,推动了国内外市场对轻工业产品的需求,形成了巨大的生产和贸易规模。

2.3 轻工业区的经济转型

随着全球经济的不断发展和产业结构的变化,轻工业区的产业结构也在逐步转型升级。在珠三角,尤其是深圳,电子制造业逐步从低端向高端制造转型,智能手机、计算机及高端电子设备的制造逐渐取代传统的低附加值生产。长三角地区则加大了研发和创新驱动,推动向智能制造、信息技术、人工智能等高技术领域扩展,逐步摆脱对传统劳动密集型产业的依赖。这种经济转型不仅提高了产业附加值,也使得这些地区的竞争力逐渐上升。在全球化和信息化的背景下,珠三角和长三角正在从单纯的生产基地,逐步转型为具有创新和研发能力的高端制造业集聚地。

3. 高技术产业区

3.1 高技术产业区的特点

高技术产业区通常具备创新驱动的特点,依赖于强大的科研能力、技术创新和高素质的人才。这些区域不仅有强大的技术创新能力,还能够吸引和培养大量具有高技术背景的专业人才。高技术产业往往集中在经济发达的地区,并且与高等教育机构、科研机构的聚集密切相关。这种集中的创新生态系统为技术产业的蓬勃发展提供了有力保障。

以美国硅谷为例,硅谷的成功是创新、科技和资本的结合。硅谷不仅拥有众多世界顶级大学和科研机构,如斯坦福大学,还聚集了大量的风险投资公司,为科技企业提供了丰富的资金支持。这里的创新氛围和技术驱动吸引了全球最具创造力的技术人才。深圳作为中国的"硅谷",通过强大的创新能力和政策支持,也成功吸引了大量的高新技术企业。深圳的高科技园区,尤其是光明新区、南山科技园等区域,通过政府政策支持、企业孵化机制以及创新人才的培养,逐渐发展成全球技术产业的重要枢纽。

3.2 高技术产业区的地理分布

高技术产业区的地理分布往往与创新能力和技术人才的集中度紧密相关。美国的硅谷是全球科技产业的代表,凭借着强大的创新能力、企业孵化机制以及风险投资的集中,吸引了大量的高新技术企业。硅谷作为全球技术创新的中心,聚集了世界领先的企业,如苹果、谷歌、特斯拉等,同时也是全球风险投资和技术创业的热土。

在中国,深圳的高科技产业区则成了全球技术产业的重要组成部分。深圳凭借改革开放政策、优越的地理位置以及政府的大力支持,迅速发展成为世界领先的电子产品制造和技术创新基地。深圳的高科技园区不仅聚集了众多国内外技术企业,还推动了以电子技术为主的产业集群的形成,如华为、腾讯等本土巨头也在此扎根。

3.3 高技术产业区的影响

高技术产业区不仅推动了当地经济的发展,还对全球技术进步产生了深远的影响。硅谷的成功经验激励了全球其他地区在技术创新和产业升级方面的努力,成为全球科技产业的标杆。同样,深圳也在全球技术产业的布局中发挥着重要作用,其成功经验为其他新兴城市提供了有益的启示,尤其是在如何通过政府支持、创新政策和人才培养来推动产业升级方面。

高技术产业推动了科技与产业的深度融合,使得技术进步不仅限于科研领域,而是迅速应用到实际生产中,促进了各行各业的数字化转型。例如,硅谷的企业在智能硬件、人工智能、自动化和生物科技等领域的创新,不仅加速了全球科技进步,也带动了新兴产业的崛起。

4. 资源型工业区

4.1 资源型工业区的基础产业

资源型工业区通常以丰富的自然资源为基础,特别是能源资源,发展能源密集型的产业,如石油炼制、天然气处理、煤化工等。这些区域的产业通常与能源供应紧密相关,通过对自然资源的高效开发和利用,形成了区域性的产业集群。例如,中东地区作为全球能源供应的重要中心,其石油和天然气资源的丰富性使其成为石油化工产业的核心基地。中东地区的沙特阿拉伯、阿联酋、卡塔尔等国家都在这一领域占据了举足轻重的地位。这些地区的资源型产业不仅提供了全球市场所需的能源,还支撑了地区经济的增长。石油提炼和化学产品的生产不仅满足了国内需求,还大规模出口到世界各地,促进了国际贸易的发展。

4.2 资源型工业区的地理优势

中东地区凭借其丰富的石油资源,形成了世界领先的石油化工产业带。该地区的资源型工业集中在沙特阿拉伯、阿联酋、卡塔尔等国家,这些国家通过开发石油资源,建立了庞大的石油化工产业集群。资源的丰富性使这些地区成为全球能源供应的重要枢纽。这些地区的地理优势不仅体现在能源资源的丰富性上,还包括了靠近国际海运通道的交通便利。例如,阿联酋的迪拜和阿布扎比,以及卡塔尔的多哈等城市,作为国际物流和能源贸易中心,形成了以石油为主的产业集群,推动了相关行业的发展,带动了地方经济和全球能源市场的增长。

4.3 资源型工业区的可持续发展

资源型工业的可持续性面临着资源枯竭的风险。随着全球能源需求的变化以及环保要求的提升,许多资源型工业区正逐渐认识到依赖单一能源资源的局限性,开始着力于产业结构的多元化和资源的高效利用。以中东为例,许多国家已经开始推动石油以外的产业发展,如新能源、金融服务、科技创新等领域,以实现经济的多元化发展。这些国家也在探索如何利用技术创新和绿色能源发展,以减少对石油的依赖。例如,沙特阿拉伯推出了"2030愿景"计划,旨在通过发展非石油产业,如旅游业、可再生能源和高科技产业,来推动经济转型。

这种产业多元化的发展不仅增强了区域经济的抗风险能力,也促进了全球绿色经济的发展。

三、工业区位的全球化与区域化

1. 工业区位的全球化

1.1　全球化背景下的工业区位变化

随着全球化进程的加速,跨国公司为了更好地提升经济效益、降低成本,并充分利用全球各地的资源优势,开始在全球范围内重新配置生产资源。这一趋势意味着,工业区位选择不再仅仅受到传统国家或地区的局限,而是根据各地的资源禀赋、劳动力成本、市场需求以及政策环境等因素进行动态调整。全球化不仅使得生产活动不再局限于特定的地域范围,而且通过技术的进步、通信技术的发展以及物流体系的完善,使得全球生产、销售、供应链等各个环节得以跨越国界,打破了传统的地域限制,形成了一个更加灵活且紧密联系的全球产业链。

此外,全球化促进了资本、技术、人才等要素的自由流动,使得企业可以根据不同市场的需求和供应条件调整其生产布局,以提高生产效率并减少生产成本。现代物流体系的便捷性进一步降低了跨国生产、运输和分销的成本,使得跨国公司能够在全球范围内快速响应市场变化,从而大大提升了全球市场的整合度和竞争力。

1.2　劳动力密集型产业的区域转移

全球劳动力成本的差异化成为推动工业区位全球化的重要因素。过去,许多劳动密集型产业(如纺织、鞋类制造、玩具生产等)集中在发达国家,但随着劳动力成本的不断上涨,这些产业逐渐从发达国家转移至发展中国家,尤其是东南亚、南亚和非洲等低成本国家。这些地区具备廉价的劳动力资源和较低的生产成本,成了跨国公司进行外包生产的理想目的地。例如,中国、孟加拉国、越南、印度等国,凭借其充足且低廉的劳动力资源,成为全球制造业的重要中心之一。特别是在纺织品、服装、电子产品等领域,这些国家的劳动密集型产业在全球供应链中占据了举足轻重的地位。同时,这些地区的市场需求、基础设施建设和政策支持逐渐完善,吸引了大量外资投资。

随着劳动力成本的提高,尤其是中国的"低劳动力成本"优势逐步减弱,一些国家(如越南、印度、孟加拉国等)成为新的外包生产和劳动密集型产业转移的热门目的地。此外,全球跨国公司在转移生产的过程中,还需考虑市场需求的变化,新的生产基地不只是追求成本优势,还会依据目标市场的接近性、政策优惠和贸易协议等因素来做出选择。

1.3　资本和技术的全球流动

全球化使得资本、技术和知识的跨国流动成为可能,企业不再仅仅依赖本国的资源,而是可以在全球范围内寻找最合适的生产基地。尤其在高科技产业领域,全球化的趋势尤为显著。许多跨国公司不仅在发达国家建立研发中心,同时在发展中国家设立生产基地和销售网络,以便更加灵活地满足全球市场的需求。通过全球资源的优化配置,跨国公司能够充分利用不同地区的比较优势,在成本控制、技术创新、市场响应等方面取得突破。例如,一些全球领先的高科技企业,如苹果、微软、谷歌等,都在全球范围内建立了研发、生产和销售网络。美国、德国、日本等发达国家的企业,通常会在低成本地区设立制造基地,而高附加值的研发工作则集中在发达国家。

技术的全球流动也使得发展中国家在全球产业链中的角色发生了变化。许多发展中国家在低附加值产业的生产基地上取得成功的同时,也开始积极发展本土的高技术产业。科技人才的培养、创新的推动、知识的积累以及基础设施的完善,成为发展中国家提升国际竞争力的关键因素。

1.4 全球产业链的重构与依赖

全球化使得产业链结构更加复杂且互相关联。许多国家和地区在全球产业链中扮演着不同的角色,一些地区专注于原材料的开采和初步加工,而另一些地区则专注于中间产品的组装或高技术的研发。各地区的经济联系愈加紧密,全球产业链呈现出高度的依赖性和互补性。例如,中国在全球消费品、电子产品等制造业领域发挥着至关重要的作用,尤其是在手机、家电、计算机等领域,它成了全球供应链的重要环节。此外,东南亚地区则通过提供廉价劳动力和原材料,成为全球制造业的重要组成部分。

全球产业链的重构和全球化的推动使得不同地区的产业优势得到了互补,形成了全球制造业网络。这种依赖性加剧了各地区间的经济联系,同时也增加了全球经济的脆弱性。例如,随着中国成为全球制造业的重要生产基地,全球供应链的任何一个环节出现问题,都可能对其他地区的生产活动产生连锁反应。全球化促进了各国之间的紧密协作和技术依赖,但也要求各国在面对全球产业链风险时加强相互之间的协调与合作。

随着全球产业链的重构,区域间的经济联系将越来越紧密,全球各国在不同环节的分工和合作也将更加复杂化。这种全球化进程不仅使得世界各地的生产活动愈加相互依赖,还要求各国在推动自身产业发展的同时,注重全球产业链中其他环节的协调与合作,以提升整体竞争力。

2. 工业区位的区域化

2.1 区域化的定义与特点

区域化是指某些特定地区由于具备独特的资源优势、技术积累或产业政策支持,而成为某一特定产业的集中区。与全球化的广泛分布相比,区域化更加注重特定地区内要素的集中与协作。这些要素包括自然资源、技术创新、生产力、劳动力和人才等。区域化能够促进产业的深度集聚,提升产业的协同效应,最终形成具有竞争力的产业集群。

与全球化强调全球范围内的产业布局和资源流动不同,区域化着重于在某一地区内通过产业集群效应提升地区经济的综合竞争力。这些集聚区通常具有强大的创新能力和产业链协作能力。通过区域内企业之间的紧密合作、技术交流和市场需求的集中,这些区域能够在全球竞争中占据有利地位。区域化现象在世界各地广泛存在,尤其是在一些经济发达的地区,地方政府、产业政策和市场需求的推动作用十分明显。

2.2 特定产业的区域化聚集

在某些国家和地区,由于历史的积淀、技术的优势或者政府政策的扶持,特定产业逐渐形成了集中化的聚集现象。例如,德国的汽车工业、美国的硅谷以及日本的电子产业区,都展现了产业高度集中的特点。这些地区不仅拥有行业内的技术创新和领先企业,还通过产业链的协同效应提升了整体的竞争力。德国的斯图加特地区是世界著名的汽车产业集聚区,奔驰、保时捷等知名汽车品牌的总部都位于此。由于丰富的技术积累和完善的供应链,德国的汽车工业在全球市场中占据了重要地位。

美国的硅谷则是全球高科技产业的典型代表,凭借着世界一流的大学和研究机构,硅谷不仅吸引了大量的科技公司,也成为全球创新的孵化器。在此区域内,企业间的技术合作和人才流动极为频繁,形成了一个互相依赖的创新生态圈。

2.3　地方政府政策对区域化的推动作用

地方政府政策对区域化进程起着至关重要的作用。通过制定积极的产业政策,地方政府能够吸引资本、技术和人才的集聚,为特定产业提供良好的发展环境。政策支持可以包括税收优惠、土地供应、基础设施建设以及对技术创新的激励等。这些政策能够有效促进产业的快速发展,并推动地方经济的增长。例如,德国政府通过出台一系列支持汽车产业的政策,包括研发资金支持、税收减免等措施,使得该国的汽车工业能够在全球范围内保持领先地位。德国的汽车产业不仅聚集了大量的汽车制造企业,还吸引了大量的零部件供应商和技术研发企业,这一政策环境极大促进了汽车产业的集群效应。

美国政府在推动科技创新方面也起到了重要作用,尤其是对硅谷的支持。美国政府通过提供创新资助、税收减免以及高等教育的资助,创造了一个有利于科技发展的生态系统。硅谷不仅吸引了大批高科技企业,还成了全球科技创新的重要源头。

地方政府的政策扶持不仅能为产业发展提供直接的资金支持,也能够为企业创造更有利的营商环境,推动产业创新和升级。

2.4　技术创新与产业集群

技术创新是推动区域化的重要驱动力之一。许多成功的产业集聚区都具备强大的技术创新能力,能够吸引大量的科技人才和企业进行集聚。创新不仅提升了产业的竞争力,还推动了全球技术的进步。技术创新使得这些集聚区在全球市场中占据了领先位置,成为全球产业链中的重要一环。例如,美国的硅谷通过持续的技术创新和高质量的研发支持,吸引了全球科技公司和顶尖科技人才。硅谷的成功不仅在于其完善的产业链,更在于其持续不断的技术突破和创新。每年,数以千计的初创公司在硅谷诞生,新的技术、新的商业模式层出不穷,推动着全球高科技产业的变革。

中国的深圳在技术创新方面也取得了显著成就。作为全球电子产业的核心,深圳吸引了大量的创新企业和技术人员。通过资本和技术的结合,深圳的产业集群不仅推动了当地经济的快速发展,也提升了中国在全球电子产业中的影响力。

产业集群效应促使企业之间的合作更加紧密,技术交流和人才流动更加频繁。企业之间的合作不仅体现在技术研发上,还包括生产环节的分工与合作,从而提升了整个产业的创新能力和市场竞争力。

2.5　区域化的挑战与可持续性

尽管区域化带来了显著的经济效益和产业集聚效应,但其可持续性面临一定的挑战。过度依赖某一产业或某一地区可能导致资源过度开发、市场饱和以及产业升级乏力等问题,从而影响区域的长期发展。因此,如何在保持产业集聚优势的同时,避免过度依赖并推动区域产业的多元化和创新性,成为区域经济发展的关键。

例如,一些重依赖特定产业的区域,如德国的煤炭工业区或美国的汽车产业区,在遭遇市场变化和资源枯竭时,面临着产业转型的巨大压力。如果这些地区未能及时调整产业结构,向高附加值产业或新兴产业发展,可能会陷入经济停滞的困境。

为了确保产业集群的可持续发展,地方政府和企业需要通过合作推动产业升级,培养新的产业和技术,不断提升产业的多样性和创新性。产业集群的可持续性不仅需要依赖政府政策的支持,还需要通过创新驱动和技术突破来提升区域的核心竞争力。通过加强人才引进、基础设施建设、技术研发等方面的投资,区域产业可以逐步向更高附加值的方向发展,确保区域化的长期发展。

第三节　交通网络与区域经济发展的联系

一、交通网络的基本作用

1. 货物流动与市场连接

1.1　交通网络对产业发展的影响

交通网络不仅是物流和贸易的动脉,也是产业发展和供应链优化的核心。制造业需要通过高效的交通系统将原材料运输到工厂,同时及时将成品分发到市场。特别是对于那些生产周期长、产量大且市场需求不断变化的行业,交通网络的畅通无阻可以有效缩短生产时间,提升整体运营效率。例如,全球汽车制造业依赖于精密的运输网络来确保零部件的准时到达和汽车的及时交付。对于农业,交通的高效性是决定农产品是否能够在最佳时机进入市场、保鲜及销售的关键。尤其在季节性强的作物生产中,延误运输可能会导致农产品腐烂,损失巨大。因此,良好的交通系统能够保障农业生产效益,提升市场竞争力。

1.2　交通对物流成本的影响

交通基础设施的投资直接影响着物流成本的高低。道路、铁路、港口及机场等交通设施的建设和优化,有助于降低运输时间和费用,从而减少生产和流通成本。特别是在长距离运输中,通过多式联运系统,货物可以在不同运输方式之间高效切换,减少中转环节,降低操作成本。智能交通系统的应用,如实时监控和优化调度,能进一步提高运输效率,减少空载率和拥堵现象。例如,欧洲的高效铁路货运系统通过实现货运列车与客运列车的合理分配,既提高了运输能力,又降低了单一运输方式的负担。通过创新技术提升交通管理系统的效能,不仅能节省成本,也能提升运输服务的可靠性。

1.3　交通网络扩大市场范围

随着全球经济的互联互通,交通网络的全球化建设使得国际贸易变得更加高效便捷。尤其是跨国公司,他们利用现代化的交通网络,能够将生产基地、供应链和市场分布在全球多个地区,优化资源配置,降低整体运营成本。快速便捷的交通设施为全球市场提供了更广泛的接触点,增强了全球供应链的互补性和弹性。例如,欧洲与中国的高铁与物流路线通过"一带一路"计划实现了更广泛的连接,促进了贸易流通和文化交流。此外,交通网络不仅为大规模跨国企业提供了市场拓展的机会,也使得地方企业能够在国际舞台上与其他国家的企业竞争,从而提升其在全球市场的影响力。

2. 人员流动与劳动力市场

2.1　交通设施促进劳动力流动

随着经济的发展和产业布局的优化,劳动力的流动成为经济发展的核心要素。尤其在大城市,便捷的交通网络为外来劳动力的快速流动提供了保障。高速铁路、轻轨、公交等公共交通系统的建设使得人员在城市内部和城市与周边地区之间的流动更加便捷。这不仅能够满足经济快速增长地区对劳动力的需求,还能够有效地缓解城市内部因劳动力过度集聚而引发的资源压力。例如,中国一线城市如北京、上海与周边省份通过快速的交通系统形成了紧密的劳动力市场,实现了区域间劳动力的高效流动和调配。与此同时,交通网络的建设有助于乡村劳动力向城市的迁移,尤其是在高收入地区和制造业集聚区,这种流动使得农民工能够在城市获得更多的就业机会,提高生活水平,进而推动城乡一体化发展。

2.2　城市化进程中的交通网络作用

在城市化进程中,交通设施的建设和发展至关重要。现代城市往往依赖高效的交通系统来处理人口激增所带来的交通需求问题。通过建设高速公路、地铁、公交系统等交通网络,不仅能够缓解城市内部的交通压力,还能提升整个城市的综合竞争力。交通设施的完善使得城市能够吸引更多的外来劳动力,同时为居民提供便捷的通勤服务。这种高效流动的劳动力资源使得城市能够更好地服务于周边地区,并促进区域经济的共同发展。例如,世界各大城市的地铁系统和公交网络,都是连接城市各个重要功能区的重要枢纽,它们能有效地促进城市内外劳动力和资源的流动,增强城市的集聚效应和市场吸引力。

2.3　区域经济的融合与发展

交通网络的完善促进了不同地区之间经济、文化、劳动力等多方面的交流与互动。交通基础设施的互联互通不仅加强了区域经济合作,还推动了不同地区间资源的有效配置。尤其是一些跨区域经济合作区,良好的交通网络是促进区域经济整合和共同发展的基础。例如,长三角和珠三角地区的交通一体化促使了当地企业、劳动力、资本和技术的流动,形成了密切的产业链合作和市场互动。这些区域经济不仅在国内有着重要地位,在全球范围内也具有很强的市场竞争力。

3. 旅游与文化交流

3.1　交通促进旅游业发展

现代交通设施的建设极大促进了旅游行业的蓬勃发展。尤其是高速铁路、航空和高速公路等交通形式的普及,使得游客能够在更短的时间内到达目的地,享受更加便捷的旅行体验。便捷的交通让更多人选择外出旅游,推动了旅游景点、酒店、餐饮、休闲娱乐等相关行业的共同繁荣。在欧洲和亚洲,便捷的铁路和航班连接让游客能够迅速访问多个城市,体验丰富的文化遗产、自然景观及历史遗址。例如,欧洲的高铁网使游客可以在一天之内从巴黎到伦敦、阿姆斯特丹或布鲁塞尔,提升了旅游目的地之间的互动与吸引力。交通设施的不断完善不仅提升了旅游业的整体收入,也促进了全产业链的增长,推动了当地经济的多元化和就业机会的增加。通过更广泛的交通网络,偏远地区的旅游业也得到了极大促进,带动了地方经济的均衡发展。

3.2　交通在文化交流中的作用

交通网络的完善为全球文化交流提供了更加便捷的渠道。通过现代化的交通工具,国际间的文化交流活动得以顺畅举行,如电影节、艺术展览、音乐会等大型文化盛事都得益于交通网络的便利支持。每年在威尼斯、戛纳、柏林等地举办的国际电影节,吸引了成千上万的游客和影迷,而这些文化活动的成功举办离不开全球交通系统的支撑。交通网络的畅通,使得世界各地的艺术家、创作者和观众能够快速参与到全球文化活动中,从而推动了多元文化的交流与融合。无论是跨国艺术展览、国际体育赛事,还是全球性的学术交流,现代交通为这些活动提供了无缝连接。通过交通,文化能够迅速跨越国界,增进不同国家和地区之间的相互理解与尊重,推动全球文化的共享与传播。

3.3　交通带动地方经济的多元化发展

随着旅游业和文化活动的蓬勃发展,地方经济逐步转向多元化。依托便捷的交通网络,地方特产、手工艺品以及地方文化得以走向更广阔的市场,吸引了更多的游客和投资者。这不仅促进了地方经济的多元化,还推动了当地产业的转型升级。地方的文化和特色产品通过交通网络进入更大市场,增强了地方品牌的影响力。例如,一些小城市或乡村,借助独特的自然景观、历史遗迹以及民族文化资源,依托完善的交通设施,发展成为热门的旅游和文化交流中心,从而带动了当地经济的快速增长。交通的便捷性不仅提升了旅游业的发展,还促进了餐饮、住宿、娱乐等相关产业的兴旺,最终推动了地方经济向旅游、文化和创意产业等更广阔的领域延伸,为长期经济发展奠定了基础。

二、交通对区域经济的影响

1. 促进区域一体化与经济发展

1.1　交通基础设施促进区域经济的协同发展

交通网络是区域经济一体化的核心驱动力之一。现代化的交通设施不仅缩短了不同地区之间的时空距离,还有效降低了跨区域物流成本,为各区域之间的合作提供了便利。特别是对内陆地区而言,高速公路、铁路、航空网络等基础设施的建设能够极大改善其与沿海和发达地区的连接,推动经济的均衡发展。例如,中国实施的"一带一路"倡议,通过加强亚洲、欧洲、非洲等地区之间的交通联系,进一步促进了这些地区的经济融合和跨境合作。在这个过程中,交通网络的优化直接推动了沿线国家的贸易流动、资本引入和技术传播,实现了区域一体化,带动了地方经济的整体提升。

1.2　区域一体化对跨境经济合作的推动作用

区域一体化不仅限于国内经济的整合,它还对跨境经济合作和区域内自由贸易的扩展产生了深远影响。良好的交通基础设施为各国和地区之间的经济交流提供了高效的渠道,促进了资源的跨境流动。例如,在欧洲,申根区国家之间的交通便利化促使各国之间的劳动力、商品、资金流动无障碍,为区域内经济一体化提供了重要支撑。而在中国的粤港澳大湾区,通过优化交通网络,提升了香港、澳门与珠三角地区的紧密联系,不仅加快了生产要素的流动,还推动了区域产业链的融合发展,促进了区域整体经济的提速和升级。

1.3　国际贸易的加速与交通网络的关系

在全球化经济中,国际贸易的加速离不开交通基础设施的改善。通过建设港口、空港、铁路、航运等交通枢纽,区域经济能够更好地与全球经济对接,推动国际贸易的繁荣。全球供应链的日益复杂化和跨国公司的分布式生产模式,要求各国及地区提供更加便捷、灵活、高效的运输方式。例如,中国的高铁网络和港口设施建设,不仅大大降低了商品运输的时间和成本,还为国际物流提供了更强大的支持,提升了中国作为世界工厂的竞争力。

2.　提升产业链价值

2.1　交通与产业链延伸的互动关系

交通网络的发展直接推动了产业链的延伸和升级。产业链的价值不仅仅体现在生产和销售环节的提高,更在于其背后的供应链管理。完善的交通网络可以加速原材料、零部件以及成品的流动,降低运输过程中的损耗和延迟,从而提升产业链整体的效率和竞争力。例如,全球制造业中,中国的港口和铁路建设不仅为其本土的工业提供了强大的供应链支持,也使得中国成为全球最大的贸易出口国之一,进一步推动了产业链的完善和深度合作。

2.2　交通促进产业集群的形成和发展

随着交通设施的完善,某些特定地区逐渐形成了产业集群,这种现象在全球范围内都有广泛的体现。交通网络的发展为不同产业间的合作提供了条件,促进了企业之间的技术交流、原材料和成品的流动。例如,德国的汽车产业集中在巴登-符腾堡州和北莱茵-威斯特法伦州,这些地区不仅有完善的交通系统,还通过高速铁路、港口等设施的支持,使得原材料和汽车零部件能快速流通,进一步提升了制造业的效率和市场竞争力。

2.3　区域经济的产业多样化与交通的关系

随着交通基础设施的扩展,部分区域开始实现产业的多元化,不再仅仅依赖单一产业。交通的便利不仅促进了本地产业的发展,还吸引了外来企业和投资者,推动了产业的跨界融合。例如,在一些发展中国家,通过改善港口、机场和铁路交通,吸引了跨国公司设立生产基地,带动了当地制造业、服务业和技术产业的共同发展。这种产业的多样化,不仅为地区经济注入了活力,也提升了整体竞争力。

3.　促进城乡经济联动

3.1　缓解城乡发展差距的交通作用

城乡差距长期以来是全球发展中面临的一个重大挑战,而交通基础设施的发展为缩小这一差距提供了有力支持。特别是在一些发展中国家和地区,通过建设连接城市与乡村的高速铁路、公路和其他交通网络,不仅加快了城市化进程,还为偏远地区提供了更多发展机会。交通设施的改善让更多的人能够轻松到达城市,从而促进了劳动力的流动,减轻了城市的压力。例如,在中国,近年来内陆和西部地区的交通设施得到大力改善,不仅推动了当地经济的发展,也为城乡之间的资源流动和协调发展提供了支撑。

3.2　交通网络对城乡资源流动的推动

交通网络的畅通极大地促进了城乡之间资源的流动。城市的技术、资金和高端劳动力可以通过交通设施流向乡村,而乡村的农业产品、传统手工艺品等资源也能够更便捷地进入城市市场。这种资源互通的机制,不仅推动了城市与乡村的协调发展,还促进了城乡经济的共同繁荣。例如,交通便捷化为农业产品提供了更广阔的市场,乡村地区的特色农产品能够通过高速公路和铁路迅速进入大城市市场,从而提高了当地的收入水平和经济发展。

3.3 交通基础设施对偏远地区经济发展的支持

交通基础设施的建设对偏远地区的经济发展尤为重要。在一些交通不便的地区,改善交通能够直接带动当地经济的增长。例如,非洲部分内陆国家通过修建高速公路和铁路,将资源丰富的地区与外部市场连接,推动了这些地区的经济发展。交通设施的建设不仅提升了当地的贸易能力,还吸引了外资的注入,促进了当地基础设施、农业、工业和旅游业的协同发展。通过这些改善,偏远地区逐步融入全球经济体系,实现了经济结构的转型与发展。

3.4 交通促进地方经济的产业升级

随着交通网络的日益完善,地方经济逐渐告别单一依赖资源型产业的状态,转向更加多元化的发展模式。交通的便利促进了外来资本、先进技术和高端人才的流入,推动了当地产业的升级。特别是在一些依赖农业和传统工业的地区,交通网络的建设成为推动地方产业转型的催化剂。例如,某些偏远地区通过发展现代化交通,促进了农业的机械化、信息化,并通过推动电子商务平台与大物流系统的结合,成功实现了产业的升级和经济的多元化发展。

三、交通模式的创新与可持续发展

1. 绿色交通与低碳经济

1.1 绿色交通技术的创新与应用

随着全球气候变化的挑战日益严峻,绿色交通已成为各国发展的关键方向。传统的内燃机车辆因其高排放、污染严重,成为交通行业亟待转型的领域。绿色交通模式的推广,不仅减少了碳排放,还对提升空气质量、保护环境起到重要作用。电动汽车、氢燃料汽车、太阳能驱动交通工具等新型绿色交通工具逐渐走向市场,替代传统汽车正在成为不可逆转的趋势。电动汽车的关键优势在于零排放和高能效,同时在能源结构逐渐转向可再生能源的背景下,其碳足迹远低于燃油车。此外,新能源汽车的产业链、技术创新以及政策激励也促进了绿色交通技术的发展。

1.2 高速铁路与绿色出行的示范作用

高速铁路作为绿色交通的重要组成部分,因其较低的能耗和较少的污染排放,正在取代航班和长途汽车,成为跨城市出行的主流方式。高速铁路不仅能够减少能源消耗,还能大幅降低碳排放。以中国的高铁网络为例,凭借广泛的覆盖面和便捷的服务,越来越多的人选择高铁出行,取代了短途航班和汽车旅行。这一转变不仅为乘客提供了高效的出行方式,还有效降低了运输过程中的环境负担。随着高铁网络的扩展,更多的城市和区域将享受绿色出行带来的好处。

1.3 共享交通模式与绿色出行的结合

共享交通是现代城市交通系统的创新形式,代表了资源利用的最大化与低碳环保的双重优势。共享单车、共享电动车和共享汽车等绿色出行方式,能够有效解决城市出行的最后一千米问题,避免交通拥堵,减少汽车的使用频率。在众多城市中,政府和企业积极推广共享出行系统,通过减少私人汽车的依赖,减少了交通拥堵和污染排放。共享电动滑板车、共享电动单车、共享汽车等交通工具不仅节省了出行成本,也减少了交通碳足迹,推动了绿色出行理念的普及。

1.4 低碳经济与交通基础设施的协同发展

低碳经济要求从源头减少碳排放,这不仅仅是通过改进交通工具来实现的,更包括交通基础设施的绿色化。例如,建设绿色交通基础设施,推广电动公交车、发展低排放区、建设可再生能源充电设施等,都能够促进低碳经济的发展。为适应绿色交通的需求,城市基础设施在设计和建设中应充分考虑可持续发展。例如,在大城市中,电动公交车和高效的轨道交通系统能够为市民提供低碳的出行选择,同时减少城市交通的整体碳排放。此外,基础设施的绿色设计,如绿色屋顶、雨水收集系统等,能够提高城市绿化率,进一步提升城市环境的可持续性。

2. 智能交通系统

2.1 智能交通系统的技术架构与发展趋势

智能交通系统(ITS)依托现代信息技术、通信技术、人工智能以及大数据分析,结合交通实时数据与历史数据,为城市交通管理提供高效的决策支持。ITS的目标是通过智能化的交通管理系统,提升交通效率、减少交通事故、优化道路使用率以及降低环境污染。智能交通系统不仅仅是技术的堆砌,更是一种智能化、协同化、集成化的交通管理方式。通过智能信号灯控制、道路智能监测、实时交通信息发布等功能,ITS能够动态调节交通流量,避免交通拥堵和事故,确保道路通行顺畅。

2.2 智能交通与环境保护的结合

智能交通系统的建设不仅能提高交通效率,还能有效减少交通对环境的负面影响。通过对交通流量、路况等数据的实时监控,智能交通系统能够提前预测交通拥堵情况,动态调整交通信号,实现最优流量分配,减少了因堵塞导致的排放。在空气污染较为严重的城市,智能交通系统通过智能调度公共交通、引导市民选择绿色出行路线等方式,进一步降低了交通带来的环境污染。结合环保政策,智能交通系统有助于实现"绿色出行"理念,推动城市交通绿色转型。

2.3 自动驾驶与智能交通系统的深度融合

自动驾驶技术的快速发展正与智能交通系统深度融合,为未来的交通体系带来了革命性的改变。自动驾驶车辆利用车载传感器和智能算法,实现自主导航与智能控制。与智能交通系统相结合后,自动驾驶汽车能够实现车辆与道路设施之间的实时通信,及时获取交通状况、事故警报、路况变化等信息,进而优化行驶路径,避免交通拥堵和事故的发生。自动驾驶技术的普及,不仅能够减少交通事故率,还能提高道路使用效率,为城市带来更高效、更安全、更环保的交通模式。

2.4 智能交通对城市交通管理的创新

传统的交通管理模式常常依赖人工调度和固定的交通信号控制,而智能交通系统则通过数据分析和智能算法,实时调整交通信号灯和路面管理方式,以达到最优的交通流量和通行效率。ITS通过集成多种数据来源(如交通摄像头、传感器、GPS、无人机等),对交通流量进行精准预测,并根据实时路况调整交通灯周期、引导行车路径。该系统不仅能减少交通拥堵,还能有效应对突发事件(如交通事故、恶劣天气等),从而提升城市交通的安全性和效率。

3. 城市交通的可持续发展

3.1 城市交通规划与土地使用的协调与发展

随着城市化进程的不断推进,城市交通规划面临着巨大的挑战。为了实现城市交通的可持续发展,交通规划必须与土地使用规划密切结合。合理的土地使用规划能够确保交通设施的建设与城市人口密度、工作机会和生活设施的布局相适应,从而促进城市交通的高效运行。例如,开发以公共交通为主导的交通走廊,并避免大规模的城市扩张,可以有效减少交通需求和拥堵现象。此外,城市应采用"混合用地"原则,鼓励商业、住宅、文化设施等功能相互交织,减少居民对私家车的依赖,降低碳排放。

3.2 公共交通优先与绿色出行倡导

公共交通作为城市可持续交通体系的重要组成部分,其发展不仅关系到城市出行效率,还直接影响着城市的环境质量。推动公共交通优先策略,可以有效缓解城市的交通压力。通过完善公交线路、提升公交系统的覆盖面和便捷性,可以促进市民选择公共交通而非私家车出行,减少私车的使用量,降低交通事故率与空气污染。绿色出行倡导不仅仅依赖政府政策,还需要市民的积极参与,政府通过提供低碳公交车票、建设更多自行车道和步道、推动共享单车系统等方式,激励居民选择更环保的出行方式。

3.3 步行与自行车道的绿色基础设施建设

步行和骑行是最具环保效益的出行方式,因此,在城市交通可持续发展规划中,步行道和自行车道的建设是至关重要的。通过对城市内的主要街道、广场和商圈等区域进行改造,提供安全、便利、绿色的步行和自行车通道,可以鼓励更多人选择步行或骑行。这不仅能够缓解交通压力,还能有效减少空气污染,提高市民的健康水平。许多城市已通过建设步行友好型环境和自行车共享系统,提供低碳的出行选择,推动城市交通的可持续发展。

3.4 减少汽车依赖与绿色出行模式的普及

减少私人汽车的使用是实现城市交通可持续发展的核心目标之一。通过限制高排放汽车的进入、提供电动汽车充电设施、推广绿色出行模式等措施,城市可以有效降低交通带来的污染和碳排放。此外,政府还可以通过政策激励,例如,为市民提供绿色出行补贴、完善共享交通服务、发展低排放区域等,推动低碳交通模式的普及。这些举措不仅有助于缓解交通压力,还能在长远上提升城市的生活质量,增强城市的可持续竞争力。

探究案例

案例1:农业区位与地理环境的关系

情境描述: 你正在研究一个新兴农业区,目的是分析该地区的农业区位选择。你需要分析气候、土壤、水资源、地形等自然环境因素如何影响该地区的农业生产模式,并考虑社会经济因素如劳动力、市场需求和政府政策对农业区位的影响。

探究问题:

1. 请简要分析温暖湿润气候如何有利于水稻种植,并探讨与干旱地区(如中东)进行对比时的农业差异。

2. 在一个水资源较为匮乏的地区,如何通过适当的农业技术和水源管理改善土地的利用效率,推动农业生产?

案例2:工业布局与地理因素的影响

情境描述: 你作为一个工业规划师,正在为一个新兴工业区进行规划,目标是分析区域内的自然资源、能源供应、劳动力和交通等因素如何影响该地区的工业布局。你将重点考虑如何合理选择工业区位,以促进区域经济的发展。

探究问题:

1. 请分析钢铁工业为什么通常选择在铁矿、煤矿附近建立?这种区位选择对当地经济和环境可能带来哪些影响?

2. 假设你正在设计一个高科技产业园区,你认为该产业区应具备哪些关键的地理因素?请结合劳动力、技术和交通设施分析。

案例3:交通网络与区域经济发展的联系

情境描述: 你正在研究一个内陆地区,目的是分析如何通过建设交通网络促进区域经济发展。你需要评估交通基础设施(如铁路、公路和航空)对产业发展、劳动力流动和城乡经济联系的促进作用。

探究问题:

1. 请讨论交通网络如何促进区域经济一体化。以中国的"一带一路"倡议为例,如何通过改善交通连接提升相关地区的经济发展?

2. 你认为改善偏远地区的交通网络能如何促进当地的经济发展?请分析高速铁路和公路网络的建设对农村和城市经济的影响。

案例4:工业区位的全球化与区域化

情境描述: 你正在研究全球化对区域产业分布的影响,特别是在劳动力密集型和技术密集型产业方面。你将探讨全球化如何促使某些产业迁移到发展中国家,并分析这种产业迁移对区域经济的影响。

探究问题:

1. 请分析全球化如何推动劳动力密集型产业从发达国家迁移到东南亚和南亚地区。这一迁移对这些地区的社会和经济有何影响?

2. 硅谷和深圳等高科技产业区如何吸引创新型企业?请探讨技术优势、政策支持和产业集聚如何促进这些地区的产业发展。

案例5:交通模式的创新与可持续发展

情境描述: 你作为城市交通规划师,正在为一个大城市设计可持续的交通系统。目标是推动低碳经济,并优化交通效率。你需要考虑如何通过绿色交通技术和智能交通系统改善城市交通,并减少交通对环境的负面影响。

探究问题：

1. 请讨论电动汽车、共享单车等绿色交通方式如何有助于减少城市的碳排放。你认为这些交通模式在现代城市中有哪些应用前景？

2. 智能交通系统(ITS)如何提升交通效率并减少拥堵？请分析大数据和物联网技术如何改善城市交通流量和环境质量。

推荐阅读书籍

1. Buchanan M：Traffic：Why We Drive the Way We Do（and What It Says About Us），W. W. Norton & Company，2008.

2. Miller R E，Blair P D：Input-Output Analysis：Foundations and Extensions，Cambridge University Press，2009.

3. Rodrigue J P，Comtois C，Slack B：The Geography of Transport Systems，Routledge. 2009.

第九章　城市与区域发展

第一节　城市的形成与空间结构

一、城市的形成与演化过程

1. 城市的起源

1.1　古代文明与城市的初步形态

城市的起源可追溯至古代文明的诞生,尤其在美索不达米亚、埃及、印度河流域和中国黄河流域等地。这些地方的独特地理环境为城市的形成提供了基础。比如,美索不达米亚的两河流域因肥沃土壤和丰富水资源成为早期城市化地区。灌溉技术的发展使农业富余粮食的生产成为可能,推动了人口增长和定居,为城市的出现提供了条件。

随着农业生产力提升,定居生活逐渐取代游牧生活,成为城市形成的基础。特别是灌溉系统的发展,使古代文明在农业生产上具有优势,为城市发展提供了物资保障。同时,农业剩余产出促使人口聚集,推动了商业和手工业的发展。人们通过交换和贸易获取所需物品,经济活动逐渐成为古代城市的重要组成部分。

在这些城市中,市场、集市和贸易网络发展成为经济的核心。以古巴比伦为例,商贸繁荣不仅促进了经济发展,也加速了不同文化和民族间的交流。随着交通和通信技术进步,城市规模扩大,并跨越更广阔的地理范围,成为区域性甚至国际性贸易中心。

1.2　城市与政治体制的关系

随着古代城市的形成,政治体制的集中开始发挥重要作用。许多古代文明中的城市不仅是经济和商贸中心,还逐渐成为政治和宗教的重心。例如,古埃及的孟菲斯既是文化和经济中心,又象征着国家政权,法老的宫殿和神庙代表了国家权力。类似地,古巴比伦的城市不仅是商业中心,也是神权与王权交织的地方,国王和祭司的权力共同构建了社会结构。

这些早期城市通常由集权的领导阶层统治,王族、贵族或神职人员在经济、军事和宗教事务中扮演重要角色。随着城市规模的增大,政治体系逐渐复杂,形成了不同的社会阶层和管理结构。城市成为治理核心,权力不仅体现在对经济资源的控制,也体现在对军事、外交和司法事务的管理上。宗教与政治权力密切相关,神庙和宫殿成为神权与王权合二为一的象征。例如,古埃及法老既是国家领导者,也是神的化身,这种政治与宗教结合的做法在古代城市中广泛存在,宗教影响力塑造了城市的社会秩序和文化面貌。

1.3　城市作为社会结构的体现

城市的形成标志着社会结构的复杂化和阶层的分化。最初的城市以农业为基础,但随着商贸和工业的发展,城市逐渐形成了多样化的社会群体,成为统治阶层、工匠、商人、农民和劳工等不同群体的聚集地。社会阶层的划分不仅体现在财富和权力的分配上,还体现在居住区、职能分工以及教育和文化等方面。

在古代城市,社会结构通常严格等级化。王族和贵族居住在城市核心区,靠近政治和宗教中心。城市外围则是工匠、商人和劳动力的聚集区,形成工商业区和贫民区,差距体现在居住条件、基础设施、社会福利、教育机会和政治参与等方面。底层劳动者通常没有政治权利,工匠和商人则通过商会等组织在经济上有一定影响力。

随着城市经济的发展,社会阶层划分更加明确,特别是在大规模商业活动中,商人和工匠成为重要支柱。城市扩张带来了更大的社会流动性,富裕商人和工匠通过财富积累逐渐上升到较高社会地位,尤其在希腊罗马时期,阶层流动性有所增加,阶层固化现象有所缓解。

2. 工业革命与城市化

2.1 工业革命的推动作用

18 世纪末,工业革命的爆发彻底改变了世界的生产模式和社会结构。这一变革的核心在于蒸汽机和机械化生产的出现,使得劳动生产力得到了极大提高,生产效率大幅提升。尤其是在纺织、钢铁和煤炭等行业,机械化生产不仅大大减少了对传统手工业劳动的依赖,还创造了大量新的工业岗位。大量农民被迫从农村转移到城市,寻求新的工作机会,从而推动了城市人口的急剧增长。

工业革命使得城市的经济重心发生了根本变化。城市逐渐从以农业为主的区域转变为以工业和商业为中心的经济体。工厂成为新的生产单位,城市的生产模式也从个体劳动和家庭作坊逐步向大规模机械化生产转型。随着交通的改善,工业生产能够迅速接入市场,产品的流通和贸易活动成为城市经济的主导力量。与此同时,城市成为技术创新、生产力提升以及经济全球化的推动力量,进一步促进了世界经济的连通。随着工业化进程的加速,市场需求的增加导致了城市中各类服务业的快速扩展,商业、金融、法律、教育等新兴行业逐渐形成,并与传统行业形成互补关系,进一步推动了城市化进程的深化。

2.2 大规模人口迁移与城市扩展

工业革命的一个显著特点是大规模人口的迁移,特别是从农村到城市的迁移。这一现象在欧洲尤其明显,随着工厂的建立和生产方式的变化,农村的土地逐渐丧失了吸引力,许多农民被迫离开土地,进入城市寻找工厂工作。这一过程不仅改变了劳动力的分布,也极大地促进了城市的扩展。大量农村人口涌入城市后,城市的基础设施和社会服务难以跟上人口的增长,城市居住条件相当简陋,贫民窟的形成成为这一时期的显著特点。虽然这些城市人口的增长和扩展为工厂提供了充足的劳动力资源,但也带来了许多与之相伴的社会问题。

随着城市化进程的深入,城市不仅在数量上增加,还在空间和功能上发生了多元化的变化。新的工业区、住宅区、商业区、金融区和文化区开始在城市中逐步显现,城市的功能逐渐趋向多元化和复杂化。

2.3 城市基础设施与功能多样化

随着工业革命的深入,城市的规模和复杂性不断增加,基础设施建设成为至关重要的任务。为满足日益增长的工业生产、商业活动以及日常生活需求,交通、能源、住房和公共设施等各方面的建设得到了前所未有的重视。铁路的普及和城市内交通网络的发展使得城市与外部市场的联系更加紧密,推动了商品、原材料和劳动力的高效流动,也促进了城市内部功能区域的划分与布局。能源基础设施的建设成为支持工业化进程的关键。大规模的煤矿开采、石油提炼和电力系统的建设,提供了强大的能源保障。城市的电力、燃气、供水等公共服务设施的建设也迅速跟上,改善了城市居民的生活条件。

住房和公共服务的改善是城市功能多样化的另一个重要方面。随着城市人口的激增,住房成为最紧迫的问题。各类工人阶级的聚集地开始形成,包括工厂宿舍、廉租房以及临时住所等,而这些区域的基础设施建设和公共服务供给并未得到有效的支持,导致了社会贫富差距的加剧。随着商业和金融活动的增长,城市开始出现集中的商业区和金融中心,推动了资本流动和全球化经济网络的形成。银行、股市和商业公司等新的社会机构在城市中扮演了越来越重要的角色。城市成了资本、技术和创新的聚集地,进一步加速了经济的发展和社会变革。

2.4 社会问题与城市化的挑战

尽管工业革命促进了城市经济的快速增长,创造了大量就业机会,但也带来了许多社会问题,尤其是随着城市人口急剧增加,社会压力加剧。城市扩展速度远超基础设施的建设,导致许多工人和贫困阶层的生活条件极为恶劣。

最显著的问题是贫民窟的形成。大量涌入城市的农民工通常只能在城市边缘找到廉价住房,这些区域缺乏基本的卫生设施、供水系统和垃圾处理,居民生活质量低。贫困阶层缺乏受教育机会,社会阶层固化和贫富差距的扩大成为工业化的负面效应。

此外,工人阶级的劳动条件也非常艰苦。许多工厂工作时间长、环境差,工人面临低工资、危险的工作条件和缺乏劳动保障。工厂的集中生产和机器化使劳动者在生产过程中的地位更加单一和机械化,进一步深化了社会分工并加剧了工人阶级的"非人化"现象。

工业革命还带来了环境污染。大规模煤炭开采、工厂废气排放、化学物质泄漏及木材、煤炭等燃料的使用严重污染空气和水源。这些污染不仅影响城市居民生活质量,还对生态环境造成长远的负面影响。

3. 现代城市化与全球化

3.1 "二战"后城市化的加速

"二战"后,特别是亚洲、拉丁美洲和非洲的许多发展中国家进入了快速城市化阶段。这一进程不仅是人口向城市聚集,还伴随着工业化、技术创新和经济结构转型的推进。战后经济重建需求和全球市场重新配置加速了工业化,推动了大规模城市化。新兴工业化国家如日本、韩国、巴西和墨西哥等,投入资源建设现代化工业城市,发展重工业和制造业,同时推动基础设施建设和土地政策改革,吸引大量农村劳动力涌入城市。

城市化加速使得原本分散的农村经济逐渐向城市中心集聚,促使城市产业结构多元化。农业逐渐被工业和服务业取代,城市成为生产、消费、文化、科技和创新的中心,推动了全球化进程和区域经济的融合。

3.2 全球化对城市化的影响

全球化是现代城市化的重要催化剂,加速了城市之间的联系,推动了跨国公司和全球产业链的集聚。信息技术和运输技术的进步使全球城市更加紧密地连接,形成了一个集中的全球经济网络,促进了资本、商品、劳动力和信息的流动,并推动了知识和技术的传播。

全球化使世界主要城市成为全球经济的核心节点。纽约、伦敦、东京、巴黎等大都市不仅是全球贸易、金融和文化的中心,还成为跨国公司总部、国际组织和全球人才的集聚地。这些城市的国际化程度使其在全球经济中占据重要地位,成为全球化的重要支点。

全球化也推动了区域经济一体化,尤其在亚洲、欧洲和美洲等地区,经济联系更加紧密。例如,欧盟通过自由流动的劳动力和资本,形成了一体化的经济体;"一带一路"倡议加强了亚洲、欧洲和非洲之间的基础设施建设和经济合作。然而,全球化也带来了挑战,如城市间竞争加剧、财富不平等加大等问题,需全球范围内的政策协调与解决方案。

3.3 城市化中的新兴问题与挑战

快速城市化过程中,许多城市面临一系列新问题和挑战。最突出的是资源紧张,尤其是水、能源和土地的匮乏。城市扩展加剧了资源短缺,许多城市在满足日益增长的需求时面临资源困境。

环境污染日益严峻,工业化、汽车化和建筑活动增加导致空气和水源污染。过度能源消耗、废料排放和垃圾处理问题使城市生态环境恶化,空气质量差和绿地缺乏成为居民困扰。交通拥堵也成为普遍问题。城市扩展与交通建设不同步,大量私家车增加不仅加剧空气污染,还导致通勤时间延长,影响生活质量。

此外,城市人口激增带来住房和社会不平等问题。高房价、低收入群体的住房困难和贫富差距加大,使城市社会结构复杂化,贫民区与富裕区分化,阶层固化使居民面临更多挑战。

3.4 智能城市与可持续发展

随着科技进步,许多城市开始探索智能化、可持续化的发展路径。智能城市建设依赖于信息技术、绿色建筑、智能交通、能源管理和数字化公共服务等多个方面。通过物联网、大数据和人工智能,智能城市实现了资源的高效配置和精准管理,提高了城市运行效率和市民生活质量。

在能源管理方面,智能城市通过智能电网、绿色建筑和可再生能源应用,减少能源浪费和碳排放。智能交通系统通过实时数据收集和分析优化交通流量,减轻拥堵和污染,提升城市可持续性。绿色建筑采用节能技术和环保材料,减少能源消耗和环境影响。智能化设计使城市最大限度利用自然光、通风和热能,减少外部能源依赖,推动绿色发展。智能城市也注重社会包容性和公平性,通过数字化技术提供便捷的公共服务,如智慧医疗、教育和社会保障,确保居民享有更高水平的福利。

二、城市空间结构的理论与模型

1. 同心圆模型(Concentric Zone Model)

1.1 模型背景与基本概念

同心圆模型由美国社会学家欧内斯特·伯吉斯(Ernest W. Burgess)于 1925 年提出。该模型认为城市空间按功能和经济状况划分为多个同心圈,每个圈代表不同的社会阶层、土地使用类型及居民生活水平。根据这一模型,城市核心区域——中央商务区(Central

Business District，CBD)是商业、金融和行政活动的集中地，而外围则过渡到更多的住宅区和工业区。伯吉斯通过这一模型解释了城市内部社会结构及空间分布，尤其是不同阶层和社会群体如何在空间上呈现不同的聚集模式。

伯吉斯认为，城市是一个动态系统，各功能区通过社会经济因素、交通条件和土地价格等相互作用，导致城市空间的自然分化和扩展。该模型最初用于解释芝加哥等工业化城市的空间布局，但其基本原理对许多其他城市的研究也产生了深远影响。

1.2　同心圆的各个层次

同心圆模型将城市空间划分为不同圈层，每层代表不同的功能区和社会阶层。中央商务区(CBD)是城市最核心的区域，集中商业、金融和行政活动，土地使用密度最高，租金昂贵，交通便利，是人口流动最密集的地方，通常以办公楼、高层建筑和商业中心为主。过渡区(Transitional Zone)紧邻CBD，常见旧城区、工厂、市场和低收入群体居住区。土地成本低，低收入群体和工人阶级聚集在此，商业和居民区交织，可能会随着城市发展转型为高档商业或住宅区。工人区(Working-Class Zone)是工人阶级和低收入家庭聚集的区域，住房简陋、基础设施不完备，通常位于城市外围，交通较差，随着城市扩张，工人区逐渐向外围扩展，特别在工业化城市中尤为明显。中产阶级区(Middle-Class Zone)是生活环境较好的区域，基础设施完善，居民生活水平较高。通常位于城市中层，交通便利，居住舒适，形成典型的"温和"居住环境。高档住宅区(Commuter Zone)位于城市外围，环境优美，居民多为高收入人群，通常通勤到城市中心工作。该区域住宅宽敞，绿化丰富，生活质量较高，提供安静舒适的居住环境，并通过有效交通连接到CBD。

1.3　同心圆模型的应用与局限性

同心圆模型在解释早期工业化城市空间布局方面起到了重要作用，帮助理解社会阶层在城市中的分布，以及这种分布与土地使用和经济活动的关系，特别是在分析美国20世纪初期工业化城市时，模型展示了阶层分化与城市功能的关系。然而，随着时间推移，城市发展面临更复杂的因素，使得同心圆模型的适用性受到挑战。现代交通系统的发展使得城市中心与外围的联系更加紧密，高收入家庭和商业活动向外围迁移，城市空间布局不再完全遵循同心圆扩展。现代城市的功能区趋向混合化，尤其在高科技和创意产业的影响下，很多区域不再局限于单一功能。社会结构的变化也使得高收入家庭迁移趋势显著，许多富裕家庭选择靠近交通节点或市中心定居，传统高档住宅区转变为商住混合区。因此，单一的同心圆模型难以有效解释这些复杂的城市空间模式。

2. 扇形模型(Sector Model)

2.1　模型背景与核心假设

扇形模型是由美国社会学家霍默·霍伊特(Homer Hoyt)于1939年提出的，作为对同心圆模型的补充和修正。与同心圆模型不同，扇形模型并不认为城市空间的扩展是均匀的，而是沿着主要交通路线和特定方向呈现扇形状扩展。霍伊特提出，城市的空间结构并非简单的同心圆型分布，而是受到交通、经济活动和社会阶层等因素的综合影响，因此城市内部的各类功能区应当根据这些因素的作用力在不同方向上形成扇形区。

扇形模型的核心假设是，城市内部的区域性分布不是随机的，也不是单纯由核心区辐射而出,而是由交通设施、地理环境、社会经济结构等多个因素共同决定。特别是交通网络的发展和改进,促使城市空间在交通线附近扩展,从而使得不同社会阶层和功能区域呈现出沿交通线路的扇形分布。该模型强调,交通是城市空间结构形成的一个关键因素,尤其是城市中的道路、铁路等交通枢纽的分布会直接影响城市的经济、社会结构以及居民的居住模式。

2.2 扇形模型的具体层次

扇形模型将城市空间分为多个扇形区域,每个区域代表不同的功能区和社会阶层。CBD 仍是城市的核心区域,聚集商业、金融和行政活动,地价昂贵且人口密集。尽管 CBD 不是唯一中心,但它仍是城市活动的枢纽。在扇形模型中,工业区并不像同心圆模型那样围绕 CBD,而是沿着主要交通路线或交通枢纽扩展。这些区域靠近铁路、港口或高速公路,形成产业带,通常也是低收入和工人阶级的居住区。根据扇形模型,富裕家庭通常选择在靠近主要交通线路且环境优越的区域居住,这些区域远离商业和工业区,但交通便利,便于通勤。高收入住宅区通常位于城市外围,拥有较低的污染和更高的绿化率。边缘地带则常有低收入群体住宅区或功能混合型区域,这些区域不仅有住宅功能,还包括零售、仓储和轻工业等,住宅和商业功能高度混合。

2.3 扇形模型的优势与适用性

扇形模型提供了一个更为灵活的框架,特别适用于分析城市内不同区域的经济和社会联系。它强调交通网络在城市空间扩展中的核心作用。交通线路、道路网络和铁路枢纽等设施是城市形态的重要因素,尤其在工业化城市中,交通对城市扩展的影响尤为显著。城市扩展不仅向外延伸,而且沿交通干线形成扇形区域,促进了城市空间功能的分化与协调。与同心圆模型相比,扇形模型在描述许多现代城市空间结构时更为准确。许多城市在发展过程中并非围绕一个中心扩展,而是沿着交通线路、经济活动集聚区或自然资源分布形成明显的扇形区域。因此,扇形模型能更好地反映出真实的城市发展趋势。它不仅适用于分析 20 世纪初期的工业化城市,也对许多发展中国家的城市扩展具有较强的解释力,尤其是随着交通基础设施改善,城市扩展趋势往往沿着这些交通干线形成扇形结构。

3. 多中心模型(Multiple-Nuclei Model)

3.1 模型的提出与核心观点

多中心模型由查思西·哈里斯(Chauncy Harris)与爱德华·乌尔曼(Edward Ullman)于 1945 年提出,旨在对传统的城市空间结构理论进行扩展,尤其是对同心圆模型和扇形模型的局限性做出修正。该模型提出,现代城市的发展不再仅仅围绕单一的中央商务区(CBD)展开,而是逐渐形成了多个功能各异的发展中心。这些中心通过城市内部发达的交通网络相互连接,并分别承担不同的经济、商业、文化和社会职能。

与同心圆模型和扇形模型强调的单一中心不同,多中心模型认为城市的空间发展是多维的,多个区域中心的功能和吸引力各自独立又相互交织。现代城市特别是大型城市,由于人口规模庞大、经济活动多样化以及交通技术的进步,逐渐呈现出"多个核"而非单一核的空间结构。这一模型的核心观点在于:城市是由多个功能区域组成的,每个区域都有其独立性和特殊性,同时又通过交通联系紧密相连,形成相互依赖和互动的空间关系。

3.2 各中心功能的划分

在多中心模型中,城市空间被划分为多个功能中心,每个中心有其独特的社会、经济和文化功能。尽管现代城市的多中心结构已出现,中央商务区(CBD)仍是城市商业、金融、文化和行政活动的核心。CBD通常位于城市中心,集中了大量公司总部、金融机构、购物中心和政府机关。尽管交通进步使得CBD不再是唯一的商业核心,但它仍是其他中心的协调点。除了CBD外,工业区也是现代大城市中的重要中心。随着城市扩展,传统工业区逐渐分散到交通发达和资源丰富的区域,通常位于城市外围,依托交通枢纽实现货物和原材料的流通。如今,许多工业区转型为高技术产业园区、物流中心或轻工业区,促进产业多样化。随着信息技术和全球化的发展,许多城市形成了高科技区、文化创意区和知识经济园区等新兴中心。这些区域集中在大城市的科技园区、高等院校或文化产业聚集地。高科技区依赖创新和研发,吸引科技公司和研究机构;文化创意区则聚集艺术工作室、设计公司和演艺团体等创意型企业。除了商务区和工业区,居民区和商业区在多中心模型中也扮演重要角色。随着城市发展,多个住宅和商业区域不断涌现,满足居民的日常生活、消费和休闲需求,这些区域可能与CBD相距较远,逐渐形成独立的小型商业中心和社区市场。

3.3 多中心模型的适用性与挑战

多中心模型较为准确地描述了现代大城市的空间布局,特别是在信息化、全球化和产业多样化的背景下,城市的空间结构更加复杂,中心的功能逐渐多元化和分散化。全球城市化进程加速,世界大城市呈现出更复杂的空间结构,多中心模型在研究大城市和都市圈时具有较高的实用价值。现代城市不仅拥有一个经济和商业中心,还可能形成多个功能区,如文化、金融、科技等新兴领域,交通网络的发展使得这些中心能更好地协作。全球化推动下,城市不仅是国内经济中心,也成为全球经济网络的一部分。多中心模型有效解释了城市在全球产业链中的多重角色,许多城市既是国际金融中心,又具备高科技、文化创意等多种功能,使得城市布局更加复杂,连接全球经济。

然而,尽管多中心模型对现代城市布局有较好解释,它在实际应用中仍面临挑战。首先,随着城市规模扩大,如何合理规划和管理多个中心之间的联系和功能分配成为难题。多个中心可能面临功能重叠和资源分配不均,导致经济发展不平衡。其次,城市交通和科技发达使得传统"中心"概念模糊,因此在实际应用时多中心模型需灵活应对。此外,多中心模型未必能解决城市内的空间不平衡和社会分化问题。不同中心区域间经济发展差距和资源配置差异可能加剧社会分层和贫富差距,若这些区域未能有效协作,可能引发社会不稳定和区域发展不平等。

4. 都市圈与都市区的形成

4.1 都市圈的定义与特点

都市圈是由一个大城市及其周围卫星城镇、郊区组成的广泛区域,包括中心城市及多个次级城市、乡镇和郊区。都市圈的形成是现代城市化过程中,城市规模扩展和功能融合的结果。它不仅是一个行政区划概念,更是指相互联系、依赖的空间单位。中心城市是核心,拥有集中经济、政治和文化资源,而卫星城市和郊区则承担住宅、商业和服务等功能。

都市圈的一个特点是经济联系与资源共享。通过发达的交通和信息网络,都市圈内不同区域的经济活动高度融合,形成互补的功能分工。例如,中心城市集聚金融机构和高端服务业,卫星城市和郊区则承担制造业、仓储物流和居民区功能。都市圈还具有较强的流动性,人口、资本、技术等资源流动促进了区域共同发展。

4.2 都市圈的空间扩展与社会融合

都市圈的发展不仅体现在空间扩展上,还表现在社会、经济和文化的融合。随着交通基础设施的不断完善,都市圈内核心城市与外围郊区和卫星城市的界限逐渐模糊,形成了一个功能互补、资源共享的区域。现代都市圈的空间布局更加复杂,城市功能的分布逐步向外延伸,形成了商业、住宅、工业、文化等多功能融合的结构。

交通系统的改善,尤其是高速公路、地铁等建设,使得都市圈内不同区域的联系更加紧密,市中心与郊区的通勤时间大幅缩短,促进了职住分离,并推动了人员和资本的跨区域流动。大量居住在郊区的中产阶级和高收入人群,能通过便捷的交通系统往返于城市中心工作和生活。与此同时,城市核心功能区与外围区域的商业、教育、文化设施互通,形成了多层次、多元化的区域体系。

社会融合是都市区发展的另一重要特征。不同区域的文化、教育资源的互联互通促进了居民互动与融合,城市文化和乡村文化的边界逐渐消失,形成了文化多样性和地域特色的融合,推动了社会和谐与发展。

4.3 都市圈的挑战与未来发展

尽管都市圈促进了经济、文化和社会的高度融合,但其发展也面临一些挑战。随着都市圈的扩展,交通拥堵成为普遍问题。尽管交通系统得到了改善,但人口增长和城市扩展导致的交通流量激增常常造成道路和轨道交通的堵塞,影响经济效率和居民生活质量。都市圈内的资源竞争也是一个问题。由于城市边界模糊,城市中心和郊区在土地、住房、公共设施等方面存在激烈竞争。特别是土地有限和人口快速增长,导致部分区域面临资源短缺、环境污染等困境。高房价和土地利用不均衡等问题也可能加剧社会不平等和阶层分化。环境污染和生态压力也是都市圈面临的重要挑战。城市化进程带来的建筑、交通和工业活动对环境造成压力,空气、水和噪声污染问题日益严重。如何平衡经济发展与环境保护,将是未来都市圈发展的关键。

为应对这些挑战,未来都市圈的规划应注重区域协同发展。政府和规划部门应加强城市中心与郊区的协调与合作,合理规划土地利用,优化交通系统,提升资源配置效率。同时,要重视生态保护,推动绿色城市发展。随着科技的进步,智能城市和大数据技术的应用将为都市圈管理和发展提供创新解决方案,缓解交通拥堵和资源分配不均等问题,提升都市圈的整体功能和居民生活质量。

三、城市功能与空间布局

1. 中央商务区(CBD)与周边区

1.1 CBD的核心功能与角色

中央商务区(CBD)是现代城市中最重要的经济活动中心,集中着大量的商业、金融、服务和行政功能。作为城市的"经济心脏",CBD通常拥有高密度的办公楼、商业大厦和国际化的企业总部,是资金流动、信息传播和商业交流的核心场所。由于其集中性,CBD也常常是各类企业和政府机构的重要办公场所,汇聚了大量的资本、人才和技术。其作用不仅是经济活动的核心,还是城市整体竞争力的体现。因此,CBD的存在对于推动城市经济发展、提高国际化水平和吸引全球投资具有至关重要的意义。

除了经济职能外,CBD还具有显著的社会和文化作用。作为城市的标志性区域,它代表了城市的现代化程度和全球化进程,吸引了大量的游客、商务人士和文化活动。CBD的建筑风格通常较为现代,反映了城市的文化特色和时代气息。因此,CBD不仅是一个经济中心,还是城市文化、历史和未来的象征。

1.2　CBD的空间扩展与功能演变

随着城市规模的不断扩大和经济的不断发展,传统的CBD逐渐超越了其原本的地理边界,空间逐步向外扩展。这一扩展的过程通常伴随着技术进步和交通网络的改善,特别是在地铁、轻轨、高速公路等交通基础设施的支持下,原本限制在中心城区的商业和金融活动开始向城市外围渗透。

这一变化也带来了多个"次级CBD"的出现。次级CBD通常位于交通枢纽或者区域经济相对发达的地方,具备一定的商业、金融和服务功能,并逐渐承担起部分CBD的职能。随着信息化、全球化和产业多样化的推进,多个次级CBD的形成有助于分担传统CBD的压力,并推动城市的均衡发展。此外,随着城市空间的持续扩展,一些郊区和远离中心区域的地方也开始成为新兴的商业和办公中心,特别是在以科技、创意产业为主的经济活动领域。

1.3　CBD以外区域的发展

随着城市经济和人口的增长,CBD以外的区域逐步形成了多样化的功能区,包括商业区、工业区、文化区、住宅区等。这些区域与CBD相互补充,推动了城市整体功能的完善。城市的空间布局不再单一,而是更加注重各功能区之间的协同发展。在CBD外围,商业区逐渐形成,以满足购物、餐饮和休闲需求;而工业区通常位于城市的远离住宅区的区域,用以避免污染对居民生活质量的影响。随着经济的发展和居民消费水平的提高,文化区和创意产业区在城市的边缘地带逐渐形成,这些区域不仅具有艺术性、创新性,还成为吸引年轻人和高科技企业的热点区域。

随着交通网络的进一步完善,高新技术产业园区、创新创业中心和科技园区等新型区域成为城市发展中的重要组成部分,这些区域不仅承载着产业转型和创新,也为城市提供了可持续发展的动力。通过多样化的功能区建设,城市能够满足不同群体的需求,从而提高生活质量和经济效率。这样一来,城市空间的功能分布得到了优化,同时城市内各个功能区之间的联系也更加紧密,形成了更加合理的城市结构。

2. 产业区与生活区的分离

2.1　产业区的功能与发展

产业区作为现代城市功能布局的重要组成部分,专门用于聚集生产性和技术性的行业,如制造业、技术研发和仓储物流等。这些区域通常被规划在城市的外围或者交通便利的地方,便于工人通勤,并降低工业活动对城市环境的负面影响。产业区的设计通常以提高生产效率、节约资源、减少污染为目标,同时注重改善生产环境、优化物流配送和提升产业链的集聚效应。

随着城市的发展,产业区逐渐向技术、信息产业和创意产业等高附加值行业转型。现代产业区不仅包括传统制造业,还涵盖了大量的科技创新中心、研发实验室和创业孵化器。这样一来,产业区逐渐由单一的生产基地转变为多功能的创新和技术中心,推动了城市经济结构的转型升级。

2.2 生活区的规划与设计

生活区主要包括住宅区、休闲和娱乐设施等,是为居民提供日常生活和娱乐活动空间的区域。随着城市化进程的推进,生活区的规划设计越来越注重宜居性和环境舒适度,强调绿色建筑、公共空间和社会设施的配套。现代城市的生活区通常具备完善的交通设施、教育和医疗服务以及充足的公共绿地,确保居民能够在舒适的环境中享受高质量的生活。随着社会对可持续发展的关注,许多生活区开始采用生态设计理念,推广节能建筑、绿色交通和垃圾回收等措施,减少资源浪费和环境污染。这种趋势不仅提高了居民的生活质量,也对整个城市的可持续发展起到了积极的促进作用。

2.3 产业区与生活区的分离的好处

产业区与生活区的功能分离是现代城市规划的一个重要原则,具有多方面的好处。这种分离有助于减少工业生产活动对居民生活质量的影响,特别是噪声、空气污染和交通拥堵等问题。通过将产业区与生活区合理分离,城市能够在提供充足的就业机会的同时,保护居民的健康和生活环境。产业区和生活区的分离也有助于提高城市的运作效率。在合理的空间规划下,产业区能够更加高效地进行生产和物流,生活区则能够提供更好的居住和休闲环境,从而实现城市功能的优化。此外,分离带来的交通流量分配合理,减少了城市中心的交通压力,也有助于提升整个城市的可持续发展能力。产业区与生活区的分离还有助于缓解城市的功能重叠和资源浪费。通过明确的功能划分,城市能够更加高效地利用土地资源,避免产业活动对居民生活的干扰,同时也能够让每个区域专注于其最擅长的功能领域,推动经济的持续发展。

3. 公共服务设施的布局

3.1 公共服务设施的重要性

公共服务设施是城市正常运行的基础,涵盖教育、医疗、文化、交通等多个领域。这些设施不仅是社会运作的核心,还直接影响居民生活质量和社会福祉。良好的设施网络能提升居民满意度,增强城市吸引力,成为吸引外来人才和投资的关键因素。合理布局公共服务设施,有助于区域经济均衡发展,并缓解城市化带来的压力,如交通拥堵和资源不平衡。通过优化设施的空间分布,可以确保各类服务有效覆盖到不同群体,尤其是偏远地区的弱势群体,从而提高居民生活质量和城市竞争力。

3.2 教育、医疗与文化设施的空间分布

公共服务设施的空间布局直接影响居民的生活便利性和社会公平性。教育、医疗和文化设施的规划设计需要考虑人口密度、区域经济、居民需求和交通便捷性,确保设施高效服务不同区域的居民。教育资源通常采用"学校群"布局,将学校分布在住宅和商业区之间,以便不同年龄段的居民就近享受教育服务。随着城市发展,教育设施不仅要满足基础教育需

求,还应重视成人教育和职业培训。医疗设施的布局关系到居民的健康保障。医院和诊所需合理分布在住宅区,特别是大型医院应位于交通便捷区域,而社区医院则注重分布于住宅区,满足日常医疗需求。随着老龄化问题的加剧,城市医疗设施应扩展至老年人护理和康复服务领域。文化设施如博物馆、图书馆、剧院等,不仅是文化活动的中心,也是居民精神生活的重要部分。文化设施布局要依据城市历史文化特色,并结合商业和旅游区,同时要满足区域内多样化的文化需求,尤其在多元化城市中尤为重要。

3.3　交通设施与城市可持续性

交通设施是支撑城市功能的重要组成部分。随着城市规模的扩大和人口增加,合理规划交通设施对城市可持续发展至关重要。现代城市交通规划不仅要满足居民的通勤需求,还要考虑绿色出行、公共交通便利性以及智能化交通系统建设。绿色出行成为城市交通规划的核心理念,步行、骑行和公共交通逐渐成为主要出行方式,私人汽车使用受到限制。通过增加自行车道、步行街区和低排放区,城市减少了污染,提高了出行效率。智能交通系统利用大数据和物联网技术,优化了交通流量和出行路线,缓解交通拥堵。智能系统能够实时监控交通状况,提供流量预测和最佳路径规划,减少交通事故和能源浪费,推动绿色交通普及。

随着人口密度增加,公共交通成为连接城市不同区域的主要方式。地铁、公交、轻轨等公共交通网络的完善,缓解了城市中心交通压力,减少了私人车辆使用,降低了能源消耗和排放,推动了可持续发展。

3.4　公共服务设施的挑战与发展

随着城市化进程加速,公共服务设施的规划建设面临挑战。人口激增和社会结构变化导致公共服务需求不断增长,如何在有限资源和空间中提供高效服务,成为城市规划的重要课题。土地资源紧张使得如何合理规划公共服务设施空间成为难题。大城市中心区域设施建设面临土地不足,而郊区和远离中心的地方设施不足影响居民生活质量。环境污染问题加剧,如何将环保措施与公共服务设施建设结合,成为迫切任务。例如,在医疗设施建设过程中,如何减少废物排放、交通噪声和空气污染,是城市可持续发展的挑战。未来城市需要通过智慧城市建设,利用大数据、物联网、人工智能等技术优化公共服务设施管理和分配。智慧化设施管理系统可以提高效率,减少资源浪费,提高居民生活质量,并通过实时监控和数据分析提升应急响应能力。

4. 城市空间布局的优化与创新

4.1　城市空间布局的智能化

随着信息技术和大数据分析的广泛应用,城市空间布局逐渐向智能化方向发展。通过集成各种科技手段,城市能够在更高效、更精准的基础上规划各类功能区,优化公共设施的布局。通过收集和分析大量的城市运行数据,决策者可以实时了解各个功能区的需求变化,动态调整公共服务设施的布局。此外,物联网技术的应用使得城市设施可以实时互联,确保各个系统的协同运作,从而提升整体的运营效率。城市交通系统将进一步智能化,利用人工智能和机器学习技术对交通流量进行预测和管理,避免交通拥堵,提高运输效率。同时,智能停车场、智慧垃圾管理系统等也将成为城市布局的重要组成部分,帮助城市更好地应对人口增长和资源需求的挑战。

4.2 绿色城市与可持续发展

随着环保意识的不断增强,绿色城市成为现代城市发展的重要方向。绿色城市不仅关注环境保护,还致力于提升居民的生活质量和社会的可持续发展。绿色建筑已经成为现代城市空间布局的必备要素。这些建筑采用节能、环保的材料和设计,不仅减少了能源消耗,还提高了建筑的舒适性和耐久性。同时,城市在规划时应优先考虑低碳排放区,推动城市发展向更加绿色、低碳的方向迈进。绿色交通是推动城市可持续发展的重要组成部分。通过建设低排放的公共交通网络、推广电动车和自行车出行,城市能够有效减少交通污染,降低温室气体排放。现代城市还应加强废物回收和资源循环利用,通过智能垃圾分类和回收系统,提高资源的利用率,减少对环境的负担。

4.3 多功能区的综合发展

未来的城市空间布局将更加注重多功能区的综合发展,不同功能区将更加紧密地结合在一起,创造出更加高效、宜居的城市空间。通过将居住、商业、文化和休闲等功能结合在同一区域,城市不仅可以提高土地利用效率,还能减少交通运输成本。多功能区的建设能够使居民在同一地区享受到更加丰富的服务,同时降低了对城市交通的需求。多功能区还促进了不同社会阶层和文化背景的人群之间的交流与融合。通过规划具有包容性的公共空间和文化设施,城市能够提升社会的多元性和包容性,促进文化的多样性和社会的和谐发展。多功能区的设计能够促进各行业之间的协作和创新。例如,商业区与科技园区的结合,可以为高科技企业提供更好的商业支持和合作机会,推动创新成果的转化。

第二节　区域发展差异的地理学分析

一、区域经济发展的差异性

1. 发达地区与发展中国家的差异

1.1 技术与资本的差异

发达地区通常在技术创新和资本积累方面处于领先地位,这使得其能够实现更高效的生产、服务和创新。先进的技术为发达地区带来了产业升级的机会,而资本的积累和流动性则为企业和政府提供了发展所需的资金支持。相比之下,发展中国家往往面临资金匮乏、技术水平较低的困境,限制了其经济增长的潜力。发达地区的科研机构和技术孵化器为创新提供了强有力的支持,促进了企业在新兴产业中的发展。与此相比,发展中国家在高新技术产业的投入不足,往往依赖传统产业,限制了产业结构的升级与多元化发展。

1.2 基础设施的差异

基础设施的差异也是发达地区与发展中国家经济差距的重要表现。发达地区通常拥有完善的交通、通信、电力和水利设施,这为经济活动提供了有力支持。现代化的交通网络促进了人员、商品和信息的流通,提升了生产效率和生活质量。相反,许多发展中国家在基础设施建设方面存在不足,尤其是在偏远地区,交通不便、物流效率低下,进一步制约了经济的发展。信息与通信技术(Information and Communications Technology,ICT)的发展在发达地区得到了广泛应用,为创新型经济提供了良好的支撑,而许多发展中国家的互联网普及率较低,数字鸿沟进一步加剧了区域差距。

1.3　其他社会指标差异

除了经济收入的差距,区域发展差异还体现在教育、健康、住房等社会指标上。发达地区通常拥有更高的教育水平、更好的医疗保健服务和更加完善的社会保障体系,这不仅提高了居民的生活质量,还推动了劳动力素质的提升。而发展中国家则面临资源不足、公共服务水平较低等问题,影响了人民的整体福祉和社会稳定。教育水平的差异直接影响技能劳动者的供给,而健康状况的差异影响了劳动生产率。住房条件的差距则体现在城乡之间对基本生活设施的可获得性上,许多发展中国家的居民面临贫民窟问题,这进一步加剧了社会不平等。

2. 城乡发展差异

2.1　城市化进程与资源集中

大多数国家存在显著的城乡差距,城市通常集中了大量的经济、技术、文化和教育资源。城市化进程不断加快,吸引了大量的劳动力、资本和技术流入,形成了高度集中的经济体。随着城市的扩张,基础设施建设逐步完善,城市的吸引力进一步增强。然而,农村地区的资源相对匮乏,尤其是技术创新和高质量公共服务的缺乏,导致城乡差距不断加大。此外,城市化不仅带来了资源的集中,也引发了农村劳动力的外流,进一步加剧了农村地区的发展困境。

2.2　城市人口过度膨胀

由于城市提供了更多的就业机会、更好的教育和医疗资源,大量农村人口涌入城市,导致城市人口的过度膨胀。这不仅加大了城市的基础设施负担,还导致了贫民窟的扩大、交通拥堵和环境污染等问题。过度膨胀的城市人口还带来了社会治安、教育资源分配不均和卫生设施不完善等一系列问题。随着城市化的推进,如何有效管理城市人口增长、确保社会服务的均衡分配成了区域经济发展中的一大挑战。

2.3　乡村资源匮乏

相对于城市,乡村地区的经济发展相对滞后。乡村地区缺乏足够的基础设施和投资支持,农民的收入水平普遍较低,教育和医疗条件较差。农村地区的资源匮乏使得当地居民面临着更大的生活压力,也加剧了农村人口的外流和地区间的发展不平衡。此外,农村的劳动生产率通常较低,农业以传统方式为主,难以推动现代化农业的发展。产业链不完善、就业机会匮乏等问题导致农村居民的收入增长受限,进一步恶化了城乡差距。

3. 区域经济不均衡的原因

3.1　自然资源与地理位置

区域经济差异的形成与自然资源的分布密切相关。自然资源丰富的地区通常能够依托其优势资源发展相关产业,推动经济增长。以石油、天然气、矿产等为依托的资源型地区,往往能够吸引投资并获得快速的经济发展。然而,资源依赖型经济也面临着市场波动和资源枯竭的风险。地理位置是另一个影响区域经济差异的重要因素。沿海地区通常享有更便利的交通条件,能够更容易接触国际市场,推动外向型经济发展。而内陆地区由于交通不便、物流成本较高和市场接入障碍,其经济发展往往较为滞后。

3.2 历史背景与政策支持

历史背景和政策支持在区域经济差异的形成中发挥着重要作用。历史上,部分地区由于殖民化、战争或其他历史事件的影响,造成了经济结构的单一化或资源分配的不均衡。此外,政府的政策支持往往集中在特定地区,如大城市或经济特区,使得这些地区能够获得更多的投资和发展机会,进一步拉大了区域间的经济差距。例如,许多发展中国家的农业依赖经济模式与殖民时期的贸易模式相关,导致这些国家的产业结构缺乏多元性。与此同时,政府对于区域间发展的政策导向,如基础设施建设、教育投资等,往往存在地区性差异,进一步加剧了区域经济的失衡。

3.3 产业结构与技术创新

产业结构的差异也是导致区域经济不均衡的重要原因。发达地区通常拥有多元化的产业结构,涵盖了高科技、服务业和制造业等多个领域,这使得其经济具有更强的韧性和竞争力。而资源型、农业型经济主导的地区,则往往经济发展较为缓慢,缺乏产业升级的动力。技术创新水平也是影响区域经济差异的关键因素,发达地区更容易吸引创新型企业和科研机构,从而推动产业转型和经济增长。缺乏创新能力的地区难以实现产业的多元化发展,往往只能依赖传统产业,经济增长动力不足。

3.4 环境与气候因素

不同地区的气候条件和自然环境也会影响区域经济的发展。气候恶劣或自然灾害频发的地区,可能面临着农业生产的困难和资源开发的制约,限制了其经济的快速发展。另一方面,生态环境良好的地区更适合发展农业、旅游等产业,经济增长较为稳定。干旱、洪水频发的地区往往无法有效开发农业资源,而拥有丰富水源和适宜气候条件的地区,则能够支持更加高效的农业生产。此外,环境政策的执行与区域经济发展密切相关,严格的环境保护政策可能限制某些产业的发展,影响区域经济的增长。

二、区域差异的空间表现

1. 发展区域与贫困区域的空间分布

1.1 经济发达区域的集中性

经济发达区域通常集中在大城市及其周边地区,依托于高度集中的资本、技术和人力资源。大城市往往是商业、金融和文化的中心,拥有优质的教育和医疗资源,吸引了大量企业、人才和资本的聚集。这些地区的经济增长通常迅速,基础设施完善,创新能力强。发达区域不仅具备良好的市场条件,还能吸引外资和技术创新,进一步推动区域的繁荣。中国的东部沿海地区(如北京、上海、广州)由于交通便利、政策支持和产业聚集,成了经济发展的重心。这些区域发展迅速,不仅拥有强大的工业基础,还逐步发展成为全球化的重要节点,吸引着世界各地的投资与资源。

1.2　贫困区域的分布特征

与发达地区相对,贫困区域通常位于偏远、资源匮乏或交通不便的地区。许多贫困区域缺乏现代化的基础设施,如良好的交通网络、电力和水利设施等,导致当地生产效率低下,无法吸引更多投资。偏远地区还面临着人力资源流失和教育医疗资源的短缺,进一步加剧了其经济发展的滞后。印度的农村地区、美国的南部贫困地区以及中国的西部山区,往往因为自然环境、基础设施不足和社会资本匮乏,发展滞后,成为全球区域差异的突出表现。这些地区面临着诸如交通闭塞、教育资源匮乏、医疗条件差等问题,限制了其经济和社会的发展潜力。

1.3　全球范围的区域差异

区域发展差异在全球范围内广泛存在。不同国家和地区由于地理位置、资源条件、历史背景等因素的不同,导致了不同区域的发展程度差异。例如,中国的东部与西部、美国的东北与南部、印度的城市与农村等,均呈现出明显的区域经济差异。发达地区的强势经济往往压缩了贫困地区的发展空间,而贫困地区则由于缺乏投资、技术和人才,难以突破发展的瓶颈。全球范围内,区域发展差异表现得尤为突出。北欧和西欧的许多国家在经济和社会福利方面处于领先地位,而拉丁美洲和非洲的某些地区则面临着严重的贫困和基础设施欠缺,造成了较为显著的地区发展鸿沟。

2. 城市与乡村的空间不平衡

2.1　城市化进程中的空间集中

在许多发展中国家,城市化进程过于集中,导致城市的过度膨胀。城市吸引了大量的农村劳动力,尤其是年轻人,寻求更好的就业机会和生活条件。然而,过度集中使得城市的基础设施承受巨大压力,导致住房短缺、交通拥堵、空气污染等问题。中国的快速城市化进程导致了大城市(如北京、上海)的迅速扩张,人口激增,许多城市周边的城乡接合部和乡村地区也因此受到了影响。城市化的过度集中不仅使得城市面临着巨大的生活压力,还造成了乡村资源的流失和基础设施的短缺,加剧了城乡发展的不平衡。

2.2　乡村经济落后与资源匮乏

相对于城市,乡村地区的经济通常较为落后。乡村地区往往缺乏必要的基础设施,如道路、供水、排污系统等,且教育、卫生和社会服务资源较为匮乏。由于基础设施和资源的限制,乡村地区难以吸引足够的投资,也缺乏产业多元化和科技创新能力,从而导致经济发展缓慢。乡村的劳动力水平较低,缺乏有效的职业培训和技能提升机会,导致当地就业机会匮乏,农业生产方式落后。资源匮乏的现状促使大量年轻人外流,进一步加剧了城乡差距。尤其在一些发展中国家,乡村经济缺乏工业化和现代化进程,严重影响了当地的长期发展。

2.3　资源配置差距

城市与乡村在教育、卫生、交通等方面的资源配置差距进一步加剧了区域发展的不平衡。城市地区往往拥有更丰富的教育资源和更先进的医疗设施,而乡村地区的教育质量较低、医疗条件差,尤其是在边远山区,医疗资源极度匮乏。教育资源的缺乏使得乡村人口的整体素质无法得到提升,从而限制了乡村的可持续发展。此外,城市的交通网络也比乡村更加完善,乡村的交通不便直接影响了人们的生活质量和经济发展。在印度,城市地区的医疗和教育资源与乡村地区的差距极大,导致乡村居民无法享受到与城市居民同等的公共服务,造成了明显的区域发展不平衡。

3. 区域发展的"中心—边缘"模型

3.1 "中心—边缘"理论概述

"中心—边缘"模型是区域经济学中的经典理论,强调经济发达的区域通常成为发展的核心,而其他区域则处于边缘位置,难以获得相应的资源和支持。根据该模型,发达区域不仅拥有丰富的自然资源、良好的基础设施和技术创新能力,还通过高效的市场运作和政策支持吸引投资,形成经济增长的中心。相反,边缘地区由于资源匮乏、交通不便和政策支持不足,处于经济发展相对滞后的状态。全球范围内,大多数大城市(如纽约、伦敦、东京)及其周边地区成了经济和文化中心,而其他地区则面临着资源和发展机会的不足。发达地区的资源配置往往吸引大量的资本、人才和技术,边缘地区则在相对较长时间内难以突破发展困境。

3.2 经济核心与边缘的相互作用

经济核心区域通过其强大的经济和技术优势,吸引着周围地区的资源和劳动力,而边缘地区则面临较高的运输成本、信息滞后和投资不足等问题。边缘地区的产业发展往往受制于核心区域的影响,缺乏自主发展的动力。在中国的东部地区,城市群和高科技产业集群形成了经济核心,而西部地区则因资源有限和基础设施落后,发展相对滞后。与此同时,核心地区的繁荣往往使得周边的贫困地区陷入进一步的贫困化和边缘化。经济发展越发集中在核心区域,造成了区域发展的不平衡。

3.3 区域发展不平衡的表现

"中心—边缘"模型的理论在不同国家和地区表现得尤为明显。以美国为例,纽约、洛杉矶等大城市作为经济核心,吸引了全国范围内的资源和资本,而南部和中西部地区则经济相对滞后。类似的情况也发生在印度,孟买和德里等大城市成了经济和文化的中心,而印度的偏远农村和部分城市则相对落后,面临着严重的发展瓶颈。这些"中心—边缘"的差距不仅体现在经济发展上,还涉及社会服务、文化交流和教育机会的差异,使得发展不平衡成为全球范围内的一个长期问题。

3.4 政策与资源分配的影响

政府政策在"中心—边缘"模型中起着至关重要的作用。中心区域通常获得更多的政策支持,包括税收优惠、基础设施建设、研发投入等,而边缘地区则可能面临资源的匮乏和政策的忽视。为了减少区域间的发展差距,许多国家和地区采取了不同的区域发展政策,如"区域平衡发展"战略、经济特区政策等,旨在通过政府引导和投资支持,推动边缘地区的经济发展。这些政策的实施有助于缓解区域差异,但依然存在许多挑战,特别是在全球化和资本流动加速的背景下,"中心—边缘"差距依然难以快速缩小。

三、区域发展差异的解决途径

1. 区域政策与发展规划

1.1 差异化的区域发展政策

制定差异化的区域发展政策是缩小区域差距的有效手段。每个地区的资源、发展水平、文化背景和社会需求各不相同,单一的政策难以满足所有区域的实际需要。政府应根据各区域特点,采取定制化政策,合理配置资源,推动区域协调发展。经济发达地区可以重点发展高新技术、创新产业和金融服务业,而经济欠发达地区则应重点推动基础设施建设,改善教育、医疗等社会服务,促进劳动力技能提升。通过这些政策,促进不同区域在各自优势领域实现快速发展,进一步缩小差距。政府还可通过财政转移支付、税收优惠、投资激励等措施向贫困地区倾斜资金和资源,确保欠发达地区在享有政府服务和基础设施方面不落后,吸引企业投资,提升经济活力。中国的"西部大开发"政策便是在此背景下出台的,旨在通过财政支持、产业扶持和基础设施建设,逐步缩小东部与西部的经济差距。

1.2 区域发展规划的制定与实施

科学合理的区域发展规划能够为区域经济的均衡发展提供战略指导。政府在制定区域发展规划时,首先需要全面了解各区域的资源禀赋、产业结构和社会需求,识别区域的优势和劣势,并根据这些信息规划出适合该地区的长远发展方向。区域规划不仅仅要考虑经济发展,还应包括文化、教育、社会福利、生态环境等多方面内容。合理的规划能够引导区域有序发展,避免资源的浪费和过度开发。同时,规划的实施需要充分调动地方政府和企业的积极性,确保规划目标的达成。在制定"国家级经济技术开发区"和"高新技术产业园区"的规划时,政府可以根据各地的基础设施建设、产业基础等情况,选择不同的重点发展领域,做到资源配置的最大化利用。随着国家级规划的实施,区域间的发展差异也能得到有效的缓解。

2. 产业转移与技术扩散

2.1 产业转移的推动与策略

产业转移是缩小区域发展差距的关键途径之一。随着经济全球化的深入,许多发达地区的劳动密集型和资源密集型产业逐渐走向饱和,产业转移成为解决区域差异的一个重要手段。政府可以通过政策引导和市场激励,鼓励产业向内陆和贫困地区转移。例如,可以通过设立经济特区、投资促进政策、税收优惠等手段,吸引外资企业和先进制造业集群向经济落后地区转移,创造更多就业机会,带动当地经济发展。在中国的"东部—中西部产业转移"政策中,大量的劳动密集型产业和部分技术含量较低的产业向中西部地区转移,不仅促进了这些地区的工业化进程,也提升了当地的经济发展水平。

2.2 技术扩散与创新合作

技术扩散是推动区域经济均衡发展的另一重要策略。发达地区往往拥有较强的技术创新能力和产业升级潜力,这些技术与创新成果可以通过技术扩散、合作研发、人才交流等途径传播到贫困地区。技术扩散不仅可以帮助贫困地区提升产业技术水平,改善生产工艺,还能推动当地的产业结构升级和经济发展。尤其是在一些高技术行业,如新能源、信息技术和生物医药等领域,技术扩散能够大幅提升贫困地区的生产力和国际竞争力。例如,政府可以支持企业在贫困地区设立研发中心或技术转移中心,推动地方企业与科研院所之间的合作,共享技术资源,共同推动产业发展。

2.3 产业互补与区域合作

区域间的产业互补与合作是推动区域协调发展的有效策略。不同地区由于资源、劳动力、市场需求等方面的差异,能够形成互补的产业链。通过加强区域间的合作,特别是产业链上下游的协调,能够有效促进资源的优化配置。例如,沿海地区的发达产业,如电子信息和汽车制造业,可以为内陆地区提供市场需求和技术支持;而内陆地区丰富的自然资源和低成本劳动力,则可以为沿海地区的产业提供原材料和生产支持。通过区域间的产业合作,不仅能提升资源配置效率,还能推动产业集聚,促进区域经济共同发展。

3. 可持续发展与生态环境保护

3.1 绿色经济的推动

区域发展的可持续性不仅要求经济增长,还必须考虑环境保护和资源的合理利用。绿色经济的推动能够确保各区域在发展过程中不会破坏生态环境,能够长期保持资源的可持续性。政府可以通过支持绿色产业、发展低碳经济和循环经济,推动区域经济朝着绿色、环保、节能的方向发展。绿色经济的特点是通过创新科技、改善产业结构、加强资源回收与再利用等手段,提高能源效率,减少环境污染,推动可持续发展。发展绿色经济不仅能创造更多的就业机会,尤其是在环保产业和可再生能源领域,还能增强区域的长期竞争力。例如,通过政策引导,政府可以鼓励地方政府发展风能、太阳能等可再生能源产业,推动产业转型,减轻对传统能源的依赖,从而实现经济和环境的双赢。

3.2 生态文明建设与区域协调

生态文明建设在区域差异的解决中具有至关重要的作用。随着经济发展,各地对自然资源的开发利用加剧,环境问题也日益严重。因此,必须在区域发展过程中高度重视生态环境的保护和资源的合理利用。通过实施严格的环境保护政策,推进区域生态文明建设,可以有效避免过度开发和环境恶化,促进区域的长远、平衡发展。政府应加强对生态环境的管理与保护,建立生态补偿机制和绿色发展框架,确保各地区的生态环境得到有效保护。特别是一些生态脆弱的地区,应该优先实施生态恢复与环境保护措施,为经济持续增长提供稳定的自然资源支持。

3.3 跨区域环境治理与合作

环境问题往往跨越多个区域,需要采取跨区域协作来解决。跨流域水资源管理、大气污染治理、生态恢复等问题,都需要不同地区之间的合作与协调。通过跨区域的合作,不仅可以解决环境治理中的"区域分隔"问题,还能共同推动区域经济的可持续发展。例如,跨区域的水资源治理可以避免某一地区过度开发水资源而导致其他地区缺水问题。跨区域的大气污染治理也有助于减少区域间空气质量的差异,提高整个地区的生活质量和可持续发展能力。

第三节　城乡协调发展的路径探索

一、城乡一体化与资源共享

1. 城乡资源配置优化

1.1　打破城乡二元结构

城乡二元结构不仅表现为资源的地域不均,还体现在经济发展、社会保障和生活质量等方面的显著差距。要推动城乡一体化,政府需通过制定更具针对性的政策,优化资源的配置,破除长期以来的二元化格局。政策措施如加强基础设施建设、合理配置教育和医疗资源、促进劳动力的流动等,能够有效提高乡村的综合发展水平。在交通网络方面,通过扩建或改造乡村道路、改善乡村的公共交通系统,不仅提升了农民的出行便利性,还促进了城市与乡村之间的货物和信息流通。此外,电力、互联网等基础设施的建设,使得乡村能够接入数字经济,推动其现代化转型。

1.2　农村基础设施建设

农村基础设施建设是城乡一体化的重要组成部分。政府在推动城乡一体化时,应重点解决乡村交通、教育、医疗等领域的基础设施短板,确保农村地区能够享受到与城市相似的公共服务。例如,农村的交通改善可以促进城乡产品的流通,降低物流成本,吸引更多的投资进入乡村,增强乡村经济的活力。而教育设施的建设和师资的下乡则能促进教育资源的公平分配,提升乡村教育质量,为乡村发展提供源源不断的人才支持。

1.3　教育资源的均衡配置

城乡教育资源的不均衡分布,影响着乡村居民的受教育机会与发展潜力。为缩小城乡教育差距,政府应加大对乡村教育的投资,推动优质教育资源向农村倾斜。通过建设现代化的教学设施、提升乡村教师的专业能力,以及通过远程教育平台和在线学习资源,能够为乡村学生提供更多的学习机会和优质教育内容。此外,开展职业教育与技能培训,特别是在农业技术、乡村旅游和电子商务等领域,能够帮助乡村居民提升就业技能,促进乡村经济的多元化发展。

1.4　缩小城乡收入差距

收入差距是城乡一体化中的一个关键问题,乡村居民的收入水平普遍低于城市居民。为了实现城乡一体化,政府必须通过多措并举的方式,促进乡村收入的提升。一方面,可以通过加大对农业的补贴支持、推广农业现代化、提高农产品附加值等方式,直接提升农民的收入水平;另一方面,可以通过城乡劳动力的流动,鼓励农民到城市务工,提升家庭收入。此外,通过实施城乡统一的社会保障政策,如医保、养老保险、失业保险等,能够有效缩小城乡居民的社会保障差距,提高乡村居民的生活保障水平。

2. 城乡产业融合

2.1 促进农业现代化与乡村振兴

农业现代化是推动城乡一体化的基础,乡村振兴则是其具体实践。通过引入科技创新和现代化管理,提升农业生产力,乡村经济将逐步摆脱传统农业模式,迈向更高效、可持续的农业产业体系。通过精准农业技术、智能化农业设备以及农田水利设施的现代化改造,可以显著提高农作物的产量和质量。此外,乡村振兴战略通过支持农村产业的多样化,如农产品加工、乡村旅游等,不仅能提高农民收入,还能推动农业与城市经济的深度融合。

2.2 乡村旅游与城市旅游资源对接

乡村旅游作为城乡产业融合的亮点之一,能够吸引大量城市游客,推动地方经济的全面发展。许多乡村拥有丰富的自然资源和独特的文化遗产,这些资源与城市的消费市场相结合,可以打造出具有地方特色的旅游项目。政府可以通过提供资金支持、优化旅游基础设施、宣传乡村旅游资源等方式,促进乡村旅游的发展。乡村通过接待城市游客,不仅能够直接增加收入,还能通过这一平台展示其独特的文化魅力,吸引更多的投资和游客。

2.3 电子商务推动乡村产业升级

电子商务的发展,为城乡产业融合提供了新的平台。乡村通过电商平台将自己的产品推广到城市甚至全国市场,可以突破传统农业的销售瓶颈,实现产业升级。政府可以加大对乡村电商平台的扶持力度,提供物流、技术、培训等支持,帮助农民充分利用互联网和电子商务提升收入。乡村电商的蓬勃发展还促进了当地基础设施建设,特别是在物流和信息技术方面,乡村的电商体系逐步完善,形成了生产与消费、城乡市场的对接,提升了整个产业链的效能。

2.4 城乡产业链协同发展

城乡产业链的协同发展可以最大化资源配置,形成互补经济模式。城市的高端技术、资本和市场可以为乡村的生产和发展提供重要支持,而乡村的自然资源、劳动力和土地等则能够为城市产业提供原料和支持。通过产业链上下游的紧密合作,不仅能提升各自的竞争力,还能促进双方经济的共同繁荣。政府可以通过政策引导、产业园区建设等手段,促进城市和乡村产业的互通有无,加强产业协作与对接。例如,城市的制造业可以依赖乡村提供的劳动力和农产品,而乡村则通过城市市场获得更加丰富的技术、资金和发展机会。

2.5 跨区域协作与产业合作平台

推动城乡产业融合,建立跨区域产业合作平台至关重要。城市与乡村之间可以通过跨区域合作,共享技术、资金、市场等资源,从而推动更大规模的区域协同发展。政府可以通过设立跨区域产业园区、组织产业合作论坛等形式,促进城乡产业对接。通过跨区域的产业平台,城市和乡村可以在农业、旅游、制造业等领域展开深度合作,实现资源的共享与优化配置,促进经济效益的提升,同时减少区域间的发展差异。

二、城乡区域发展政策与规划

1. 城乡发展与规划

1.1　规划体系的整体性与协调性

城乡规划的统一性要求建立一个涵盖全域的规划体系,这一体系应充分考虑不同地区的特点和需求。在构建规划时,需要全面分析各区域的自然资源、文化特色、社会结构、交通条件及环境承载力等因素,确保规划内容在区域内具有高度协调性。规划不仅要统筹城乡发展,也要兼顾区域之间的协调与合作,实现资源共享、优势互补。通过整合城乡发展需求,避免资源浪费和重复建设,从而提升整体效益。例如,城市化过程中,要推动工业和农业的有机衔接,避免城市过度扩张对周边乡村环境带来不可逆的影响,同时要保障城市发展对乡村的带动作用,尤其是在产业互补、市场需求和基础设施建设上实现更高效的衔接。

1.2　城市与乡村的有机结合

城乡规划的统一性还要求在快速城市化过程中,充分尊重乡村的独特性和发展需求。乡村不仅是城市发展的后备资源和支撑力量,更应当是文化、生态和绿色发展的重要载体。因此,城乡规划需要避免一味追求城市规模的扩张,而忽视乡村的文化传承和生态环境保护。规划应注重乡村多样化的特色,推动城市与乡村之间的互动融合,形成互利共赢的格局。例如,城市和乡村可以在产业链上实现有机融合,城市可以为乡村提供技术支持、资金引导、人才培养等资源,而乡村则可以通过发展生态农业、文化产业、乡村旅游等方式为城市提供独特的产品和体验。此外,城市在公共服务设施方面的优化,如教育、医疗、交通等领域,应同步覆盖乡村,以提升其居民的幸福感和获得感。

1.3　全国与全球视野的规划布局

城乡区域发展面临全球化的挑战和机遇,因此,在城乡规划过程中,必须有全国视野和全球布局的思维。这不仅是为了提升我国城乡一体化水平,也是为了应对全球经济、技术和环境变化带来的压力。通过借鉴全球先进的规划理念和成功案例,结合本国特色,不断创新城乡发展的新模式。例如,全球范围内的绿色经济、智慧城市、数字化治理等新兴领域为城乡融合发展提供了新的方向。同时,全球化带来的产业结构调整和国际合作机遇也为我国城乡区域发展提供了新动能。城乡规划应充分利用国际贸易和投资的机会,提升乡村在全球供应链中的地位,促进农村地区的开放与发展。特别是在科技创新和可持续发展领域,乡村应充分借助全球化趋势,推动绿色农业、清洁能源、生态旅游等产业的崛起,带动城乡区域的协调进步。

2. 农村振兴战略

2.1　精准扶贫与农村发展

精准扶贫是实施乡村振兴战略的重要起点,核心目标是通过有针对性、可持续的措施来彻底消除贫困。通过精准识别贫困人口,针对性地安排扶贫资源,政府能够更有效地帮助贫困地区突破贫困困境。精准扶贫不仅仅关注经济援助,还包括社会保障、教育、医疗和文化等多方面的提升。通过改善基础设施、增强公共服务等,贫困地区的整体发展水平得以提升。例如,政府可以通过实施精准扶贫产业园区项目,推动农业与加工业结合,创造就业机会,同时发展乡村特色农产品、乡村旅游等经济形式。这些措施不仅能提升当地居民的收入水平,还能推动产业链的延伸与地方经济的多元化发展,从而实现经济可持续增长。

2.2 乡村振兴的核心目标与实施路径

乡村振兴的核心目标是让农村地区在经济、文化、社会和生态各方面得到全面提升,成为一个现代化、宜居、宜业、宜游的地方。要实现这一目标,必须深入挖掘乡村的自然与文化资源,同时创新发展路径,形成具有地方特色的可持续发展模式。政府在实施过程中应结合地区特点,通过农业现代化、基础设施建设、乡村文化保护等多措并举来提升整体水平。例如,在农业产业化方面,乡村可以引入现代化的种植技术、机械化生产和农产品加工,提升农产品附加值,推动农业从传统单一种植向多元化经营转型;同时,通过恢复乡村传统文化,利用民俗、手工艺、节庆等资源发展文化旅游,既弘扬传统文化,又带动经济发展。

2.3 提高农村人口素质与生活质量

提高农村人口素质和生活质量是乡村振兴的基础性任务,教育和医疗是其中的关键。政府应加大对农村教育的投入,不仅提升学校硬件设施,还要加强教师队伍的建设,特别是吸引和培养优秀教师到农村工作。同时,政府还应积极推动农村医疗资源的均衡配置,通过增加乡村医生的培训和提高基层医疗服务能力,保障农村居民的健康。此外,基础设施的提升也是提高生活质量的重要途径。加大对农村交通、电力、通信等设施建设的投资,尤其是针对偏远地区的基础设施建设,逐步改善农村居民的生活环境,缩小城乡差距,提升农村的综合竞争力。

2.4 乡村经济的现代化与产业结构调整

乡村振兴的关键在于推动乡村经济现代化,优化产业结构。乡村经济的发展不能仅依赖于传统农业,需要加快推动服务业、绿色产业和数字经济等新兴产业的发展。通过发展乡村电商、智能农业、绿色能源等项目,乡村可以为现代化农业提供更广阔的市场和发展空间。此外,农业领域应加大科技创新投入,推动智能农业的发展,利用物联网、人工智能等技术提高农业生产的效率和品质,增强市场竞争力。在产业结构调整方面,应鼓励农村经济多元化,不仅发展传统农业,还可以发展休闲农业、乡村旅游、文化创意产业等,以此带动乡村经济的全面振兴。

2.5 社会治理与乡村振兴

有效的社会治理为乡村振兴提供了坚实的基础,良好的治理结构能够确保乡村振兴政策的顺利实施。政府需要加强乡村基层组织建设,发挥村委会、合作社等组织的作用,引导和服务群众。同时,要强化乡村法治建设,确保乡村社会有序运行,推动法治政府建设。乡村振兴还应注重信息化建设,推动电子政务和数字治理在乡村的落地,提升村民参与社会治理的积极性与能力。乡村自治也应该成为治理的重要组成部分,通过加强村民自治能力和参与意识,推动农村社区的自我管理和发展。良好的社会治理不仅能够促进乡村的和谐与稳定,还能为经济发展和社会服务的顺利进行提供保障。

三、可持续的城乡发展模式

1. 绿色发展与生态农业

1.1 绿色发展的基本理念

绿色发展是现代经济发展的一个重要方向,强调在推动经济增长的同时,保持环境的可持续性。它要求在生产和消费的过程中减少资源的消耗,降低污染的排放,并促进资源的循环使用。具体来说,绿色发展不仅仅关注能源的高效利用,更着眼于生态系统的保护,推动产业结构的优化和绿色技术的应用。

实现城乡可持续发展,需要在这一理念的指导下,推动产业转型升级,建立绿色产业链,减少资源浪费和污染物排放。例如,推动可再生能源的发展、推广绿色生产方式、发展低碳交通体系等,都能在城乡之间建立起协调共赢的生态环境,促进生态与经济的双重可持续。

1.2　生态农业的实施路径

生态农业是绿色发展的重要组成部分,其核心理念是通过改善农业生态环境来实现长期可持续的农业生产。具体实施路径包括农业绿色技术的推广、土地的合理利用、农田生态修复和生物多样性的保护等。政府可以通过政策引导,推动生态农业项目的建设。农民应当积极采用有机农业、循环农业等技术手段,以减少化肥、农药的使用,保护土壤和水源。精准农业技术通过数据监测和分析,合理分配资源,减少农药和化肥的使用,提升土壤质量,进而减少对环境的负担。

1.3　低碳城市与绿色建筑

低碳城市的建设是实现城乡可持续发展的一个关键方向。低碳城市不仅要求减少能源消耗,还需要在城市规划和设计中融入绿色建筑理念。绿色建筑强调使用环保材料、优化能源使用和提高建筑的能效,目标是实现低能耗、低排放和高舒适度。在城市规划中,要大力发展绿色交通系统,提倡公共交通、自行车出行,减少私人车辆的依赖。同时,推动智能电网和智能交通系统的建设,提高能源利用效率,减少温室气体的排放。

1.4　生态旅游的推动

生态旅游是一种可持续的旅游方式,旨在保护自然环境和文化遗产的同时,促进当地经济的发展。乡村地区拥有丰富的自然资源和独特的文化遗产,这使其成为生态旅游的理想场所。在发展生态旅游时,需要平衡环境保护与旅游业发展的关系。政府和旅游企业应采取措施,严格控制游客数量和活动范围,确保旅游活动不会对自然环境和生态系统造成过度破坏。同时,发展乡村生态旅游可以促进生态环境的修复,提升地方居民的环保意识,实现经济与环境的双赢。

2. 社会公平与公共服务均等化

2.1　公共服务均等化的概念与重要性

公共服务均等化是城乡协调发展的关键之一,旨在确保所有居民,无论城市还是乡村,都能平等享有基本的教育、医疗、社会保障等公共服务。通过消除城乡之间在公共服务上的差距,不仅可以促进社会公平,还能为城乡居民提供平等的发展机会。公共服务均等化有助于推动社会稳定和和谐,避免因资源不均导致的不满与不公平感,提升人们的幸福感。均等化的公共服务还将激发创新活力,为国家发展奠定基础。总之,公共服务均等化是实现社会公平、促进经济发展、增强凝聚力的关键举措。

2.2　教育资源的均衡配置

教育是提高居民素质和推动社会发展的重要手段。然而,城乡教育资源的不平衡导致了大量农村地区的教育质量低下,制约了乡村经济和社会的进步。政府应加大对农村教育的投资,不仅要提升教育硬件设施,还要注重师资队伍的建设。政府可以通过互联网技术、远程教育平台等方式,解决偏远地区教师资源匮乏的问题,为农村学生提供更多优质的教育机会。同时,还应鼓励更多的优秀教师到乡村任教,缩小城乡教育差距。

2.3 基本医疗服务的普及与提升

医疗服务的均等化是促进社会公平的另一重要方面。城乡之间医疗资源的差异不仅影响了居民的健康水平,也加剧了社会不公平现象。政府应加强对农村医疗卫生体系的投资,建设更多的基层医疗机构,配备更多的专业医疗人员,并提高其服务水平。建立完善的乡村医疗网络,通过远程医疗技术为乡村居民提供便捷的健康咨询与诊疗服务,确保农村居民能够享受到基本的医疗保障。

2.4 社会保障体系的完善

完善的社会保障体系是实现城乡社会公平的基础。城乡居民在养老、医疗、失业等方面的社会保障水平差距较大,影响了农村居民的社会安全感。为此,政府应推进城乡社会保障体系的统一,确保农村居民享有与城市居民相同的社会保障待遇。可以通过推动农村养老保险、医疗保险的覆盖面和待遇水平的提升,帮助农村居民应对老龄化、疾病等风险,提升生活质量。

2.5 就业机会的平等化

促进城乡就业机会的平等化,有助于缩小城乡收入差距,提升社会公平。政府可以通过鼓励城乡劳动力流动,推动农村劳动力向城市流动,为农村居民提供更多的就业机会。此外,政府还应注重提高农村居民的职业技能,帮助其在新兴产业中找到就业机会。政府可以设立技能培训班、提供创业支持,帮助农村居民掌握现代农业技能或其他市场需求较大的职业技能,提升其收入水平和社会地位。

2.6 社会福利制度的覆盖与提升

社会福利制度的建设与完善是推动社会公平的关键。政府应进一步提升农村社会福利的覆盖面和水平,包括在住房、基础设施建设、生活保障等方面的政策支持。可以通过加大农村住房保障建设力度,推动乡村公共设施的改善和基础设施的现代化,提高农村居民的生活条件,缩小城乡之间的生活水平差距。此外,政府应在城乡社会福利制度中推动统一规划,确保所有居民都能享有平等的社会福利待遇。

四、智能化与现代化城市农村的互动

1. 智能城市与乡村振兴的结合

1.1 智能化技术的应用与乡村发展

随着信息技术的快速发展,智能化技术为乡村振兴带来了新的机遇。通过互联网、物联网、大数据等技术,乡村地区能够提升农业生产效率,优化资源配置,改善乡村基础设施和公共服务。智能农业系统能够实现精准施肥、智能灌溉、病虫害监控等功能,帮助农民提高产量并减少环境负担。智能化农业技术能够根据实时数据调整作物生长环境,利用气候数据和土壤监测,精准预测作物的需求,减少不必要的资源浪费,提高农业生产的精确度和可持续性。此外,智慧乡村建设能够通过网络教育、远程医疗等服务改善乡村居民的生活条件。

1.2 城市与乡村的数字化资源共享

智能城市与乡村之间的资源共享和合作,可以成为推动城乡一体化的新动力。通过建设数字化平台,城市可以将先进的技术、人才、资金和管理经验引入乡村,而乡村则为城市提供丰富的自然资源、农产品等。在城乡资源的共享和协同中,乡村可以在农业生产、文化旅游、教育医疗等领域借助智能技术实现可持续发展。城市的科技公司可以通过提供远程技术支持、建立数据共享平台等方式,协助乡村提升农业生产管理水平,推动乡村产业的智能化转型,并提高农民的收入。此外,城市的专家和企业也可以参与乡村基础设施建设、智慧医疗和教育系统的搭建。

1.3 乡村信息化建设的关键领域

乡村信息化建设需要从基础设施建设、教育培训、电子商务等多个领域着手。首先,建设完善的互联网基础设施,为乡村提供稳定的网络支持。其次,通过加强乡村居民的信息素养培训,提升他们使用数字工具的能力,推动乡村发展数字经济。最后,推动电子商务平台的发展,使乡村产品能够通过线上平台直接进入城市消费市场,提升乡村经济活力。发展乡村电商平台,帮助农民将自己的特色农产品直接销售到城市市场,从而增加农民的收入。通过线上销售渠道,农民不再依赖传统的中介商和批发商,获得更高的利润,同时也能通过平台扩大产品的知名度,直接触及广泛的城市消费群体。

2. 现代农业与城市消费市场的对接

2.1 现代农业技术与城市消费需求的契合

现代农业技术的引入可以有效提升农业生产效率,同时推动农业产品的质量升级。随着城市居民对健康、绿色食品的需求不断增加,乡村地区可以通过现代农业技术的应用,提升农产品的产量和质量,满足城市消费者日益变化的需求。采用智能化农业生产技术,如精准农业、大数据分析等手段,能够根据市场需求调节生产过程,确保农业产品符合消费者对无公害、营养、绿色等食品的高标准要求。同时,现代农业技术的推广使乡村能够实现多样化的高价值农产品生产,如有机蔬菜、绿色水果等,满足城市市场对健康食品的需求。

2.2 农产品流通与城市市场的接入

农产品的流通和市场供应链的优化是促进城乡互动的关键环节。通过现代物流体系,乡村的优质农产品可以高效、安全地进入城市市场。政府和企业可以共同推动农产品的标准化、品牌化,提升农产品的市场竞争力,确保食品安全和质量。发展冷链物流系统和农产品集散市场,使乡村农产品能够及时送达城市,并保持新鲜度,满足城市消费者对高质量食品的需求。此外,现代农业产销对接平台可以帮助农民更好地理解市场趋势,从而减少农产品滞销的风险,增强农民的市场敏感度和适应能力。

2.3 农业生产与城市消费的互动发展模式

农业生产与城市消费之间的互动发展,应该注重产业链的上下游对接。乡村不仅提供原料,还应通过加工、包装等环节提升农产品附加值,从而为城市提供更具竞争力的产品。

乡村产业不仅要响应城市市场需求,还需要从城市获取科技、金融、人才等资源,实现互补和共赢。发展城市周边的有机农业、绿色农业,结合城市居民对健康食品的需求,推动乡村农业产品的生产、加工、包装与城市市场的高度对接。乡村可以提供原料,城市则可以提供现代加工技术与市场营销资源,共同开发适应消费者需求的食品或其他农产品。

2.4 城乡共同推进绿色食品供应链

随着人们环保意识的提高,绿色食品市场逐渐受到青睐。城乡之间可以合作共同推进绿色食品的生产和供应。乡村可以利用绿色农业技术生产符合环保标准的农产品,而城市则通过市场需求推动绿色食品的消费。城市居民对无公害、无添加、生态种植的食品需求激增,乡村可以通过绿色农业项目发展环保农产品,并通过城市的超市、商场和电商平台进行销售,从而形成城乡绿色食品的双向促进。此外,乡村可以参与到城市绿色食品展销会和推广活动中,帮助农民扩大品牌影响力,增强市场竞争力。

2.5 乡村经济与城市消费的互动创新

乡村与城市之间的互动不仅限于农产品的交换,乡村独特的文化、旅游资源等也成了与城市消费市场互动的重要组成部分。通过推动乡村旅游、乡村手工艺品、乡村特色食品等产业的开发,乡村可以向城市市场提供更多的文化和体验消费产品。发展乡村休闲旅游和民宿经济,为城市居民提供独特的乡村体验,促进农村经济的多元化发展,并为城市消费者提供新的生活方式和消费选择。通过结合乡村丰富的自然景观与文化特色,城市居民可以享受更多贴近自然的度假体验,乡村则通过发展旅游业带动了基础设施建设和当地经济的多元化发展。

🖥 探究案例

案例 1:城市的形成与空间结构

情境描述:你正在研究一个城市的空间结构,目标是分析其形成过程和发展演化。你需要考虑从古代文明到现代城市化的变化,探讨不同历史阶段如何影响城市功能和空间布局,尤其是工业革命和全球化对城市化进程的推动作用。

探究问题:

1. 请描述工业革命如何推动城市化进程,以及它对城市空间结构的影响。你认为工业革命对城市功能和居民区布局产生了哪些具体变化?

2. 随着全球化进程的推进,你认为哪些因素使得现代城市发展更具国际化特点?请举例说明某些国际化城市的空间布局与功能。

案例 2:区域发展差异的地理学分析

情境描述:你正在研究区域经济发展的差异性,特别是发达地区和发展中国家之间的差距。你将探讨不同区域的资源、政策、地理位置等因素如何导致经济、教育、卫生等方面的差异,并提出如何缩小这些差距的建议。

探究问题:

1. 请分析沿海地区和内陆地区在经济发展上的差异。沿海地区通常拥有哪些优势,如何通过政策促进内陆地区的经济增长?

2. 城市与农村之间存在显著的资源配置差异,这种差异如何导致城乡经济的不平衡?你认为哪些政策措施可以缓解这一问题?

案例3:区域差异的空间表现

情境描述:你正在进行一项区域差异分析,目的是研究不同地区在发展和贫困方面的空间表现。你需要分析经济发达区域和贫困区域的空间分布,特别是在全球范围内,如中国的东部与西部、美国的东北与南部等区域。

探究问题:

1. 请描述发达地区和贫困地区的空间分布特点。你认为哪些因素导致了这些地区的差异?

2. 根据"中心—边缘"理论,如何理解经济发达区域和贫困区域的空间关系?如何通过政策调整减少这种区域差距?

案例4:城乡协调发展的路径探索

情境描述:你正在参与一个城乡协调发展的规划项目,目标是通过资源共享和产业融合,促进城市与农村的共同发展。你将考虑如何通过优化资源配置、推动产业合作和缩小城乡差距来促进城乡一体化。

探究问题:

1. 请分析城乡协调发展的核心问题是什么?如何通过政策支持优化城乡资源配置,实现互联互通?

2. 在推动乡村振兴战略时,如何结合现代农业技术和乡村资源,推动农村经济的转型与升级?

案例5:可持续的城乡发展模式

情境描述:你作为城市和乡村发展规划专家,正在设计一个可持续的城乡发展模式。目标是平衡环境保护和资源利用,同时提高城乡公共服务的均等化,确保社会公平和长远发展。

探究问题:

1. 请讨论绿色发展和生态农业如何促进城乡可持续发展。你认为哪些具体措施可以在农村地区实现绿色发展?

2. 如何实现城乡公共服务的均等化,特别是在教育、医疗和社会保障等领域?这些措施将如何促进城乡社会公平?

📖 推荐阅读书籍

1. Glaeser E L：Triumph of the City：How Our Greatest Invention Makes Us Richer，Smarter，Greener，Healthier and Happier，Penguin Press，2011.

2. Taylor P J，Flint C：Political Geography：World-Economy，Nation-State and Locality，Pearson Education，2005.

第十章 环境问题的地理学视角

第一节 全球变暖与气候异常的地理分析

一、全球变暖的定义与背景

1. 全球变暖的概念

1.1 全球变暖的基本定义

全球变暖是指地球表面及大气温度的长期升高现象,特别是自工业革命以来,人类活动导致的温室气体浓度增加所引发的气候变化。科学界普遍认为,全球变暖是全球气候变化的一个重要部分,它不只表现为气温的持续升高,还伴随着极端天气事件的增多、海平面上升以及自然生态系统的变化。

温室气体,如二氧化碳、甲烷和氮氧化物等,在地球大气中形成一层"温室"效应,捕获地表辐射出的热量,从而使得地球表面温度逐渐升高。温室气体的浓度增加意味着更多的热量被"困"在大气层内,阻止了地球的热量散发到太空中,这个过程加剧了全球变暖的趋势。

1.2 全球变暖的主要成因

自工业革命以来,全球温室气体的浓度迅速增加,成为全球变暖的主要驱动力。化石燃料(如煤、石油和天然气)的大规模燃烧,是二氧化碳等温室气体浓度增加的主要来源。工业生产、能源消费、交通运输和农业活动等人类活动,直接或间接地导致了温室气体的持续排放。随着全球人口的增长和经济的扩展,温室气体排放的总量不断攀升。特别是自20世纪中期以来,汽车、飞机等交通工具的普及,加剧了二氧化碳的排放。农业和畜牧业活动也是甲烷和氮氧化物的主要来源,尤其是牲畜的消化过程、稻田的水淹和化肥的使用,都大大增加了这些温室气体的排放。城市化进程的加速以及工业化水平的提高进一步加剧了全球变暖的速度。大规模的城市扩张需要大量的能源,而建筑、取暖、空调使用等也消耗了更多的化石燃料,形成了恶性循环。工业生产和消费模式的改变在提高生产效率的同时,也大大加剧了碳排放。

尽管人类活动是全球变暖的主因,但自然因素在气候变化中也发挥了一定的作用。太阳辐射的强弱、地球轨道的变化、火山爆发等自然现象,对地球气候的变化产生影响。例如,太阳活动的强度波动在一定程度上会影响地球的气温。太阳辐射强烈时,地球吸收的热量增多,从而导致气温的升高,反之亦然。火山爆发则通过向大气中释放大量灰尘和二氧化硫,短期内可能导致全球气温下降。这是因为这些颗粒物会反射阳光,减少地表的辐射热。

然而,这种影响通常是短暂的,一般几个月到几年内消失。

2. 全球变暖的历史背景

2.1 19世纪末至20世纪初期的气候变化

19世纪末,随着工业革命的推进,全球气候开始表现出显著的变化趋势。尽管那时全球变暖的影响尚不明显,但通过气候记录可以看到温度略有上升的趋势。工业革命初期的煤炭和石油使用虽然有限,但已有证据表明,这一时期温室气体的排放开始显现,并对气候产生了微弱的影响。在19世纪末至20世纪初,气候变化表现为局部和周期性的特点。一些地区的气温略有上升,尤其是在北半球的高纬度地区。虽然这一时期的气候变化不如后期那样显著,但工业化的步伐和煤炭的使用已为日后的温室气体积累奠定了基础。气候变化的迹象在早期并未得到广泛关注,气候科学的研究尚处于萌芽阶段。

2.2 工业革命对气候的影响

18世纪末至19世纪初,工业革命带来了生产力的飞跃,并推动了能源使用模式的根本变化。大量燃烧煤炭、石油和天然气的工业活动使温室气体的排放急剧增加。随着机械化生产的普及,煤炭成为主要的能源来源,二氧化碳的排放量也随之激增。这一阶段,温室气体的积累速度加快,尤其是二氧化碳。煤炭的广泛使用推动了重工业的发展,但也加重了大气中的二氧化碳浓度。尽管工业革命对气候变化的影响尚未达到现代变暖的程度,但这一时期的一些初步迹象值得关注。随着工业化进程的加速,气候异常现象逐渐出现。特别是部分工业化较为密集的地区,出现了气温升高、降水模式变化和极端天气事件频发的现象,初步暗示了全球变暖的潜在趋势。

2.3 20世纪以来全球气温的上升趋势

进入20世纪后,全球气温的上升趋势愈加明显,特别是"二战"后的经济恢复期。全球气温变化的长期记录表明,从1950年起,气温显著上升,这一现象与全球温室气体浓度的急剧增加相吻合。气候模型通过对温度和二氧化碳浓度变化的关联分析,进一步验证了人类活动对气候变化的驱动作用。根据全球气候数据,20世纪中期开始,气温上升的速度加快,尤其是20世纪70年代后期至今,全球变暖的趋势更加突出。这个阶段,全球各地的气候异常事件频发,极端天气的影响开始加剧。21世纪以来,全球变暖的加剧使得气候变化成为全球面临的最大挑战之一。极端天气事件如强烈热浪、极端降雨和干旱频繁发生,对全球经济、生态系统及社会结构带来了前所未有的压力。全球气温的不断升高,已经成为对人类生活、生态环境以及可持续发展的重大威胁。

二、全球变暖的地理分布与影响

1. 气温升高的空间分布

1.1 温暖地区的升温趋势

随着全球气候变暖,热带和亚热带地区的气温已显著上升。尽管这些地区本身气温较高,但近年来的升温幅度超出了预期。热带地区温度较为恒定,但由于气候变化,升温趋势更加显著。亚热带地区也经历了更为极端的夏季高温,极端高温事件的频率和强度逐年增加。海洋洋流的变化是影响气温升高的主要因素之一。洋流模式改变直接影响热量分布，热带和亚热带地区的海洋洋流变动加剧了气温升高并影响大气环流。地形也对局部气候产生影响，山区的气温升高可能比低洼地区更为显著。这种气温升高背景下，温暖地区的生态系统发生了显著变化，物种分布和栖息地选择发生迁移，热带雨林的物种组成也在变化。

1.2 北极地区的升温幅度

北极地区的升温速度远超全球平均水平，超过其他地区的两倍，被称为"北极放大效应"。近年来，北极气温持续上升，极地冰盖和冰川面积不断缩小，冰雪融化加剧了气温升高并影响全球气候系统的平衡。冰雪的融化改变了地表的反照率，海洋和裸露土地吸收了更多的太阳辐射，进一步加速了温度升高，形成了恶性循环。北极变暖不仅影响局部气候，还对全球气候产生深远影响，改变了大气环流模式，可能导致极端天气的增加，且冰川融水排放改变了海洋流动，可能威胁到全球气候稳定。

1.3 不同区域的气温变化的双重影响

气温变化受自然因素和人类活动的双重影响。自然因素包括地理位置、海洋洋流、纬度和地形等，地球的自转、太阳辐射分布和地理位置差异造成了不同区域的气候差异。例如，热带地区通常较温暖，而极地地区则寒冷。海洋洋流变化（如厄尔尼诺和拉尼娜现象）显著影响全球气温分布。然而，人类活动尤其是温室气体排放，对气温升高的影响日益显著。工业革命以来，温室气体排放量大幅增加，增强了温室效应，导致全球气温普遍升高。此外，城市化进程和土地利用变化也加剧了局部地区气温升高，城市热岛效应使得城市气温明显高于周围乡村。

2. 气候异常的表现形式

2.1 极端气候事件

全球气候变暖显著影响降水模式，导致极端气候事件频发，如暴雨和洪水。气温上升使大气水蒸气增加，导致降水更加集中和剧烈，特别是在湿润地区，暴雨发生频率增加。这加剧了洪水风险，并严重威胁低洼地区的基础设施和民众生活。洪水影响不仅限于人类居住区，还深远影响生态环境和农业生产，破坏生态平衡，淹没农田和森林，导致生物多样性丧失，影响全球粮食供应链。与极端降水相对的是旱灾的频发。气温上升加剧了干旱地区的水源短缺，长期干旱导致地下水位下降，水源枯竭，影响农业生产并可能引发跨区域水资源争夺，甚至冲突。水资源短缺在干旱地区也限制了工业和生活运转，带来巨大经济和社会成本。随着全球变暖，高温事件增多，特别是热浪频发。高温对人体健康构成威胁，特别是对老年人、儿童和患有基础疾病的人群，可能导致中暑和心血管问题。热浪直接影响农业生产，导致作物枯萎、产量减少，甚至农田失收。生态系统也受到威胁，一些植物和动物可能无法适应过高气温而灭绝。尽管全球变暖通常意味着气温升高，但研究表明它也可能导致暴风雪和寒潮等极寒天气事件异常频发。大气环流变化破坏气流模式，导致更多寒潮和暴风雪现象，给能源供应、交通运输和基础设施带来挑战，可能导致电力需求激增、航班取消等问题。

2.2 海平面上升

全球变暖导致的极地冰盖和冰川加速融化，使海平面上升，改变了全球水循环，并加剧了温暖化趋势。海平面上升对低洼沿海地区构成严峻威胁,洪水、土地流失和盐水入侵问题日益严重。沿海地区尤其脆弱,面临基础设施损毁、生态系统威胁等问题。岛屿国家和地区可能需要大规模迁移或建设防护设施,但这些措施无法从根本上解决问题。海平面上升对沿海生态系统影响深远,湿地、盐沼和珊瑚礁等生态系统遭受威胁,生物栖息地丧失,物种面临灭绝风险。珊瑚礁在温度和酸化的双重压力下正退化。经济活动方面,海平面上升影响渔业、港口和旅游业,可能导致渔业产量下降,港口设施需要改造,沿海旅游区的损失也可能带来经济损失。

2.3　气候带的迁移

随着全球气温的上升,气候带也发生了显著的变化。热带地区逐渐向高纬度扩展,温带地区变得更加温暖,而寒带地区的冰雪融化迅速。低纬度地区的气候条件变得更加严酷,可能出现水资源短缺和生物栖息地的变化。在高纬度地区,气候带的变化导致原本寒冷的区域逐渐变得适合生物栖息,并且可能出现更多的农业种植地。气候带的迁移还会影响人类的居住模式和农业布局,可能导致一些地区的农业资源枯竭,同时为其他地区带来新的农业潜力。气候带的变化还带来了降水模式的改变,季风区的降水量和季风模式的变化,导致一些地区的旱情加剧,而另一些地区则变得更加湿润。亚洲季风区和非洲的干旱区受到气候变化的影响,降水周期的改变使得原本适宜农业的区域变得不再稳定,严重影响了农业生产的可持续性。干旱与湿润气候区的交替,也对生态系统造成了深刻的影响。湿润气候区的水资源可能被过度消耗,而干旱地区的植被和生态系统面临失衡的风险。

2.4　气候带迁移对农业生产的影响

气候带的迁移直接影响了农业生产。新兴的气候带为农业提供了新的潜力,但同时也带来了挑战。许多农作物的生长条件和适应性与气候密切相关,随着气候带的迁移,农作物的种植区域可能需要重新布局。对于某些地区来说,新的气候条件可能更适合农作物的生长,而对于其他地区,则可能需要采取新的技术和种植方法。面对气候带的迁移,农业生产的适应性措施至关重要。各国农业部门需要根据新的气候带分布,制定农业生产策略,进行作物品种的调整和水资源管理,以应对气候变化带来的挑战。

三、全球变暖的社会经济影响

1. 农业与粮食安全

1.1　农作物生长季节的变化

全球变暖对农作物的生长季节产生了显著影响,气温升高和降水模式变化使农业生产周期发生明显变化。随着气温上升,许多地区的种植季节提前,而收获季节则相应推迟或提前。这种变化给农民的生产计划和作物管理带来了较大挑战,增加了农业生产的不确定性。过长的生长季节可能导致作物在高温下生长、水分不足,或出现不均匀的枯萎现象。同时,一些地区因气候变暖而出现极端天气,带来灾难性后果,如高温和干旱发生在作物未成熟时,导致减产甚至绝收。面对这些挑战,农民需进行更复杂的种植管理和调整,以维持粮食供应的稳定性。这些应对措施往往需要资金、技术支持和政策配合,低收入国家和地区特别难以应对这一挑战。气候变暖还要求农业基础设施建设更加灵活,采取新型灌溉技术和研发耐旱作物等措施。

1.2 干旱与洪涝灾害的增多

全球变暖使得极端气候事件的发生频率和强度显著增加,尤其是干旱和洪涝灾害愈加频繁,直接威胁到农业生产和粮食供应。气温升高使得蒸发量增加,水源供给减少,导致土壤干燥和作物无法获得足够水分,特别是那些本就面临干旱和水资源紧张的地区,气候变化进一步加剧了水资源的不足。高温天气对需水量大的作物,如水稻和小麦,影响尤为显著。同时,极端降水事件的频率增加,暴雨和洪涝灾害的发生频繁,破坏农田,导致土壤侵蚀、肥力下降,从而降低农业生产能力。洪涝灾害不仅影响农田,还摧毁基础设施,影响运输、供应链和市场运作,进一步加剧粮食供应的不稳定性。洪水对水产养殖、农业灌溉和水力发电等领域的影响,造成跨部门的经济损失和资源浪费。面对这些挑战,政府和农民需加强灾害预防、气候预测和灾后恢复工作,以应对气候变化带来的灾难性影响。

1.3 粮食短缺与农业生产不稳定的风险

全球变暖对农业生产和粮食供应的稳定性带来了深远影响,特别是在依赖农业为生的地区,粮食安全面临前所未有的挑战。气候变化导致的极端天气事件频发,农作物的生产能力变得不稳定,许多地区的粮食生产波动加剧。极端气候事件如干旱、洪涝、飓风等的频发,不仅影响作物生长,还使农业生产计划难以按预定目标执行。低收入国家尤其受到气候变化的负面影响,因为这些地区的农业生产依赖自然气候条件,缺乏足够的技术和资金来应对气候变化带来的挑战。粮食生产的不稳定性还会导致全球粮食市场波动,进而影响粮食价格和全球经济的稳定,尤其是对粮食依赖进口的贫困国家。长期来看,气候变化不仅使粮食生产更加不稳定,还可能加剧粮食生产国之间的竞争,推动保护主义政策的实施。粮食短缺和价格上涨的现象加剧了贫困和不平等,可能引发社会动荡和冲突。

2. 水资源短缺

2.1 水资源蒸发与流失加剧

气候变暖加剧了全球水资源蒸发和流失,特别是在干旱和半干旱地区。温度升高不仅直接导致地表水蒸发加剧,还减缓了地下水的补充速度,进一步加重了水资源短缺。许多地区水源枯竭,给农业灌溉、工业生产和家庭用水带来巨大压力。水资源紧张导致地区间的水资源竞争加剧,特别在人口稠密地区,水资源成为战略资源。随着农业、工业和居民对水需求的增加,水资源供应无法满足需求,导致供水紧张。在这些地区,由于水资源紧缺,农业灌溉效率下降,工业生产面临用水限制。这种不均衡的水资源分布可能引发政治、经济和社会问题,迫使各国政府和国际组织加强水资源管理,推动水利基础设施建设。

2.2 山区冰雪融水减少

山区的冰雪融水是许多大河的主要水源,特别是在春夏季节,冰雪融水为下游地区提供充足水源。然而,全球气温升高导致山区冰雪融水量减少,进而影响这些地区的水资源供应。冰雪融水的减少导致下游水资源供应不稳定,特别是恒河、黄河、长江等大河。冰川退缩加快,威胁农业灌溉、城市供水和水力发电等运作。山区冰雪融水减少还影响当地生态系统,威胁依赖这些水源的植物和动物种群。在依赖山区冰雪融水的地区,水源短缺可能引发水危机,影响人民生活和经济发展,甚至可能导致跨国水资源管理挑战,促使相关国家加强合作应对气候变化带来的水资源压力。

2.3　水资源争夺与冲突

气候变化加剧了水资源争夺的潜在风险,特别是在跨国流域和缺水地区。随着水资源紧张,国家和地区间的水资源争夺愈加激烈。中东、非洲和亚洲等水资源匮乏地区,水资源已成为国家冲突的根源之一。许多跨国河流流域,如尼罗河、恒河和湄公河,涉及多个国家的利益,水资源管理和分配问题日益突出。由于气候变化引发水源减少和分布不均,可能导致国家间的对立和争端。为解决问题,许多国家已寻求国际合作,通过签订水资源管理协议、建立跨境水资源共享机制等方式减少冲突风险。然而,气候变化带来的水资源短缺和不确定性仍然是全球面临的重要挑战,需要各国加强合作应对。

3.　生态系统服务功能丧失

3.1　生物多样性和生态系统的破坏

全球变暖对生物多样性带来的影响深远。气候变化不仅改变了物种的栖息环境,还打乱了生态系统的结构和功能。气温升高导致气候带迁移,许多物种的栖息地遭到破坏,一些物种因无法适应气候变化而面临灭绝风险。例如,极地冰雪消融威胁到北极熊等依赖冰雪栖息的动物。热带雨林和湿地等重要生态系统也受到损害,物种生存面临挑战。全球变暖还加剧了自然灾害频发,如洪水、干旱和暴风雨,这些极端天气不仅摧毁栖息地,还打乱了物种的繁殖周期,影响生态稳定。生物多样性丧失对生态平衡、食物链和生态服务造成深远影响,进一步加剧了全球环境的脆弱性。珊瑚礁因海水温度升高发生白化,影响海洋生物栖息和沿海渔业资源。此外,气候变化还可能导致病虫害扩散,影响人类健康。

3.2　生态系统服务功能的丧失

生态系统服务是人类社会的基础,包括水源净化、气候调节、土地肥力维持等功能。随着气候变化的加剧,这些服务面临前所未有的威胁。湿地退化加剧了水体污染和洪水风险,森林减少则降低了碳吸收能力,增加了温室气体浓度。气候变化还导致土壤退化,影响农业生产,造成粮食安全威胁。生态服务的丧失暴露了人类社会在环境管理方面的脆弱性,加剧了全球环境危机,迫使各国加强生态保护和修复,推动绿色经济和可持续发展。

3.3　人类生活质量的影响

生态系统服务的丧失深刻影响人类生活质量。气候变化带来的极端天气事件、土地荒漠化和水资源短缺等问题,直接威胁人类生存。水源、食物和健康等基本资源匮乏,全球许多地区社会和经济压力上升,贫困和社会不平等加剧。热浪、暴雨、干旱等极端天气现象增加,威胁健康,尤其对老年人、儿童和体弱者更为严重。水资源短缺导致饮用水供应不稳定,特别是在干旱地区。气候变化还影响粮食生产,造成粮食价格波动和生产不稳定,低收入家庭受影响尤为严重。粮食短缺带来营养不良、社会动荡和冲突。全球贫富差距可能加大,发展中国家面临更大挑战。提高生活质量、减少气候变化影响需要全球合作,推动气候适应和减缓措施,并实施环境保护和可持续发展战略,以保障全球人民的基本需求和福祉。

第二节　土地退化与荒漠化问题的地理学研究

一、土地退化的定义与类型

1. 土地退化的概念与影响

1.1　土地退化的概念

土地退化是指由于自然因素或人为活动的干扰,导致土地质量下降,生产力减少,甚至丧失其原有的生产能力。土地是农业生产和生态保护的基础资源,其退化直接影响农业生产和生态环境。土地退化的主要表现形式包括土壤侵蚀、沙化、盐碱化、湿地消失和森林破坏等,这些现象往往相互交织,形成恶性循环。过度开发和过度利用是导致土地退化的主要因素,特别是在一些发展中国家,农业扩张、过度放牧、工业污染等加剧了土地退化,影响了土地的生产性和生态功能。

1.2　土地退化的影响

土地退化对生态系统、社会经济和人类生存环境造成极大威胁。它使得土地的生产力和生态功能下降,直接影响农业生产能力,危及粮食安全。同时,土地退化加剧了水资源短缺、空气污染和气候变化等环境问题,导致生态环境更加脆弱。土地退化还增加了自然灾害的频率和强度,如水土流失引发泥石流、沙漠化引发沙尘暴等,给社会带来巨大的经济损失,影响人民生计和生活质量。此外,土地退化还可能引发社会动荡和地区冲突,尤其在贫困地区,土地资源的枯竭和生产力下降可能导致迁徙潮、土地争夺和区域冲突,进一步加剧全球气候变化。

2. 土地退化的类型

2.1　水土流失

水土流失是指由于不当的土地管理或自然因素的作用,土壤被水流或风力侵蚀,导致土地质量下降和土壤肥力丧失。通常发生在山区、丘陵地带和干旱地区,水土流失的加剧与过度开垦、森林砍伐等人为因素密切相关。水土流失不仅影响农田耕作条件,还可能破坏河流生态系统,导致水体富营养化和水质恶化,甚至引发洪水灾害和泥石流,对基础设施和居民生命财产构成威胁。长期的水土流失会降低土地生产力,严重时可能造成土地荒废,影响区域经济。部分国家和地区正面临严重水土流失问题,成为社会经济发展的瓶颈。

2.2　沙漠化与荒漠化

沙漠化是指原本具备一定生态功能的地区,由于气候变化、过度放牧、土地开垦等因素,逐渐变得干旱、贫瘠,土地沙化现象加剧。沙漠化通常发生在干旱和半干旱地区,气候变化加剧土地沙化,导致地区失去农业生产性和生态功能。荒漠化是沙漠化的极端表现,指整个区域丧失生态功能,形成大范围荒地。沙漠化和荒漠化可能引发沙尘暴、风蚀等极端气候事件,威胁人类健康和社会稳定。沙漠化问题在中国北方、撒哈拉地区和中东等尤为严峻。

2.3 盐碱化与湿地丧失

盐碱化是指土壤中盐分积累过高,影响植物生长并导致农业生产力下降,通常发生在灌溉过度的地区。盐碱化不仅影响农作物生长,还破坏土壤结构和微生物环境,导致土壤肥力丧失,土地难以再利用。湿地丧失是湿地生态系统被填埋、开发或过度利用,导致生态功能丧失。湿地具有重要的生态服务功能,如水源净化、碳吸收和气候调节等,但随着城市化、工业化及农业开发,湿地面积急剧减少,影响水土保持功能和生物多样性,尤其是水鸟和水生植物栖息地。湿地丧失已成为全球重要的环境问题,特别是在东南亚、非洲和北美等地区。

二、土地退化的空间分布与原因分析

1. 全球土地退化的热点地区

1.1 撒哈拉沙漠边缘地区

撒哈拉沙漠边缘地区是全球土地退化最严重的区域之一,气候条件极端,长期干旱、高温和风蚀加剧了土地沙漠化。然而,人类活动加速了这一进程。过度放牧导致草地退化和植被覆盖率下降,农业开垦进一步加剧了土壤盐碱化和水土流失,导致土地生产能力下降。气候变化加速了沙漠化,影响当地居民生计并导致生态系统退化。沙尘暴频发不仅影响空气质量,还损害农业和人类健康,沙漠化逐渐扩展,曾经肥沃的土地变得不适宜耕作。

1.2 亚洲中部的沙漠化地区

亚洲中部的沙漠化,尤其是在中国北方和蒙古的部分地区,已经成为土地退化的热点。这些地区曾是适宜农业生产的温带草原和干旱过渡带,但气候变化和人类活动使沙漠化日益加剧。过度放牧、农田开垦和森林砍伐严重影响土地,导致土壤侵蚀和沙化。水资源过度开采进一步加剧了土地沙化和盐碱化,地下水位下降,灌溉不足,导致土地失去生产能力。沙漠化的蔓延带来沙尘暴、空气污染和生态系统丧失,生物多样性下降,农业和畜牧业生产变得困难。

1.3 拉丁美洲的干旱地区

拉丁美洲的干旱地区,特别是巴西东北部、阿根廷北部和墨西哥部分地区,面临严重的土地退化。长期干旱和高温加剧了土地沙漠化、盐碱化、森林退化和水土流失等问题,严重影响农业生产。巴西东北部的旱灾和气候变化导致土地沙化,水资源短缺。阿根廷和墨西哥的部分地区由于不合理灌溉和农业开垦,盐碱化问题加剧。水土流失也在山区和丘陵地带严重,导致土壤肥力丧失,农业生产困难,土地逐渐荒废,造成恶性循环,影响农业经济。

2. 土地退化的自然因素

2.1 气候变化

气候变化是全球土地退化的根本自然因素之一。全球气温的上升导致了许多地区的气候条件发生显著变化,土地退化问题在这些地区变得愈加严重。气温升高使得土壤水分蒸发量增加,减少了水分的保持能力,加剧了干旱现象。降水模式的变化,尤其是降水量的减少,使得很多地区土壤水分不足,农业生产的稳定性和可持续性大打折扣。气候变化的影响尤为显著的是干旱和半干旱地区。在这些地区,降水的减少和蒸发量的增加,使得土壤的水分供应不足,植物的生长受到抑制,土地的生产力迅速下降。随着气候变化的加剧,全球许多地区的气候条件趋于更加极端,干旱、暴雨和高温等极端气候事件的发生频率逐年增加,进一步推动了土地沙漠化和盐碱化的进程。特别是在亚非地区,气候变化不仅加剧了自然灾害的频发,还使得土地退化的问题愈加严峻。

2.2 风力与水流作用

风力和水流是自然界中重要的侵蚀力量,特别是在干旱和半干旱地区,风力的侵蚀作用尤为显著。风蚀是土地退化的一个重要因素,尤其是在缺乏植被覆盖的地区,风力可以直接吹走土壤中的细颗粒物质,导致土地的质量严重下降。风蚀不仅破坏土壤结构,还加剧了沙漠化的进程,使得土壤的肥力丧失,土地变得贫瘠。在山区和丘陵地区,水流的侵蚀作用尤为显著。降水量的不规律性和暴雨的发生使得水流的侵蚀作用加剧,特别是在坡度较大的地区,雨水快速冲刷土壤,造成了大量水土流失。水流的侵蚀作用使得原本适宜耕作的土地变得不再适合农业生产,同时,也导致了生态环境的恶化。

2.3 水资源短缺

水资源短缺是导致土地退化的重要自然因素之一。尤其在干旱和半干旱地区,长期的降水不足和水源匮乏,使得土地难以维持原本的生态功能。土地因缺乏足够的水分支持而逐渐变得干燥、贫瘠,农业生产的能力大大下降。灌溉不当或过度开采地下水也是导致水土退化的重要原因,过度抽取地下水导致水位下降,使土壤盐碱化,进一步恶化了土地质量。全球范围内,水资源的不足不仅加剧了土地沙漠化,还影响了粮食生产的可持续性。在很多干旱地区,水资源的匮乏使得农业面临严峻挑战,尤其是在缺水的季节,土地生产力大幅下降。水资源短缺导致的土地退化已经成为全球可持续发展的一个重要障碍。

3. 人为因素

3.1 农业过度开垦

农业过度开垦是导致土地退化的主要人为因素之一。随着全球人口增长和粮食需求的增加,许多地区为了提高农业生产力,大规模开垦土地,扩大耕地面积。然而,这种过度开发忽视了土地资源的可持续利用,破坏了土壤的自然结构和生态功能,加剧了土地退化。过度开垦带来的问题表现在多个方面。首先,频繁耕作和连续种植相同作物使得土壤失去原有的肥力,导致养分流失。土壤中有机物质的缺乏使得原本肥沃的土地逐渐贫瘠,尤其在缺乏合理轮作和休耕的情况下,土壤无法得到及时恢复。其次,过度开垦使得土地表面植被破坏,暴露的土壤容易受到水流和风力侵蚀,水土流失现象加剧,土地的生产力下降。在干旱和半干旱地区,过度开垦加剧了沙化和盐碱化,导致土地进一步恶化,甚至不适宜耕作。过度开垦的后果往往是不可逆的,许多曾经肥沃的土地已经无法恢复其原生态功能,形成了长期的负面影响,影响农业生产和生态环境。

3.2 过度放牧

过度放牧是土地退化的另一大原因,尤其在干旱和半干旱地区尤为严重。为了维持生计,牧民往往在有限的草地上进行过度放牧,导致草地资源的枯竭和生态失衡。过度放牧的影响主要体现在草地退化和植被减少。草地植被无法恢复时,土地的保护作用被削弱,土壤易受侵蚀。草地退化使得土壤暴露,风蚀和水蚀的风险增加,土地生产力急剧下降。特别是在干旱地区,缺乏植被覆盖使得水土保持困难,进一步加剧了土地沙化。过度放牧还导致了生态系统失衡,牲畜不仅吃光了草地上的植被,还通过践踏造成土壤压实,降低了土地的自我恢复能力。长期过度放牧导致牧区的物种多样性减少,草地逐渐荒漠化。对于一些地方来说,牧民与环境之间形成恶性循环,过度放牧不仅破坏了生态平衡,也加重了土地退化,使得当地社区面临更大的生存压力。

3.3　森林砍伐

森林砍伐是土地退化的一个重要原因,特别在热带地区,影响尤为显著。森林不仅维持水循环和调节气候,还通过植被覆盖防止土壤侵蚀,维持土壤的肥力。随着木材需求的增加以及农业用地的扩展,大规模的森林砍伐成为常见现象。森林砍伐的直接后果是破坏原始生态环境,使土壤暴露,容易遭受风蚀和水土流失,土地质量迅速下降。树木的根系对水分有保持作用,森林消失后,土壤的水分保持能力大幅下降,导致干旱现象加剧,水土流失严重。森林砍伐对气候的影响也不可忽视,特别是在热带雨林地区,森林是重要的碳汇,砍伐后释放的大量二氧化碳加剧了温室效应,推动了全球变暖的进程。长期的森林砍伐导致土地的生产力大幅下降,一些地区甚至经历了从森林到荒漠的转变。森林砍伐的长期影响使得土地的恢复变得困难,甚至不可恢复,生态环境的恶化将持续影响社会经济发展和人类生计。

3.4　不合理灌溉

不合理灌溉是导致土地退化的一个重要因素,尤其在干旱和半干旱地区。农业生产对水资源的依赖使灌溉成为必不可少的手段,但不合理的灌溉方式或过度灌溉带来了严重的后果。首先,过度灌溉会导致土壤盐碱化,特别是在干旱地区,灌溉水源中往往含有盐分,过度灌溉会使土壤盐分积累,最终使土壤变得无法支持作物生长。盐碱化土壤不仅降低土地的生产力,还直接影响农作物的产量和质量,严重时使土地完全失去农业生产功能。其次,过度灌溉还导致地下水位上升,在某些地区,灌溉过量使地下水位不断上升,带来更多的盐分,进一步加剧了盐碱化的进程,影响了农业和地下水资源的可持续利用。此外,过度灌溉还加剧了水资源的浪费。在水资源本就紧张的地区,过度灌溉造成了大量水资源的浪费,使得水资源的紧张问题更加严重。合理的灌溉应当平衡水分供给与土壤承载能力,避免过度灌溉和水资源浪费。

三、土地退化的生态与社会影响

1. 生态影响

1.1　生物多样性的丧失

土地退化是导致生物多样性丧失的主要因素,特别是在森林、草原和湿地等生态系统中。当这些自然环境遭到过度开垦、污染或退化时,许多依赖这些栖息地的物种无法适应变化,导致栖息地丧失。森林砍伐、过度放牧、非法捕捞等活动使栖息地急剧减少,植物和动物种群面临生存困境。森林退化使得依赖森林的物种失去栖息空间,导致物种数量下降,甚至面临灭绝风险。生物多样性丧失不仅影响物种本身,还破坏生态系统的功能。生态系统提供稳定的服务,如空气净化和水源涵养。物种丧失意味着这些服务缺失,生态系统的稳定性和恢复力下降,生态灾害风险增加。

1.2　生态功能退化

土地退化导致生态系统功能严重退化,包括水土保持、气候调节、碳储存等。这些功能衰退影响人类生存环境和生物可持续发展。土壤生产力显著下降,健康土壤提供植物生长所需营养和保持水分。然而,土地退化导致土壤结构恶化,肥力减少,水分保持能力下降,农业生产受到限制,粮食产量减少。退化土地水土流失加剧,植被覆盖减少,导致地表径流增加,引发水土流失,特别在干旱地区,水源涵养功能受损,地下水补给不足,水资源短缺问题加剧。土地退化还影响气候调节功能,植被减少造成二氧化碳吸收减少,加剧全球变暖。

1.3　碳储存能力下降

健康的生态系统在碳循环中至关重要,土地退化削弱了碳储存能力,加剧气候变化。森林和湿地等生态系统是重要碳储存区,退化后植被减少,土壤中的有机碳得不到有效固定,导致碳释放到大气中,形成更严重的温室效应。大规模森林砍伐和过度放牧导致碳释放,特别在发展中国家,过度开垦和资源消耗使碳储存能力大幅下降。土地退化导致碳释放增加,温室气体浓度上升,加剧全球变暖和极端天气事件,如干旱、洪水和热浪。

2. 社会影响

2.1　农业生产与粮食安全

土地退化直接威胁农业生产力,进而影响粮食安全。随着土壤贫瘠、水源匮乏等问题加剧,农业产量下降,尤其是依赖农业的地区,土地退化造成的粮食危机严重威胁民众生存需求。气候变化带来的极端天气事件(如干旱、洪水、热浪等)使粮食供应不稳定,全球粮食安全形势愈加严峻。在一些脆弱地区,土地退化和气候变化叠加,导致贫困和粮食危机,特别在非洲、亚洲和拉美的部分发展中国家,粮食生产下降,粮食价格上涨,影响贫困家庭生计。粮食危机的加剧迫使许多人依赖国际粮食援助,而随着全球粮食需求增加,援助的可持续性面临挑战。土地退化还影响食品种类的多样性,土壤质量下降使单一作物种植成为主流,农业生态系统多样性丧失增加食物链脆弱性,进而加剧贫困地区的营养不良问题。

2.2　居民迁徙与社会稳定

土地退化导致大量农民和牧民因生计问题迁移,增加人口流动性。农业减产使适宜耕作的地区变得贫瘠,生存条件艰难。大规模迁徙常加剧目标地区的资源竞争,城市住房、教育、医疗、交通等公共服务压力增加,可能带来社会不满、矛盾加剧等问题。尤其在干旱和半干旱地区,土地退化和气候变化使传统农业生产方式不再适应,农民迁移往往缺乏制度保障和社会支持,面临土地资源争夺、文化融合等挑战,甚至可能导致跨境冲突。

2.3　贫困加剧与社会不平等

土地退化加剧贫困循环,尤其在农业为主的地区,土地质量下降使农民生计无法维持,收入持续下降。极度贫困地区,土地退化导致资源匮乏,生活困境加剧,城乡差距、贫富差距扩大。贫困加剧还带来教育和卫生等问题,农民家庭无法提供充足的教育和医疗资源,限制了贫困家庭的社会流动性,尤其是农民子女可能无法接受充分教育,导致贫困代际传递。土地退化也影响社会公平与正义,土地通常由富裕阶层和企业掌控,贫困群体缺乏资源应对退化困境,导致社会阶层分化加剧,资源分配不公。

2.4 社会冲突与资源争夺

土地退化使水源、土地等资源稀缺,资源争夺成为社会冲突的根源。水资源短缺使农业生产更困难,土地争夺加剧。土地所有权和使用权问题常成为地方冲突导火索,尤其在水资源紧张区域,水源竞争可能加剧地方和民族之间的紧张关系。土地退化引发的资源争夺不仅限于地方或地区,还可能跨国界,尤其在共享水源区域。跨境资源争夺可能引发国家间的冲突。资源紧张可能导致贫民窟增多、失业率上升、社会治安问题等,进而加剧暴力和社会不安定。

2.5 文化传统与社会结构

土地退化对社区的文化传统和社会结构造成巨大冲击。许多传统社会的文化与土地紧密相连,土地退化打破了原有生活方式。土地质量下降使得传统的农业生计无法继续,直接影响社区成员的生活方式和文化认同。在以农业为生的传统社区中,土地是文化认同的核心。土地退化导致农耕文化逐渐消失,传统社区解体,社会关系发生变化,社区成员的认同感削弱。人口迁移和社区破裂使得传统文化和价值观逐渐被现代化进程取代,导致文化流动性增加,影响社会长期稳定和发展方向。

第三节 环境保护与可持续发展策略

一、环境保护的基本概念与措施

1. 环境保护的定义及意义

1.1 环境保护的定义

环境保护是指通过合理的资源利用、减少污染排放、修复生态系统等手段,保护自然环境,维护生态平衡,确保环境质量在未来得以持续改善。它不仅关乎当代人类的生存质量,还对未来世代的生活条件产生深远影响。通过加强环境保护,人类能够有效管理资源、减少环境负担,同时增强生态系统的恢复力,避免生态环境恶化。环境保护的核心目标是确保生态系统的稳定性和人类社会的可持续发展。其中,合理的资源利用是环境保护的基础,通过优化资源配置,减少浪费,实现资源的可持续利用。减少污染排放是环境保护的直接手段,涉及对大气、水体、土壤等污染源的控制。生态修复则是针对已经破坏的环境进行恢复,通过一系列措施重建生态系统的功能。环境保护的终极目标是实现人与自然和谐共生,维护地球的生态平衡。

1.2 环境保护的意义

环境保护不仅关乎生态平衡,还涉及人类的生存条件与福祉。随着全球人口的增长和工业化进程的推进,人类对自然资源的需求不断增加,生态环境面临着前所未有的压力。环境保护通过有效的措施,能够减缓气候变化、保护水资源、改善空气质量、增强生物多样性,并确保自然资源的可持续利用,从而为子孙后代创造一个宜居的地球。

通过采取有效的环境保护措施,可以避免生态系统失衡对人类社会造成的深远影响。例如,减少温室气体排放有助于减缓气候变化,避免极端天气事件对农业、人口和基础设施造成的灾难性后果。保护水源和改善水质能够确保清洁饮水的供应,保障人类的健康。生物多样性的保护则是维持生态系统服务的关键,它直接影响农业、渔业等行业的生产力。

环境保护还具有深远的社会意义。通过推动绿色生产和低碳生活方式,能够促进社会的可持续发展,减少因环境恶化引发的社会不平等问题。环境保护在全球层面上具有协调与合作的重要意义,它鼓励国际社会共同应对全球性环境挑战,推动可持续发展目标的实现。

2. 环境保护的主要措施

2.1 减少污染排放

空气污染是全球环境问题中的突出问题。加强对工业排放的监管,推动使用低碳、无害化的生产技术,是减少空气污染的有效途径。同时,推广绿色交通工具,如电动汽车和公共交通系统,减少交通排放对空气质量的影响。通过强化空气质量监测和应急响应机制,及时采取措施控制污染源,确保空气质量达到健康标准。水源污染不仅影响饮用水质量,还威胁农业、工业及生态系统的健康。加强污水处理设施的建设,提升污水的处理能力和处理标准,能够显著减少工业废水和生活污水对水源的污染。同时,严格控制农业化肥和农药的使用,避免其过度流失到水体中,造成富营养化。土壤污染是长期人类活动不当的产物,特别是在农业、工业和城市化过程中,土壤受到重金属、化学废物等污染。防止有害物质的沉积与扩散是治理土壤污染的核心。采用生物修复、化学修复及物理修复等技术,能够有效地恢复受污染土地的生态功能。塑料污染是全球性问题,尤其在海洋和土地环境中。推广可降解材料的使用,限制一次性塑料制品的生产和销售,是减少塑料污染的有效途径。同时,提升回收与再利用率,建立完善的塑料回收体系,能够显著减少塑料废弃物对环境的危害。推动绿色生产和清洁能源的使用是环境保护的重要方向。通过发展太阳能、风能等可再生能源,替代传统的化石能源,能够有效减少温室气体的排放,减缓气候变化。

2.2 保护生物多样性

自然保护区是保护生物多样性的重要场所。通过设立自然保护区,能够为濒危物种提供栖息地,减少人类活动对生态系统的破坏。加强生态监测和科研工作,为生物多样性保护提供数据支持和科学依据。全球和地区性物种保护计划,特别是对濒危物种的保护措施,能够有效遏制物种灭绝的趋势。对于部分濒危物种,采取人工繁育与重引入的措施,有助于恢复其种群数量。外来物种入侵是生物多样性丧失的重要原因之一。加强生态监测和物种检测,制定严格的检疫措施,防止外来物种入侵本地生态系统。通过生态恢复和生态工程措施,如植树造林、湿地保护等,能够恢复自然生态功能,增强生态系统的自我修复能力。

2.3 生态修复

退耕还林还草工程旨在恢复被过度开垦的土地,恢复生态系统的多样性和稳定性。通过种植适宜的植物,恢复森林和草原的生态功能,减缓水土流失,提升土地生产力。湿地生态系统在调节气候、净化水质、支持生物多样性等方面发挥着重要作用。保护湿地生态系统,能够有效缓解洪涝灾害,提供栖息地给水鸟等动植物。沙漠化治理通过植树造林、防风固沙等措施,有效恢复退化土地的生产力。通过改善土壤质量,防止水土流失,保护水源地,推动可持续农业发展。海洋生态系统,特别是珊瑚礁和海洋湿地,是全球生态系统的重要组成部分。加强海洋生态修复,减少海洋酸化,保护海洋生物多样性,能够提高海洋生态系统的健康水平。

二、可持续发展的理论与实践

1. 可持续发展的定义及意义

1.1　可持续发展的定义

可持续发展是一个包含经济、环境和社会三大要素的综合发展模式,它要求我们既满足当前世代的需求,又不损害未来世代满足其需求的能力。联合国在 1987 年发布的《我们的共同未来》报告中定义了可持续发展的概念,强调了这种发展模式不仅要考虑经济增长,还要考虑资源的合理利用和环境的保护,以及社会的公平与正义。这一理念提出了一种全新的视角,要求发展不应仅仅是物质财富的积累,还要兼顾社会公正与生态健康。其核心是从短期利益转向长期利益,从单纯的经济效益转向综合的生态和社会效益。可持续发展具有三个核心要素:经济可持续性,即保持经济增长的同时避免资源的过度消耗;社会可持续性,即减少贫困、提高教育水平、促进社会公平;环境可持续性,即减少污染、保护自然资源、修复生态环境。三者相辅相成,缺一不可。

1.2　可持续发展的意义

可持续发展的意义在于应对全球环境危机和资源日益枯竭等紧迫问题。具体而言,其具有以下几个重要意义:(1) 维护生态平衡与生物多样性。生态系统是人类生存的基础,但过度开发自然资源已严重破坏环境,威胁人类生存。大气污染、全球变暖、水资源匮乏、森林砍伐等问题的加剧使得生态系统处于不稳定状态。可持续发展通过平衡经济增长与环境保护,促进生态环境的恢复与保护,维护生态平衡,确保生物多样性,推动人与自然和谐共生。(2) 实现经济与环境的双赢。传统经济模式依赖大量消耗资源和污染环境,已不可持续。随着资源枯竭和环境恶化,传统模式无法满足人类需求。可持续发展通过绿色经济、低碳技术、节能减排等手段,推动经济增长和环境保护的有机结合。这不仅能够激发新的经济活力,还能为未来世代留下清洁、安全的生存空间。(3) 推动社会公平与全球合作。可持续发展强调全球范围内共享经济成果,特别是贫困国家和地区应享有更多发展机会。通过扶贫、促进平等机会、改善社会福利等手段,消除贫富差距,提升全球社会公平性。同时,气候变化、资源短缺等全球性问题需要国际社会共同合作应对,促进全球公平、和平与长期稳定。(4) 保障人类未来生存。全球面临的资源过度开发、环境污染和气候变化等问题,使得未来生存环境更加严峻。通过负责任的资源使用、节能减排和生态修复等措施,确保未来世代拥有充足的资源、健康的环境以及平等的社会条件。可持续发展为人类长远生存提供了保障,是对后代的责任和承诺,确保地球为未来的子孙后代留存可持续的生存空间。

2. 可持续发展目标

2.1 联合国 2030 可持续发展议程

2015 年,联合国通过了《2030 可持续发展议程》,这是一份全球性的行动框架,旨在推动全球经济、社会和环境的全面可持续发展。这一议程强调各国需根据自身的国情和资源状况,以长远视角制定政策,采取措施,努力在社会、经济和环境等方面取得平衡。议程中设定了 17 个可持续发展目标(Sustainable Development Goals,SDGs),为全球提供了清晰的发展方向。这些目标既具挑战性,也具有广泛的全球共识,其核心在于实现人类共同的福祉,保证地球的可持续性。因此,在推进这些目标的过程中,世界各国需要统筹兼顾,协调发展。同时,联合国《2030 可持续发展议程》也强调了国家之间的合作与援助,尤其是在经济和技术支持较为薄弱的发展中国家。全球治理的共同努力,是实现可持续发展的关键。

2.2 可持续发展目标的具体内容

《2030 可持续发展议程》是 2015 年联合国通过的全球发展框架,旨在到 2030 年实现全球可持续发展。该议程包含 17 个可持续发展目标(SDGs),涵盖了经济、社会和环境三个维度,旨在综合解决全球面临的挑战,推动人类和地球的共同福祉。

消除贫困是议程的首要目标,旨在全球范围内消除一切形式的贫困,不仅包括收入贫困,还涉及教育、健康等多维度的贫困问题。消除饥饿则强调实现粮食安全,改善营养状况,并促进可持续农业的发展,确保所有人都能获得充足且营养的食物。良好健康与福祉目标关注确保各年龄段人群的健康生活,包括疾病预防、医疗服务普及以及心理健康的提升,从而促进整体福祉。

优质教育目标致力于提供包容和公平的优质教育,确保所有人都能获得终身学习的机会,特别是女童和弱势群体的教育权利。性别平等目标旨在消除性别歧视,增强妇女和女童的权能,推动社会各领域的性别平等。清洁饮水与卫生设施目标则关注为所有人提供可持续管理的水资源和卫生设施,改善公共卫生条件。

经济适用的清洁能源目标强调确保人人获得可负担、可靠和可持续的现代能源,推动可再生能源的使用,减少对化石燃料的依赖。体面工作和经济增长目标旨在促进持久、包容和可持续的经济增长,创造充分的生产性就业机会,并保障劳动者的权益。产业、创新和基础设施目标则关注建设有韧性的基础设施,推动包容和可持续的工业化,促进技术创新,为经济增长提供支撑。

减少不平等目标致力于缩小国家内部和国家之间的不平等,促进社会公平和包容性发展。可持续城市和社区目标旨在建设包容、安全、有韧性和可持续的城市和人类社区,改善城市管理和居住环境。负责任消费和生产目标强调推动可持续的消费和生产模式,减少资源浪费和环境污染。

气候行动目标是应对全球气候变化的紧迫任务,旨在减少温室气体排放,增强应对气候变化的能力。水下生物目标关注保护和可持续利用海洋资源,防止海洋污染,维护海洋生态系统的健康。陆地生物目标则强调保护、恢复和可持续利用陆地生态系统,防止生物多样性丧失,遏制土地退化和荒漠化。

和平、正义与强大机构目标旨在促进和平和包容的社会,为所有人提供诉诸司法的机会,并建立有效、负责和包容的各级机构,打击腐败和不公正现象。最后,促进目标实现的伙伴关系目标强调加强国际合作,重振可持续发展全球伙伴关系,确保所有国家和利益相关方共同努力,推动可持续发展目标的实现。

2.3 环境保护与社会公平的重要性

环境保护与社会公平是可持续发展的核心支柱,二者密切相关。环境恶化加剧社会不平等,尤其在贫困地区,环境问题直接影响居民的生计和生活质量。许多发展中国家依赖自然资源,因此,环境变化往往意味着生计丧失和贫困加剧。例如,气候变化对农业、渔业及水资源的影响,严重威胁贫困地区居民的生活条件。极端天气事件如干旱、洪水、台风等不仅导致农业歉收,还加剧食品短缺和水源不足,增加贫困群体的生存压力。此外,资源贫乏和环境污染加剧社会不公平。污染集中在工业化较低的地区,而这些地区的居民通常处于社会经济底层,缺乏应对能力。空气、水源和土壤污染使他们长期暴露于有害物质,造成健康危机,增加医疗费用,形成贫困与不平等的恶性循环。

环境保护和社会公平紧密相连,解决环境问题是实现社会公平的前提。通过环境保护政策,改善空气质量、水质,促进资源公平分配,可以减少贫困和不平等,确保社会稳定发展。例如,推动清洁能源和绿色技术发展,不仅减少温室气体排放,还为低收入群体创造就业机会,推动经济增长,促进社会公平。环境保护政策还应关注弱势群体,如低收入家庭、妇女和儿童。这些群体通常最易受环境恶化影响,且缺乏应对资源。通过有效的环境保护措施,确保弱势群体享有平等机会,能够共享健康环境和生存保障。

因此,推动环境保护与社会公平的双重目标,能够有效缓解贫困和社会不公,促进全球社会的和谐与稳定。各国应加强合作,共同应对环境问题,确保弱势群体和贫困地区获得技术、资金和政策支持,实现可持续发展。

3. 绿色经济与循环经济

3.1 绿色经济的概念与发展方向

绿色经济是一种以可持续发展为核心的经济发展模式,着重强调低碳、环保和资源节约。与传统的经济增长模式不同,绿色经济在追求经济发展的同时,特别注重环境保护和资源的合理利用。其核心理念是通过提高资源使用效率、减少污染物排放,并推动清洁能源技术的应用与创新,确保经济增长不以牺牲环境为代价。绿色经济不仅着眼于短期的经济增速,还强调经济活动对环境的长期影响,力求在实现经济繁荣的同时维护生态系统的平衡。

绿色经济的具体发展方向包括多个方面:(1)发展清洁能源。随着全球气候变化问题的加剧,传统的化石能源已成为环境污染和碳排放的主要来源。绿色经济鼓励大力投资和发展风能、太阳能、水力、地热等可再生能源,逐步替代化石燃料的使用。这不仅有助于降低能源消费的碳足迹,还有助于减少对能源进口的依赖,保障能源的安全性和可持续性。(2)推动绿色制造。绿色制造倡导通过技术革新、生产过程优化和绿色设计,降低资源消耗、减少污染排放,并提高产品的环保性能。企业通过采用清洁生产技术,使用可回收材料,改进能源使用效率,减少废弃物排放,不仅能降低生产成本,还能提升企业的社会责任形象。(3)实施绿色金融。绿色经济的实现离不开金融领域的支持。绿色金融通过发行绿色债券、绿色基金等金融工具,推动环保产业和绿色项目的资金流动。金融机构为绿色项目提供融资支持,鼓励企业和政府进行环境友好的投资,有助于促进可持续发展的资金流入。(4)推广绿色交通。交通领域是全球碳排放的一个重要来源。绿色经济推动电动汽车、轨道交通等低碳交通方式的应用,减少传统汽车燃油消耗,降低温室气体排放。同时,支持共享出行和公共交通的使用,有助于减少道路拥堵,优化城市交通结构,进一步降低能源消耗。

3.2 循环经济的概念与特点

循环经济是一种以资源高效利用和可持续发展为核心的经济模式。其基本理念是通过延长产品生命周期、实现资源再利用和废弃物回收,在生产、消费和废弃物处理过程中最大限度地减少资源消耗和环境污染。循环经济的目标是通过构建资源闭环,减少对新资源的需求,实现资源的循环流动和最大化利用,从而推动经济增长和环境保护的双赢局面。循环经济的主要特点包括以下方面:(1)资源闭环流动。在传统经济模式中,生产过程产生的废弃物往往被丢弃或销毁。而在循环经济中,废弃物不再被视为垃圾,而是经过回收、再加工后转化为新的资源,形成资源的闭环流动。这种模式减少了原材料的消耗,同时降低了环境污染。(2)延长产品生命周期。循环经济提倡通过产品设计、维修、翻新等手段,延长产品的使用寿命,减少资源消耗。这不仅有助于降低消费者的支出,还能够减少生产过程中的资源浪费和污染排放。(3)低碳排放。循环经济强调在生产和消费过程中提高资源利用效率,减少能源消耗,从而降低碳排放和环境污染。通过采用低碳技术和优化生产流程,循环经济推动低碳经济的发展,减少全球气候变化的负面影响。(4)减少废弃物。在循环经济的框架下,废弃物的产生被最小化,并通过回收和再利用的方式最大限度地减少垃圾的产生。通过建立有效的废弃物管理体系,推动垃圾分类和资源回收,社会能够有效地实现废弃物的"零排放"。

循环经济不仅帮助企业节约成本、提高资源效率,还能通过降低环境污染为生态系统的健康提供保障。它不仅是对传统生产模式的革新,也是经济转型的重要方向。

3.3 绿色经济与循环经济的关系

绿色经济与循环经济是相辅相成、相互促进的两种发展模式。绿色经济关注的是技术创新、清洁能源的使用和生产方式的优化,旨在减少污染并提高资源使用效率;而循环经济则侧重于通过资源的循环再利用、废弃物的回收和产品生命周期的延长,实现资源的最大化利用。这两种经济模式相互交织,共同推动全球可持续发展的实现。绿色经济为循环经济提供了必要的技术支持,绿色制造技术、清洁能源技术以及绿色金融等工具为循环经济的实施提供了技术保障和资金支持。与此同时,循环经济通过促进资源的循环利用,帮助绿色经济在实践中实现对资源的高效利用,推动低碳、环保的经济转型。通过将绿色经济和循环经济结合,社会可以实现资源的最大化利用、环境污染的最小化,并确保经济发展的可持续性。两者的结合不仅能够解决资源枯竭和环境污染的双重挑战,还能促进创新驱动和绿色产业的发展,为全球经济带来新的增长点。

3.4 绿色经济与循环经济的实践案例

在全球范围内,许多国家和地区已经开始实践绿色经济和循环经济,取得了显著成效。例如,德国的绿色经济战略被认为是全球绿色转型的典范。通过大力发展新能源、推动节能减排和绿色技术的创新,德国不仅减少了温室气体排放,还转型为全球绿色技术的领军者。德国的"循环经济法"通过立法保障废弃物的回收利用,推动了资源的循环再利用和垃圾减量。这一立法为德国实现了资源的高效利用,推动了循环经济模式在全国范围内的推广。中国也在推动绿色经济和循环经济方面取得了初步成效。随着政府政策的支持和企业技术创新的推动,中国在绿色经济领域逐步取得突破,许多城市和地区逐步实现了绿色低碳发展。北京市通过实施清洁能源供热和大力发展电动汽车,减少了空气污染。上海则在废弃物回收和资源再利用方面取得了显著成效,推动了循环经济模式的落地实践。这些实践案例表明,绿色经济和循环经济并非遥不可及的理想,而是可以通过政策、技术创新和全球合作实现的可行路径。通过全球范围的合作与努力,绿色经济和循环经济将成为未来经济发展的主流,推动全球走向可持续发展的未来。

三、环境政策与全球合作

1. 环境政策

1.1　全球环境政策的背景与发展

全球环境政策的形成经历了一个逐步深化的过程,起初主要集中在局部环境问题的解决上,但随着科学技术的进步与全球环境问题日益严重,全球合作逐渐成为解决环境问题的核心。20世纪60年代,随着现代环境问题的显现,如空气污染、水体污染和资源过度开发等,全球社会开始意识到环境保护的重要性。然而,最初的环保政策往往侧重于局部的环境改善,缺乏跨国界的合作。

20世纪70年代,联合国环境规划署(UNEP)的成立标志着全球环境政策体系的初步搭建。此时,国际社会的焦点开始转向全球性环境问题的应对,如气候变化、生态多样性保护等。1987年,世界环境与发展委员会发布的《我们共同的未来》报告首次提出了"可持续发展"的概念,这一理念为全球环境政策的发展指引了方向。报告强调,环境保护与经济增长不应是对立的,而应当实现二者的有机结合,推动可持续的经济社会发展。

进入21世纪后,全球环境问题愈加严峻,特别是气候变化、资源枯竭和生物多样性丧失等问题日益成为国际关注的焦点。为应对这些挑战,国际社会加强了环境政策的全球合作。例如,1997年《京都议定书》通过,首次在国际法层面上明确了温室气体减排责任,特别是针对发达国家。然而,由于发展中国家与发达国家之间的差距,协议的实施面临诸多挑战。2015年,《巴黎协定》的达成,标志着全球气候治理迈入新的阶段,它不仅强化了全球合作,还提出了全球温控目标,并通过灵活的方式,赋了各国根据国情自主制定减排承诺的空间。随着环保问题的复杂化,全球环保政策逐渐从单一的环保措施转变为一个更加综合、多层次的治理体系,力求经济、社会和环境三者之间的和谐共进。

1.2　主要环境政策与措施

全球环境政策的核心目标包括应对气候变化、减少污染排放、保护自然资源和生态系统等。为了实现这些目标,许多国家和国际组织制定并实施了具体的环境政策与措施。以下是当前国际上主要的环境政策与措施:(1)《巴黎协定》。该协定是全球气候治理的重要成果,标志着国际社会在气候变化应对上的深化合作。协定要求各国根据自己的发展水平、国情和能力设定减排目标,并定期提交进展报告。协定的核心目标是将全球气温升幅控制在比工业化前高2℃以内,尽力争取将温度升幅限制在1.5℃以内。为支持发展中国家应对气候变化的挑战,协定还明确要求发达国家提供资金、技术和能力建设的支持。(2)碳税与碳交易机制。碳税是对二氧化碳等温室气体排放征收的一种税收,其核心目的是通过提高碳排放的成本,激励企业转向低碳或零碳生产方式。碳交易机制则通过市场化手段,设定总量排放控制,并允许企业在排放配额内进行交易,旨在通过经济激励降低温室气体排放。两者互为补充,共同推动了全球碳排放的管控。(3)绿色金融与绿色投资。绿色金融政策通过推动绿色金融工具(如绿色债券、绿色基金等)的使用,推动可持续项目的发展。这些金融工具为低碳项目、环保产业和绿色基础设施建设提供了资金支持,成为实现全球绿色经济转型的重要手段。绿色投资的增长不仅推动了环保产业的发展,还有助于引导资金流向可持续项目和清洁技术。(4)环境补贴与环保税。许多国家通过环境补贴政策鼓励清洁能源发展、绿色生产和资源回收利用。与此同时,环保税作为一种"惩罚性"措施,旨在通过对污染行为征税,提高污染者的成本,从而促使企业和个人采取更为环保的行为。例如,许多国家通过对石油、煤炭等高污染能源征收环境税,鼓励清洁能源的应用和低碳技术的发展。

1.3 环保政策对可持续经济发展的促进作用

环保政策不仅有助于改善生态环境质量,还能为实现可持续经济发展提供有力支撑。通过积极实施环保政策,国家可以在多个方面推动经济向绿色、低碳、循环的方向转型。环保政策通过鼓励绿色技术的研发,推动了新能源、节能减排、清洁生产和废物回收等领域的技术创新。这些技术的应用,不仅降低了生产过程中的资源消耗和污染排放,还促进了经济结构的优化。例如,风能、太阳能等清洁能源的应用减少了对传统能源的依赖,推动了能源产业的绿色转型。环保政策的实施促进了传统产业的绿色转型。尤其是在能源、交通、制造业等行业,政府通过强制性法规、市场激励和财政支持,推动企业采用绿色生产技术,减少能源和资源的消耗。绿色产业的崛起,不仅增强了经济的可持续性,还帮助降低了环境污染,带动了绿色就业的增加。环保政策促进了社会与环境的协调发展。政策通过推动绿色就业,发展绿色产业,为民众提供了更多的就业机会,并通过改善环境质量提升了生活质量。同时,环境保护政策的实施提高了公众的环境意识,使社会各界更加重视环境保护工作,从而促进了绿色发展理念的普及和深化。政府通过强化环保法规的执行,减少了环境污染,也为可持续经济发展奠定了良好的基础。环保政策推动的绿色转型和技术创新,不仅帮助国家提高资源利用效率、减少污染排放,还促进了经济结构的持续优化,为全球可持续经济发展提供了坚实的基础。这种绿色经济的发展模式,已经成为全球各国政策制定的重要方向,体现了人类在追求经济增长的同时,越来越重视对环境的保护与可持续管理。

2. 全球合作与应对气候变化

2.1 气候变化的全球性挑战

气候变化是人类历史上面临的最严峻挑战之一,它的影响广泛且深远,不仅威胁全球生态系统的稳定,还对全球经济、社会和人类福祉产生了严重影响。根据《联合国气候变化框架公约》(UNFCCC)的报告,全球气温已比工业化前水平上升了 1 ℃,且预计在未来几十年中,气温上升将继续加剧,极端天气事件也将更加频繁和严重。气候变化带来的负面影响包括:极端天气导致的自然灾害、海平面上升导致的沿海城市淹没、水资源短缺、农业减产、生态系统崩溃等。这些影响不仅对生态系统构成威胁,还将严重影响人类社会的稳定与可持续发展。

全球气候变化的原因主要是温室气体(如二氧化碳、甲烷等)的排放过量。化石燃料的大规模使用、森林砍伐、农业活动和工业化过程排放的温室气体,导致地球大气层的温度持续升高。温度升高使得冰川融化,海平面上升,同时极端天气现象如台风、洪水、干旱、热浪等变得更加频繁和严重。气候变化对全球资源的消耗也产生了重大影响,例如,农业生产和水资源的可用性变得更加不稳定,迫使各国寻求应对气候变化的有效途径。

2.2　国际合作机制与气候行动

应对气候变化的国际合作是解决全球气候危机的关键。由于气候变化是一个跨国界的问题,任何国家的单一行动都无法解决这一全球性问题,因此需要各国政府、国际组织和社会各界携手合作,采取全球性的应对措施。《联合国气候变化框架公约》(UNFCCC)自1992年成立以来,一直是全球气候合作的主要平台。该公约通过鼓励各国共享信息和经验,促进气候变化应对的技术转移和资金支持,为全球气候治理提供了一个框架和行动指引。《巴黎协定》是全球气候合作的重要成果之一,它要求各国设定减排目标,并根据"共同但有区别的责任"原则,考虑各国不同的国情和发展水平,采取灵活的减排措施。协定的核心目标是将全球温度升幅控制在比工业化前高 2 ℃ 以内,并尽力限制在 1.5 ℃ 以内。为了实现这一目标,各国承诺在一定时间内逐步减少温室气体排放,并每五年更新和提交自己的减排目标。

此外,国际气候资金也是全球气候合作的重要组成部分。发达国家通过绿色气候基金(Green Climate Fund,GCF)向发展中国家提供资金支持,以帮助其应对气候变化的影响,并促进低碳、气候适应技术的发展。气候资金的流动不仅能够帮助贫困国家实现气候适应,还能够推动绿色产业和技术在全球范围内的普及。

2.3　跨国企业与非政府组织的角色

除了政府层面的合作,跨国企业和非政府组织(Non-Governmental Organizations,NGOs)也在全球气候变化应对中发挥着重要作用。跨国企业通过推动绿色技术的研发、实施低碳生产方式和绿色供应链管理,正在转变为推动全球气候行动的积极参与者。大多数企业通过节能减排、采用清洁能源、提高资源利用效率等方式,减少自己的碳足迹,同时影响着其供应链上的各个环节,推动全球范围内的绿色转型。

非政府组织(NGOs)在气候变化应对中扮演着推动者和监督者的角色。它们通过宣传教育、推动政策倡导、进行环境保护行动等手段,帮助提高公众对气候变化问题的认识,推动政策制定者在应对气候变化方面采取更有力的行动。许多 NGOs 与地方政府、企业以及国际组织密切合作,共同推动全球气候行动。

2.4　全球性环境问题的解决路径

全球性环境问题的解决要求全球合作,通过加强国际环境治理体系,推动低碳、绿色、可持续发展。首先,国际社会需要进一步加强对环境问题的认识,确保气候变化问题成为全球发展的核心议题。其次,各国需在保持经济增长的同时,积极推动产业结构转型,发展绿色经济和低碳经济,减少碳排放、保护生态环境。此外,国际合作应进一步拓展到各类技术和资金支持的流动,特别是绿色技术转移,尤其要支持发展中国家采取适应气候变化的有效措施。通过全球合作与科技创新,能够更好地应对气候变化问题,促进全球环境治理。

3. 环境治理与国际监管体系

3.1 全球环保治理的现状与挑战

全球环保治理体系经历了从地方性治理到全球治理的发展过程,但随着环境问题的日益复杂,当前的全球治理体系仍面临许多挑战。一方面,尽管联合国环境规划署(UNEP)等国际组织发挥了重要作用,但全球环保治理缺乏足够的执行力。许多国家尤其是发展中国家,由于缺乏资源和技术支持,往往难以实现对环境保护的有效管理。另一方面,全球各国在环保政策的制定与实施上面临不同的优先级,发达国家和发展中国家之间在环保责任的分担上存在分歧,往往导致全球性协议的执行力度不足。比如,《巴黎协定》尽管设立了全球减排目标,但协议缺乏强有力的强制性执行机制,各国的承诺在实际落实中也面临不小的难度。

另外,全球环境污染、生态破坏等问题也受到全球产业链格局的影响。许多跨国公司虽然在本国采取了绿色环保措施,但其全球供应链仍可能存在高污染、高能耗的生产活动。如何在全球范围内加强产业绿色转型,减少跨国公司对环境的负面影响,成为全球环保治理体系的一大难题。

3.2 国际环保组织的作用与合作

国际环保组织在推动全球环保治理方面发挥着重要作用。联合国环境规划署(UNEP)是全球环保政策的倡导者和制定者之一,协助各国政府制定和实施环境保护法规。此外,世界自然基金会(World Wide Fund for Nature,WWF)、绿色和平组织(Greenpeace)等非政府组织(NGOs)通过开展宣传活动、提供技术支持、进行环境监测等方式,促进环境保护意识的提升,并推动各国政府加强环保政策的实施。

这些组织的作用不仅体现在环境保护和自然资源的管理上,还涵盖了全球环境治理体系的建设。它们与各国政府、国际机构以及学术界保持密切合作,为全球环境政策的制定和执行提供支持。在全球环保治理中,国际环保组织的角色尤为重要,它们提供的技术支持和政策建议帮助各国应对日益严峻的环保挑战,推动全球环保政策的实施。

3.3 未来环境政策与全球合作的展望

未来,全球环保政策与国际合作将更加注重科技创新、资金支持和治理结构的完善。随着全球气候变化的威胁不断加剧,国际社会将更加关注全球减排目标的实现,并加强绿色能源、绿色技术的研发和普及。加强环保治理的国际合作,推动低碳经济和绿色产业的发展,将成为全球合作的主要方向。

除了传统的环保协议和政策,未来的环境治理将更多依赖于全球创新体系的建设。加强跨国企业、政府和NGOs的合作,共同研发绿色技术,推动资源循环利用,将是解决全球环境问题的重要途径。此外,全球环保治理将逐步加强国际法和全球治理机制的作用,通过制定更严格的全球环境法律和政策,确保环保措施的顺利执行。随着全球环保治理体系的不断发展,未来全球环境政策将趋向更加公平、透明和高效,国际合作将成为全球环保治理的核心动力。

探究案例

案例 1：全球变暖与气候异常的地理分析

情境描述：你正在研究全球变暖对全球气候模式的影响。目标是分析气温升高的地理分布、气候异常的表现形式，以及这些变化对社会经济的潜在影响，特别是在农业和水资源方面。

探究问题：

1. 请分析全球变暖在不同区域的气温升高趋势，为什么北极地区的温度升高幅度特别显著？这些变化对生态系统和当地生物有何影响？

2. 极端天气事件（如暴雨、旱灾和热浪）越来越频繁。你认为这些极端气候对农业生产和水资源管理会造成哪些具体影响？请提出应对策略。

案例 2：全球变暖的社会经济影响

情境描述：你正在研究全球变暖对农业生产、粮食安全和水资源的影响。目标是分析气候变化如何影响粮食生产的稳定性，并探讨水资源短缺带来的挑战，尤其是对干旱地区的影响。

探究问题：

1. 全球变暖可能会导致农作物生长季节的变化。请讨论这种变化如何影响不同地区的粮食生产，特别是在干旱地区的影响。

2. 气温升高加剧了水资源的蒸发，尤其在山区冰雪融水减少的地区。你认为这些变化对下游地区的水资源供应有什么影响？如何通过管理和政策来缓解这种影响？

案例 3：土地退化与荒漠化问题的地理学研究

情境描述：你正在研究土地退化和荒漠化的原因及其空间分布，目标是探讨自然因素与人类活动如何加剧沙漠化和土地质量下降，并提出可能的解决方案。

探究问题：

1. 请讨论沙漠化与荒漠化的主要原因。你认为气候变化和人为因素（如农业过度开垦和森林砍伐）如何加剧土地退化？

2. 你认为土地退化对生态系统和社会的影响有多大？请分析土地退化如何影响生物多样性和当地社区的生活水平。

案例 4：可持续发展与环境保护策略

情境描述：你作为环境政策专家，正在为某个地区制定可持续发展战略。你需要通过减少污染排放、保护生物多样性和推动绿色经济等措施，促进区域的可持续发展。

探究问题：

1. 请讨论可持续发展目标（SDGs）如何通过促进经济、社会与环境的协调发展，确保当代人和未来世代的需求得到满足。你认为哪些可持续发展目标最为紧迫？

2. 你认为绿色经济和循环经济如何帮助实现可持续发展？请分析循环经济在减少资源消耗和废弃物产生方面的优势。

案例 5：全球合作与气候变化应对

情境描述：你正在参与一项关于全球气候变化的国际合作项目，目标是研究如何通过跨国合作应对全球变暖。你将分析《巴黎协定》的作用以及各国如何在减排、气候适应和环保方面进行合作。

探究问题：

1. 请简要讨论《巴黎协定》的核心目标,并分析国际合作在应对全球气候变化方面的作用。你认为如何通过技术和资金支持帮助发展中国家实现减排目标?

2. 全球变暖、气候异常和生态系统退化等问题需要国际社会的共同应对。你认为跨国公司在全球环保治理体系中扮演了什么角色?它们如何促进区域和全球合作?

📖 推荐阅读书籍

1. IPCC：Climate Change 2021：The Physical Science Basis, Cambridge University Press, 2021.

2. Jason S：Climate Change：The Science of Global Warming and Our Energy Future, Columbia University Press, 2018.

3. Foley J A：Global Sustainability：A Planetary Boundary Approach, Nature, 2018.

4. Dunlap R E, Brulle R J：Climate Change and Society：Sociological Perspectives, Oxford University Press, 2015.

5. 方精云:《碳排放与全球变暖》,北京大学出版社,2017.

6. 张勇:《环境问题观察》,高等教育出版社,2021.

7. 王云霞:《环境问题的多维审视》,中国社会科学出版社,2019.

8. 薄燕:《环境问题与国际关系》,上海人民出版社,2007.

9. 陆胤,郭梁,潘欣荣:《环境问题与可持续发展研究》,中国纺织出版社,2023.

10. 曾永平:《全球环境问题概论》,科学出版社,2019.

第十一章　地理学的未来挑战与机遇

第一节　新技术对地理学发展的推动作用

一、数字化技术与地理数据的革命

1. 遥感技术的进步

1.1　遥感卫星技术的发展

自 20 世纪 60 年代初应用以来,遥感技术经历了多个技术迭代。从最初的低分辨率卫星影像到如今高分辨率、多频段的遥感系统,技术进步大大拓宽了地理学和环境科学的研究领域。遥感技术通过卫星和无人机等平台监测地球表面变化,涵盖森林覆盖、植被恢复、城市扩展等多个环境变化。例如,美国的 Landsat 系列卫星自 1972 年发射以来,提供全球地表影像,帮助监测土地利用、环境变化和生态恢复。欧洲的 Copernicus 计划下的 Sentinel 系列卫星通过光学、雷达和红外感知手段,提供全面的数据支持,分析气候变化、农业生产和资源消耗等问题。随着技术的提升,现代遥感卫星不仅仅限于基础的地表观测,还能监测细致的环境变量。以中国的高分系列卫星为例,这些卫星能获取亚米级地表图像,为城市基础设施、土地利用等研究提供强大支持。

1.2　高分辨率与高频次的数据获取

遥感卫星的高分辨率和高频次数据获取显著提高了全球监测系统的精度和时效性。现代卫星能提供 0.5 米级别的高分辨率影像,并能频繁观测和更新。例如,中国的高分系列卫星和欧洲的 Sentinel 系列卫星具有较高的观测频率,能够在短时间内对特定区域进行多次扫描,这对灾后评估、环境监控和快速响应尤为重要。在火害监测和应急响应中,遥感卫星的高频次数据至关重要。2020 年澳大利亚森林大火期间,遥感卫星提供实时数据,帮助应急管理部门掌握火灾蔓延情况并调配资源。此外,卫星图像还帮助监测火灾后的环境恢复,发现森林恢复进展和土壤侵蚀问题,为环境恢复政策提供数据支持。

2. 物联网(IoT)与地理空间数据

2.1　物联网技术的应用

随着物联网(IoT)技术的发展,实时采集地理空间数据变得更加高效。物联网通过在物体上安装传感器,实时收集环境数据并通过网络传输。这些传感器监测环境因素如空气质量、温度、湿度等,并获取交通流量、能源消耗、城市基础设施状况等信息。例如,在农业领域,精准农业系统利用物联网提供实时土壤湿度、温度、光照强度等数据,从而优化灌溉和施肥,提高作物产量和资源利用效率。在环境监控方面,环境传感器广泛应用于空气质量监测、污染源追踪等,帮助实现城市环境的实时监控,保障公众健康。在智慧城市建设中,物联网技术渗透到城市管理各个层面。例如,上海通过物联网技术实现交通、能源、公共安全等领域的全面监控,政府能实时分析交通流量、预测交通堵塞,并自动调节信号灯,缓解交通压力。

2.2 智能城市中的数据收集

在智能城市建设中,物联网技术是智慧管理的核心基础。智能电网、智能交通、智能建筑等系统通过物联网实现自我调节和优化,提高资源利用率并减少能源消耗。例如,阿姆斯特丹的智能电网能够根据需求动态调节电力负荷,避免能源浪费。东京通过物联网设备监控建筑能效,智能调节空调和照明,降低能耗。此外,物联网还促进了城市的绿色转型。通过智能垃圾管理系统,城市能实时监测垃圾桶容量,根据垃圾量合理调度,减少清运成本和环境污染,提升城市环境质量。

3. 大数据与数据分析

3.1 大数据的多维度特性

大数据技术的出现,深刻改变了地理信息研究方法。地理数据不仅仅描述空间位置,而且涵盖时间、空间、环境、社会、经济等多维信息集合。通过整合来自卫星、传感器、社交媒体、气象台等的大量数据,地理学家能够分析空间现象的规律,揭示新的空间模式和趋势。

例如,气候变化研究不仅依赖气象数据,还结合人类活动、温室气体排放等信息,通过大数据分析揭示气候变化的因果关系,预测全球气候变化趋势。社交媒体数据,如 Twitter 和微博的地理标记信息,也被用于追踪自然灾害期间的民众情绪反应,为灾害应急响应和资源分配提供参考。

3.2 空间数据分析与决策支持

大数据分析为政府、企业等组织提供了强有力的决策支持。城市规划者可以通过分析更大数据集,优化城市布局、交通网络和公共服务设施建设。例如,分析城市交通流量、大气污染、人口分布等数据,规划者能设计更加科学、合理的城市道路网络,减少交通拥堵和环境污染。在自然灾害应对中,大数据分析也发挥了重要作用。印度洋海啸发生后,科学家通过综合分析海洋气象、地震数据和卫星影像,及时预测海啸发生,为沿海地区提供预警,避免了更大损失。

4. 人工智能(AI)与机器学习

4.1 AI在空间数据处理中的应用

随着人工智能(AI)和机器学习技术的发展,地理空间数据的处理进入了新阶段。AI通过深度学习、图像识别等技术,自动从遥感影像中提取信息,减少人工干预,提高效率和准确性。例如,Google Earth Engine 利用机器学习分析土地利用和植被变化,帮助科学家识别环境变化热点,支持生态保护和资源管理。在城市管理中,AI同样发挥着重要作用。通过集成城市数据,AI能够自动化分析城市运行状态,实时优化交通流、能源管理等。例如,在纽约市,AI分析交通流量数据,自动调整交通灯控制策略,减少拥堵时间,提高效率。

4.2　AI在气候变化与灾害预测中的作用

AI在气候变化预测和灾害应急管理中发挥重要作用。AI通过分析气候数据、卫星图像和气象数据,预测气候变化趋势,为政府和企业提供应对策略。例如,AI通过分析气候模式,预测温度变化,帮助各国制定减排政策。在灾害预测和应急响应中,AI应用尤为重要。通过分析历史地震、洪水数据,AI能够预测灾害发生时机和区域,提前发出警报。在日本,AI用于地震预测系统,基于前兆数据预测可能的地震发生地点和时间,减少灾害损失。

二、空间计算与云计算的创新应用

1. 云计算与数据存储

1.1　云计算的概念与发展

云计算作为新兴的计算方式,极大拓展了信息技术应用的边界。其本质是基于互联网的分布式计算,允许用户租用计算、存储、数据库等资源,使计算能力和数据存储不再受限于本地硬件。云计算提供弹性、按需分配、可扩展的资源,并通过集中管理实现更高效的资源利用。云计算的发展始于21世纪初,尤其随着大规模数据中心的建立,云计算迅速普及并商业化。它不仅为互联网公司带来了变革,还为地理学、环境科学、城市管理等领域提供了强大支持,促进了跨学科、跨地域的协作。

1.2　云计算在地理学研究中的应用

地理学研究涉及大规模空间数据,来源于遥感卫星、地理信息系统(GIS)、传感器网络等多个领域。传统的数据存储方式受限于存储容量和计算能力,而云计算凭借其强大计算能力和分布式存储架构,提升了地理数据的存储与管理效率。研究人员能够实时上传、存储和访问大量地理数据,突破了传统计算平台的瓶颈。例如,在气候变化监测中,全球气象数据需实时收集、存储和分析。云平台可帮助各地研究机构汇聚数据,进行大规模处理,支持气候变化趋势分析和精确预测,评估其对环境、经济和社会的影响。在城市规划和环境监测中,云计算同样发挥重要作用。城市交通流量和空气质量监测数据可通过云平台实时上传,提供即时决策支持,帮助进行空间数据分析和建模,支持城市规划和生态保护。

1.3　数据共享与协同研究

云计算在地理学研究中的优势之一是数据共享。传统存储方式使得数据存储在独立系统中,限制了共享与协作。云平台提供统一管理,打破地域和学科边界,实现全球数据共享。各方可通过云平台参与数据分析、研究和决策。全球气候变化研究项目利用云平台将气象、环境和生态数据汇聚,为全球科学家提供协同研究气候变化的机会。云平台不仅提供数据存储和计算支持,还促进了数据共享与合作,推动全球气候治理。在灾害应急响应中,云平台的实时数据共享为政府和应急部门提供支持。通过将灾区数据上传云端,政府能迅速掌握灾情,与国际组织和其他国家的救援队伍协作。云计算的高效数据处理和共享为灾后恢复、资源分配和援助提供了支持。

2. 空间计算

2.1 空间计算的定义与核心技术

空间计算是利用算法和模型对地理空间数据进行处理、分析和可视化的技术。与传统的GIS相比,空间计算具有更强的计算能力和处理大规模复杂数据的能力。它不仅包括空间数据建模和分析算法,还涉及机器学习、人工智能(AI)、大数据分析等技术,使地理空间数据的应用更加智能化、自动化。核心技术包括空间数据建模、数据流分析、三维建模、地理空间数据可视化、空间数据挖掘等。通过这些技术,空间计算能够在更大尺度、更高维度上进行空间数据分析,帮助地理学家从复杂数据中提取潜在的空间模式和趋势。

2.2 空间计算在城市管理中的应用

随着城市化进程加速,城市管理面临交通拥堵、空气污染、资源浪费等问题。空间计算技术为城市管理提供了创新解决方案,能够精准制定决策,优化资源分配。例如,空间计算可通过实时分析交通流量数据,预测交通拥堵区域,并通过智能交通系统调控信号灯,缓解交通压力。它还可以对城市能源消耗进行分析,帮助制定能源节约和可持续发展方案。在城市规划中,空间计算通过分析土地使用、人口密度、基础设施等数据,帮助规划人员合理配置城市空间。通过建模和仿真,规划人员可以模拟不同城市布局方案对交通、环境和经济的影响,从而做出科学决策。

2.3 空间计算在环境保护中的应用

空间计算为环境保护提供了新工具,能够通过分析遥感数据、气象数据、地面监测数据等,实时监测和评估环境变化,为环保决策提供依据。例如,空间计算可用于森林监测,通过遥感和GIS分析森林覆盖率变化、火灾等情况。大数据分析帮助评估森林退化风险,并提前采取措施进行防范。类似地,空间计算也可用于水资源管理、污染源追踪、生态修复等领域,为环境保护提供技术支持。

2.4 空间计算在公共安全中的应用

空间计算在公共安全领域,通过对地理空间数据的实时分析,帮助政府和公共安全部门应对突发事件、预测潜在风险、优化资源调配。在灾害应急响应中,空间计算帮助分析来自不同数据源(如气象卫星、地震监测、传感器网络等)的数据,为灾难预测、灾情评估和救援调度提供支持。例如,空间计算可通过气象数据和历史灾害数据预测洪水、台风等自然灾害的发生,为相关部门提供提前预警。在城市犯罪预防中,空间计算通过分析历史犯罪数据、社会经济信息和地理空间数据,帮助警方识别犯罪热区,预测犯罪高发时段和区域,从而优化警力部署,减少犯罪发生。

三、虚拟现实与增强现实的应用

1. 虚拟现实(Virtual Reality,VR)与城市规划

1.1 虚拟现实技术简介与发展

虚拟现实(VR)技术自诞生以来,经过多次技术迭代,已成为一种全新的互动媒介,通过

计算机生成的三维虚拟环境让用户沉浸在一个虚构的世界中。与传统二维界面相比,VR通过头戴式显示设备、传感器和手持控制器,提供360°全景视角和交互功能,创造沉浸式体验。这种"身临其境"的感觉使VR在娱乐、医疗、教育、军事训练等多个领域取得显著应用。随着计算能力的提升、图形渲染技术的进步以及硬件设备的优化,VR从最初的娱乐扩展到多个行业领域,城市规划成为其中的重要应用。VR不仅帮助城市规划师优化设计,还使规划方案更加直观、可操作,为决策者提供精准规划依据。

1.2　VR在城市规划中的应用

在城市规划中,VR不仅应用于建筑和景观设计,更重要的是将复杂的城市环境和社会活动整合在一个虚拟的三维空间中,帮助规划师进行深入模拟与分析。通过构建虚拟城市模型,VR使规划师能够更清晰地观察和理解规划方案在不同层面上的影响。例如,VR可以展示某一地区的建筑设计、基础设施布局、交通流量等变化,并模拟不同规划方案的实施效果。规划师可设计并展示城市新区域的基础设施建设,结合VR模拟其对交通流量、环境质量及居民生活的影响。通过沉浸式体验,规划师可进行直观决策,发现潜在问题并优化设计方案。在智慧城市建设中,VR同样发挥重要作用。通过将物联网、传感器数据等可视化,VR帮助城市管理者和公众理解城市运行状态。它可以展示交通流量、能源消耗和公共安全信息,增强公众对智慧城市技术的理解和参与感。

1.3　VR在环境评估与公众参与中的应用

VR不仅为规划师和政府官员提供可视化决策工具,还能增强公众对城市规划和环境评估的参与。在传统规划中,市民往往难以理解抽象的规划方案,而VR通过直观和生动的方式呈现城市发展和环境变化,增强公众的理解和参与感。在城市绿地和公共空间规划中,市民可通过VR体验不同设计方案的环境效果,如绿地分布、建筑高度、交通流量等。这种互动性和沉浸感帮助市民理解规划潜在影响,并积极参与规划过程,提出意见和建议。VR也为环境评估提供科学平台,帮助决策者了解城市规划对生态系统和环境的影响。

2. 增强现实(Augmented Reality, AR)与空间可视化

2.1　增强现实技术简介与发展

增强现实(AR)技术通过将虚拟信息与现实环境融合,增强用户对现实世界的感知。与虚拟现实(VR)不同,AR不创建虚拟世界,而是将计算机生成的图像、声音和数据实时叠加到现实中,提供增强的互动体验。AR利用计算机视觉、传感器、位置跟踪、图像识别等技术,在智能手机、平板电脑或智能眼镜上运行,为用户呈现信息和虚拟物体。随着智能硬件的普及及第五代移动通信技术的支持,AR应用迅速扩展,尤其在空间数据可视化方面展现巨大潜力。AR让城市规划、环境保护、教育、旅游等领域变得更加高效、直观和生动,同时,随着图像处理技术和3D建模的进步,AR的渲染效果日益逼真,提升了用户的体验感。

2.2　AR在空间可视化中的应用

AR特别适合空间可视化,它将虚拟模型、地图、图表等与现实环境结合,让用户更易理解和分析空间数据。在城市规划中,AR为规划师和决策者提供了新视角,使他们能在现场直观查看建筑设计、道路布局等规划内容。这不仅帮助专业人员进行实时分析,也让公众和利益方更容易理解规划方案。例如,AR可以将城市新区的建筑模型、道路网络等叠加到现

实环境中,用户佩戴 AR 眼镜或使用手机查看规划效果,从而评估方案对社区、环境和交通流量的影响。此展示方式促进了城市规划的透明化,并提高了公众的认同感和参与感。在旅游行业,AR 也得到广泛应用,游客可以通过智能设备实时了解景区的历史、文化等信息,甚至与虚拟角色互动,增添沉浸感。

2.3 AR 在灾害应急中的应用

AR 在灾害应急管理中提高了决策效率和救援精度。灾难发生时,AR 通过将传感器数据、实时地图等叠加,帮助救援人员了解灾害蔓延、建筑变化、道路通行情况等关键数据,做出更准确的判断。例如,在地震灾后,AR 能结合灾后评估数据,帮助救援人员定位受灾区域、倒塌建筑等,提升搜救效率,减少资源浪费。灾后重建过程中,AR 也可用于现场评估和规划重建方案,帮助决策者看到恢复工作的具体效果。

2.4 AR 在教育与培训中的应用

AR 在教育和培训领域广泛应用,将虚拟信息与实际场景结合,为学生提供生动、互动的学习体验。在自然科学、历史、地理等学科中,AR 通过动态展示和模型互动帮助学生理解复杂概念。例如,学生可以通过 AR 实时查看生态系统动态,学习气候变化对环境的影响。在城市规划和建筑设计中,AR 为学生提供动态、交互式学习平台。通过 AR,学生能在真实环境中操作虚拟建筑模型,模拟不同规划方案,提升空间思维和设计能力。

2.5 AR 在智慧城市中的应用

AR 为智慧城市建设提供了可视化支持。它能将城市传感器、IoT 设备等收集的数据实时呈现,帮助管理者快速获得城市运行状态的信息,并优化资源配置。例如,AR 可以展示交通流量,帮助交通管理人员查看交通状况,缓解拥堵。同时,AR 在基础设施管理中也有重要应用,维护人员可以使用 AR 检查地下管网、电力设施等状态,及时进行维修,延长设施使用寿命。

四、无人机技术在地理调查与环境监测中的创新应用

1. 无人机(UAV)在地理测绘中的应用

1.1 地形地貌的精准测量

无人机技术在地形地貌测量中具有高精度和适应复杂地形的优势。通过搭载激光雷达(Light Detection and Ranging,LiDAR)传感器,无人机能高效采集地形数据,尤其在森林、山区和湿地等环境中表现突出。与传统地面测量方法相比,无人机能迅速覆盖大面积区域,减少人力和物力投入。实时获取的高分辨率数据有助于精确分析地貌变化,监测河流侵蚀、山体滑坡、冰川退缩等现象。无人机结合 LiDAR 技术在复杂地形的测量中具有巨大优势,特别是在传统地面调查难以到达的区域(如密林、悬崖、峡谷等),其低空飞行能力保证了数据的高精度。灾后评估中,利用无人机采集的最新数据可以快速评估灾后地形变化,为恢复和重建提供支持。

1.2 高分辨率航拍技术

无人机搭载的高分辨率相机和传感器在航拍领域展现出强大优势。通过低空飞行,无

人机能够采集细致的图像数据,生成高分辨率的航拍图像,这些图像不仅提供准确的地物信息,还能呈现地物的空间分布与属性,提升地理测绘精度。例如,在峡谷或水道等地形区域,无人机能获取传统卫星遥感无法提供的细节数据,这对地质勘探、灾害预警、环境监测等领域有重要意义。无人机的飞行高度、角度和速度可根据任务灵活调整,使数据采集的覆盖范围和重叠度达到最佳状态,提高图像拼接和精确地图制作效果,尤其在复杂环境中,卫星影像受限时,无人机能提供实时详尽的数据支持。

1.3　数字高程模型(Digital Elevation Model,DEM)的生成

数字高程模型(DEM)是分析地表高程变化的关键工具。无人机搭载激光雷达(LiDAR)或影像测量设备,能快速采集大量高精度数据,通过图像处理技术自动生成高分辨率的 DEM 数据。DEM 广泛应用于水文分析、城市规划、工程建设等领域,提供准确的地形和水文分析基础。无人机采集的 DEM 数据精确到米级别,特别是在城市、山区等复杂地形区域,克服了传统地面测量方法的局限。无人机能生成大规模数字高程模型,支持防洪减灾、灾害评估、基础设施建设等项目需求。

1.4　自动化地图制作与更新

无人机的自动化地图制作和更新功能提高了地图制作效率,并在实时更新方面展示独特优势。传统地图制作需要长期调查和复杂处理,而无人机通过与先进算法结合,能自动采集数据并实时生成精准地图。飞行控制系统确保航线规划精确,覆盖所有调查区域,减少误差。对于变化迅速的区域,如城市建设和土地利用,无人机可快速完成地图更新,确保城市规划与实际地形变化同步。无人机技术使快速获取、更新和发布地图成为可能,特别在面对城市发展、灾害或基础设施建设时,提供即时高精度数据支持。

2.　无人机在环境监测中的应用

2.1　空气质量监测与污染源追踪

无人机搭载的空气质量监测传感器能够快速采集空气质量数据,尤其在工业区、高密度城市及污染源密集区域提供重要支持。传统空气质量监测设备受限于覆盖范围和反应速度,而无人机能迅速进入监测盲区,实时检测空气中的污染物,如 $PM_{2.5}$、二氧化硫、氮氧化物等。通过无人机的灵活性,环境监测机构能够追踪污染源的扩散路径,为决策者提供实时数据,帮助评估污染治理效果。在治理方案实施后,无人机持续监测空气质量变化,进一步调整策略。无人机技术为环境污染应急处理提供了快速灵活的解决方案。

2.2　水体质量与污染源检测

无人机在水体监测方面,尤其在大规模水体和偏远地区,具有巨大的优势。传统水质监测方法依赖固定监测站和人工采样,局限性较大。而无人机能够迅速部署,并通过水质监测传感器进行快速采样,覆盖大面积水域,实时获取水质变化数据。结合遥感影像技术,使用无人机能够追踪水体污染源,分析污染物扩散情况。环保部门可以及时发现污染源并采取有效治理措施。无人机在水资源保护、河流湖泊污染控制等方面发挥重要作用,尤其在流域管理和湿地保护中,提供实时精确的数据支持。

2.3　噪声污染监测

噪声污染监测受设备布设难度和时间限制影响。无人机搭载噪声监测传感器,能快速

在城市环境中执行任务,特别在人流密集区或交通枢纽等区域,覆盖传统设备无法到达的地方。通过实时采集噪声数据,绘制城市噪声分布图,帮助政府和企业了解噪声污染动态。无人机的灵活性使其能够在多变环境下迅速部署并进行有效监测,实时反映城市噪声变化,帮助城市规划者和环保部门制定科学的噪声管理政策。此外,随着技术进步,噪声监测可以实现全天候、动态监测,为城市健康管理提供数据支持。

2.4 生态系统监测与生物多样性保护

无人机在生态系统监测中的应用,为生物多样性保护提供了新的思路。搭载多光谱传感器、红外成像和热成像技术,能够对森林、湿地、草原等生态系统进行定期监测,收集植物生长状况、物种分布、栖息地变化等数据。这些数据对于评估生态系统健康、监测物种多样性和制定保护措施具有重要价值。传统地面调查方法受限于时间、人员和地形,而无人机能高效采集数据而不干扰生态环境。无人机技术能够实时反映生态环境变化,为生物多样性保护提供科学依据,并支持生态保护区的规划与管理。

3. 无人机在资源普查中的应用

3.1 土地利用与土地覆盖变化监测

随着城市化进程的加速,合理规划和管理土地资源变得愈发重要。无人机搭载高分辨率摄像头和多光谱传感器,能够精确监测土地利用与土地覆盖的变化,尤其是城市扩张、农业用地转化、森林砍伐、湿地退化等现象。无人机能够在短时间内跟踪这些变化,为决策者提供及时反馈,帮助评估城市化对环境的影响及资源利用变化。结合遥感影像处理技术,无人机可生成动态的土地变化图,提供长期监测数据,为政府和研究机构提供土地资源规划和环境保护政策的科学依据。此外,无人机能够高效覆盖传统卫星遥感难以到达的偏远地区,推动土地管理与可持续发展目标的实现。

3.2 森林资源与生物多样性监测

森林资源的健康与生物多样性的保护是生态环境管理的重要任务。无人机技术能够通过 LiDAR 传感器、多光谱相机、热成像仪等设备,迅速对大范围森林进行高精度调查,获取森林结构信息,如树高、林密度、树种分布等。无人机通过多光谱图像分析,能够评估森林健康状况,发现潜在病虫害、枯死树木或灾后恢复情况。在生态保护区或敏感区域,能够快速采集物种分布、栖息地变化等信息,帮助评估生物多样性动态变化。传统的地面调查方法受限于环境条件,而无人机能够进入难以到达的区域,确保监测的高效与精准。

3.3 矿产资源勘探与监测

矿产资源勘探通常依赖大量现场调查和地质采样,传统方法受限于交通、人员安全及复杂地形。无人机通过搭载激光雷达(LiDAR)、高分辨率影像等设备,能够在广阔区域内快速获取地质数据,为矿产资源勘查提供高效解决方案。无人机能够不破坏矿区环境,采集高分辨率影像和地形数据,生成三维模型,帮助分析矿体分布、储量和质量。此外,矿区环境监测也能借助无人机,定期监测矿区周围环境变化,评估开采对生态的影响,提供数据支持。

3.4 农业资源管理与作物生长监控

无人机在农业资源管理中的应用日益广泛,特别在精准农业和作物监控中,发挥着重要作用。无人机通过高清相机、红外传感器和光谱传感器等设备,实时采集作物生长状态、土壤湿度、病虫害等数据,为农业生产提供精准的信息支持。无人机为农民提供作物健康状况、土壤肥力、灌溉需求等数据,帮助优化农场管理。数据还可用于精准施肥、灌溉和病虫害防治,提高农业生产效率,减少资源浪费,并有效降低农业对环境的影响。无人机的高效性使得农民能够定期或实时获取农田数据,确保作物管理精细化、科学化。

4. 无人机在灾害应急管理中的应用

4.1　地震、洪水、火灾等灾害区域的实时数据获取

自然灾害发生后,灾区的基础设施往往遭到破坏,传统救援手段受到限制。无人机能够迅速到达灾区,通过搭载高清摄像头、红外传感器、激光雷达等设备,实时采集灾区的高分辨率影像和空间数据,帮助救援人员迅速获取灾区的最新情况,如道路通行、建筑物倒塌、人员被困位置等。无人机的灵活性使其能够进入传统救援难以到达的地方,如高山、峡谷、偏远岛屿等,提供短时间内的图像采集,帮助救援人员制定有效行动计划。

4.2　灾后评估与救援行动的辅助

灾后评估对于资源分配和救援优先级的制定至关重要。无人机能够在灾后第一时间高精度评估受灾区域,监测基础设施的损坏情况,并生成灾后变化图,帮助判断灾情严重程度。结合 GIS,无人机可以实时更新灾区空间数据,帮助救援指挥中心动态跟踪行动。同时,通过监测灾后环境状况,为恢复工作提供持续数据支持,确保救援工作高效进行。

4.3　环境污染灾难的评估与控制措施监测

人机能够快速评估环境污染灾难,如化学泄漏、石油溢漏等。搭载污染物传感器的无人机可实时监测空气、水体和土壤中的污染物浓度,帮助分析污染扩散情况,为污染防控提供科学依据。无人机还可监测污染治理措施的实施效果,提供即时反馈,帮助环保部门及时调整应对策略,减少环境破坏,保护生态系统。无人机技术大大提高了应急响应速度和效率,为灾难防控、应急救援和环境恢复提供强有力的支持。

5. 无人机在气候变化研究中的应用

5.1　全球气候变化的空间数据采集

全球气候变化的研究依赖于大规模的空间数据采集,尤其是监测温度变化、冰川融化、极地冰盖变化等。无人机技术凭借灵活性和高效性,能够快速覆盖广泛区域,采集高分辨率空间数据。搭载红外线热像仪、多光谱相机、激光雷达(LiDAR)等设备,无人机为气候研究提供多维度数据,帮助监测冰川融化速度、森林变化和植被生长状况等。无人机技术支持全球气候变化模拟,预测未来影响,并为应对策略提供科学依据。随着技术进步,无人机采集的数据将更为精细,成为温室气体排放和气溶胶浓度等领域的理想监测平台。

5.2　森林火灾和气候变化对生态系统的影响监测

森林火灾不仅加剧气候变化,还对生态系统造成严重影响。无人机通过搭载红外线摄像机和热成像仪,能够实时监测火灾蔓延,评估影响范围和破坏程度。高机动性使无人机能够进入灾区,获取传统调查无法提供的数据,如评估火灾后的植被损失、土壤结构变化等。

无人机还能定期监测气候变化对森林生态系统的长期影响,帮助研究人员了解森林覆盖率、物种多样性等变化,并为气候变化适应和减缓提供决策支持。无人机技术已成为森林火灾监测和生态恢复研究中的关键工具。

5.3 气候变化与海平面上升的监测与数据采集

海平面上升是全球变暖的显著特征,威胁沿海生态系统、城市基础设施及人类居住环境。无人机技术为海平面上升的监测提供了高效、低成本的解决方案。通过搭载高分辨率影像和 LiDAR 传感器,无人机能够精确测量海岸线变化,监测湿地、河口、岛屿等受海平面上升影响地区的地形变化。定期监测能够追踪海岸线侵蚀、岛屿淹没和湿地退化,帮助建立海平面上升的空间模型,并结合气候模型评估未来趋势。这为沿海城市规划、防灾减灾措施提供科学依据,帮助制定土地使用规划和防护工程。

第二节 地理学在解决全球性问题中的角色

一、气候变化与环境可持续性

1. 气候变化研究

1.1 地理学在气候变化研究中的重要性

气候变化是全球面临的重大挑战之一,地理学在气候变化研究中扮演着关键角色。结合空间数据分析、GIS 和遥感技术,地理学为气候变化的监测、预测和应对提供了有力工具。遥感技术通过卫星图像和传感器提供温度变化、冰川消融、海平面上升等实时数据,而 GIS 进一步分析这些数据,帮助预测气候变化影响并支持政策制定。温度升高和冰川融化是气候变化的直观体现,GIS 与遥感技术能监测冰川消融速率和海平面上升趋势。不同地区对气候变化的响应各异,时空动态分析有助于理解各区域的空间分布特征,支持气候应对策略的制定。

1.2 气候变化的影响与预测

气候变化对自然界和人类社会的影响日益显著,研究不仅关注直接影响,还包括气候预测和应对策略。气候变化导致物种栖息地变化,极端天气事件频发威胁生物多样性。此外,气候变化对农业、城市环境和公共健康构成严重威胁,尤其是干旱、洪水及疾病传播等。气候建模技术基于数学方程和算法,模拟自然系统相互作用。精准的气候预测为政策制定提供科学依据,并帮助采取减缓和适应措施,减少气候变化对环境和社会的损害。

1.3 地理信息技术在气候变化应对中的应用

GIS 为应对气候变化提供了强大支持,能够整合多领域的数据并进行空间分析。通过遥感技术增强数据时效性和空间覆盖,GIS 提升了气候应对的效率和精确度。GIS 在城市绿化、可再生能源部署、水资源分配等方面帮助制定科学规划,并进行风险评估。空间决策支持系统(Spatial Decision Support System,SDSS)是 GIS 的扩展,专注于为决策提供空间数据分析平台,帮助政府和企业进行气候风险评估、减排计划和应对措施的规划。通过模拟不同气候情景下的环境和社会影响,SDSS 为政策制定提供量化数据支持。

2. 生态环境保护与恢复

2.1 生态环境监测与健康评估

生态环境监测是评估生态系统健康状况、为环境保护与修复措施提供依据的基础。现代技术,如 GIS 和遥感,可以有效监测生态环境变化,并评估生态健康状况,为可持续发展提供支持。生态系统健康的评估依赖于空间数据分析。通过遥感影像、地面观测数据和气候模型,科学家分析植被覆盖、水体状况、土壤质量等变化,评估生态健康。GIS 技术为空间数据分析提供平台,帮助识别生态退化热点区域,为修复工作提供科学依据。环境质量评估通常依赖于空气质量、水质、土壤污染等指标。遥感技术能够高效监测这些指标,为环境保护政策提供实时数据,帮助识别污染源和变化趋势。土地利用变化是生态环境退化的主要驱动因素之一。通过 GIS 和遥感技术,研究者可以追踪土地利用变化,并分析其对生态环境的影响,为制定恢复计划提供依据。

2.2 生态修复与保护策略

生态修复与保护是应对生态环境退化的重要手段。通过结合科技与管理策略,能够恢复退化生态系统并保护现有生态资源。生态修复技术包括植被恢复、水土保持、湿地修复等。GIS 技术可帮助科学规划修复区域,确保修复措施的实施效果。地理信息技术能够识别适宜的恢复区域,提供高效空间部署方案。水土保持和生物多样性保护是生态修复的重要组成部分。水土流失是土地退化的关键因素之一,通过地理信息技术进行监测和防治,能够有效减少土地退化风险。保护生物多样性,尤其是濒危物种栖息地,是维持生态平衡的关键。绿色基础设施如城市绿地、湿地保护、生态廊道等通过自然过程解决环境问题。建立生态恢复区,能够恢复自然生态功能,提高地区生态韧性,推动可持续发展。

2.3 全球生态环境可持续性目标

全球生态环境可持续性目标确保人类活动在不牺牲自然环境的前提下,满足社会经济发展需要。国际社会应共同努力,推动生态环境保护与可持续发展。联合国可持续发展目标(SDGs)包括 13 项气候变化相关目标,旨在通过全球合作应对气候变化。目标包括减少温室气体排放、增强气候适应能力、提高生态恢复力等。生态环境可持续性评估模型是评估地区或国家生态环境状况及其可持续性水平的工具。通过综合分析自然资源、生态服务、社会经济等方面,为制定可持续发展政策提供依据。气候变化和生态退化是全球性问题,需要国际社会合作。国际合作能够促进资源共享、技术转移和经验交流,推动全球生态保护和气候应对。政策倡议,如《巴黎协定》,为各国提供共同框架,帮助制定减排目标、增强气候适应能力。

二、全球人口与资源分配问题

1. 人口分布与资源压力

1.1 全球人口分布的空间特征

全球人口分布不均,主要集中在东亚、南亚、欧洲和北美,尤其是中国、印度和东南亚的城市与沿海地区。相比之下,撒哈拉以南非洲、拉丁美洲和大部分中东及北极地区人口稀疏。东亚和南亚高人口密度,特别是中国、印度和巴基斯坦,对资源需求形成巨大压力。与此相对,许多自然资源匮乏的地区,如中东的水资源、北非的土地资源,以及南极和高纬度地区的气候条件,都面临资源供需矛盾。通过 GIS 和遥感技术,地理学家能够分析这些人口密集区的资源承载能力。例如,东南亚地区的土地和水资源长期紧张,人口增长和城市化加剧了资源压力。因此,科学的空间规划、资源管理和可持续发展策略是缓解资源压力的关键。地理学的空间分析不仅帮助预测人口增长对资源需求的变化,也为政府和国际机构提供决策支持,促进全球资源的合理分配和可持续利用。

1.2　城市化与资源消耗

城市化是全球化进程中的重要趋势,尤其在发展中国家。随着人口涌入城市,城市化带来的资源需求激增,给能源、建筑材料、食物和水资源等基础资源带来巨大压力。地理学通过分析城市化的空间发展模式,揭示城市化对资源和环境的深远影响。城市扩张带来了土地开发、森林砍伐和水资源过度使用等问题。城市化往往伴随资源分配不均,特别是在低收入和贫困地区,资源短缺问题更为严重。贫困地区的城市化进程导致环境退化、交通拥堵和社会不平等加剧。利用 GIS 和遥感技术,地理学家可以实时监控城市化进程,分析城市扩张的规模、方向及其对资源消耗的影响。监测城市边缘的土地利用变化、交通网络建设、绿地和水体变化等,有助于优化城市规划和资源管理,提高资源利用效率,减少浪费。

1.3　资源分配与可持续发展

全球资源分配面临严峻挑战,许多自然资源分布不均。水资源在东南亚和南亚相对丰富,但中东地区常年面临短缺。矿产和能源资源的分布也呈现差异。一些资源富集的国家因缺乏有效管理和技术,未能充分利用资源,导致浪费和环境破坏。地理学通过空间数据分析,帮助理解资源的地理差异,并提出合理的资源配置方案。通过分析水资源、土地、矿产和能源的空间分布,地理学家为政府和政策制定者提供决策支持,确保资源的公平分配和可持续利用。可持续发展目标(SDGs)强调资源的高效利用与公平分配,尤其是在贫困地区。地理学通过空间分析和政策模拟,为这些地区制定资源管理方案,平衡区域资源需求,推动社会经济可持续发展。

2. 全球贫困与不平等问题

2.1　贫困的地理分布

贫困是一个具有强烈地区性的社会现象,分布不均。撒哈拉以南非洲、南亚和拉丁美洲等地区长期处于贫困困境,尤其是农村地区,贫困问题尤为严重。撒哈拉以南非洲和南亚的贫困不仅影响经济发展,还导致教育、卫生、基础设施等方面的严重不足。通过地理学的空间数据分析,我们可以识别贫困"热区"。例如,撒哈拉以南的许多国家,由于历史、政治不稳定、教育资源匮乏、自然资源过度开发等因素,贫困现象尤为严重。利用遥感技术和 GIS 工具,地理学家可以提供实时贫困监测,帮助制定精准扶贫策略,确保资源有效配置。此外,贫困的地理分布也受地理环境、气候变化等因素影响。气候变化可能导致水资源短缺,进而加剧贫困地区的生存压力,影响农业生产,增加贫困家庭负担。

2.2　贫困的根源与驱动因素

贫困的产生不仅是经济问题,背后有多重复杂因素。教育水平低、医疗资源匮乏、基础设施滞后、环境退化、政治不稳定等,都是贫困的主要驱动因素。通过地理学空间分析,可以识别贫困的根源,深入了解其社会经济背景。教育和卫生设施的缺乏直接影响贫困地区居民的劳动能力,进一步加剧经济贫困。气候变化对农业和水资源的影响,使贫困地区的经济收入和生活水平下降。地理学通过空间数据分析揭示贫困的多重驱动因素,结合多源数据,帮助政策制定者采取针对性干预措施。

2.3　不平等的空间表现

社会不平等在区域、城乡、沿海与内陆之间的差距上表现尤为明显。在教育、医疗、就业和社会福利等领域,贫困地区资源匮乏。地理学通过空间数据分析揭示这些不平等的地理特征,为政策提供依据。城市化进程中的资源分配不均,使城市中心区居民享有更多福利,而城市边缘和农村地区居民则无法享受同等待遇。地理学家通过空间分析,帮助政府改善资源分配,提高贫困地区居民福祉,推动社会公平。此外,沿海发达地区和内陆贫困地区的差距逐渐加大,地理学可以通过空间分析帮助政府采取措施,促进区域均衡发展。

2.4　政策制定与全球贫困减缓

地理学为解决贫困和不平等问题提供了有力的政策支持。通过空间数据分析,地理学家可以评估不同政策措施的效果,为贫困地区的可持续发展提供决策依据。例如,扶贫政策、基础设施投资、气候变化应对等,都需要基于地理学分析进行科学规划。全球合作和政策倡议,如联合国可持续发展目标(SDGs),在解决贫困和不平等问题上起着重要作用。通过地理学的技术支持,国际社会可以协调合作,共同减少贫困,推动全球社会走向更加公平、包容和可持续的发展。

三、全球化与区域经济发展

1. 全球化的地理学视角

1.1　全球贸易流与空间网络

全球贸易流是全球化的核心表现之一。随着信息技术的进步和运输成本的降低,全球贸易网络日益紧密。地理学通过空间数据分析揭示全球贸易流动规律,特别是在主要流通区域、贸易路线和港口等关键节点的分布。全球贸易流动不仅受经济利益驱动,还与自然条件、地理位置、交通基础设施等因素密切相关。例如,中东地区因其独特的地理位置成为能源贸易中心,上海、纽约和新加坡等大型港口城市则成为全球贸易枢纽。全球贸易流动加深了地区间的经济联系,推动了资源、商品、资本和劳动力的跨境流动,增强了全球经济的联动性。地理学家通过研究贸易流动,揭示了不同地区市场、生产基地和消费群体之间的紧密联系及其对地方经济的促进作用。

1.2　跨国企业与区域经济互动

跨国公司在全球化中扮演重要角色,推动全球资源配置与市场整合。地理学通过研究跨国企业的空间分布,揭示全球化过程中资本、技术和劳动力的流动。跨国公司通常在发达国家和经济特区设立总部与生产基地,这些地区获得更多投资、技术转移和高端劳动力,推动当地经济的技术创新和产业升级。同时,跨国公司也推动了发展中国家的经济增长,带来了外资和就业机会。然而,跨国公司的扩张也带来负面影响,如资源过度开发、环境污染和文化冲突等。地理学通过空间分析揭示跨国公司在不同地区的影响,为政策制定者提供产业布局、环境保护和社会保障方面的建议,确保地方经济的长远发展。

1.3 全球供应链与产业集群

全球供应链是全球化的重要支柱,它连接了不同地区的生产与消费需求。通过空间数据分析,地理学揭示全球产业的分布、协作方式和市场需求响应。全球供应链不仅包括产品从原材料到最终消费的过程,还涉及产业链上下游之间的紧密联系,如物流、资金流和信息流。这种跨国合作推动了各地区经济的高度融合,尤其是产业集群的形成。产业集群是全球化的重要表现,指特定行业在某地的高度集中。地理学研究发现,产业集群能够促进技术创新、知识传播和生产效率提高。例如,美国硅谷的高科技产业集群推动了全球科技创新,而中国长三角和珠三角的制造业集群提升了中国在全球供应链中的竞争力。然而,产业集群的扩展也可能加剧区域发展不平衡,导致资源配置和环境保护等方面的压力。

1.4 全球化对地方经济的影响

全球化对地方经济的影响深远且复杂。从城市化进程、产业结构调整到劳动力市场,全球化正在改变地方经济的面貌。全球化使地方经济逐渐融入全球市场,许多地方依赖外部市场、外资和技术。这种依赖一方面促进经济发展,提升生产力和创新能力,另一方面也使地方经济更加脆弱。例如,全球经济危机可能导致地方经济受到冲击,或因市场波动陷入困境。全球化推动了地方经济结构的调整,城市化加速,劳动力市场更加灵活与国际化。地理学通过空间分析帮助揭示全球化对地方经济的影响,提供优化产业结构和资源配置的策略。地方政府可以通过政策调控促进经济稳定发展,实现可持续增长。

2. 区域经济差异与协调发展

2.1 区域经济差异的表现

区域经济差异是全球化背景下的重要议题,不同地区在经济发展、产业结构、资源禀赋、社会福利等方面呈现显著差异。发达国家和发展中国家之间的经济差距尤为明显,特别是在工业化、基础设施建设和社会福利水平等方面。城市与农村、沿海与内陆的差异也很突出,资源、人才和基础设施的不平衡使某些地区更容易获得全球化带来的红利。通过空间数据分析,地理学帮助政策制定者识别和理解区域经济发展的不平衡状况,揭示外部因素对经济发展的影响。区域经济差异不仅体现在收入水平,还包括资源分配、社会保障、教育等领域。

2.2 区域经济优势的识别与利用

每个地区都有独特的资源优势,地理学通过空间数据帮助识别并利用这些优势。例如,某些地区资源丰富,适合发展农业或矿产开采,而其他地区可能因地理位置优越,适合发展旅游或金融服务业。地理学帮助地方政府通过空间分析制定合理的经济发展战略。此外,推动产业结构优化是区域经济发展的关键。通过对特色产业和产业链的研究,地理学支持地方经济升级。例如,某些区域适合发展高科技产业,另一些则适合制造业或创意产业,地理学为地方政府提供精准政策方向,助力经济快速发展。

2.3 区域政策的协调与调整

区域经济差异要求政府采取有效的政策进行协调。地理学提供空间数据和分析框架,帮助政府识别各地区的资源禀赋、发展潜力及现有差距,实现资源最优配置。在政策实施过程中,地理学分析能评估政策效果,并根据经济变化及时调整。政府可通过政策激励推动欠发达地区的基础设施建设,促进产业发展,或通过税收政策、财政转移支付等方式,缩小地区间收入差距,推动区域经济均衡发展。

2.4 全球化下的区域经济合作与竞争

在全球化背景下,区域经济不仅面临外部市场的竞争,还需通过区域合作实现共同发展。地理学揭示不同区域的经济联系与相互依赖,跨国企业的投资推动区域经济一体化,经济特区和自由贸易区促进区域合作与竞争。区域经济合作通过优化资源配置、技术共享和市场互通,提升地区全球竞争力。地理学为政府提供有效政策建议,帮助推动跨国区域经济的协同发展。

2.5 区域经济可持续发展的路径

全球化推动下,区域经济面临资源消耗、环境污染、社会不平等等问题。地理学通过空间分析帮助识别可持续发展的路径,推动经济、社会和环境协调发展。绿色发展成为区域经济可持续发展的核心,地理学通过分析生态环境、资源利用效率和环境保护政策,帮助地方政府制定绿色发展战略。通过优化产业结构、推动低碳技术、发展可再生能源,地方政府可以实现经济增长与环境保护的双赢。同时,社会公平与包容性发展也是区域经济可持续发展的目标,地理学为政府提供社会福利、收入分配和社会保障等数据支持,推动区域社会公平与经济可持续发展。

探究案例

案例1:遥感技术与环境监测

情境描述:你正在参与一个研究项目,目标是使用遥感技术监测某个地区的环境变化,如植被覆盖、水体变化等。该地区近几年经历了严重的土地退化和气候变化。

探究问题:

1. 请分析遥感技术在环境监测中的应用,尤其是在植被变化和水资源监测方面。如何通过遥感数据跟踪生态系统的变化?

2. 结合遥感技术,如何评估气候变化对该地区水体和植被的影响?你认为这些信息如何帮助政府和环保组织制定保护措施?

案例2:物联网与智慧城市

情境描述:你正在研究智慧城市的建设,目标是探索物联网(IoT)在城市管理中的应用。特别是在交通流量、能源消耗和公共安全等方面的监测。

探究问题:

1. 物联网技术如何实时监测城市的交通流量、能源消耗和空气质量等?你认为这些数据如何帮助城市管理者优化资源分配?

2. 智慧城市中的物联网如何提高公共安全? 请举例说明物联网技术在城市紧急响应和灾害预警中的应用。

案例3:大数据与地理空间分析

情境描述:你参与了一项利用大数据分析区域经济发展的项目,目标是通过分析人口流动、土地利用和经济活动,了解一个地区的资源配置和潜在发展机会。

探究问题:

1. 如何通过大数据分析人口流动和城市化趋势,为区域经济规划提供支持? 你认为哪些大数据技术在分析中起到了关键作用?

2. 结合地理空间数据,如何预测未来某个城市的资源需求和发展潜力? 你认为这种分析对城市规划有哪些实际意义?

案例4:人工智能与气候变化预测

情境描述:你正在参与一个气候变化研究项目,使用人工智能(AI)技术来预测气候变化对未来十年的影响,尤其是温度变化和海平面上升的趋势。

探究问题:

1. AI技术如何处理和分析气候变化相关的海量数据? 你认为深度学习和机器学习在气候变化预测中的应用有哪些优势?

2. 通过AI技术,如何预测温度变化和海平面上升的空间分布? 你认为这些预测结果对城市和沿海地区的适应策略有何指导意义?

案例5:虚拟现实(VR)与城市规划

情境描述:你参与了一个城市规划项目,使用虚拟现实(VR)技术来展示不同的城市发展方案。VR可以让市民、政府官员和规划人员更直观地了解不同方案的效果。

探究问题:

1. 请讨论虚拟现实(VR)技术在城市规划中的应用,尤其是在资源分配和环境变化评估中的作用。你认为VR如何提高规划决策的准确性和效率?

2. 通过VR技术,公众可以参与城市规划的讨论并提供反馈。你认为这种方式对提升公众参与度和决策透明度有何帮助?

案例6:无人机技术与环境监测

情境描述:你参与了一个使用无人机技术进行环境监测的项目,目标是监测一个偏远山区的森林健康状况,评估该地区是否面临森林火灾和生物多样性减少的风险。

探究问题:

1. 无人机技术如何帮助快速、高效地收集森林监测数据? 请简述无人机在数据采集中的优势。

2. 结合无人机收集的环境数据,你如何评估该山区面临的生态风险? 你认为这些信息如何为灾后恢复和生态保护提供支持?

案例7:空间计算与城市管理

情境描述:你正在参与一个城市管理项目,使用空间计算技术来分析城市的交通流量、能源消耗和空气质量,以帮助城市优化资源分配和提升居民的生活质量。

探究问题:

1. 空间计算技术如何分析和处理大规模的城市数据? 你认为空间计算在城市管理中

的应用有哪些潜力？

2. 通过空间计算,你如何评估城市的能源需求和交通流量? 这些分析结果对城市规划和环境保护有哪些实际意义?

案例8:跨学科合作与地理学未来发展

情境描述:你正在参与一个跨学科合作项目,目标是利用地理信息科学、气候学和生态学的结合,研究某地区气候变化对生态系统的影响,并提出应对策略。

探究问题:

1. 地理学与气候学、生态学的跨学科合作如何增强对气候变化影响的理解? 请讨论跨学科合作如何推动气候变化研究的发展。

2. 在气候变化的背景下,如何利用跨学科研究的成果为生态恢复和环境保护提供科学依据? 你认为这种合作对全球可持续发展有何重要意义?

推荐阅读书籍

1. Goodchild，M F，Janelle D G：Spatially Integrated Social Science：Examples in Best Practice，Oxford University Press，2010.

2. Batty M：The New Science of Cities，MIT Press，2013.

3. Cressie N，Wikle C K：Statistics for Spatio-Temporal Data，Wiley，2011.

4. Kitchin R， Dodge M：Code/Space： Software and Everyday Life， MIT Press，2011.

5. Sui D Z，Elwood S，Goodchild M F：Crowdsourcing Geographic Knowledge：Volunteered Geographic Information (VGI) in Theory and Practice，Springer，2013.

6. Schienke E W，Young A：Geospatial Technology and Homeland Security：Research Applications，Springer，2016.

7. Turner A：Introduction to Neogeography，O'Reilly Media，2006.

8. Bednarz S W， Beilfuss M： Geographic Information Systems for Disaster Management，CRC Press，2013.

9. Velázquez M，Gregson N：The Future of GIS in Urban Planning，Routledge，2011.

参考文献

1. Baldwin R E. The Great Convergence：Information Technology and the New Globalization[M]. Cambridge：Harvard University Press，2016.

2. Barcus H，Halfacree K. An Introduction to Population Geographies [M]. Abingdon：Routledge，2017.

3. Barry R G，Chorley R J. Atmosphere，Weather and Climate[M]. Abingdon：Routledge，2010.

4. Batty M. The New Science of Cities[M]. Cambridge：MIT Press，2013.

5. Brady N C，Weil R R. The Nature and Properties of Soils [M]. London：Pearson，2016.

6. Coppola D P. Introduction to International Disaster Management[M]. Oxford：Butterworth-Heinemann，2015.

7. Cressie N，Wikle C K. Statistics for Spatio-Temporal Data [M]. Oxford：Wiley，2011.

8. Jason S. Climate Change：The Science of Global Warming and Our Energy Future [M]. New York：Columbia University Press，2018.

9. Kraak M J，Ormeling F. Cartography：Visualization of Geospatial Data[M]. Leiden：CRC Press，2021.

10. Lutgens F K，Tarbuck E J. The Atmosphere：An Introduction to Meteorology [M]. London：Pearson，2017.

11. Mears R. Natural Resources and Environmental Economics [M]. Abingdon：Routledge，2013.

12. Peterson G N. GIS Cartography：A Guide to Effective Map Design[M]. Leiden：CRC Press，2014.

13. Soja E W. Seeking Spatial Justice[M]. Minneapolis：University of Minnesota Press，2010.

14. Tietenberg T，Lewis L. Environmental and Natural Resource Economics [M]. London：Pearson，2016.

15. Turner A. Introduction to Neogeography [M]. California：O'Reilly Media，2006.

16. 郭跃. 自然灾害与社会易损性[M]. 北京：中国社会科学出版社，2013.

17. 刘梅英. 全球化与区域化[M]. 北京：中国社会科学出版社，2016.

18. 汪品先. 地球系统与演变[M]. 北京：科学出版社，2018.